# ZWEIKAMPF AM HIMMEL

# TAKTIK UND STRATEGIE DER GROSSEN JAGDFLIEGER 1914 BIS HEUTE

EDWARD H. SIMS

# Zweikampf am Himmel

MOTORBUCH VERLAG STUTTGART

Umschlagzeichnung: Carlo Demand.
Einband und Umschlagkonzeption: Siegfried Horn.

Die Titelzeichnung zeigt (im Feld unten rechts) den roten Dreidecker Fokker Dr I, der durch Richthofen berühmt geworden ist, und den Doppeldecker Sopwith Snipe, stärkster und letzter Vertreter der Sopwith-Doppeldecker im ersten Weltkrieg;

(im Feld unten links) eine Messerschmitt Bf 109 G–3 und eine amerikanische P–51 D Mustang;

(im Feld oben rechts) eine Me 262A–2a (Jagdbomber) des Erprobungskommandos Schenk, und eine amerikanische P–47 D–40–RA Thunderbolt;

(im Feld oben links) eine amerikanische General Dynamics F–111, mit Schwenkflügel und einer Spitzengeschwindigkeit von 2 655 km/h.



Die Originalausgabe ist erschienen bei Cassell & Company Ltd., London, unter dem Titel FIGHTER TACTICS AND STRATEGY 1914–1970.
ISBN 0–304–93837–8.

Die Übertragung ins Deutsche besorgte
Manfred Jäger.

ISBN 3–87943–294–5
1. Auflage 1973.

Satz und Druck: Druckhaus Waiblingen, 705 Waiblingen.
Bindung: Verlagsbuchbinderei Karl Dieringer, 7 Stuttgart.
Printed in Germany.

INHALT

# Zu diesem Buch

Die hauptsächlichen Vorarbeiten zu diesem Buch – das Aufsuchen prominenter Jagdflieger und Kommandeure aus zwei Weltkriegen und, in geringerem Ausmaß, aus den Kriegen in Korea und Vietnam – wurden mir durch zwei junge Historiker sehr erleichtert: Hans Ring in Deutschland und Christopher Shores in England. Soweit die einzelnen Kapitel die Ansichten bestimmter Jagdflieger wiedergeben, wurden sie auch von diesen redigiert. Besonderer Dank gebührt Cass Canfield sr. von Harper and Row, der dieses Buch angeregt hat, Kenneth Parker, der seine Hilfe zusagte, und dem Stab von Cassell & Co., sowie Wolfgang Schilling vom Motorbuch Verlag in Stuttgart und John W.- R. Taylor, London, für ihre Unterstützung. Die Jagdflieger aus vier Kriegen, deren Familienmitglieder und all die anderen, die mir Gefechtsberichte oder andere Dokumente, Unterlagen und Tagebücher zur Verfügung gestellt haben, sind zu zahlreich, als daß ich sie einzeln in dieser kurzen Würdigung aufführen könnte.

Mein Dank gehört auch General John C. Meyer, Vize-Stabschef der US Air Force, der taktische Grundlagen über Düsenjäger beisteuerte, sowie General Robin Olds, Sicherheitsdirektor für Luft- und Raumfahrt, USAF, der mir besonders geholfen hat, Air Vice-Marshal J. E. »Johnny« Johnson, führender Jagdflieger der RAF im zweiten Weltkrieg, Group Captain Douglas Bader, dem legendären Helden der RAF, Adolf Galland, General der Jagdflieger der deutschen Luftwaffe im zweiten Weltkrieg, sowie Erich Hartmann, dem erfolgreichsten Jagdflieger aller Zeiten und Nationen, von denen mir jeder wertvolle Informationen zur Verfügung gestellt hat.

Ich habe dieses Buch meiner Frau gewidmet, denn sie war die Inspiration zu diesem Versuch – und sie half mir, das Manuskript druckreif zu machen (wobei die Zeit manchmal drängte wie bei einem Alarmstart).

## Vorwort

Der Kampf der Jagdflieger ist seit dem ersten Weltkrieg ein faszinierendes Thema, das immer wieder Autoren gereizt hat. Häufig hat eine betont nationale Betrachtungsweise durch falsche Heroisierung Leitbilder geschaffen, die den Zugang zu einer objektiven Beurteilung versperrten. Hier erweist sich Edward H. Sims in seinem Buch »Zweikampf am Himmel« erneut als ein um Objektivität bemühter Kenner dieses Metiers.

Seine Darstellungen umspannen den weiten Bogen vom 1. Weltkrieg bis Vietnam. Sie werden zum großen Teil getragen von den Schilderungen erfolgreicher Jagdflieger und vermitteln dadurch dem Leser einen lebendigen Eindruck der direkt Beteiligten.

Diese Schilderungen ergeben mosaikartig ein objektives Gesamtbild vom Wandel der Jagdfliegertaktik. Sie umfassen den »dogfight« im ersten und zu Beginn des zweiten Weltkrieges ebenso wie den Kampf gegen den Bomber, die Nachtjagd und den Begleitschutz. Deutlich wird der Wandel erkennbar, der – vor allem durch die Entwicklung der Elektronik – den Einzelkämpfer zu einem Glied in einem komplexen System werden läßt und damit seine persönliche Einflußnahme zwangsläufig zurückdrängt. Dieser Entwicklung kann sich auch ein individuell geprägter Jagdflieger nicht entziehen.

Die strategische Bedeutung der Jagdflieger wird besonders bei der Schilderung der Ereignisse in der »Battle of Britain« und den Tag-Bomberangriffen der Alliierten auf das Reichsgebiet dargestellt. Sims stellt richtig fest, daß die Jagdflieger den »Schlüssel zum Erfolg« in der Hand hatten.

Dem gelungenen Werk ist eine breite Leserschaft zu wünschen, wobei der nachdenkliche Leser mit mir einer Meinung sein wird, daß die dargestellten Fakten keine Fortsetzung finden dürfen.

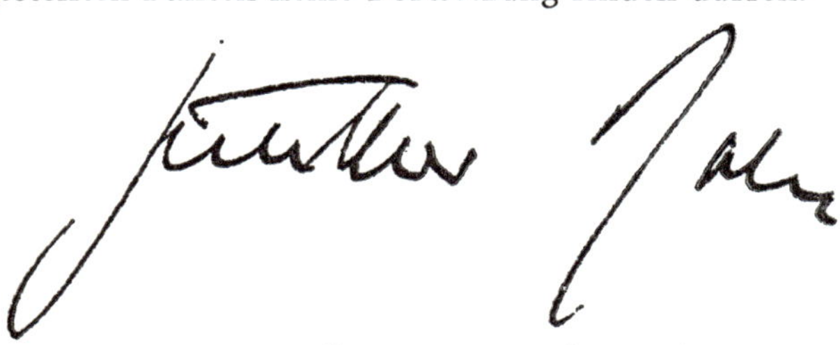

*Generalleutnant Günther Rall*
*Inspekteur der Luftwaffe*

# Ursprung und Entwicklung

## DIE ROLLE DES JAGDFLIEGERS

Die sprunghafte Entwicklung der Luftstreitkräfte schlechthin und die damit verbundene Entstehung eines neuen Machtfaktors stellt vermutlich den dramatischsten militärisch-technologischen Fortschritt des 20. Jahrhunderts dar. In diesem Prozeß war der Wettbewerb um die Führung in der Luft zwischen Einzelmenschen wie Nationen, auf zivilem wie militärischem Gebiet besonders scharf. Das jeweils größte Tempo erreichte dieser Fortschritt naturgemäß in Zeiten des Kriegs. Der farbigste, vielleicht auch der faszinierendste Teil dieses Entwicklungsprozesses lag im Kampf zwischen einzelnen Jagdfliegern, die verschiedenen Nationen angehörten und in zwei Weltkriegen wie auch in lokal begrenzten Konflikten die Luftüberlegenheit für ihre Seite zu erringen suchten. Welchen Einfluß haben diese Piloten auf die wachsende Bedeutung von Luftstreitkräften gehabt? Was für eine Taktik haben sie im Luftkampf angewandt, welche Strategie haben sie verfolgt, um Luftüberlegenheit wenn nicht Luftherrschaft zu erringen?

Globale Fragen wie diese sind zu komplex, als daß sie in einer Studie ihre völlig befriedigende Antwort finden könnten. Aber wir wollen diese Fragen in diesem Buch wenigstens ausleuchten. Wir bieten die Ansichten der bedeutendsten Jagdflieger der Welt – von 1914 bis 1970 – wie sie in den letzten vier Jahren in verschiedenen Ländern im Rahmen von Interviews zum Ausdruck gekommen sind. Die meisten Berichte befassen sich mit Kampferlebnissen, die entscheidenden Einfluß auf persönliche Taktik und Strategie bekommen haben und deren wesentliche Grundzüge auch heute noch Gültigkeit besitzen.

Absichtlich wurde in diesem Buch kein Versuch unternommen, etwa gemäß einem militärischen Handbuch eine präzise Abgrenzung vorzunehmen, wo Taktik aufhört und Strategie beginnt, denn diese Grenze ist sehr schwer zu definieren (was durch mehr als einen Experten im Verlauf der Interviews betont wurde). Genausowenig ist dieses Buch die vollständige Geschichte – ich vermeide hier mit voller Absicht das etwas strapazierte Wort von der »abgeschlossenen, endgültigen« Darstellung. Die vorliegende Arbeit wurde vielmehr geschrieben für alle, die am faszinierenden Geschehen des Kampfes in der Luft und an jenen bedeutenden Fliegern interessiert sind, welche die Grundlage für Luftstreitkräfte geschaffen und den Ausgang von Kriegen mit beeinflußt haben. Bei Gesprächen mit den größten Fliegern des Jahrhunderts stößt man verständlicherweise auf spannende und manchmal atemberaubende Geschichten. Wenn also eine Darstellung der Entwicklung von Luftkampftaktik und Luftmacht schlechthin durch den Einschluß auch des Abenteuerlichen zur spannenden Lektüre werden kann, so ist das bestimmt kein Nachteil.

Eine etwas tückische Frage ergibt sich aus jeder Arbeit, die sich mit Jagdfliegern und ihrer Kampftaktik befaßt: nämlich, ob die militärische Rolle bzw. die Bedeutung ihres Stellenwerts jenem Ruhm und jener publicity angemessen waren, die einzelne Namen umgaben. In den beiden Weltkriegen dieses Jahrhunderts (und zu einem bescheideneren Teil auch in Korea und Vietnam) wurden die Jagdflieger, denen es gelang, die größte Anzahl von Gegnern abzuschießen, zu Idolen ihrer Landsleute. Die Erfolgreichsten wurden zu einem festen Begriff für Millionen von Menschen; ihre Namen kannte man sogar jenseits der Grenzen im Feindesland. Diese Männer erfreuten sich auch der Achtung ihrer Gegner. Manfred von Richthofen (einer jüngeren Generation als »Roter Kampfflieger«, in den USA als The Red Knight oder The Red Baron bekannt) ist immer noch eine Weltberühmtheit, obwohl er bereits 1918 im Alter von 25 Jahren gefallen ist. Die legendäre Gestalt der RAF im zweiten Weltkrieg, Group Captain Douglas Bader – das »Wunder ohne Beine« – war bei deutschen Jagdfliegern ein Begriff, lange bevor er abgeschossen wurde und in Gefangenschaft geriet. Es gibt zahlreiche andere Beispiele.

Der Luftkampf als solcher bietet natürlich eine Fülle von Eindrücken. Zudem war er im ersten Weltkrieg etwas völlig Neues. Jagdflieger-Asse waren stets auch beneidenswert junge Leute, und so ergab sich im Zusammenhang mit ihnen kaum einmal die gedankliche Zuordnung zum Militarismus oder zur Schuld am Kriege. Ist das auch gleichzeitig eine Begründung für die gewonnene

Popularität und den Ruhm – neben der Tatsache, daß in jedem Land die Massenmedien kräftig die Trommel rührten und diese Männer zu Nationalhelden stempelten? Oder liegt in der Leistung großer Jagdflieger wirklich ein so wesentlicher Beitrag zu den Kriegsanstrengungen eines Landes? Auf den folgenden Seiten wird der Versuch unternommen, herauszufinden, was sie wirklich vollbracht haben.

Beim Ausbruch des ersten Weltkriegs, 1914, konnte sich kaum jemand vorstellen, daß Flieger oder Fliegereinheiten irgendeinen Einfluß auf den Ausgang von Landschlachten nehmen könnten. Aber einzelne Piloten und Beobachter mit dem richtigen Blick für die Dinge erkannten recht bald die unerhörten Möglichkeiten von echten Luftstreitkräften. Im dritten Kriegsjahr, 1917, mußte man Richthofen aus dem Urlaub an die Front zurückrufen, weil die Briten den Deutschen die Luftüberlegenheit über dem Frontabschnitt von Messines abgenommen hatten: sie hatten praktisch den Himmel von deutschen Jägern leergefegt. (Die britische Infanterie konnte vorgehen, ohne von genau liegendem Artilleriefeuer gestört zu werden, das nur über konstante Luftaufklärung zu realisieren war.) In der dritten Ypernschlacht und bei Cambrai waren Tiefangriffe von Flugzeugen schon zu einem wesentlichen Kennzeichen der Kämpfe überhaupt geworden. Beim letzten großen deutschen Durchbruchsversuch an der Somme, der am 21. März 1918 begann, war es heroischen Tiefangriffen einer großen Anzahl alliierter Flugzeuge zu verdanken, daß der britische Rückzug nicht in eine regellose Flucht ausartete.[1] Das Potential in der Luft war zu dieser Zeit bereits ein wesentlicher Faktor des Krieges zu Lande.

In der zweiten Hälfte desselben Jahres zog General William Mitchell, Kommandeur der amerikanischen Flieger, 1 476 Flugzeuge für den Angriff bei St. Mihiel zusammen und vertrat später den Standpunkt, daß der Erfolg dieses Angriffs in weitem Umfang dem Tag- und Nachteinsatz dieser Fliegerverbände zuzuschreiben war.[2] Und General Erich von Ludendorff hat gegen Ende des Krieges das Wort ausgesprochen, daß Richthofens Anwesenheit an der Westfront drei Divisionen wert gewesen sei.

1 Floyd Gibbons, »The Red Knight of Germany«, Kapitel 10; Winston Churchill, »The World Crisis«, Seite 782.

2 Frank Platt, »Great Battles of World War I«: In the Air, Seite 99.

Die Rolle des Jagdfliegers wurde im zweiten Weltkrieg noch ausschlaggebender. Die Deutschen hatten die Lehren aus der taktischen Zusammenarbeit der letzten Jahre des Ersten Weltkriegs gezogen. Sie haben den Zweiten Weltkrieg mit einer Luftwaffe eröffnet, die in einem solchen Ausmaß taktisch mit dem Heer koordiniert war, daß daraus die berühmten »Blitzsiege« resultierten. Die Deutschen waren in diesen Jahren oft zahlenmäßig unterlegen; ihr schneller Vormarsch, das Aufreißen der gegnerischen Front war in entscheidendem Ausmaß mit ein Verdienst der Luftwaffe. Das Konzept der Eröffnungsschlachten war fast stets das gleiche: die Luftwaffe des Gegners wurde am Boden gelähmt – wenn möglich durch völlige Überraschung. Die noch intakten Verbände wurden von Jagdfliegern in konzentrierten Angriffen gebunden. Auf diese Weise waren die gegnerischen Luftstreitkräfte bald nicht mehr in der Lage, den vorrückenden deutschen Panzern ernsthaften Widerstand entgegenzusetzen. Deutsche Stukas und Schlachtflugzeuge schalteten hinderliche Punktziele aus.

Eine Zeit lang war diese Kombination unschlagbar. Man beachte jedoch, daß dieses Konzept völlig davon abhing, daß die deutschen Jagdflieger die Luftüberlegenheit aufrechterhalten konnten. In der endgültigen Analyse mußte deshalb die Jagdwaffe an der Westfront zum Schlüssel für erfolgreiche Operationen auf dem Boden werden. Die großen Führer der Jagdverbände waren in einer einmaligen Position, zur Sache ihres Landes Entscheidendes beizutragen, und sie nützten diese Chance. Man betrachte z. B. den Wert von Bader in der Luftschlacht um England. Mit zwei künstlichen Beinen, während der ersten Phase der verzweifelt ausgefochtenen Kämpfe noch an der Kandare, wurde er am 30. August 1940 losgelassen und brachte mit seiner Staffel (Nr. 242) 12 gegnerische Flugzeuge ohne eigene Verluste zum Abschuß. Eine Woche später, am 7. September, waren es elf Abschüsse, zwei Tage später mit drei Staffeln 20 Abschüsse, und schließlich am entscheidenden 15. September brachte er mit fünf Staffeln unter seiner Führung 42 Maschinen zum Absturz. Der hohe Wert dieses Feuerkopfes der RAF, in diesem kritischen Moment der Geschichte, steht wohl außer Zweifel. Genauso ist Hauptmann Hans-Joachim Marseille für das deutsche Afrika-Korps von unschätzbarem Wert gewesen. Sein Tod im September 1942 hatte eine lähmende Auswirkung auf alle deutschen Flieger in Afrika und war

selbst bei Rommels Truppen zu spüren. Warum? In seinen letzten vier Wochen hat er allein 57 alliierte Flugzeuge abgeschossen...
Welch taktische Methoden wandten diese Jagdflieger an? Waren sie sich ähnlich in diesen beiden Kriegen, die nur 20 Jahre auseinanderlagen? In welcher Weise glichen sich die taktischen Methoden der Flieger-Asse in Korea und Vietnam? Wie unterschieden sich die Auffassungen in den verschiedenen Luftstreitkräften? Was war eigentlich die grundlegende Strategie der Luftstreitkräfte in den zwei Weltkriegen. Ist das taktische Konzept nach Korea und Vietnam noch dasselbe?
Vor kurzem wurde ich in der Mike-Douglas-Show, einem amerikanischen Fernseh-Programm, gefragt, ob in der Darstellung des Luftkriegs und der Leistungen von Jagdfliegern nicht doch so etwas wie eine Verherrlichung des Krieges zu sehen sei. Meine Antwort lautete, daß bisher noch jeder Krieg eine Tragödie war, daß junge Männer aber immer für ihr Land gekämpft haben (in vielen Fällen als Wehrpflichtige), wenn es zum Krieg kam, und daß das wahrscheinlich auch in Zukunft so sein wird – solange es Kriege gibt. Wir können annehmen, daß wir alle einer Meinung sind über den Wahnsinn eines Kriegs, ganz besonders aber im Atomzeitalter.
Wer, wie ich, viele überlebende Jagdflieger kennt, weiß einerseits um so mehr wie nutzlos Kriege sind, andererseits aber erkennt er auch die Ähnlichkeit der Umstände, die junge Männer unausweichlich formen, wenn ein Krieg kommt. Denn niemand ist ein geborener Killer.
Selbst Erich Hartmann, der Mann mit 352 anerkannten Abschüssen – eine von niemandem sonst erreichten Zahl – ist im Grunde eine weiche Seele.
In diesem Buch interessieren wir uns in erster Linie für die Taktik, die diese Männer beim Einsatz verfolgt haben, und für die Impulse, die sie der Entwicklung des Luftkampfes geben konnten. Der Leser sollte sich Jagdflieger nicht als außergewöhnliche, rücksichtslose und kalte Burschen vorstellen. Sie waren zwar hervorragende Flieger und Schützen – darüber gibt es keinen Zweifel – und sie kämpften hart um Selbsterhaltung und Sieg, aber daneben unterschieden sie sich in nichts von ihren Mitmenschen; schließlich kamen sie ja auch aus allen Berufs- und Gesellschaftsschichten. Ihre Großtaten in den Kriegen dieses Jahrhunderts sind

faszinierend – sie waren Pioniere der Taktik in der dritten Dimension. Wenn wir ihre Leistungen analysieren, studieren wir die Geschichte – den Beginn des Luftzeitalters – in dramatischer Form.

# ANFÄNGE

Der erstmalige Gebrauch eines bemannten Flugzeugs in einer kriegerischen Auseinandersetzung geschah vermutlich im Jahre 1911, als die mexikanische Regierung versuchte, Rebellenstellungen aus der Luft aufzuklären. Im selben Jahr setzte Italien in einem Krieg gegen die Türkei sowohl Flugzeuge wie auch Luftschiffe ein. Einige waren sogar mit Vorrichtungen zum Abwurf von Bomben ausgestattet. Im Balkankrieg 1912 kamen Flugzeuge erneut in Gebrauch, aber vor dem ersten Weltkrieg kann man eigentlich nicht von Luftkämpfen sprechen. Zu den ersten Scharmützeln in der Luft, bei denen bemannte, motorisierte Flugzeuge eine Rolle spielten, kam es in den Anfangstagen des ersten Weltkriegs – mehr zufällig zwar, aber auch absichtlich. Vor 1914 haben Militärstrategen die Rolle des Flugzeugs einzig in der Beobachtung und Aufklärung aus der Luft gesehen. Aus diesem Grunde waren praktisch alle vorhandenen Flugzeuge zu Beginn des ersten Weltkriegs Zweisitzer – mehr stabile Beobachtungsmaschinen denn Kampfflugzeuge.

Im Gegensatz zu manchen anderslautenden Berichten kam es aber sofort zu bewaffneten Auseinandersetzungen in der Luft, wenn auch vorerst noch in sehr primitiver Form.[1] Bei solchen Anlässen hat dann der Beobachter, oder aber der Pilot und der Beobachter, mit Pistole oder Karabiner geschossen, denn auf keiner Seite gab es anfänglich Flugzeuge, die mit Maschinengewehren ausgestattet waren. Die Briten bauten zwar leichte Lewis-MGs in ihre Zweisitzer ein, aber die ersten Staffeln, die in der Eile nach Frankreich entsandt wurden, hatten auch nur Pistolen und Karabiner als Bewaffnung an Bord.[2] Maschinengewehre wurden immer noch als zu schwer angesehen; sie schränkten die Steigfähigkeit der Flugzeuge erheblich ein.

Der große französische Jagdflieger René Fonck erwähnt in seinen

1 Am 22. August 1914 behauptete Sergeant-Major Tillings von der 2. Staffel R.F.C., einen deutschen Zweisitzer mit dem Gewehr abgeschossen zu haben.

2 J. E. Johnson, »Full Circle«, Seite 5.

Memoiren, wie enttäuscht er noch Mitte 1915 war, wenn er nahe an einem deutschen Flugzeug vorbeiflog und dieses weder angreifen noch sich dagegen verteidigen konnte.[3] »Mein Flugzeug (eine Caudron G III) war alles, bloß kein Kampfflugzeug. Es war ein langsamer, schwerfälliger Doppeldecker, mit dem man kaum etwas anderes tun konnte als Aufklärung oder Artillerie-Beobachtung fliegen. Trotzdem bin ich mit diesem Apparat mehr als einmal bis Münster (Elsaß) geflogen und habe Aufklärungsflüge über Truppenbewegungen in der Gegend von Colmar durchgeführt. Auf dem Rückweg von einem dieser Flüge begegnete ich zum ersten Mal einem Deutschen. Wir kreuzten unsere Wege unter lautem Motorengebrumm über dem St. Marien-Paß.

Ich war unbewaffnet, und wenn der andere es auf ein Duell abgesehen gehabt hätte, dann wäre ich ohne Zögern in ihn hineingeflogen, um ihn mit mir in die Tiefe zu nehmen. Die Umstände entschieden anders. Vielleicht war der Mann genau so unbewaffnet wie ich; vielleicht hatte er keine Lust zu kämpfen. Auf jeden Fall machte er keinen Versuch, mich anzugreifen. Er flog aber so nahe an mir vorbei, daß ich seine Gesichtszüge erkennen konnte. Wenn er mich in der Hoffnung auf eine bessere Gelegenheit entkommen ließ, so kam es nie mehr dazu. Aber dieses Abenteuer hat mir eine Lektion erteilt. Ich bin nie mehr zu einem Flug gestartet, ohne einen guten Karabiner mitzunehmen und ihn dann auch zu benützen, ein paarmal sogar mit etwas glücklichem Erfolg.

Man darf nämlich nicht glauben, daß man jeden Tag auf einen Deutschen traf, der sich vorher in einer Wolke versteckt hatte. Der ganze Monat Juni ging vorbei, ohne daß ich einen zu Gesicht bekam. Trotzdem startete ich morgens und abends zu Erkundungsflügen in die nähere Umgebung, manchmal über der elsäßischen Seite der Vogesen, manchmal über der französischen. Ich half unserer Artillerie, sich auf die deutschen Batterien und Schützengräben einzuschießen. Aber tief in mir lebte die Hoffnung, bald ein feindliches Flugzeug am Horizont ausmachen zu können. Die Erinnerung an das Erlebnis über dem St. Marien-Paß verfolgte mich mit einer Besessenheit sondergleichen, und ich zitterte vor Ungeduld bei dem Gedanken, einen brillanten Sieg zu erringen. Daneben glaubte ich, wie jeder Anfänger, es müsse nicht

3 Zitiert aus Stanley M. Ulanoff (ed.) »Ace of Aces«.

allzu schwer sein, einen Gegner zu besiegen, wenn man ihn erst einmal vor die Flinte bekam. Viele haben diese aus Unerfahrenheit geborene Illusion mit dem Leben bezahlt.
Am 2. Juli 1915 ging mein Wunsch dann in Erfüllung. Über Münster machte ich ein deutsches Flugzeug aus und griff es mit Gewehrfeuer an. Es flog davon...«
Aber auch Maschinengewehre wurden eingesetzt. Am 5. Oktober 1914 hat Joseph Frantz in einer Voisin mit Druckpropeller eine deutsche Aviatik mit einem MG abgeschossen. Es handelte sich dabei wahrscheinlich um den ersten Angriff von hinten, der aus dem toten Winkel mit einem MG durchgeführt wurde, obwohl der britische Leutnant L. A. Strange vom R. F. C. bereits im August 1914 eine Henri Farman mit einem MG ausgestattet und den Versuch unternommen hatte, ein deutsches Flugzeug damit abzuschießen.
Im Februar 1915 hat dann Roland Garros das neue Zeitalter des Kurvenkampfes in der Luft durch den Einbau eines MG bereichert, das von Raymond Saulnier konstruiert war und durch den Propellerkreis schoß. Diese sensationelle Neuheit des französischen Fliegers war noch eine grobe und recht gefährliche Angelegenheit, denn die Schüsse konnten auch den Propeller treffen, der aus diesem Grund mit Ablenkblechen beschlagen werden mußte. Diese funktionierten eine Zeit lang, bis der Propeller doch zerschossen wurde. Garros flog seine Morane mit viel Mut und einigem Glück, schoß innerhalb von drei Wochen fünf deutsche Flugzeuge ab, wurde damit zum ersten »As« des Krieges und gleichzeitig zum Schrecken der deutschen Fliegertruppe. Zum großen Leidwesen der Franzosen mußte er nach kurzer Zeit mit ausgefallenem Motor hinter den deutschen Linien notlanden und geriet in Gefangenschaft. Das Geheimnis – so primitiv es auch war – war gelüftet.
Innerhalb von 48 Stunden wandte sich das deutsche Oberkommando in Berlin an den holländischen Flugzeugbauer Anthony Fokker mit dem Auftrag, auf die (reparierte und nach Berlin überflogene) Morane von Garros schleunigst eine Antwort zu finden.[1]
Fokker und seinen Mitarbeitern gelang es in kürzester Zeit, ein überaus erfolgreiches Jagdflugzeug, die Fokker E 1, zu bauen. Hier feuerte das eingebaute MG ebenfalls durch den Propeller-

1 Quentin Reynolds, »They Fought For The Sky«, Seite 9.

kreis und erleichterte damit dem Piloten das gezielte Schießen. Neu war dabei eine Synchronisierung, die verhinderte, daß sich ein Schuß lösen konnte, wenn sich ein Propellerblatt gerade vor der Mündung der Waffe befand.[2]
Nun konnten die Deutschen den Spieß umdrehen und wurden zum Schrecken der Piloten der Entente-Mächte, obwohl Berlin das neue Flugzeug nur sparsam einsetzte und die Initiative erst nach Monaten übernahm. Aber bis zur zweiten Jahreshälfte 1915 hatten dann die Fokker E I, E II und E III den Himmel fast ganz von Aufklärern und Jagdflugzeugen der Entente gesäubert.
Die Westmächte hatten allerdings im Sommer 1915 eine Fokker erbeutet, und britischen und französischen Konstrukteuren gelang es dann, mit der Hilfe des Rumänen George Constantinescu ein Flugzeug-MG zu bauen, das ebenso erfolgreich durch den Propellerkreis schießen konnte. Mit dieser Waffe gelang es dann endlich den Fliegern der Entente, jener Plage ein Ende zu setzen, die unter dem Namen »die Fokker-Geißel« bekannt geworden war, und 1916 schließlich die Oberhand im Kampf in der Luft zu gewinnen. Zwei Gitterschwanztypen mit Druckpropeller, nämlich die D. H 2 und die F. E. 2b des Royal Flying Corps, sowie die Nieuport II und die Morane N der französischen Armée de l'Air konnten es jetzt mit den Fokker Eindeckern mehr als aufnehmen.
Das Blatt wandte sich allerdings wieder gegen Ende 1916 mit der Einführung der deutschen Doppeldecker Albatros D I und D II sowie der Halberstadt D II. Im weiteren Verlauf des Krieges wechselte der Vorteil von einer Seite zur anderen und zurück, als neue Typen, Verbesserungen an bewährten Flugzeugen und bessere und stärkere Motoren zur Anwendung kamen. Bei Ende des ersten Weltkriegs waren mit der britischen Sopwith Camel (130 PS Clerget Umlaufmotor, Höchstgeschwindigkeit 180 km/h, zwei Vickers MG) mehr deutsche Flugzeuge abgeschossen worden als mit irgendeinem anderen Flugzeuttyp. Die Maschine stand über eine verhältnismäßig lange Periode im Einsatz, konnte länger als zweieinhalb Stunden in der Luft bleiben und auf 6 300 Meter Höhe steigen. Trotzdem war wohl die französische Spad XIII (mit Vickers Zwillings-MG) das beste Flugzeug auf der Seite der Entente. General Billy Mitchell, Kommandeur der amerikanischen Flieger, zog es allen anderen Typen vor. Dieses Jagd-

2 Bruce Robertson, »Air Aces of the 1914–1918 War«, Seite 15.

flugzeug war zuletzt mit einem 235 PS Hispano-Suiza Motor ausgestattet, erreichte 220 km/h, stieg auf 7 200 Meter Höhe und konnte zwei Stunden in der Luft bleiben.
1918 waren 16 amerikanische Jagdstaffeln mit der Spad XIII ausgerüstet einschließlich der 1. Jagdgruppe, zu der auch Eddie Rickenbacker, der erfolgreichste amerikanische Jagdflieger des ersten Weltkriegs, gehörte. Andere amerikanische Piloten waren mit der französischen Nieuport 28 weniger glücklich gewesen, mit der sie ihre ersten Luftsiege erringen konnten. Dieser Typ verfügte nur über ein MG, hatte strukturelle Schwächen und litt unter einem etwas unzuverlässigen Motor, dem Gnôme Monosoupape. Die Nieuport 29 allerdings, die gegen Ende des Krieges verfügbar wurde, erfreute sich eines guten Rufs.
Auf der deutschen Seite war vermutlich die Fokker D VII das beste Jagdflugzeug; es verfügte über zwei Spandau-MG, erreichte eine Höchstgeschwindigkeit von 190 km/h, konnte auf 6 800 Meter steigen, eineinhalb Stunden in der Luft bleiben und besaß entweder einen 160 PS Mercedes-Motor oder (in der D VII F) einen 185 PS BMW. Die Camel, Spad und Fokker übertrafen bei weitem alles, was während des ersten Weltkriegs in den USA gebaut wurde. Die amerikanische Industrie hatte verhältnismäßig spät gestartet und brachte kein Jagdflugzeug mit vergleichbaren Leistungen hervor.
Die Konstrukteure wie auch die Industrie auf beiden Seiten versuchten, sich in diesem technologischen Rennen immer wieder gegenseitig auszustechen. Die grundlegenden Gesetze des Luftkampfes lagen vor dem Ende des Krieges bereits fest. Flugzeuge mit Zugpropellern hatten die Gitterschwanztypen mit Druckpropeller überholt. Der Trend ging mehr und mehr zu stärkeren Motoren und mehr Leistung – eine natürliche Entwicklung, um mehr Waffen in schwereren Flugzeugen und bei höheren Geschwindigkeiten zur Wirkung zu bringen. Auch die reine Flugzeit erwies sich als wichtig, besonders für den Angreifer. Bei Kriegsende hatte die britische S. E. 5a (Scouting Experimental 5a) eine Flugzeit von drei Stunden. Eigenartigerweise legten die deutschen Konstrukteure der Flugdauer keinen so großen Wert bei. Die gleiche Denkweise war dann 20 Jahre später auch für die begrenzte Leistung der Bf 109 (»Me 109«) in der Luftschlacht um England verantwortlich. Die Jagdflieger kämpften also unter Einsatz der be-

sten Maschinen, die ihr Land zur Verfügung stellen konnte, drei Jahre lang ihre Sache in der Luft untereinander aus. Und obwohl manche Leute in alliierten Landen – unter dem Eindruck von Kriegspropaganda oder nachträglichen Auslegungen von Verlustziffern – die nüchternen Tatsachen nicht gerne zur Kenntnis nehmen wollen, kann kein Zweifel daran bestehen, daß die deutsche Fliegertruppe mehr Flugzeuge abschießen konnte, als sie selbst verloren hat. Die Abschußzahlen der besten Jagdstaffeln beweisen dies. Die an der Spitze stehenden Jastas zwei, fünf und elf konnten je auf mehr als insgesamt 300 Luftsiege bei jeweils 36, 17 bzw. 15 eigenen Verlusten (Piloten) verweisen. Selbst wenn man in Betracht zieht, daß dabei mehr Flugzeuge als Piloten verloren gegangen sind, ist das immer noch ein sehr einseitiges Verhältnis.

Die Deutschen waren fast immer zahlenmäßig unterlegen, kämpften meist über eigenem Gebiet und befanden sich in der Defensive. Sie haben als erste den Einsatz geschlossener Verbände und größerer Einheiten unter enger Führung in den Luftkampf eingeführt. Diese und andere Faktoren haben maßgeblich zu ihren eindrucksvollen Erfolgen beigetragen. Es gab natürlich auch Entente-Einheiten mit hohen Abschußzahlen.

Die Strategie der Deutschen bestand darin, möglichst über eigenem Gebiet zu kämpfen. Da die vorherrschende Windrichtung von West nach Ost geht, zogen die Deutschen zwei große Vorteile aus ihrer Strategie. Flugzeuge der Entente-Mächte hatten ihren Rückflug zu den eigenen Flugplätzen fast immer gegen den Wind zu machen, was langsamere Geschwindigkeit bedeutete und viel Sprit kostete. Die Deutschen befanden sich dagegen in der Nähe ihrer eigenen Stützpunkte und konnten mit dem Wind schneller nach Hause fliegen. Die deutschen Jagdflugzeuge benötigten aufgrund dieser Strategie weniger Benzin. Auerßdem befanden sich die Deutschen auf eigenem Gelände, wenn sie notlanden oder mit dem Fallschirm abspringen mutßen.[1] (Ein Vierteljahrhundert später, als die deutsche Luftwaffe 1940 ihre Offensive gegen die RAF begann, konnten die Me 109 nur 90 Minuten in der Luft bleiben. Während der Luftschlacht um England besaßen sie eine taktische Eindringtiefe von nur 200 Kilometern. Deutsche Jagd-

1 Diese deutsche Strategie, hier analysiert durch einen britischen Piloten aus dem Ersten Weltkrieg, wird in Kapitel 7 eingehender behandelt.

flieger hatten über dem Ziel also höchstens zehn bis fünfzehn Minuten Kampfzeit, zu wenig, um eine gegnerische Jagdabwehr auszuschalten.)
Im weiteren Verlauf des Kriegs wurde auch die Bedeutung der Geschwindigkeit erkannt – langsame zweisitzige Flugzeuge waren wehrlos gegenüber schnellen einsitzigen Jagdflugzeugen; es wurde offensichtlich, daß die Fliegertruppe mit den besten Jagdflugzeugen den Himmel von feindlichen Aufklärern und Artillerie-Beobachtungsflugzeugen säubern und die eigenen beschützen konnte. Aber nicht alle Flieger aus dem ersten Weltkrieg hielten die Geschwindigkeit für die ultima ratio, wie wir noch sehen werden. Viele sind der Meinung, daß Manövrierfähigkeit mindestens gleichrangig zu beurteilen war. Und in der Tat sind die äußerst wirkungsvollen Dreidecker wie der britische Sopwith Triplane und der Fokker Dr. I besonders auf große Manövrierfähigkeit und schnelles Steigvermögen ausgelegt worden. Beinahe zum Credo wurde aber die Ansicht, daß die Seite, die die schnelleren Jagdflugzeuge besaß, den gegnerischen Kräften mit höherer Manövrierfähigkeit gleichkam, weil ihre Piloten einen entscheidenden Vorteil hatten – sie konnten einen Luftkampf nach Belieben einleiten oder abbrechen, wenn die anderen Bedingungen, wie Flughöhe zum Beispiel, gleich waren.
Der Streit, ob Geschwindigkeit oder Manövrierfähigkeit von größere Wichtigkeit war, hielt sich bis zum zweiten Weltkrieg, wobei eine Mehrheit für Geschwindigkeit plädierte, weil höhere Geschwindigkeit einem Piloten erlaubt, den Gegner zu überholen bzw. ihn einzuholen oder aber zu »verreisen«, wenn er selbst im Nachteil war. Erfolgreiche Jagdflieger beider Seiten lernten Höhe in einen Geschwindigkeitsvorteil umzusetzen – daraus ergab sich dann die Bedeutung der Gipfelhöhe. Man darf wohl mit einiger Berechtigung sagen, daß also dem Faktor Geschwindigkeit immer mehr Bedeutung zukam, nachdem auch die Feuerkraft soweit entwickelt wurde, daß man einen Gegner bereits mit einem Feuerstoß nach unten schicken konnte. Dies traf dann in viel größerem Umfang im zweiten Weltkrieg zu, als Jagdflugzeuge bereits mit sechs bis acht Maschinengewehren bzw. Schnellfeuerkanonen ausgerüstet wurden. Aber die Jagdflieger des ersten Weltkriegs waren weniger stark bewaffnet, und die Kurvenkämpfe dauerten viel länger.

Am Ende des ersten Weltkriegs flogen Piloten bis in Höhen von 6 500 m und höher ohne Sauerstoffatemgerät. Obwohl die extreme Kälte und der Sauerstoffmangel in diesen Höhen Benommenheit und taube Glieder verursachte, suchte ein mancher diese Regionen auf – als letzte Sicherheit, oder um den Gegner überraschend aus der Sonne heraus mit überlegener Geschwindigkeit angreifen zu können. Steiggeschwindigkeit, um rasch Höhe zu gewinnen und den Gegner einzuholen bzw. abzufangen, war deshalb wichtig und ist seither ein Kriterium in der Beurteilung der Leistungsfähigkeit von Jagdflugzeugen geworden.

Wie bereits festgestellt, machte der erste Weltkrieg jeden kritischen Beobachter auf die Möglichkeiten taktischer Luftunterstützung der Operationen des Heeres aufmerksam. Wahrscheinlich wurden größere Zahlen von Jagdflugzeugen zum ersten Mal in dieser Rolle bei der Somme-Schlacht 1915 eingesetzt, als das R. F. C. hundert Flugzeuge mit Bomben und Bordwaffen in den blutigen und verlustreichen Gegenstoß eingreifen ließ.[1] Die erste größere Konzentration deutscher Flugzeuge geschah im März 1916 bei Verdun. Bereits 1917 wurden auf beiden Seiten allgemein Tiefangriffe mit Bordwaffen geflogen; bei Cambrai setzten die Briten Tanks ein, um den Durchbruch zu erzwingen, den die Infanterie allein nicht schaffte. Alliierte Tiefangriffe konnten die britische Armee im Frühjahr 1918[2] davor bewahren, eingeschlossen zu werden; sie wirkten sich auch als erhebliche Störung deutscher Truppenbewegungen und des deutschen Nachschubsystems aus, als die deutsche Front gegen Ende des Jahres zurückgenommen werden mußte.

General Billy Mitchell organisierte den ersten derartigen taktischen Einsatz amerikanischer Flieger im Sommer 1918 bei St. Mihiel.[3]

Die Deutschen andererseits bauten die erste strategische schwere Langstreckenbomber-Flotte, die England gegen Ende des Krieges laufend angegriffen hat.[4] Dies hat die Engländer gezwungen, Jagdflugzeuge von der Westfront abzuziehen, um die Bedrohung ihrer Zivilbevölkerung durch die deutschen Riesenflugzeuge abzu-

1 John Cuneo, »The Air Weapon 1914–1916«, Seite 268.

2 Solche Tiefangriffe bewiesen ihre Wirksamkeit auch bei den anderen deutschen Offensiven des Jahres 1918.

3 General William Mitchell, »Memoirs of World War I«, Seite 116.

4 Reymond Fredette, »The First Battle of Britain 1917–1918«, Seite 132.

wehren – und diese Bomber hatten eine größere Spannweite als die schweren amerikanischen und britischen Bomber, die im zweiten Weltkrieg gegen Deutschland eingesetzt wurden! Hier steht man also am Anfang geplanter Operationen von Abfangjäger-Verbänden gegen strategische Bomber, die dann im Großmaßstab zwei Jahrzehnte später bei der Luftschlacht um England und schließlich bei der Reichsverteidigung zur Durchführung kamen. Im ersten Weltkrieg gelang es den englischen Jagdfliegern nicht, die deutschen Bomber zurückzuschlagen, die sowohl bei Tage wie bei Nacht anflogen. (Die großen viermotorigen Flugzeuge konnten zwei Tonnen Bomben tragen, hatten eine Flugdauer von acht bis neun Stunden und verfügten in der Regel über eine Abwehrbewaffnung von sechs Maschinengewehren, die schwenkbar eingebaut waren.) Es liegt eine gewisse Ironie darin, daß Hitler – oder richtiger: Göring, auf dessen Rat sich Hitler verließ – 20 Jahre später den Versuch unternahm, England mit einer Luftwaffe in die Kniee zu zwingen, die keine strategischen Bomber besaß. England, in Erwartung von Bombenangriffen – nach den Erfahrungen des ersten Weltkriegs – hatte sich wenigstens etwas vorbereitet. Durch den Aufbau einer Radarwarnung und einer guten Jagdwaffe konnte der schlecht vorbereitete deutsche Luftangriff auf England im zweiten Weltkrieg dann auch zurückgeschlagen werden.

Im Rückblick auf die Ereignisse kann man also immer wieder feststellen, daß praktisch jede Art von Luftkriegsführung ihre Ursprünge im ersten Weltkrieg hat und daß Jagdfliegertaktiken, die sich damals bewährt hatten, im nächsten Krieg ihre erneute Bestätigung fanden. Die Chinesen haben bereits Jahrtausende vor 1914 Raketen als Waffen eingesetzt, und Luftballone und Drachen hatte man sowohl in Europa wie auch in Amerika bereits früher mit Erfolg für militärische Zwecke verwendet. Aber im ersten Weltkrieg haben sich Soldaten zum erstenmal in bewaffneten Maschinen in die Luft begeben, um andere »Luftfahrer« zu bombardieren, zu vertreiben oder vom Himmel zu schießen. Dabei erwies sich sehr schnell, daß der Schlüssel zur Luftüberlegenheit oder Luftherrschaft in schnellen Jagdflugzeugen lag, die von guten Piloten geflogen wurden. Der überlegene Jagdflieger des ersten Weltkriegs konnte alles (mit Ausnahme der schweren Bomber) vom Himmel verjagen, alle eigenen Flugzeuge beschützen, feindliche Truppenbewegungen verfolgen sowie Tiefangriffe auf feindliche Stellungen, Kolonnen und Nachschubwege fliegen. Was 1918 an Lufttaktik und -strategie erkennbar war, deutete bereits auf den dramatischen Entwicklungsprozeß, der den Ausgang des zweiten Weltkriegs so entscheidend beeinflußt hat. Einige ahnten die wachsende Bedeutung des Luftkrieges. Sie fanden wenig Gehör, denn zu viele weigerten sich einfach, in anderen als den von der Tradition vorgegebenen Klischees zu denken. Aber wir eilen der Geschichte voraus. Versuchen wir, zuerst einmal nachzuforschen, wie sich die Luftkampftaktik 1914 bis 1918 entwickelt hat.

## PILOTEN-TAKTIK

Die ersten Luftkämpfe - 1914 - waren mehr vom Experiment mit dem Unbekannten als von einem festen »Konzept« getragen. Die Taktik war naturgemäß primitiv. Pilot und Beobachter (fast alle Flugzeuge waren ja zweisitzige Aufklärungsflugzeuge) versuchten, ihre Gegner mit Pistole, Jagdgewehr (auch das gab es) oder Karabiner zu bekämpfen - oder winkten sich im Vorbeifliegen sportlich zu im Glauben, daß ein ernsthafter Luftkampf nicht möglich sei oder daß sich so etwas unter Fliegern nicht gehöre, die praktisch keine Chance einer Rettung hatten, wenn ihre Maschine in Brand geriet oder in der Luft zerschossen wurde.
Das änderte sich jedoch schnell, und aus den zweisitzigen Flugzeugen heraus begann man sich ernsthaft zu bekämpfen. Jede Besatzung entwickelte dabei ihr eigenes Konzept und gab gemachte Erfahrungen weiter. Bald wurde das MG im zweiten Sitz zum festen Bestandteil; es wurde vom Beobachter bedient. In den Gitterschwanztypen (mit Druckpropeller) saß der Beobachter im vorderen Sitz. Wenn nach vorne gerichtete Maschinengewehre vom Piloten bedient wurden, feuerten diese von der oberen Tragfläche über den Propellerkreis hinweg. Man erkannte sehr schnell, daß sich das nach vorn gerichtete MG ausgezeichnet für den Angriff eignete, einschließlich der Überraschung aus der Höhe, während das hintere MG im Drehkranz die notwendige Verteidigungswaffe darstellte.
Die Schwächen dieser Abwehr wurden schnell vom Angreifer genutzt, denn er konnte von hinten unten anfliegen und blieb dabei im toten Winkel seines Gegners, da das Schußfeld des hinteren MG durch den eigenen Rumpf eingeschränkt war. Die Angriffstaktik von hinten unten wurde besonders von den Deutschen bevorzugt, als sie mit ihren Fokker-Flugzeugen 1915 die Luftüberlegenheit besaßen. Sowohl Oswald Boelcke wie auch Max Immelmann, die beiden deutschen Jagdflieger-Asse der Frühzeit, benutzten diese Taktik. Die Flieger der Entente-Mächte taten es ihnen nach, denn es gab diesen toten Winkel bei jedem Zweisitzer.

Was ihn so tödlich machte, war die Tatsache, daß die Zweisitzer in der Regel wesentlich langsamer waren als einsitzige Jagdflugzeuge. Sie konnten also nicht davonfliegen und waren gezwungen, sich dem Kampf zu stellen. Ihre langsame Geschwindigkeit hat selbst hervorragende Piloten oft zur Verzweiflung gebracht, wenn es ihnen nicht gelang, den Gegner auszumanövrieren.

Es gab bei Zweisitzern aber noch andere tote Winkel. Jagdflieger bzw. Flugzeuge mit einer nach vorn wirkenden Waffe konnten seitlich aus leichter Überhöhung anfliegen und blieben dabei durch die obere Tragfläche des angegriffenen Flugzeuges sowohl der Sicht wie auch der Waffenwirkung entzogen. Sie konnten also schießen, bevor sie selbst entdeckt wurden, oder sie konnten andrücken und wieder hochziehen und dabei schließen oder direkt von der Seite angreifen, während sie noch im toten Winkel der unteren Tragfläche waren. Das englische Jagflieger-As Albert Ball wandte eine andere Taktik an und machte sie berühmt: Er flog unter seinen Gegner und schoß mit seinem MG (das auf der oberen Tragfläche montiert war) nach oben; er hielt dabei etwas vor und ließ seinen Gegner dann in die Garbe hineinfliegen.

Das Schießen mit Vorhaltemaß, das im zweiten Weltkrieg so besonders wirksame Anwendung fand, wurde zwar auch von Jagdfliegern wie Beobachtern seit Beginn des ersten Weltkrieges angewandt, war aber damals nicht so wirkungsvoll wie der Angriff aus dem toten Winkel. Natürlich wurde damals auch nach allen Richtungen und aus den verschiedensten Fluglagen geschossen, im Sturzflug oder im Hochziehen unter einem Gegner, dabei entstand aus wilder Kurbelei dann langsam auch der Kurvenkampf.

Später erzielten amerikanische Flieger besondere Erfolge, indem sie zu zweit angriffen – der eine aus dem toten Winkel von unten und der andere von oben. Dies komplizierte natürlich die Abwehr. Elliot White Springs, an fünfter Stelle der amerikanischen Jagdflieger des Ersten Weltkrieges, hat diese Taktik sehr oft angewandt. Um jene Zeit jedoch hatten die Piloten auf beiden Seiten längst den Vorteil erkannt, der im konzentrierten Angriff mehrere Maschinen auf ein Ziel, ein einzeln fliegendes oder von seinem Verband abgesprengtes Feindflugzeug lag. In einer solchen Lage war – wie in der Tierwelt auch – das verlorene Schaf dem Wolfspack wehrlos ausgesetzt.

Mit dem Erkennen hinsichtlich der Verwundbarkeit der Beobachtungsflugzeuge fand gleichzeitig auch die Notwendigkeit reiner Jagdflugzeuge ihre Anerkennung. Bereits 1915 hatte das Royal Flying Corps die Forderung aufgestellt, daß Beobachtungsflugzeuge, die hinter die feindlichen Linien geschickt werden, grundsätzlich von mindestens drei anderen Flugzeugen begleitet werden sollten. Unter diesen anderen Flugzeugen waren Jagdflugzeuge zu verstehen. In vielen Fällen standen jedoch nicht genug Jagdflugzeuge zur Verfügung, und so begleitete dann ein Beobachter einen anderen.

Auch die Deutschen hatten nicht genügend Jagdflugzeuge. Aber sie begannen 1915 dafür zu sorgen, indem sie die bereits vorerwähnten Fokker-Flugzeuge in größerer Zahl beschafften. Der deutsche Pilot, der dann bewies, was man mit dem Fokker-Eindecker und dem durch den Propellerkreis schießenden MG alles anstellen konnte, war Oswald Boelcke. Er war vermutlich die Einzelperson, die als wichtigste Figur bei der Entwicklung des Luftkampfes in der Anfangsphase des ersten Weltkrieges anzusehen ist. Im Juli 1915 blieb er Sieger in einem Luftkampf, den er sorgfältig vorgeplant hatte; sein Bericht vermittelt uns die erste detaillierte Beschreibung einer erfolgreichen Kampftaktik.[1] Die Auseinandersetzung fand zwischen zwei Zweisitzern statt (Boelkkes Albatros und einem französischen Parasol), Boelcke nutzte die Überhöhung, den Anflug aus der Sonne heraus, die Deckungsmöglichkeiten kleiner Wolken, und enge Kurven, um seinem MG-Schützen die Schußmöglichkeiten zu geben, die zum Abschuß des Franzosen führten. Es war dies Boelckes einziger Luftsieg in einem Zweisitzer.

Fokker hatte, als er seinen Eindecker vorflog, darauf verzichtet, das Entente-Beobachter-Flugzeug abzuschießen, das er im Visier hatte (er betrachtete sich als Zivilist).

Boelcke testete dann den Fokker-Eindecker und äußerte sich begeistert über die Flugeigenschaften. Er begann methodisch, eine Kampftaktik zu entwickeln. Er stieg auf etwa 1 700 Meter (die meisten Feindflugzeuge flogen tiefer) und blieb auf der deutschen Seite in der Sonne. Dann wartete er bis ein feindliches Flugzeug, ohne etwas Böses zu ahnen, heranflog. In einem langen Sturzflug konnte er hoffen, unentdeckt auf Schußentfernung heranzukom-

1 J. E. Johnson, »Full Circle«, Seite 13.

men. Er schoß erst aus nächster Nähe, in kurzen Feuerstößen. Dann zog er wieder hoch und wartete auf das nächste Opfer. Mit dieser Taktik schaffte Boelcke die Grundlage für die Form des klassischen Luftkampfes: Er nutzte die Deckung, den Geschwindigkeitsüberschuß aus dem Sturzflug, das Schießen nach vorn, den Angriff von hinten und das Schießen aus nächster Entfernung (das Geheimnis der Erfolge einer ganzen Reihe von großen Assen in beiden Weltkriegen). Er schuf die Taktik für ein fliegendes Maschinengewehr, denn der Fokker-Eindecker war im Grunde genommen nichts anders.

Boelcke bemerkte bei verschiedenen Gelegenheiten, daß während des Sturzfluges auf einen Gegner überraschend ein anderes Flugzeug neben ihm auftauchte, das er vorher nicht bemerkt hatte. Er zog daraus den Schluß, daß ein einzelner Pilot in einem Jagdflugzeug bei einem Überraschungsangriff äußerst verwundbar ist, denn er verfügte ja nicht mehr über die Augen eines mitfliegenden Beobachters, der ihn warnen konnte. Also entschied er, daß Jagdflugzeuge zu zweit fliegen sollten. So ging er dann die Partnerschaft mit einem anderen deutschen Piloten, Max Immelmann, ein (beide waren zu jener Zeit Angehörige der Feldfliegerabteilung 62). Sie arbeiteten ein System aus, wie einer den anderen in der Luft informieren konnte, und flogen von da an regelmäßig zusammen. Jeder konnte dabei die toten Sichtwinkel des anderen im Auge behalten und feindliche Flugzeuge entdecken, die den Partner anflogen. Immelmann perfektionierte auch jene Flugfigur, die seither seinen Namen trägt: Den Immelmann-Turn. In Ausnützung der überlegenen Flugeigenschaften des Fokker-Eindeckers griff Immelmann seinen Gegner im Sturzflug an, schoß aus kurzer Entfernung und zog mit dem Geschwindigkeitsüberschuß wieder hoch, so, als wollte er einen Looping fliegen. Wenn das Flugzeug senkrecht am Propeller hing, dann kickte er das Seitenruder hart rechts oder links, stellte die Maschine auf den Kopf und konnte nun den zweiten Sturzangriff auf seinen Gegner fliegen, diesmal aus der anderen Richtung. Der Effekt dieses Manövers lag darin, daß das Flugzeug weder den Geschwindigkeits- noch den Höhenvorteil während eines Angriffs aufgab. Immelmanns Taktik fand deshalb schnell Nachahmer.

Boelcke und Immelmann waren, soweit bekannt, also das erste fliegende Paar, die erste Gefechts-Rotte. Sie waren so erfolgreich,

daß auch auf der anderen Seite dieses System übernommen wurde. Daraus entstanden dann Kampfeinheiten von vier Flugzeugen, von Staffeln und schließlich von Geschwadern. Diese Einteilung wurde in beiden Weltkriegen zum Standard; bei den örtlichen Konflikten in Korea und Vietnam stellte sich heraus, daß auch moderne Flugzeuge wirkungsvoller in kleineren Kampfformationen eingesetzt werden können, selbst in Rotten. In diesem Sinne ist es zu verstehen, wenn Air Vice-Marshal J. E. Johnson schreibt, daß sich hinsichtlich der Taktik im Luftkampf in diesen 50 Jahren der Kreis wieder geschlossen hat; der Titel seines Buches lautet denn auch »Full Circle«. Lediglich in den letzten drei, vier Jahren ist man über Vietnam, wo die hochtechnisierte Bodenabwehr neue Bedingungen schuf, wieder auf größere Verbände zurückgegangen.
Mit der Einführung der durch den Propellerkreis schießenden Waffe im Jahre 1915 hat sich gleichzeitig der taktische Grundsatz ergeben, die Position direkt hinter dem zu bekämpfenden Gegner zu gewinnen – das ist auch heute noch die bestbekannte Methode im Luftkampf. Damit gewann eine andere Frage eine überraschende Bedeutung (wenn man langsamer als der angreifende Gegner war): Wie eng man Kurven fliegen konnte. Dieses Problem traf auf Jagdflugzeuge genau so zu wie auf Beobachtungsflugzeuge. Der Pilot, der nämlich seinen Gegner auskurven konnte, kam zwangsläufig einmal in die richtige Schußposition hinter ihn. Dies war entscheidend, falls der vordere bei diesem Spiel nicht mit Geschwindigkeitsvorteil nach unten wegtauchen oder sonstwie dem Feuer ausweichen konnte. Wer ein guter Pilot war, ließ sich aber selten einmal abschütteln, wenn er die Position hinter seinem Gegner gewonnen hatte, und wenn es auch zu noch so verzweifelten, hektischen Manövern und akrobatischem Kunstflug kam. Richthofen hielt sich an diese Kardinalregel. In seinem Bericht über einen Luftkampf mit einem der führenden englischen Jagdflieger, Major Lanoe Hawker, schreibt er, wie er mit dieser Taktik die Oberhand behalten konnte:[1]
»Ich muß zugeben, daß es mich mit großem Stolz erfüllte, als ich hörte, daß der Engländer, den ich am 23. November (1916) abschießen konnte, das englische Gegenstück zu unserem großen Immelmann war. Natürlich wußte ich das nicht, als wir miteinander

1 Floyd Gibbons »The Red Knight of Germany«, Kapitel I.

kämpften, aber die meisterhafte Art, wie er sein Flugzeug beherrschte, und der Schneid mit dem er flog, zeigten, daß er ein fabelhafter Bursche war.

Es herrschte schönes Wetter, als ich von unserem Flugplatz startete. Ich war guten Muts und freute mich auf die Jagd. In einer Höhe von 3 000 Metern erkannte ich drei englische Flugzeuge. Ich sah, daß sie auch mich bemerkt hatten, und aus ihren Manövern entnahm ich, daß unsere Hoffnungen auf den Spaß des Tages durchaus gegenseitig waren. Sie waren auf ein Opfer aus, genau wie ich. Sie hatten den Höhenvorteil, aber ich nahm die Herausforderung an. Da ich, tiefer fliegend, in keiner günstigen Angriffsposition war, mußte ich warten, bis einer von den anderen mich im Sturzflug angriff. Das dauerte nicht lange. Der erste kam steil auf mich zu und versuchte, mich von hinten zu bekriegen. Er beginnt zu schießen. Fünf Schuß bringt er heraus, da ändere ich meinen Kurs und kurve scharf nach links. Er folgt mir, und nun beginnt das verrückte Karussell-Spiel. Er versucht, hinter mich zu kommen. Wir kurven umeinander herum wie zwei Verrückte. Beide Motoren laufen auf Vollgas, und keiner von uns beiden scheint auch nur einen Zentimeter zu gewinnen. Wir befinden uns auf der Kreisbahn genau gegenüber, und in dieser Position kann keiner einen Schuß auf den anderen abgeben.

Zuerst kurven wir zwanzigmal rechts herum, dann zwanzigmal links herum. So geht dieses tote Rennen weiter, keiner gewinnt dabei den kleinsten Vorteil. Ich wußte sofort, daß ich es mit keinem Anfänger zu tun hatte, weil er nicht im Schlaf daran dachte, das Spiel aufzugeben und aus dem Kreis auszubrechen. Er hatte ein ausgezeichnetes Flugzeug, was Manöverfähigkeit und Geschwindigkeit anbetraf, aber meine Maschine konnte besser und schneller steigen. Und damit schaffte ich es schließlich, mich in eine Position hinter und über ihn zu bringen.

Bei der Kurbelei hatten wir beide Höhe verloren – wir waren kaum mehr tausend Meter über Grund. Der Wind stand zu meinen Gunsten. Während des ganzen bisherigen Kampfes waren wir nicht nur in Bodennähe herunter gekommen, sondern der Wind hatte uns auch langsam über die deutschen Linien getrieben. Ich bemerkte, daß wir bereits über der deutschen Etappe in der Nähe von Bapaume waren, und mein Gegner hätte wissen müssen, daß es jetzt Zeit für ihn war, den Kampf abzubrechen, denn er geriet immer weiter über deutsches Gebiet.

Aber es war ein schneidiger Teufel. Obwohl ich hinter und über ihm war, drehte er sich um und winkte mir zu, wie wenn er sagen wollte: Wie geht's? Wir begannen die Kurbelei erneut – so schnell und so eng wir nur konnten. Manchmal schätzte ich den Durchmesser der Kreise, die wir flogen, auf weniger als hundert Meter. Ich konnte beinahe senkrecht in sein Cockpit hineinsehen und jede Bewegung seines Kopfes beobachten. Wenn er nicht Helm und Brille getragen hätte, dann hätte ich sogar gewußt, was für ein Gesicht er macht.

Er war ein feiner Sportsmann, aber ich wußte, daß meine Position dicht über und hinter ihm zuviel für ihn war, vor allem weil wir laufend Höhe verloren und noch weiter ins deutsche Hinterland gerieten. Wir waren in Bodennähe, und er mußte sich nun entscheiden, ob er auf der deutschen Seite landen oder aus dem Kreis herausfliegen wollte, um wieder auf seine eigene Seite der Front zu kommen.

Offensichtlich kam diesem Sportsmann aber der Gedanke, zu landen und sich zu ergeben, gar nicht, denn plötzlich versuchte er, durch einige Loopings und andere verrückte Flugmanöver seinen Rückzug vorzubereiten. Als er aus dieser Kurbelei heraus Kurs auf die eigenen Linien nahm, pfiffen ihm meine ersten Kugeln um die Ohren, denn mit Ausnahme seines kurzen Feuerstoßes zu Beginn des Kampfes war bisher kein Schuß gefallen – keiner von uns hatte eine Chance dazu gehabt.

Der Kampf fand nun dicht über dem Boden statt. Er war keine hundert Meter mehr hoch. Wir fliegen unheimlich schnell. Er weiß, daß ich direkt hinter ihm bin. Er weiß, daß die Mündungen meiner MGs auf ihn gerichtet sind. Er fängt an, ZickZack zu fliegen, ändert plötzlich und unregelmäßig seinen Kurs nach links, nach rechts – nach links, nach rechts – verhindert dadurch immer wieder genaues Zielen. Aber der Augenblick kommt. Ich bin fünfzig Meter hinter ihm. Mein MG gibt Dauerfeuer. Wir sind kaum fünfzig Meter über dem Boden, huschen direkt darüber hin.

Jetzt bin ich auf dreißig Meter heran. Er muß fallen. Das MG spuckt Feuer und Blei. Dann hat es Ladehemmung, beginnt aber wieder zu schießen. Die Ladehemmung hat ihm beinahe das Le-

gesetzten Hoffnungen nicht. Sie waren nicht schnell und wendig genug, um es mit leichten Jägern aufzunehmen oder ihnen auszuweichen zu können. Die Stukas (Ju 87) erwiesen sich als höchst verwundbar und waren auf Jagdschutz angewiesen. Alle diese Typen konnten nur mit einiger Aussicht auf Erfolg eingesetzt werden, wenn Jäger dabei waren. Solange die deutschen Jagdflieger die Luftüberlegenheit sicherten, konnte die Gesamtstärke von Luftwaffe und Heer in vollem Ausmaß zum Tragen gebracht werden; als die deutschen Jäger dann die Herrschaft verloren, war damit auch das Gesamtpotential von Luftwaffe und Heer spürbar reduziert. Dies war eine der gewichtigsten Lehren, die man aus dem zweiten Weltkrieg hinsichtlich der Struktur von Luftstreitkräften ziehen konnte.[1]

England hat bis zur Mitte des Krieges keine funktionierende taktische Zusammenarbeit mit Bodentruppen zustande gebracht. Wahrscheinlich haben englische Einheiten - nach vielen verlustreichen Niederlagen - zum erstenmal 1942 bei Alam Halfa, noch vor El Alamein, jene Unterstützung aus der Luft erhalten, die dann auch zum Siege führte. Deutschland kam 1939 in Polen, 1940 in Dänemark, Norwegen, Frankreich und den Niederlanden und 1941 in Kreta und der Sowjetunion nur deshalb zu so schnellen Erfolgen, weil die vorrückende Truppe äußerst wirksam aus der Luft unterstützt wurde. Die Rechnung war nur in England nicht aufgegangen, wo die deutschen Jagdflieger sich die Luftherrschaft nicht erkämpfen konnten. (Der Sieg in Kreta war allerdings nur auf Kosten fürchterlicher Verluste der Fallschirmjäger errungen worden.)

Nach dem Erfolg in Afrika haben die Alliierten dann auch in Sizilien, Italien, Frankreich und Deutschland das Heft in die Hand bekommen, als sie überlegene Luftstreitkräfte in enger taktischer Zusammenarbeit mit den Bodentruppen einsetzen konnten. Wenn die Lage es verlangte, dann wurden selbst strategische Bomberverbände zu solchen taktischen Aufgaben herangezogen – die Invasion in Frankreich ist ein Beispiel dafür. Die Aussagen der meisten deutschen Heerführer einschließlich des Generalfeldmarschalls von Rundstedt, der den Oberbefehl im Westen innehatte, lassen den Schluß zu, daß die überwältigende alliierte Luft-

1 F. W. von Mellenthin berichtet in »Panzer Battles«, Kapitel 9, daß Stukas unter Jagdschutz die Artillerie zum Schweigen brachten.

überlegenheit die Niederlage der Wehrmacht in erster Linie herbeigeführt hat. Im Juni 1944 benötigten deutsche Einsatzreserven oft Wochen, um an die Invasionsfront zu gelangen, weil das Transportnetz in Frankreich durch Luftangriffe lahmgelegt war. In der Ardennenschlacht – sechs Monate später – wandte sich das Blatt erst zugunsten der Alliierten, als das Wetter an Weihnachten aufklarte und alliierte Jagdbomber im schmalen Durchbruchssektor konzentrierte Angriffe auf die deutschen Panzer fliegen konnten. Um diese Zeit hatten die Deutschen – das muß man zugeben – außerdem mit Benzinknappheit zu kämpfen. Es waren zwar genügend Reserven für diese Offensive bereitgestellt worden. Entscheidend war jedoch, daß der Treibstoff nicht nach vorne kam, weil die Alliierten nun über die Luftüberlegenheit verfügten. Alliierte Jäger und Jagdbomber hielten den Himmel und die Straßen offen für die eigenen Kräfte und versperrten sie den Deutschen.

(In Korea und Vietnam stellte sich dann heraus, daß man die taktische Unterstützung aus der Luft noch einen Schritt weiter treiben kann, wenn man entsprechend viele Hubschrauber einsetzt. Diese sind heute ein bestimmender Faktor bei jeder taktischen Unterstützung, da sie sowohl als schnelle Kampfzonentransporter wie auch als Waffenträger dienen können.)

Nur der Rußlandfeldzug im zweiten Weltkrieg bildet eine Ausnahme in der Anwendung strategischer Luftstreitkräfte. Die deutsche Luftwaffe war in erster Linie auf taktische Unterstützung ausgelegt, und das russische Konzept war ähnlich. Russische Jagdflugzeuge waren noch nicht einmal mit Sauerstoffgeräten ausgestattet. Ihre Aufgabe lag im Einsatz in Bodennähe, in Tiefangriffen auf Truppenbewegungen und Stellungen oder im Jagdschutz für eigene Flugzeuge bei solchen Tiefangriffen. Die deutsche Luftwaffe hätte deshalb strategische Bomberverbände mit Erfolg gegen russische Industriezentren und Transportwege einsetzen können, als das Heer vor den Toren Moskaus im Dezember 1941 steckenblieb. Aber an strategischen Bombern war kaum etwas vorhanden.

Hätte die Luftwaffe 1941 über eine strategische Langstreckenbomberflotte verfügt, so hätte sie diese mit weit größerem Erfolg gegen Rußland einsetzen können als gegen England. Denn eine Lektion des zweiten Weltkriegs – im Hinblick auf Jagdflieger und schwere Bomber – besteht eben darin, daß eine entschlossene Jagdwaffe schweren feindlichen Bomberverbänden nicht mehr vertretbare Verluste beibringen kann. (Das zeigte sich in den ersten Jahren des Krieges bei den Tagesangriffen, galt aber auch für Nachtangriffe, als genügend Nachtjäger zur Verfügung standen). Die Engländer hatten bereits im Jahre 1940 eine starke Jagdwaffe und bauten zu dieser Zeit doppelt soviel Jagdflugzeuge im Monat wie die Deutschen – dies im Gegensatz zu der teils heute noch in alliierten Ländern verbreiteten Ansicht, daß die Luftwaffe über eine überwältigende zahlenmäßige Überlegenheit verfügte.[1]

Überdies waren die Jagdflugzeuge der RAF mit Sauerstoffgeräten und mit Höhenladern für Flüge zu großen Höhen ausgestattet. Die Russische Luftwaffe verfügte über keine derartige Ausrüstung, und so wäre höchstwahrscheinlich eine strategische Fernbomberoffensive gegen die russische Industrie und die Verkehrswege 1941 von großer Wirkung gewesen. Allerdings hätten die deutschen Jagdflugzeuge den Bombern keinen Jagdschutz dabei geben können – sie hatten schon keine ausreichende Eindringtiefe in der Luftschlacht um England -, aber das wäre in diesem Falle auch keine unabdingbare Voraussetzung gewesen.

Nun soll man sich in einer Studie über Jagdflieger-Taktik und Strategie wohl nicht allzusehr über strategischen Bombereinsatz auslassen, aber man darf daran erinnern, daß das Massaker, das die deutschen Jäger 1939 (manchmal mit Radar-Leitung) unter den ohne Begleitjäger anfliegenden Bombern der RAF anrichteten, dazu führte, die Tagangriffe einzustellen und zu Nachtbombenangriffen überzugehen.[2] Die schweren Verluste der deutschen Bomber bei den Tagesangriffen während der Schlacht um England hatten auch die Luftwaffe im selben Jahre veranlaßt, zu Nachtbombereinsätzen überzugehen. In beiden Fällen haben die defensiv eingesetzten Jagdfliegerverbände den Versuch einer strategischen Bomberoffensive bei Tage abgewürgt. Als dann drei Jahre später die US Army ihre 8. Luftflotte in England aufbaute, ein strategisches schweres Fernbomberkommando, da vertraten sowohl die Engländer wie auch die Deutschen anfänglich die An-

1 Burton Klein, »Germany's Economic Preparations for War«, Seite 410; Chester Wilmot »The Struggle for Europe«, Seite 14.

2 J. E. Johnson, »Full Circle«, Seite 115.

sicht, daß die Jagdabwehr bei Tagesangriffen den B-17 und B-24 zu große Verluste zufügen werde. Das drohte im Herbst 1943 auch genau einzutreffen, und nur dem Einsatz von Langstrecken-Begleitjägern, hauptsächlich P-51 Mustang mit 7 Stunden Flugdauer, war es zuzuschreiben, daß die 8. Luftflotte ihre Tagesangriffe fortführen konnte, die genauere Treffer in militärischen Objekten erbrachte, als dies bei Nachtangriffen der Fall war. Wiederum waren es also Jagdflieger, von denen der Erfolg einer strategischen Operation zur Luft abhing.

Eine letzte Bemerkung über die während des zweiten Weltkriegs auf Deutschland geflogenen strategischen Bomberangriffe ist am Platze. Während des Krieges wurden die Menschen in den alliierten Ländern täglich mit Schlagzeilen überschüttet, wieviel Tonnen Bomben über Deutschland (und Japan und Italien) abgeworfen wurden und welche verheerenden militärischen Schäden dabei angerichtet wurden. Nach dem Krieg stellte sich dann heraus, daß viele dieser Angriffe wenig militärischen Effekt erzielt hatten – besonders die Nachtangriffe. Die deutsche Industrie hat z. B. im letzten Jahre des Krieges mehr Kriegsmaterial und Panzer produziert als in irgendeinem anderen Jahr, und das, obwohl ein Bombenangriff den anderen ablöste. Noch interessanter sind aber Anzeichen, daß die schweren Bomberangriffe der RAF und USAAF die Angreifer mehr Verluste gekostet haben als die Betroffenen.

A.J.P. Taylor ist der Meinung, daß die britischen Strategen besessen waren vom unabhängigen Bombereinsatz und daß diese Besessenheit während des Krieges zu manchen der verhängnisvollen Entscheidungen Englands führte. Er glaubt, daß es ein Fehler war, die Taktik der Terrorangriffe einzuschlagen.[1] Ob man nun derselben Meinung ist oder nicht, so ist doch heute offensichtlich, daß diese Bombereinsätze exorbitante Verluste und Kosten verursacht haben. In manchen Nächten verlor die RAF mehr als 90 schwere Bomber – noch mehr als die 8. US Air Force bei einem einzigen Tagesangriff. Hier waren innerhalb von Stunden also neben den schweren Bombern nahezu 1 000 hochausgebildete und aufeinander eingespielte Besatzungsmitglieder verloren gegangen. Wenn aber, wie es manchmal passierte, die meisten Bomben meilenweit vom Ziel fielen oder wenn eine Stadt angegriffen wurde und man doch die Moral der Bevölkerung nicht brechen konnte,

1 A. J. P. Taylor, »English History«, Seiten 541 und 551.

was ebenfalls zutraf, dann war ein solches Opfer mehr als fragwürdig. Bei einigen der US-Tagesangriffe gegen Ende 1943 und Anfang 1944 schossen deutsche Jäger 60 oder 70 schwere Bomber ab und beschädigten eine ganze Anzahl anderer. Auch hier gingen in wenigen Stunden jeweils 600–700 ausgebildete Besatzungsmitglieder verloren, dazu kamen Verwundete in angeschossenen Flugzeugen, die sich noch zum Einsatzhafen zurückschlagen konnten – dazu kamen die vielen teuren Flugzeuge. Denkt man daran, daß die Bombenoffensive gegen Deutschland jahrelang »rund um die Uhr« Tag und Nacht fortgesetzt wurde, dann ist es eher zu verstehen, warum die Gesamtverlustziffern weder in England noch in Amerika gleich nach dem Krieg veröffentlicht wurden. Viele dieser Bombenangriffe wurden zu schweren Schlappen, und die Wirkung der strategischen Bombenangriffe auf Deutschland wurde fast den ganzen Krieg lang weit überschätzt.

In Europa sorgten die deutschen Jäger für dieses Ergebnis. Japanische Jäger scheiterten bei dem Versuch, dieselben Resultate gegenüber amerikanischen Bombern zu erzielen. Die größeren amerikanischen Bomber, die im Pazifik eingesetzt waren, bekamen schließlich wie in Europa Begleitschutz von Langstreckenjägern. Die japanische Jagdabwehr war nicht so wirksam, und die Radarwarnung war nicht so gut organisiert. Darüber hinaus begann die amerikanische Bomberoffensive in der Schlußphase des Krieges im Pazifik, als die Japaner in jeder Waffenkategorie gegen überwältigende Übermacht zu kämpfen hatten. Im früheren Stadium des Krieges im Pazifik, hauptsächlich im Kampf gegen Rabaul, wo die Japaner starke Jagdfliegerkräfte konzentriert hatten, hatten die Amerikaner feststellen müssen, daß die Bomber Jagdschutz brauchen, wenn man die Verluste niedrig halten wollte.

Genau wie sich in beiden Weltkriegen herausstellte, daß Jagdflieger zur Begleitung von Bombern notwendig sind, so wurde dies auch im Hinblick auf den Jagdschutz von Flotteneinheiten erkannt – hauptsächlich jedoch im zweiten Weltkrieg. Die ersten Fürsprecher dieses neuen militärischen Grundsatzes brachten ihre Argumente bereits zwischen den beiden Kriegen zum Ausdruck, aber es sollte dann doch bis 1940 und 1941 dauern, bis diese Lehre allgemein anerkannt wurde. Die Verluste, die die deutsche Luftwaffe der Royal Navy vor Norwegen im April 1940 zufügen konnte, weil die Schiffe ohne Jagdschutz waren, die geringe Lust, die sowohl das Heer wie auch die Kriegsmarine zeigte, den Ärmelkanal ohne ausreichende Deckung aus der Luft zu überqueren, die Verluste der Royal Navy vor Kreta – ebenfalls von der Luftwaffe erzielt – und der Verlust von zwei »Dickschiffen« der Royal Navy vor Malaya, die einem japanischen Luftangriff zum Opfer gefallen waren, alle die holländischen, amerikanischen und australischen Kriegsschiffe, die in den ersten Tagen des Kriegs im Pazifik infolge fehlenden Jagdschutzes verloren gingen, illustrieren diese Lektion. Auch das kapitale Desaster von Pearl Harbour fällt in gewisser Weise in diese Kategorie, obwohl es sich dabei um einen hinterlistigen Überraschungsangriff handelte, der sicher nur deshalb so erfolgreich war.

Im ersten Weltkrieg entbrannte eine heftige Auseinandersetzung darüber, was für eine Strategie der Jagdwaffe angemessen sei. Das R.F.C.-Dogma bestand in Angriffsgeist, täglichen Flügen über den gegnerischen Linien und so fort. Die deutsche Fliegertruppe stellte sich im allgemeinen auf Defensivtaktik ein und ging nur bei größeren Offensiven (wie z.B. 1916 bei Verdun) selbst zum Angriff über. Die Engländer waren der Meinung, daß die Deutschen gar nicht erkannt hatten, welche Möglichkeiten ihre Fliegertruppe und hier hauptsächlich die Jagdflieger boten. Die Deutschen, die wirtschaftlich mit ihren Kräften umgingen und weniger Flugzeuge verloren, waren der Ansicht, daß ihr Konzept das beste sei. Die Franzosen folgten im allgemeinen dem britischen Beispiel, bis sie ihre allzu forsche Taktik mit schweren Verlusten bezahlen mußten; genauso machten es die Amerikaner etwas später. In beiden Fällen waren die Verluste ziemlich schwer gewesen.

Vor Beginn des zweiten Weltkriegs war jedoch selbstverständlich geworden, und das zeigte sich auch in den ersten Tagen, daß Jagdflieger die Schlüsselrolle bei offensiven und defensiven Operationen zur Luft spielen, daß eine Kombination ihrer offensiven wie defensiven Fähigkeiten in jedem Feldzug mit strategischen Zielen notwendig war, der gegen starke Kräfte geführt werden muß – sei es nun zu Lande, zu See oder in der Luft. Jagdstreitkräfte, zur Verteidigung eingesetzt, waren erfolgreich in der Luftschlacht um England und später in der Verteidigung des Kontinents durch die Luftwaffe 1941–42. Solche Erfolge waren zwar

erfreulich, aber sie entschieden nichts; sie machten höchstens dem Gegner einen Strich durch die Rechnung.
Der offensive Erfolg von Jagdfliegern in der strategischen »Schlacht über Deutschland«, erzielt gegen eine starke Jagdabwehr, versetzte die Alliierten in die Lage, ihre Bomberstrategie weiterzuführen und war demzufolge entscheidend.
Interessante Fragen sind über die Natur der Luftoperationen in Korea und Vietnam aufgeworfen worden. Wie schon vorher angeführt, haben sich die Hubschrauber als Kampfzonentransporter und Kampfhubschrauber in der Erdkampfunterstützung durchgesetzt und bewährt. Aber man darf dabei nicht vergessen, daß in beiden Konflikten die amerikanischen Jagdflieger die Luftherrschaft über dem Kampfgebiet besaßen und demzufolge die Hubschrauber nicht der Bedrohung durch feindliche Jäger ausgesetzt waren. Die Kommunisten waren in beiden Fällen durch ihre Auslegung gebunden, daß es sich hier um revolutionäre Auseinandersetzungen handle – deshalb sah man kaum nordkoreanische bzw. nordvietnamesische Jagdflugzeuge über dem Kampffeld. USAF-Jagdflieger schossen nordkoreanische Jagdflugzeuge mindestens im Verhältnis von 10:1 bei solchen Gelegenheiten ab, bei denen die Kommunisten ihre Kräfte gegen amerikanische Jäger testen wollten. Aber in Vietnam ist das Verhältnis beinahe ausgeglichen geworden. Was aus Hubschraubern wird in einem Krieg, bei dem die Jagdfliegerkräfte ausgewogen sind und über dem Schlachtfeld auch zum Einsatz kommen, ist eine Frage, auf die man leider die Antwort schuldig blieb. Sie werden nicht ohne Jagdschutz bestehen können, und es erscheint sehr wahrscheinlich, daß ihr Wert und ihre Wirkung in einem solchen Fall eine beachtliche Einschränkung erfahren würde, es sei denn, die eigenen Jagdflieger wären in der Lage, die Luftüberlegenheit oder gar die Luftherrschaft über dem Schlachtfeld zu erkämpfen.
Eine weitere neuere Entwicklung, die eine direkte Auswirkung auf die strategische Rolle von Jagdfliegern haben wird, ist die Entwicklung von kleinen, höchst wirksamen Atombomben. Ein Jagdbomber, der eine solche nukleare Waffe auf beträchtliche Distanzen mit sich führen kann, wächst damit in die Rolle sowohl des strategischen Bombers wie des taktischen Flugzeugs hinein. Wegen dieser ungeheuer erweiterten Zerstörungskraft kann heute ein einziges Jagdflugzeug eine Mission ausführen, zu der man frü-

her viele Bomber benötigte. Andere Jagdflugzeuge werden jedoch auch hier zum Jagdschutz benötigt. Es hat sich herausgestellt, daß die schnelleren Düsenflugzeuge von heute besonders wirksam in der Gefechtsformation der Rotte oder des Schwarms eingesetzt werden können (mit Ausnahme gegen hochtechnisierte Abwehrsysteme) – das sind kleinere Formationen, als während des zweiten Weltkriegs bzw. zu Ende des ersten Weltkriegs gegen Bomber und bei anderen Einsätzen gebildet wurden.

Bei einer anderen Einsatzart könnten Erfahrungen aus Korea und Vietnam vielleicht irreführend werden. Weil sich der Gegner gewöhnlich auf Guerilla-Taktik beschränkte und weniger offene Truppenbewegungen im klassischen Sinne durchführte, blieben taktische Luftoperatonen gegen feindliche Panzerverbände auf wenige Gelegenheiten beschränkt (das traf auf beide Seiten zu). Nachschubtransporte wurden öfter angegriffen, aber selten fanden taktische Luftstreitkräfte eine Gelegenheit zur Bekämpfung massierter Panzertruppen, die eine größere konzentrierte Offensive einleiteten. Wenn strategische Bomber eingesetzt wurden, wie das über Vietnam regelmäßig der Fall war, dann gegen Ziele, die aus vermuteten Truppenkonzentrationen, Nachschubwegen oder Geräte- und Waffenlagern bestanden. Dabei gab es relativ wenig Gelegenheit zu taktischer Unterstützung aus der Luft bei der Bekämpfung konzentrierter mechanisierter Verbände.

Der Blitzsieg der israelischen Armee im Sechstage-Krieg von 1967 hat in gewissem Ausmaß Möglichkeiten moderner taktischer Luftstreitkräfte – richtig eingesetzt – demonstriert. Die ägyptische Luftwaffe wurde innerhalb der ersten Stunden dezimiert. Danach konnten sich die israelischen Jagdbomber mit verheerender Auswirkung auf die ägyptischen Panzer konzentrieren. Es war die genaue Kopie der deutschen Taktik von 1940. Das illustriert besser als alles andere, was heutzutage bei enger taktischer Zusammenarbeit mit Panzerverbänden möglich ist. Mit Lenkwaffen und Raketen als Außenlasten ist der taktische »punch« des modernen Jagdflugzeugs verheerender denn je. Einige glauben sogar, der Tag sei nicht mehr fern, an dem Jagdflieger mit modernerer Ausrüstung ferngelenkt zum Einsatz kommen, sowohl in der Rolle des Interceptors als auch bei »close support«.

Wir haben die generelle Jagdflieger-Strategie ausreichend genug behandelt; wir wollen uns nun der Entwicklungsgeschichte der

Taktik und Strategie zuwenden, wie sie durch einige der großen Jagdflieger des ersten Weltkriegs beschrieben werden. Denn sie waren es, welche die meisten Grundsätze des Luftkampfes entwikkelt haben, die heute noch gelten.

# Der erste Weltkrieg

## DER ANFANG

Einer der großen Jagdflieger der frühen Zeit war Duncan Grinnel-Milne. Heute weit über siebzig Jahre alt, lebt er zurückgezogen in South Kensington, London. Ein voller grauer Schnurrbart und eine aufrechte Haltung geben ihm eine Spur jenes »military look« von einst. Er kann sich immer noch lebhaft an die Luftkämpfe vor mehr als fünfzig Jahren erinnern, in deren Verlauf er mehrfach abgeschossen oder zur Notlandung gezwungen wurde, wobei er einmal in deutsche Gefangenschaft geriet, aus der er nach zweieinhalb Jahren fliehen konnte, um dann 1918 noch einmal zu fliegen.

Im November 1915 lag sein Flugplatz (er gehörte damals zur 16. Staffel des R. F. C.) in der Nähe von Merville in Frankreich; der Grasplatz war in einer Schleife der Lys L-förmig angelegt. Ein Flußboot diente als Unterkunft der Piloten. Sie flogen mit B. E. 2C damals zweimal am Tage Bombeneinsätze gegen den Eisenbahnknotenpunkt Dou. Jedes Flugzeug konnte zwei Zentnerbomben tragen. Und damals machten die Piloten zuerst einen Anflug auf das Ziel, um die Verhältnisse dort wahrzunehmen und warfen ihre Bomben dann in einem zweiten Anflug. Ein Beobachter saß im vorderen Sitz und hatte das Lewis-MG zu bedienen.

Der Morgen des 18. November war kalt, der Tag selbst sollte anders verlaufen als sonst. Die Piloten trugen Marschstiefel, wattierte Kappen und Fliegerjacken und frühstückten im Flußboot. Man konnte die Pappeln am Flußufer erkennen und kurz dahinter die braunen Flugzeugzelte. Man hörte, daß feindliche Flugzeuge die Front überflogen hatten. Eine Luftabwehr-Batterie hatte den Gefechtsstand der Staffel – ein Bauernhaus in der Nähe – telefonisch verständigt. Vier Piloten, darunter auch Grinnel-Milne, erhielten den Befehl, die Deutschen hinter die Front zurückzujagen.

Er trabte mit seinem Beobachter, Captain C. S. Strong, schnell zur Maschine. Die Jagd konnte losgehen.
Grinnel-Milne schnallte sich im offenen Cockpit hinter dem luftgekühlten 90 PS Motor an und pumpte. Druck war da – er rief: »Zündung aus.« Ein Mann vom Bodenpersonal warf den Propeller an und trat zurück. Grinnel-Milne, in braunen Lederhandschuhen, die fast bis an die Ellbogen gingen, rief »Kontakt«, schaltete die Zündung ein und gab ein wenig Gas, damit der Motor anspringen konnte.
Ein anderer Pilot in einem kleinen einsitzigen Bristol Jagdflugzeug war bereits gestartet. Grinnel-Milne war der erste Zweisitzer, der vom Platz kam, und flog nach Norden. Ohne Fliegerbrille mit etwa 100 km/h im Steigflug begann er einen Turn und erkannte im gleichen Augenblick einen großen weißen Albatros-Zweisitzer hoch über sich, auf etwa 3 000 Meter, parallel zur Front fliegend. Die Albatros war schneller, aber der Deutsche hatte ihn noch nicht gesehen. Grinnel-Milne begann ihm mit Vollgas nachzusteigen, war aber nicht sicher, ob er genug Zeit hatte, um den anderen einzuholen, bevor dieser nach Osten zurückkurvte. Um überhaupt eine Chance zu haben, ging Grinnel-Milne auf Ostkurs, um vor die Albatros zu kommen, wenn diese wieder zu den eigenen Linien zurückflog. Der Steigflug begann über Neuve-Chapelle und führte in geradem Kurs nach Armentières. Dort hatte er die gleiche Höhe wie die Albatros erreicht, die inzwischen auf 2 500 Meter herabgegangen war. In dieser Höhe kurvte die Albatros nach Osten, Richtung Heimat.
Grinnel-Milne drückte mit Vollgas leicht an und kam vor dem Deutschen in Richtung Sonne wieder hoch. Sein Gegner sah sich vermutlich nach hinten um – oder er wurde durch die Sonne geblendet. Die beiden Flugzeuge befanden sich etwa acht Kilometer innerhalb der deutschen Linien. Die Albatros nahm Gas weg, um den Landeanflug auf Lille zu beginnen. Grinnel-Milne ließ ihn vorbei und hielt sich links von ihm. Im selben Augenblick eröffnete Strong das Feuer und gab etwa 20 bis 30 Schuß ab.
Die Albatros kurvte nach links vor die B. E., und Strong setzte das MG auf die vordere Lafette um. Grinnel-Milne war überrascht, daß der Gegner das Feuer nicht erwiderte. Als Strong dann wieder schußbereit war, ging die Albatros in eine enge Kurve und begann nach wenigen Sekunden so steil zu stürzen, daß

Grinnel-Milne nicht folgen konnte. Da wurde ihm klar, daß der Gegner getroffen war – er ging steuerlos nach unten! Sie sahen zu, fasziniert. Plötzlich hörte Grinnel-Milne das Knattern von Schüssen. Eine andere Albatros war über ihm. Zwei weitere feindliche Flugzeuge näherten sich von Osten. Nach einem verzweifelten Rückzugsgefecht gelang es ihm schließlich, den eigenen Platz wieder zu erreichen – mit durchlöcherter Maschine, aber unverwundet und als Sieger.

Es war der typische Luftsieg der etwas primitiven Taktik der Anfangszeit. Erst später konnten sich die britischen Piloten mit den wesentlich schnelleren Camels und S.E's. dann einfach von oben, oft auch von hinten, auf ihre Gegner stürzen. Bei diesen frühen Luftkämpfen war die Aufholjagd und die Bewältigung der Flugbedingungen oft schwieriger als der Luftkampf selbst. Das Erscheinen schnellerer Jagdflugzeuge brachte dann die Änderung. Trotzdem sind viele Piloten aus dem ersten Weltkrieg der Meinung, daß Manövrierfähigkeit und nicht Geschwindigkeit der wichtigste Einzelgesichtspunkt in der Beurteilung eines Jagdflugzeugs war, und zwar auch noch im Jahr 1918.

Nach seiner Flucht aus deutscher Kriegsgefangenschaft flog Grinnel-Milne eine S. E. 5a; dieses Flugzeug lag gut in der Hand und konnte im Sturzflug bis zu 425 km/h gehen. Außerdem konnte man mit ihm schnell slippen. Ein Ereignis, das er überlebt hat, wurde im Daily Telegraph Magazine als ein »Sturzflugangriff im Ersten Weltkrieg« beschrieben.[1]

Nach diesem Bericht führte er Bomben mit auf diesem Flug und warf zwei auf eine Artillerie-Stellung. Der Explosionsdruck der Bomben drückte das Leitwerk der S. E. 5a nach oben und die Nase nach unten. Der Steuerknüppel klemmte – das Flugzeug ging fast senkrecht nach unten, der Boden war nur noch 100 Meter entfernt. Gerade als das Flugzeug die Nase wieder etwas heben wollte, schlug es auf – glücklicherweise auf einem steilen Abhang. Das Fahrgestell wurde abgerissen, die Propellerblätter verloren die Spitzen, auf einer Seite des Rumpfes wurde die Höhenflosse mit dem Höhenruder abgeschlagen. Aber in diesem Zustand flog er weiter und erreichte die britischen Linien, wo er eine Bauchlandung baute, bei der er dann k. o. geschlagen wurde.

1 Daily Telegraph Magazine No. 182: 29. März 1968.

Die S. E. 5a, die Grinnel-Milne zu Ende des ersten Weltkriegs flog, war eines der besten britischen Jagdflugzeuge. Wie die Camel übetraf sie in der Leistung die früheren britischen Jagdflugzeugtypen erheblich. Die ersten Exemplare wurden im März 1917 ausgeliefert; die Staffeln wurden dann 1917 auf dieses Muster umgerüstet, das schneller war als die französischen Spad und Nieuport, wenn auch etwas weniger manövrierfähig als die Nieuport. Grinnel-Milne gibt zwar zu, daß die Fokker D VII (damals wahrscheinlich das beste deutsche Jagdflugzeug) enger kurven konnte, aber mit der Feuerkraft, Geschwindigkeit und extremen Dienstgipfelhöhe der S. E. 5a, und mit der Camel, konnten die Entente-Mächte 1918 die Luftüberlegenheit zurückgewinnen. (Die S. E. 5a wurde innerhalb der Serie S. E. 5 am meisten gebaut und war ursprünglich mit einem 200 PS Hispano-Suiza-Motor oder einem entsprechenden britischen Motor ausgestattet. Die Höchstgeschwindigkeit betrug 190 km/h, die Dienstgipfelhöhe 6 500 Meter. Die Franzosen nahmen 1918 ebenfalls die Produktion der S. E. 5a auf).

Vergleicht man die Leistung von Grinnel-Milnes B. E. 2C aus dem Jahre 1915 (die 115 km/h Höchstgeschwindigkeit erreichte, mit 100 km/h gerade noch steigen konnte und zwei Mann und ein MG trug) mit der S. E. 5a – einem Einsitzer hoher Leistung mit zwei MG's (Vickers und Lewis), dann kann man den Fortschritt ermessen, der in den zwei Jahren von 1915 bis 1917 erzielt wurde.

Der zeitaufwendige Einsatz im Jahre 1915, der in diesem Kapitel erwähnt wurde, läßt sich überhaupt nicht mehr mit dem vergleichen, was in den nächsten Kapiteln beschrieben wird. Grinnel-Milne flog noch zusammen mit einem Beobachter/MG-Schützen in einem Zweisitzer, und er benötigte eine halbe Stunde um in Schußposition zu kommen – und er war seitlich abgesetzt und etwas höher als sein Gegner. Aus dem einzigen MG des Beobachters wurden etwa 40 Schuß abgegeben. Das Feuer wurde nicht erwidert. Vom Pilotensitz seiner B. E. 2c konnte Grinnel-Milne das feuernde MG sehen und hören, aber außer dem Erfliegen einer günstigen Schußposition konnte er kaum etwas zum Abschuß des Gegners beitragen. Am Ende des Krieges hatte sich das radikal geändert.

Arthur Gould Lee im November 1917 als Captain im RFC, vor seiner Sopwith Camel.

Eine Sopwith Camel-Staffel im Jahre 1918.

Air Vice-Marshal Arthur Gould Lee
im Zweiten Weltkrieg.

Das Porträtfoto zeigt Josef Jacobs, den erfolgreichsten unter den noch lebenden deutschen Jagdfliegern aus dem Ersten Weltkrieg (unten).

Theo Osterkamp als Marineflieger im Ersten Weltkrieg (unten rechts).

Jagdflugzeuge waren nicht mehr anders wie als schnelle Einsitzer denkbar. Luftkämpfe fanden fast nur noch zwischen organisierten Formationen statt, die manchmal in Höhen bis zu 6 500 Metern flogen. Und ganz selten nur konnte man einen Schuß abgeben auf einen Gegner, der neben einem flog – wenn nämlich das Opfer weiterhin geradeaus flog. Die Waffen der modernen Jagdflugzeuge schossen nach vorn durch den Propellerkreis, und die Piloten mußten versuchen, eine Position hinter ihrem Gegner zu erfliegen, wobei es viel Kurbelei gab, wie wir noch sehen werden.

## DAS RICHTHOFEN-GESCHWADER

In der südlichen Auffahrtsallee, in einer angesehenen Münchener Wohngegend, lebt Carl-August von Schoenebeck. 1918 war er der jüngste Staffelkapitän an der Westfront, Angehöriger des Jagdgeschwaders 1, das beim Feind als »Flying Circus«, in Deutschland zu Ende des Krieges als »Richthofen-Geschwader« besser bekannt war. Es war die erfolgreichste Jagdflieger-Einheit des ersten Weltkriegs. Im Juni 1917 aufgestellt, hatte es bis Ende des Krieges – November 1918 – insgesamt 644 Flugzeuge der Entente abgeschossen, bei einem Verlust von nur 56 gefallenen und 52 verwundeten Flugzeugführern.

Der leicht ergraute Mann, mit den buschigen dunklen Augenbrauen, der uns an der Türe seines schönen Hauses entgegentrat, wirkte überraschend jung und agil – obwohl hoch in den Siebzigern. Wir gingen durch Zimmer mit alten holländischen Möbeln auf eine Terrasse mit Blick auf einen kleinen Teich. Ein Garten erstreckte sich hinter dem Haus mit seinen grünen Läden. Wir saßen im Schatten, wo ein leichter Wind die Hitze des Tages ein wenig erträglicher machte. Frau von Schoenebeck und eine Tochter setzten sich zu uns und wir kamen ins Gespräch. Von Schoenebeck flog damals immer noch sein eigenes Flugzeug, obwohl die Dame des Hauses der Meinung war, es sei wohl Zeit, daß ihr Mann sich an eine etwas langsamere Art zu reisen gewöhne. Die braunen Augen dieses Mannes sind klar und lebhaft, und er spricht rasch, erfüllt von der gleichen Energie, die er nach Aussage seiner Frau sein ganzes Leben hindurch bewiesen hat. Seine körperliche Kondition ist überraschend, und sowohl Frau wie Tochter erklärten mir, daß diese nie ermüdende Energie selbst sie immer wieder mit Staunen erfülle.

»Ja, ich bin damals mit Richthofen geflogen, und bei einem solchen geschlossenen Formationsflug hätte mich beinahe ein Engländer abgeschossen. Es war im August oder September 1917, und die Engländer, die uns gegenüberlagen, waren sehr sportlich. Ich flog mit einer Albatros D III rechts hinter Richthofen. Der britische Flieger hatte ein großes B am Rumpf seiner Maschine. Er flog eine S. E. 5 – eines der besten, wenn nicht das beste britische Jagdflugzeug überhaupt. Richthofen war die Maschine bereits ein paar Tage vorher aufgefallen, und er war nun hinter ihr her. Es wurde behauptet, es sei die Maschine eines berühmten Engländers. Als ich damals die Briten bemerkte, hatte Richthofen sie längst erkannt, wie gewöhnlich. Sie flogen über uns – sechs oder sieben Maschinen – und wir gingen in einen Turn nach rechts.

Da kamen die S. E. 5 runter, an der Spitze der Kerl mit dem B. Mitten in diesem Turn nach rechts war er plötzlich über mir und schoß. Ich wußte nicht, daß er mich aufs Korn genommen hatte. Die Engländer hatten eine Überhöhung von etwa 1 000 Meter gehabt und kamen nun mit Brassfahrt an. Treffer fetzten in mein Flugzeug. Ich erhielt einen Streifschuß im Rücken. Die D III mußte in kurzer Zeit 48 Treffer einstecken. Ich konnte weiterem Unheil ausweichen, so daß ich noch einmal davonkam. Ich landete auf einem Platz in Belgien bei Courtraix. Richthofen hat sich später bei mir entschuldigt. Er meinte, er habe wohl etwas zu spät zu dem Turn angesetzt.«

Von Schoenebeck fragte sich, ob der Pilot, der ihn angegriffen hatte, wohl Albert Ball gewesen war (wegen des »B«). Aber da sich dieses Ereignis im Spätsommer 1917 abgespielt hat, war das nicht möglich. Der berühmte Ball war, nach 44 Luftsiegen, am Nachmittag des 7. Mai zu seinem letzten Flug gestartet. Richthofen war zuvor schon einmal auf Ball gestoßen, und auf deutscher Seite wurde behauptet, es sei Lothar von Richthofen gewesen (der weniger berühmte Bruder), der Ball abgeschossen habe; auf britischer Seite wurde das bestritten. Mag dem sein wie auch immer, die Diskussion darüber führte das Gespräch nun auf Manfred von Richthofen selbst, seine Ausbildungsmethoden und seine Führungstaktik, an die sich von Schoenebeck noch gut erinnern konnte. Er kam 1917 zur Jasta 11, die Richthofen bis zum 24. Juni geführt hat, also bis er Kommandeur des neu gebildeten Geschwaders wurde.[1]

Richthofen interessierte sich persönlich für jeden Neuzugang bei der Jasta 11, solange er sie führte; er sprach ausführlich mit je-

1 Nach dem 24. Juni hat Richthofens Bruder Lothar die Jasta 11 übernommen, obwohl Manfred von Richthofen manchmal noch an der Spitze seiner alten Jasta flog, als er bereits das Geschwader führte.

dem einzelnen, ließ ihn vorfliegen, kritisierte seine Fehler, und lobte was er gut fand. Er sorgte dafür, daß alle neuen Piloten Munition zugewiesen erhielten, mit der sie üben konnten. Manchmal flog er dabei mit (und er soll dann über 90 % Teffer in die Bodenziele gejagt haben). Wenn der Neue in seinen Augen fertig war, dann nahm er ihn zum ersten Feindflug mit, und beobachtete ihn genau in der Luft, um ihm in kritischen Situationen Hinweise für die richtige Reaktion zu geben. Manch einer war überrascht, wie schnell Richthofen seine Fluggewohnheiten – und zwar die schlechten Gewohnheiten – erkannt hatte. Seine Taktik fußte auf Boelcke, aber er hatte sie durch eigene Erfahrungen und Ideen erweitert. In der Luft legte er größten Wert auf dauerndes Absuchen des Himmels und auf besondere Aufmerksamkeit nach hinten.

Ich fragte Herrn von Schoenebeck nach dem wichtigsten Leistungsfaktor im Luftkampf.

»Am wichtigsten war damals, wie eng man kurven konnte – das kam also zuerst. Das nächstwichtigste war dann die Geschwindigheit. Natürlich brauchte man eine Kombination guter Leistungscharakteristika. Wenn man einen kurzen Blick auf den zweiten Weltkrieg wirft, dann war die Spitfire in bestimmten Höhen der Me 109 überlegen, weil sie über eine bessere Manövrierfähigkeit verfügte. Dafür war die Me 109, nach meiner Meinung, etwas schneller.[1]

Unser bestes Jagdflugzeug im ersten Weltkrieg war die Fokker D VII mit dem BMW-Motor. Auf der anderen Seite halte ich die S. E. 5 für das beste Jagdflugzeug des R. F. C. Die britischen Jäger konnten manchmal verflixt eng kurven. Im Gegensatz zu anderen Leuten möchte ich eigentlich nicht behaupten, daß die Engländer mehr über unseren Linien flogen.[2] Sie faßten die Angelegenheit mehr sportlich auf und wir mehr stramm militärisch. Ich kann mich daran erinnern, wie einmal im Oktober 1917 drei englische Jäger in einer Höhe von 400 Metern über unseren Platz geflogen sind. Richthofen sagte, das ist aber komisch – vor allem

1 Das ist immer noch Anlaß für Diskussionen zwischen Spitfire- und Me 109-Piloten; die Leistungsdaten waren ähnlich, und verschiedene Versionen des einen Typs, die gegen eine andere Version des zweiten Typs flogen, mögen zu der Kontroverse beigetragen haben. Die Handbücher weisen für die Spitfire einen kleinen Geschwindigkeitsvorteil aus.

2 Die überwältigende Mehrzahl beweiskräftiger Unterlagen beweist das Gegenteil. Aber gegen Ende des Kriegs, als von Schoenebeck im Einsatz stand, war dies vielleicht nicht mehr so prononciert erkennbar wie in den Jahren vorher. Siehe auch Kapitel 7.

als sie nach 30 Minuten noch einmal kamen und den Platz erneut in der gleichen Höhe überflogen. Es war um die Mittagszeit, und als einer von den Dreien abgeschossen wurde und notlanden mußte, sagte er nur, sie hätten gedacht, um diese Zeit säßen die Deutschen grundsätzlich beim Essen. Er und seine beiden Kameraden hatten gewettet, sie könnten währen der Mittagszeit unsere Linien überqueren und unbelästigt wieder zurückfliegen. Es mag Sie interessieren, daß abgeschossene englische Piloten immer zu unserem Platz gebracht wurden, wo sie – ohne Bewachung – mit uns lebten, mit uns aßen und tranken, bevor sie schließlich in ein Gefangenenlager gebracht wurden. Sie waren alle sehr sportlich eingestellt. Der eine, den wir damals abgeschossen hatten, übergab uns einen Scheck für die Wette, die er verloren hatte, damit wir diesen bei seinen Kameraden abwerfen konnten.

Unsere Flugplätze lagen in der Regel in der Nähe eines schönen Schlosses, das wir als Quartier nutzen konnten. Es ging damals das Sprichwort um, wenn man irgendwo auf ein hübsches Schloß stoße, dann könne man damit rechnen, daß ein Flugplatz gleich daneben sei. Die Flugzeuge waren auf unserem Platz nur ein paar hundert Meter vom Schloß entfernt unter grünen Zelten abgestellt.«

C. A. von Schoenebeck war auch im zweiten Weltkrieg noch aktiver Offizier – als Chef der Luftwaffenmission in Bulgarien und später im Stab des Generals der Jagdflieger. »Ich denke, wir brauchen heute wieder etwas langsamere Jagdbomber. Ich spreche hier von der taktischen Zusammenarbeit mit den Bodentruppen. Viele der heutigen Flugzeuge sind so schnell, daß der Pilot einfach nicht in der Lage ist, eine Bombe exakt ins Ziel zu werfen. Ich weiß, daß mit elektronischer Automatik alles besser funktionieren soll, aber ich glaube immer noch, daß es für die Augen eines Piloten noch keinen Ersatz gibt. Wer weiß denn, wo das Ziel genau liegt? Wenn wir uns einmal gegen die Russen verteidigen müßten, dann bräuchten wir Jagdbomber und Schlachtflugzeuge, die gegen vorrückende Panzer operieren können. Piloten müssen sich dann auf ihre Augen verlassen. Ich glaube, die amerikanische Luftwaffe hat in dieser Hinsicht in Korea und Vietnam umlernen müssen. Die langsameren Flugzeugtypen, die zur Erdkampfunterstützung eingesetzt wurden, erwiesen sich als besser.«

Ich fragte ihn nach den Luftsiegen, die er im ersten Weltkrieg erringen konnte, und nach einer Erklärung für die zahlenmäßig höheren Flugzeugverluste der Entente-Mächte. Er meinte, ein Grund für die hohen deutschen Abschußzahlen sei sicher darin zu suchen, daß die Westmächte so viel mehr Flugzeuge im Einsatz stehen hatten.
Wir sahen viele alte Fotos an, eines von Richthofen und ihm selbst, im Herbst 1917 in Courtraix vor einer De Havilland aufgenommen, die er abgeschossen hatte, und einige von Richthofens Beerdigung. Er sagte, alle Piloten des Geschwaders glaubten, daß Richthofen vom Boden aus zum Absturz gebracht wurde.[1]
Als wir dann auf die Taktik in den beiden Weltkriegen zu sprechen kamen, betonte er, daß Manövrierfähigkeit der wichtigste Einzelfaktor im ersten Weltkrieg war, vielleicht noch nicht in dem Ausmaß wie später im zweiten Weltkrieg. Jagdflieger konnten, wie er sagte, im ersten Weltkrieg bei Bombenangriffen in keinem Fall ernsthaft und entscheidend eingreifen, weil die Bomber in sehr großen Höhen flogen und es für die damaligen Jagdflugzeuge äußerst schwierig war, so hoch zu steigen und die Bomber abzufangen. Das sollte sich dann im zweiten Weltkrieg ändern, als die Jagdflugzeuge schwerer bewaffnet waren und in großen Höhen operieren konnten. Sie hatten die Geschwindigkeit, um starten und auf Abfanghöhe klettern zu können, bevor die Bomber wieder abfliegen konnten – und sie konnten sich dabei auf die Radarerfassung der Bodenstellen verlassen. Seiner Meinung nach waren demnach Jagdflieger im zweiten Weltkrieg eine entscheidendere Waffe als 1914–1918.
Es schien kaum glaublich, daß der rüstige Erzähler und alte Flieger, der da vor mir saß, in einem Krieg vor über 50 Jahren Jagdflieger gewesen war. Ein solcher Besuch bestärkt einen fast in der Theorie, daß Flieger, wenn sie einen Krieg überstehen, eine ausgezeichnete Chance auf ein langes Leben haben.
Carl August von Schoenebeck schickte mir später einige der Bilder, die wir damals angesehen hatten. Eines davon zeigt einen sehr ernsthaften jungen Mann von 17 oder 18 Jahren, das Haar

1 Das ist nun kaum mehr bestritten in alliierten Ländern; noch vor wenigen Jahren wurden Bücher über das Thema geschrieben – eines versuchte zu beweisen, daß ein englischer MG-Schütze der Mann war, der Richthofen abgeschossen hat; in einem anderen Buch war es ein Australier, und so weiter. Viele Jahre lang hielt man den kanadischen Jagdflieger Roy Brown für den Sieger über Richthofen.

sauber gekämmt, in seiner besten Uniform, in der Hand die etwas deformierte Mütze (eine Fliegertradition, die sich bis auf den heutigen Tag gehalten hat). Aus seinem Gesicht leuchtet der Glaube der Jugend. Daß so viele junge Menschen auf beiden Seiten bei einer Sache ihr Leben lassen mußten, die von vorgegebenen Umständen und blindem Schicksal abhing, ist ein belastender Gedanke; ihre Jugend und ihr Glaube an die Gerechtigkeit ihrer Sache machten sie geradezu zum Freiwild für jenes Blutbad, das zum Los ihrer Generation werden sollte.

Die Briten haben 1917 bei Cambrai den ersten größeren Einsatz von Tanks mit Erfolg durchgeführt. Diese gepanzerten Fahrzeuge waren bereits im Sommer in der dritten Ypernschlacht eingesetzt worden, jener Materialschlacht, die die Engländer 300 000 Mann gekostet hat und die Deutschen 200 000. Aber damals waren die Tanks im Schlamm und Dreck des Schlachtfeldes stecken geblieben. Diese dritte Ypern-Schlacht hat von Ende Juli bis November die britische Infanterie so dezimiert, daß keine Reserven mehr vorhanden waren, um den Tankangriff bei Cambai zu unterstützen. Es waren aber auch keine Kavallerie-Verbände verfügbar, die dem Tankangriff folgen konnten. Trotzdem wurden 381 Tanks bei Cambrai zusammengezogen und schlagartig ohne Feuervorbereitung durch die Artillerie eingesetzt. Sie gewannen innerhalb kurzer Zeit auf breiter Front acht Kilometer Boden und damit mehr Gelände, als die britische Armee in Flandern oder an der Somme in massierten und überaus verlustreichen wochenlangen Offensiven im früheren Stadium des Krieges erkämpfen konnte. Etwa 10 000 Deutsche wurden gefangen genommen, 200 Geschütze wurden erbeutet. Die Engländer hatten nur geringe Verluste. Weil aber den Tanks nur geringe Infrantiekräfte gefolgt waren, konnte dieser revolutionäre Erfolg nicht zum Durchbruch erweitert werden. Die Deutschen zogen Reserven zusammen, traten zum Gegenstoß an und gewannen fast das ganze Gebiet wieder zurück.

Einer der Piloten, der 1917 mehrmals am Tage über diesem Frontabschnitt flog, war Arthur Gould Lee von der 46. Jagdstaffel des R. F. C. Fast das ganze Jahr hindurch mußten die britischen Flieger sich damit abfinden, daß die Deutschen bessere Flugzeuge hatten; ihre Überlebenschancen waren damals ziemlich gering – nicht nur aus diesem Grund, sondern auch weil sie immer noch die gleiche Angriffstaktik benützten. Aber endlich, kurz vor Cambrai, wurden sie mit Camels ausgerüstet. Trotzdem wurde Lee in den zehn Tagen der Schlacht nicht weniger als dreimal

abgeschossen - am 22., 26. und 30. Es war eine hektische Zeit, auch in der Luft.
Lange Jahre nach dem Krieg stellte er jene Briefe zusammen, die er 1917 an seine junge Braut geschrieben hatte, und gab sie in Buchform heraus. (Daß die Entente-Mächte es nicht fertig brachten, ihre Piloten mit Fallschirmen auszurüsten – die Deutschen benutzten sie ab 1918 –, hatte sich so tief in sein Gedächtnis eingegraben, daß er diesem Buch den Titel gab: »Kein Fallschirm«). Er hatte seine Frau bereits um viele Jahre überlebt, als das Buch 1968 erschien. Die Widmung lautete: »Meiner ersten Frau Gwyneth Ann, die schon lange tot ist und an die diese Briefe gerichtet waren – im Lenz des Lebens«
Arthur Gould Lee, pensionierter Air Vice-Marshal of the RAF, wohnt in einer komfortablen Suite im vornehmen Londoner Wohnbezirk Kensington – nicht weit übrigens von Duncan Grinnel-Milne, den wir in Kapitel 5 kennengelernt haben. Er ist ein recht erfolgreicher Autor geworden, seit er in den Ruhestand ging. Er hat acht Sachbücher geschrieben und hat dabei seine Erinnerungen an militärgeschichtliche Ereignisse aufgefrischt und festgehalten. Da er im Laufe einer beachtlichen Karriere höchsten Rang erreichte, besondere Kriegsschulen durchlief und der RAF bis nach dem zweiten Weltkrieg angehörte, hat seine fliegerische Laufbahn 1918 keineswegs ihr Ende gefunden. Er ist also eine unbestrittene Autorität auf dem Gebiet der Jagdflieger-Taktik und -Strategie im ersten Weltkrieg.
Er äußert sich durchaus kritisch über die Grundzüge der britischen Strategie, wie sie von Generalmajor (später Luftmarschall) Hugh Trenchard vom R. F. C. bevorzugt wurden und die im wesentlichen darin bestanden, eine konstante offensive Luftpatrouille über den feindlichen Linien aufrecht zu erhalten. Gould Lee ist der Meinung, daß diese Strategie unnötig viele Menschenleben und Flugzeuge gekostet hat und größtenteils wirkungslos blieb. Er hält es für geradezu skandalös, daß England bis 1917 nicht in der Lage war, seinen Fliegern wirksame und konkurrenzfähige Flugzeuge in die Hand zu geben, und daß bereits erprobte Fallschirme nicht schon in einem verhältnismäßig frühen Stadium des Krieges ausgegeben wurden, denn allein diese Maßnahme hätte vielen Piloten und Beobachtern das Leben gerettet, die mit ihren Flugzeugen zu Tode stürzten oder lebend in ihnen verbrannt sind. »Über

den größten Teil des Krieges hinweg waren wir eindeutig unterlegen, hauptsächlich aber unterhalb von 5 000 Metern«, erinnert er sich. »Bis kurz vor Ende des Krieges kämpften wir mit einem MG, während die deutschen Flugzeuge bereits durchweg mit Zwillings-MG ausgerüstet waren. Und zu oft waren sie eben auch schneller. Der Gegner konnte uns auskurven und davonfliegen oder einfach nach oben wegsteigen. Wenn wir in einem Luftkampf steckten, dann kamen wir einfach nicht weg. Wir mußten ihn durchstehen.

Die Tiefangriffe, die ab 1917 einen Großteil der Kampfaufträge ausmachten, verlangten genauestes, sorgfältiges Fliegen. Anfangs des Jahres flog ich eine Sopwith Pup und kämpfte oft gegen D III. Tiefangriffe auf Bodenstellungen lagen mir weniger. Da standen auch die Chancen in der Regel gegen uns. Wir warfen z. B. in der Tankschlacht von Cambrai Bomben und beschossen die gegnerische Infanterie und Artillerie mit Bordwaffen. Manchmal zogen wir hoch und fanden dann einen Gegner. Einer meiner kritischsten Tage war der 30. November.

Es war über Cambrai. Innerhalb einer Woche sollte ich zum dritten Mal abgeschossen werden. Die 46. Staffel lag in Izel-le-Hameau, westlich von Arras. Bishop und Ball lagen ebenfalls eine Zeit lang auf diesem Platz. Wir hatten nur 70 Meter bergauf zu gehen, um vom Staffelgefechtsstand aus die drei Hangars zu erreichen, vor denen unsere Maschinen abgestellt waren. Der Flugplatz war verhältnismäßig groß und konnte drei Staffeln aufnehmen. Im Notfall konnten wir also praktisch direkt vom Kasino aus starten. Unsere Camel waren schokoladenbraun und hellgrün angestrichen. Ich flog immer in einer wollgefütterten Lederjacke, trug einen roten Strickschal – wichtig, um den Fahrtwind abzuhalten –, dazu kamen Maske, Brille und Handschuhe, dazu bis an die Hüften reichende, mit Schaffell gefütterte Fliegerstiefel. Wir schnallten uns selbst an (obwohl es natürlich auch Waffen- und sonstige Warte gab), stellten den Höhenmesser ein, prüften ob die Leuchtpistole auf der rechten Seite vorhanden war und eine Karte auf dem Kartenbrett links im Cockpit lag. Wir überprüften die Stellung des Gashebels – links – und die Benzinuhr am Instrumentenbrett, ein Ding, wie es in Autos damals Verwendung fand. Dann konnten wir den braunen hölzernen Pumpengriff auf der rechten Seite betätigen, bis genügend Druck für das Anwerfen des

Motors vorhanden war. Wir hatten das bis zu dem Erfolg geübt, daß wir eine Minute nach Verlassen des Kasinos in der Luft waren.

Der Start selbst ging folgendermaßen vor sich: Wenn genügend Druck da war, rief ich »fertig«. Der Mann vom Bodendienst hatte dann zu sagen: »Bitte ausschalten, Sir«. Ich mußte bestätigen und rief: »Ansaugen«. Er drehte daraufhin den Propeller drei- bis viermal durch und rief dann: »Kontakt, Sir«. Ich wiederholte laut: »Kontakt« und schaltete die Zündung ein. Er warf den Propeller an, der Motor kam, und ich ließ ihn dann einigemale kurz auf Touren kommen. Das war mit keinem besonderen Krach verbunden – zuerst kamen gewöhnlich kleine weiße Wölkchen aus den Auspuffstutzen. Wenn ich dann sah, daß der Motor Gas annahm, dann ging ich wieder auf Leerlauf und lud jedes Vickers-MG durch, indem ich die beiden Metallhebel betätigte, die etwa 25 Zentimeter vor mir angebracht waren. Unsere Aluminium-MG-Gurte unterschieden sich von den Gurten, die die Infanterie benützte. Die einzelnen Gurtglieder lösten sich nach jedem Schuß und wurden in einen Fangschlauch ausgeworfen. Wenn man alle 600 Schuß verschossen hatte, hatte sich auch der Gurt aufgelöst. Das Zwillings-MG war ein gewaltiger Fortschritt gegenüber dem einzigen MG in der Sopwith Pup. Um diese Zeit hatten wir auch den neuen Unterbrechungsmechanismus von Constantinescu, mit dem eine schnellere Schußfolge möglich geworden war. Ich hatte dann selten auf beiden Waffen gleichzeitig Ladehemmung, was sich natürlich gegenüber der Pup vorteilhaft auswirkte.

Wir waren gerade auf Camel mit 110 PS Clerget Umlaufmotor umgerüstet worden, unsere Unterkünfte bestanden aus Nissen-Hütten und lagen im einem Obstgarten. Der Morgen des 30. November 1917 war neblig und trübe. Ich hatte die Frühpatrouille im Morgengrauen – mit der Pup war ich bei solchen Frühpatrouillen in Höhen bis 7 300 Meter geflogen.

Die Deutschen hatten auf unsere Tankoffensive hin eine Gegenoffensive gestartet. Mein erster Start fand um 08.40 Uhr statt, und wir kamen um 09.30 Uhr zurück und landeten. Um 10.10 Uhr war ich wieder in der Luft, diesmal mit Bomben – vier 20 Pfund-Cooper-Bomben, die in der Hauptsache Splitterwirkung nach den Seiten hin, gegen Infanterie, hatten. Wir warfen unsere Bomben auf den vorrückenden Feind und konnten um 12.15 Uhr wieder landen. Die Kämpfe waren äußerst heftig, und wir alle sahen ein, daß wir so oft wie möglich starten mußten. Major Philip Babington kam ins Kasino, wo wir gerade beim Essen saßen und sagte: »Startet wieder, so schnell ihr könnt!« Also ab zu den Maschinen.

Ich winkte mit der Hand, die Bremsklötze wurden weggezogen. Den anderen Piloten gab ich das Zeichen mit dem Daumen nach oben, drehte in den Wind und startete. Wir flogen an diesem Tag in zwei Ketten. In meiner Kette flog Dusgate rechts von mir und Cooper, ein Schotte, links von mir. »George« Bulman führte die zweite Kette – er wurde später berühmt als Hawker Testpilot, der wesentlich zu der Entwicklung der Hurricane beigetragen hat. Die zweite Kette flog gewöhnlich etwas nach links rückwärts abgesetzt. Bei diesem dritten Einsatz am gleichen Tag hatten wir wieder je vier Bomben geladen und sollten Tiefangriffe auf die Deutschen fliegen. Am nächsten Tage habe ich meiner Frau in einem Brief die Erlebnisse bei diesem Einsatz beschrieben:[1]

»Weil die Staffel soviele Neuzugänge hat, die man nicht einfach auf solche Tiefangriffe losschicken kann, und weil Odell, Wilcox, Hughes und Ferrie auf Urlaub sind, müssen acht von uns alles machen, und die Belastung macht sich allmählich bemerkbar. Wir hatten einen kurzen Lunch, aber wir hatten keine Lust zum Reden. Mir selber war garnicht nach einem solchen Einsatz im Parterre zumute, aber das konnte ich mir nicht anmerken lassen, schließlich hatte ich die Führung dabei!

Ich startete um 12.15 Uhr, diesmal mit Bulman, Thompson, Cooper, Dusgate und Blakeley. Das Wetter war ziemlich klar, mit einzelnen Wolken in 1 000 - 1 200 Meter Höhe. Über dem vorspringenden Frontbogen war die Luft lausig voll mit D V in allen Höhen, hauptsächlich aber über Bourbon. Außerdem waren da noch eine Menge deutscher Zweisitzer, die Tiefangriffe flogen und dabei von Camels und Pups gejagt wurden. Es war unmöglich, unter diesen Umständen Formation zu fliegen, solange wir die Bomben noch daran hatten. Also gab ich das Signal zur Auflösung der Formation, und jeder suchte sich sein eigenes Ziel, mit Ausnahme von Dusgate, der als Neuling, wie vorher abgesprochen, auch in einem solchen Fall bei mir bleiben sollte.

1 Arthur Gould Lee, »No Parachute«, Seiten 187–192.

Als besonderes Ziel war ein Haus am Ortsrand von Bourlon zugewiesen, in dem sich irgend ein Gefechtsstand befinden sollte. Siebenmal versuchte ich mich über die Linien zu stehlen, aber jedesmal stürzten sich sofort Doppeldecker und Dreidekcer auf uns, und wir mußten wieder wegkurven. Einige der Flugzeuge waren rot, was auf das Richthofen-Geschwader hindeutete – und ausgerechnet mit diesen Leuten anzubinden, solange wir die Bomben nicht los waren, war keineswegs ratsam.
Allmählich flog ich beinahe wie ein Atomat. All diese Mühe und dieses Risiko, nur um ein einzelnes Haus zu bombardieren, das wahrscheinlich auch noch leer war. Ich dachte: Diesmal kriegen sie dich, du kannst nicht immer der sein, der gerade noch einmal davongekommen ist. Man wird sehr schnell zum Fatalisten. Ich klopfe nicht einmal mehr gegen Holz, seit wir damit angefangen haben, Tiefangriffe gegen Gräben und Stellungen zu fliegen.
Als es mir schließlich zu dumm wurde, gegen diesen undurchdringlichen Schirm von deutschen Flugzeugen anzufliegen, drehte ich nach Westen ab, immer noch von dem braven Dusgate gefolgt. Dann stieg ich auf 1 200 Meter, flog über die Wolkenuntergrenze acht Kilometer nach Norden und flog danach von Nordwesten an Bourlon heran. Ich sah das Ziel und gab das Zeichen zum Sturzflug. Ich hatte den Befehl, viermal anzufliegen und jedesmal eine Bombe zu werfen, um auf diese Weise das Haus mindestens einmal zu treffen. Aber ich hatte Dusgate gesagt, er solle seine vier Bomben auf einmal werfen, wenn er meine erste Bombe fallen sehe, und er solle dann möglichst schnell auf die eigene Seite zurückfliegen und über dem Wald von Havrincourt auf mich warten.
Wir stürzten in ziemlich steilem Winkel, und ich löste meine erste Bombe in etwa 70 Meter Höhe aus. Es muß sich tatsächlich um ein wichtiges Objekt gehandelt haben, denn eine Menge von MGs fing an auf uns zu schießen. Als ich abfing und in einem Turn wieder hochzog, erkannte ich Dusgate, der ebenfalls im Steigflug war, aber dann verlor ich ihn aus den Augen. Ich sah den Rauch von den Explosionen unserer Bomben – meine war daneben gegangen, aber Dusgate's vier lagen ziemlich nahe am Ziel. Aber das Haus selbst war nicht getroffen worden. Ich mußte es noch einmal versuchen.

Ehrlich, es war mir nicht wohl bei dieser Aussicht. Ich wußte, ich hatte einfach nicht mehr den Schneid, noch dreimal in diese MG-Nester hineinzufliegen, wo man mit dem Finger am Drücker auf mich wartete. Aber ich mußte – ich wußte das, wenn ich mir auch sagte: Nur noch einmal. Ich flog also erneut an, in einer Art benommener Gleichgültigkeit: Wenn sie mich erwischen, dann erwischen sie mich eben. Ich ging bis auf 30 Meter herunter und löste alle drei Bomben aus. Neben mir prasselten Kugeleinschläge. Ich kurvte nach rechts und zog in Baumhöhe davon, so tief, daß mich keiner mehr erreichen konnte. Ob ich das verdammte Haus getroffen habe, weiß ich nicht. Ich wollte das auch garnicht mehr wissen. Glücklicherweise hatte ich selbst nichts abbekommen, aber den Gashebel hatten sie mir weggeschossen und ein anderes Geschoß war durch meine Leuchtmunition gegangen und hätte diese eigentlich in Brand setzen müssen. Aber es war nichts passiert.
Ich flog nach Norden, um kurz verschnaufen zu können. Kaum war ich aus dem Durcheinander von Bourlon heraus, da war es ganz friedlich in der Gegend. Ich habe dann während der nächsten zehn Minuten auf alles mögliche geschossen, was sich zeigte, meistens Nachschub auf Straßen. Truppen waren nicht zu sehen. Ich stieg dann wieder auf Wolkenuntergrenze etwa 1 200 Meter, und flog nach Süden. Ich näherte mich dem Westrand des Wäldchens in Richtung Moeuvres. Links unter mir gingen laufend Artillerieeinschläge hoch. Dort kurbelte auch ein ganzer Schwarm von Flugzeugen in der Luft herum. Ich hielt mich absichtlich aus dem Kampf heraus, denn ich wollte erst wieder mit Dusgate zusammentreffen und flog also auf den abgesprochenen Treffpunkt zu.
Plötzlich kreuzte eine D V meinen Kurs von Westen her. Sie war etwa 70 Meter tiefer als ich. Ich sah, wie der deutsche Pilot sich auf der von mir abgewandten Seite aus dem Cockpit beugte, um den Kampf auf dem Boden zu beobachten. Er hatte mich nicht gesehen. Ich drückte also auf sein Heck an und holte so schnell auf, als würde er rückwärts auf mich zu fliegen. Auf zwanzig Meter Entfernung zog ich die Abzüge meines MG durch. Die Leuchtspur verschwand im Rumpf der Maschine, die sich plötzlich vor mir aufbäumte. Ich drehte in einer Steilkurve nach rechts weg, um einen Zusammenstoß zu vermeiden. Er kippte auf die Seite und ging dann senkrecht nach unten. Ich kurvte hinter

ihm ein und folgte ihm etwa 300 Meter nach unten, aber er stürzte zu schnell. Er fing nicht mehr ab und krachte westlich von Bourlon in den Boden.
Als ich bei 1 000 Meter Höhe den Knüppel an den Bauch nahm, gab es plötzlich einen Rumser. Flugzeugabwehr-Artillerie! Es wummerte noch dreimal. Schwarze Sprengwölkchen waren um mich – es schepperte in der Motorverkleidung – dann ein richtiger Schlag, irgendwo vorne. Mein Motor blieb stehen. Er machte nicht einmal mehr blupp. Von unten kam plötzlich ein Mordskrach, Granateneinschläge, feuernde Artilleriegeschütze, Mörser, knatterndes MG-Feuer, und das unregelmäßige aber scharfe Knattern der Handfeuerwaffen.
Ich drehte nach Norden ein. Spritmangel konnte es nicht sein, es roch auch nicht. Ich schaltete trotzdem auf Fallbenzin, um sicher zu gehen. Nichts rührte sich, also nahm ich den angeschossenen Gashebel auf Leerlauf und schaltete die Zündung aus. Vor mir waren heftige Kämpfe im Gange, meine Mühle sank im Gleitflug direkt auf die Mitte des Kampfgetümmels zu. Ich wußte, die Deutschen hatten den ganzen Tag über hier angegriffen, und sie konnten nun genauso wie im Süden den Durchbruch geschafft haben. Plötzlich überkam mich eine lähmende Schwere. War ich nun auch dran? War meine Glückssträhne zu Ende? Wenn mich die Deutschen nicht noch im letzten Augenblick herunterschossen, dann blieb nur die Gefangenschaft.
Ich war nun auf 300 Meter, in steilem Gleitflug, und ich wurde auch schon von unten beschossen. Links von mir flogen deutsche Flugzeuge – und jedes von denen konnte mich mit einem einzigen Schuß erledigen. Mir blieb gar nichts übrig, als weiter geradeaus zu fliegen und zu hoffen, daß es noch bis zu den eigenen Linien reichte. Ich flog zick-zack, blickte immer wieder nach links, sah nur feldgrau und sonst nichts.
Ich war nur noch 100 Meter hoch. Der Kampflärm wurde immer lauter. Die Sicht war schlecht – die Luft war voller Rauch und Pulverdampf. Ich mußte jetzt einen Platz zum Landen finden, aber das Gelände vor mir war ein Durcheinander von Bäumen, Hecken, Geschützstellungen, Munitionskisten und Schützengräben. Dann sah ich plötzlich rechts von mir eine freie Fläche, etwa so groß wie drei, vier Tennisplätze. Aber ich war noch zu hoch und mußte slippen. Ich fing ab, um möglichst langsam aufzuset-

zen. Ich wagte nicht mehr nach rechts oder links zu sehen – ich mußte mich auf die Landung konzentrieren. Auf welcher Seite kam ich jetzt runter?
Ich setzte sachte auf, die Maschine rollte auf einen Schützengraben zu und wurde durch die Brustwehr zum Stehen gebracht. Irgendwo in der Nähe schoß Feldartillerie. Ich saß gespannt in meinem Sitz, zu schreckerstarrt, um mich umzusehen. Die nächsten fünf Sekunden, in denen ich nicht wußte, ob ich in Kriegsgefangenschaft geraten war oder nicht, dehnten sich zu Ewigkeiten. Dann tauchten ein paar Helme neben meinem Cockpit auf – flache, Gottseidank – und nicht die kohleneimergleichen Dinger, die die Boches tragen.
Ich stieg aus und war schnell von Soldaten umgeben, die mir sagten, daß ich südlich der Straße Bapaume – Cambrai, westlich von Graincourt gelandet war – und kaum eine Meile vom derzeitigen Schauplatz der Kämpfe entfernt. Die Deutschen hatten hier nach schweren Kämpfen etwas Boden gewonnen, aber es war nicht zu einem Durchbruch gekommen. Schließlich stellte sich einer der Offiziere, ein Artillerist, als Leutnant Mills von der »Q«-Flugzeugabwehrbatterie vor, die etwa 800 Meter von meinem Landeplatz entfernt stand, und fragte mich, ob er mir irgendwie helfen könne.
Wir fanden dann heraus, daß ein Brocken von einer Granate die Motorverkleidung durchschlagen und die Zündkabel abgerissen hatte. Da war nun nichts zu machen. Die Maschine mußte geborgen und abgeschleppt werden. Ich bat Mills, meine Staffel zu verständigen. Inzwischen wollte ich überlegen, was am besten zu tun sei.
Der Himmel über uns war voll von Flugzeugen, und ich schaute eine Weile zu, wie sie sich gegenseitig beschossen. In der nächsten halben Stunde stürzten drei ab – einer davon brennend. Auf beiden Seiten schossen die Flugabwehrgeschütze – zum Teil sogar überlappend. Man konnte dies an den schwarzen und weißen Sprengwölkchen erkennen. Ich sah etwas, was ich niemals vorher beobachten konnte: eine Maschine wurde durch einen Volltreffer in Fetzen gerissen. Einzelne Teile – wie der Motor und der tote Pilot – fielen schnell zu Boden, aber der Rest schien lässig durch die Luft zu wirbeln wie dürres Laub im Herbst.

Als es dann dunkler wurde, verschwand die Mehrzahl der Flugzeuge. Dann tauchten noch einmal etwa zwanzig Doppel- bzw. Dreidecker auf und flogen eine letzte Schleife in 1 000 Meter Höhe über dem Kampffeld. Mills sagte, dies sei das Richthofen-Geschwader. Zwei Maschinen kamen im Sturzflug herunter, eine hängte sich hinter eine einsame D.H.5, die aus Richtung Cambrai kam, und gab einzelne Feuerstöße ab. Die beiden Flugzeuge brausten in etwa 10 Metern Höhe über uns weg, die D.H.5 in wildem Zick-zack entlang der Straße nach Bapaume. Der andere Deutsche stürzte sich auf meine Camel und gab einen langen Feuerstoß auf sie ab. Mills und ich sprangen beim ersten Schuß in den Graben und nahmen Deckung. Offensichtlich hatte mein Flugzeug keinen weiteren Schaden erlitten. Aber diese Episode brachte mich zu der Einsicht, daß ich für diesen Tag eigentlich genug hatte. Ich hatte kein Bedürfnis, eine weitere Nacht in einem Schützenloch zu verbringen und anderen Leuten etwas von ihrer Ration wegzunehmen. Aber, was noch wichtiger war: die Deutschen konnten im Morgengrauen einen Durchbruch versuchen, und wo blieb ich dann? Ein weiterer Grund war, daß das Artilleriefeuer wieder einsetzte.

Mills versprach, einen Mann von seiner Batterie als Wachtposten neben meine Maschine zu stellen. Und so nahm ich die Borduhr aus dem Gehäuse, holte meine Pistole und eine Karte aus dem Cockpit und fuhr mit einem Krankenwagen nach Havrincourt. Der Krankenwagen gehörte den 4. London Territorials von der 47. Division, die hier in schwere Kämpfe verwickelt war. Ich kam bei Dunkelheit an und versuchte nun, einen Weg aus dem Frontbogen heraus über den Canal du Nord zu finden. Ich fragte eine Menge Leute, aber keiner wußte so richtig Bescheid.

Nachdem ich also eine viertel Stunde straßauf-straßab gewandert war, sah ich Licht in einem kleinen Häuschen und trat dort ein. Ich bekam einen richtigen Schock. Es war eine Szene von Blut und Leid, über der ein gespenstischer Äthergeruch hing. Vor Schmerzen stöhnende Männer lagen auf Bahren entlang den Wänden. Ein paar Ärzte, weiße Mäntel über der Uniform, unterstützt von Ordonnanzen des R.A.M.C. gingen von einem Mann zum nächsten und waren völlig von ihrer Aufgabe in Anspruch genommen – Spritzen zu geben, Wunden zu untersuchen, zu schneiden, zu nähen. Niemand nahm Notiz von mir. Wie gebannt starrte ich auf Hände, die die zerfetzten Reste eines Unterarms am Ellbogen abtrennten. Ein Helfer legte den armseligen Fleischklumpen auf einen Haufen anderer amputierter Glieder auf einem Stück Tuch am Boden, das mit blutigen Bandagen übersät war.

Draußen tat ich einen tiefen Atemzug der Erleichterung. Ich mußte an den armen Tommy denken, der ohne Arm wieder aufwachen würde. Um Gotteswillen . . .! Wie Ärzte und Helfer unter solchen Umständen arbeiten können, ging über meinen Verstand. Es wurde mir klar, daß man nicht nur zum Kämpfen in der Luft oder auf dem Boden Nerven brauchte.

Ich ging weiter, stolperte im Dunkeln über unsichtbare Hindernisse und rutschte plötzlich in einen tiefen Graben. Ich konnte nicht mehr herausklettern, und so ging ich im Graben weiter, bis ich zu einem Unterstand kam, in dem eine fröhliche Gruppe von Königlichen Pionieren saß, die mich zu Captain Deddes weiterreichten, der der 47. Division unterstellt war. Er bot mir einen mehr als notwendigen Drink an und etwas zu essen, erzählte mir, daß ich mich in einem Teil der Hindenburg-Linie befand und daß ich auf keinen Fall über den Canal du Nord aus dieser Mausefalle herauskäme, weil der völlig verstopft sei. Ich solle mich besser südlich vom Wald halten.

Aber auch da waren die Straßen ziemlich voll. Ich konnte mit einer motorisierten MG-Abteilung, die nach Gouzeaucourt mußte, bis Frescault mitfahren. Dann nach Metz auf einer Protze. Nach Royalcourt auf einer Art Bäckerkarren, der den Pionieren gehörte. Und von da nach Bapaume in reinstem Luxus, nämlich auf dem Fahrersitz eines Lkw des A.S.C.

Bapaume war vollgestopft mit Truppen, die auf dem Weg nach vorn waren. Bei der Y.M.C.A., wo noch Betrieb war, hatte ich dann morgens um ein Uhr Kaffee und Biskuits und konnte den vorgeschobenen Feldflugplatz anrufen wegen eines Wagens. Schließlich kam dann ein Crossley, und ich kam – nach neun Stunden – schließlich um drei Uhr morgens in Jzel an.

Vier Stunden Schlaf, und ich stand wieder auf, um zum nächsten Feindflug zu starten. Aber darüber werde ich in meinem nächsten Brief berichten. Thompson hat sich ganz gut gehalten, während ich mich mit Tiefangriffen amüsierte. Er zeigte mehr gesunden Menschenverstand, als gute Munition auf diese Weise zu ver-

schwenden. Er stieg nach oben, wo die Kurbelei stattfand, und schoß zwei Albatros ab, beide auf unserer Seite.
Der Leutnant R.E. Dusgate war in Kriegsgefangenschaft geraten. In einem Brief an mich, der sich noch in meinem Besitz befindet, schreibt seine Schwester, daß er aus dem Gefangenenlager berichtet habe, sein Motor sei wie meiner von einer Flugabwehrgranate getroffen worden, und er sei wie ich ohne Verletzung gelandet. In den deutschen Berichten wird jedoch behauptet, daß er von Oberleutnant Löwenhardt von der Jasta 10 abgeschossen wurde, die zum Richthofen-Geschwader gehörte. Ich will nicht den Versuch unternehmen, die Diskrepanz aufzuklären. Dusgate starb unglücklicherweise bald nachher in Gefangenschaft.«An diesem Tag hatte Lee bereits einmal deutsche Truppen ziemlich erfolgreich bombardiert und mit Bordwaffen beschossen, bevor sie in Dekkung gehen konnten. Zieht man nun in Betracht, daß er nur einer von vielen war, die sich in ähnlicher Weise betätigt haben, dann kann man sich die Wirkung und das Ausmaß taktischer Operationen der Luftstreitkräfte in diesem Stadium des Krieges (November 1917) sehr leicht vorstellen. Die Gefahren bei Tiefangriffen waren beträchtlich, und Lee ist der Meinung, daß dieses Hin- und Herfliegen über feste, gut ausgebaute Grabenstellungen wenig Wirkung hat und dabei unverhältnismäßig gefährlich ist, wogegen bessere Ergebnisse bei weniger Risiko durch Tiefangriffe auf Nachschubstraßen hinter der Front zu erzielen sind.
Auf die Frage nach den wichtigsten Leistungskriterien für ein Jagdflugzeug antwortete er: Höhe und Geschwindigkeit. Steigvermögen ist auch wesentlich. Überhöhung gibt einem natürlich den taktischen Vorteil. Aber man kann diesen Vorteil nicht ohne Geschwindigkeit aufrechterhalten. Ein gutes Steigvermögen verschafft einem offensichtlich zuerst einmal eine überlegene Höhe. Diese beiden Punkte sind also wichtig – und natürlich Manövrierfähigkeit. Manövrierfähigkeit hat mir ein paarmal das Leben gerettet. Der Deutsche konnte sich einfach nicht hinter einen setzen, aber man selbst konnte hinter den Gegner gelangen.
Der Sopwith Dreidecker war gut, weil er über ein ausgezeichnetes Steigvermögen verfügte. Wenn der Luftkampf für Piloten in Dreideckern zu brenzlich wurde, dann tauchten sie nicht nach unten weg, sondern stiegen nach oben. Es ist bezeichnend, daß Richthofen keinen Dreidecker abgeschossen hat. Wenn unser

Dreidecker zwei MG's gehabt hätte und ein bißchen stärker gebaut gewesen wäre, dann wäre er eine Sensation gewesen. Mit der Camel – dem gefährlichsten Flugzeug, das mehr Flugschüler auf dem Gewissen hat als irgendein anderes Muster, weil es so leicht ins Trudeln geriet – wurde die größte Zahl deutscher Jagdflugzeuge abgeschossen, aber ich glaube nicht, daß die Camel einer D V davonfliegen konnte.[1] Niemand wußte, daß die Deutschen über Dreidecker verfügten, bis Richthofen mit einem Dreidecker im September 1917 die 47. Staffel angriff.

Über Trenchards Strategie für das Royal Flying Corps, die spätere Royal Air Force, äußert sich Lee nicht ohne Schärfe:[2]

»Nach der Schlacht von Messines im Juni 1917 mußte die Lufttätigkeit aufgrund der schweren Verluste des R. F. C. im April und Mai eingeschränkt werden, was General Trenchard dazu zwang, am 10. Juni seine Brigadekommandeure anzuweisen, »unnötigen Verschleiß von Piloten wie Maschinen für einige Zeit zu vermeiden. Meine Reserven sind zur Zeit gefährlich knapp – in einigen Fällen sind überhaupt keine Reserven mehr vorhanden ... Es ist indes von höchster Wichtigkeit, daß der Angriffsgeist aufrecht erhalten wird.«

General Trenchard hatte durchaus recht, wenn er Kampfgeist erhalten wollte. Worin er sich allerdings irrte, war, daß er hier glaubte, eine offensive Strategie zu verfolgen, wo es sich doch nur um einen räumlich begrenzten Angriff gehandelt hat. Für ihn wie für seinen Stab und die meisten seiner Kommandeure bedeutete die Tatsache daß ein Flugzeug eine Meile jenseits der feindlichen Linien war, eine offensive Handlung – und wenn das Flugzeug zehn Meilen jenseits war, dann war das eben noch offensiver.

Vielleicht durch die Marine-Doktrin beeinflußt – »suche den Feind und zerstöre ihn dann« und »unsere Grenzen liegen an den Ufern des Feindes« – wandte er sie auf den Krieg in der Luft an, ohne zu merken, daß sie im dreidimensialen Raum einfach nicht mehr zutraf. In den Luftkämpfen des ersten Weltkriegs war es – trotz des festgefahrenen Stellungskrieges auf dem Boden – doch nicht die Position eines Jagdflugzeugs in Bezug auf eine bestimmte Frontlinie, die für die Kampfmoral kennzeichnend war,

1 Leistungsdaten weisen für die Albatros DV eine Höchstgeschwindigkeit von 186 km/h aus, für die Camel eine solche von 181,5 km/h (jeweils für Anfang 1918).

2 Arthur Gould Lee, »No Parachute«, Seite 217/18.

sondern immer noch der Angriffsgeist der Besatzungen, den Feind zu stellen, wo man ihn fand – und egal unter welchen Bedingungen.

Die Verfolgung einer offensiven Strategie von Patrouillenflügen in größerer Entfernung hinter den Linien des Feindes – unter dem handicap vorherrschender Westwinde – ergab als unabwendbare Folge eine große Zahl von Besatzungen, die aufgrund von Verwundungen, Motorendefekten oder Ladehemmungen in Feindeshand fielen. Daß das Oberkommando solche vermeidbaren Verluste 1917 – als das R. F. C. verzweifelt knapp an Flugzeugen, Flugmotoren und ausgebildeten Piloten war – weiter in Kauf nahm, war schwer zu verstehen.

Diese direkten Verluste wurden noch gesteigert durch indirekte Verschleißerscheinungen bei Piloten und Flugzeugen. Weil man das Wunder realisieren wollte, daß sich dauernd Flugzeuge über der Front befanden – durch stehende Patrouillen von Jagdfliegern über der gesamten britischen Front, egal, ob die taktische Situation das am Boden oder in der Luft überhaupt verlangte. Während wir also hier unsere Kraft vergeudeten – denn meistens haben wir nur leere Luft angetroffen –, haben die Deutschen in ihrer sogenannten Defensiv-Strategie Verbände zusammengezogen, die unseren zahlenmäßig und ausstattungsmäßig weit überlegen waren, und haben damit unsere einzeln fliegenden Patrouillen über der Front wie auch die ins deutsche Hinterland verstoßenden Flugzeuge nach Belieben zum Kampf stellen können. Das Ergebnis war dann, daß die britischen Flugzeugverluste 1917 manchmal viermal so hoch waren wie die der Deutschen.

Wenn auch das echte Kriterium einer Offensiv-Politik weniger im Ort des Geschehens als im Angriffsgeist der Truppe liegt, so nützt dieser gar nichts, wenn er nicht durch leistungsstarke Flugzeuge ergänzt wird. Die angriffslustigste Taube kommt nicht weit, wenn sie es mit einem Falken zu tun bekommt. So wichtig also der Angriffsgeist auch im Luftkrieg war: technische Überlegenheit war noch entscheidender – nicht zuletzt deshalb, weil sie die Initiative ermöglichte.

Es mußte also unverständlich bleiben, warum das Oberkommando trotz hoher Verluste an Menschen und Material »weiterhin darauf bestand, Patrouillenflüge entlang der Front durchzuführen und veraltende Flugzeuge tief ins feindliche Hinterland zu schicken.

Im Rückblick muß eine solche Hartnäckigkeit genau so wirklichkeitsfremd erscheinen wie Haigs unerschütterliches Festhalten an der Zermürbungstaktik und der nicht weniger halsstarrige Widerstand der Admiralität gegen den Gedanken des Geleitschutzes.«

Lee glaubt, daß einige Fehler des ersten Weltkriegs im zweiten berichtigt wurden, in dem Jagdflieger der RAF solch eine hervorragende Rolle gleich zu Beginn der Auseinandersetzung spielten.

Wenn er etwas von den fast unglaublichen Umständen seines Überlebens als Jagdflieger enthüllt hat, dann hat er auch mit beachtlicher Deutlichkeit jenes Opfer klargemacht, das so viele tapfere Flieger damit brachten, daß sie Tag für Tag ihre Einsätze flogen und ihr Leben riskierten.

»Es ist kaum zu glauben, daß ich damals alle diese erregenden Gefahren überstanden habe, die in diesen Briefen beschrieben werden,« sagt er heute. »Aber man kann eine Menge auf sich nehmen, wenn man jung ist.«

## EIN RESERVE-OFFIZIER

Es war an einem sonnigen Herbsttag 1968 in München. Wir standen vom Tisch auf und gingen durch die Halle des Hotels »Bayerischer Hof« nach draußen. Lächelnd streckte mir mein etwas untersetzter, braunäugiger Begleiter die Hand hin. Mit einem »auf Wiedersehen« und einer Verbeugung verabschiedete er sich, wandte sich um und ging schnellen Schrittes davon. Er war etwa einsfünfundsiebzig groß, trug einen gut geschnittenen blauen Anzug. Er sah sich nicht mehr um. Ich folgte ihm mit den Augen, bis er um die nächste Ecke verschwand. Er war damals 74 Jahre alt, der erfolgreichste noch überlebende Jagdflieger aus dem Kaiserlichen Deutschland. Er hatte 48 Flugzeuge der Entente-Mächte abgeschossen und eine lange Liste unglaublicher Begebenheiten überlebt und war mit vielen der besten Jagdflieger als Gegner im Luftkampf zusammengetroffen. Joseph Jacobs, an fünfter Stelle der deutschen Jagdflieger im Fronteinsatz stehend, hat wahrscheinlich länger im Fronteinsatz gestanden, als irgend ein anderer gefeierter Pilot.

Wir hatten den ganzen Vormittag über das Thema Luftkampf im ersten Weltkrieg gesprochen, über Kampftaktiken und über die großen Flieger jener Zeit. Als dieser berühmte Jagdflieger – heute Repräsentant einer kleinen Kranfabrik – aus dem Blickfeld entschwand, dachte ich: »Da geht ein Mann, dem sein Land eine ganze Menge verdankt und an den sich kaum jemand erinnert.«

»Ich kam 1914 an die Front und blieb dort, bis der Krieg zu Ende war«, hatte Jacobs begonnen. »1912 habe ich zuerst eine Dornier, einen ziemlich primitiven Eindecker geflogen. 1914 verließ ich die Fliegerschule Hangelar bei Bonn, um in das Heer einzutreten. Ich flog dann als Beobachter, als Bomberpilot und als Artilleriebeobachter – auf Aviatik, LFG, Rumpler und anderen Typen. Einmal – das war 1915 – flog ich bis Paris und zurück. Wir flogen gegen die Franzosen und gegen die Engländer. Die kämpften nach unterschiedlichen Gesichtspunkten. Die Franzosen hielten sich gewöhnlich auf ihrer Seite, oder aber sie flogen sehr

hoch. Wir mit unseren schwachen Motoren konnten nicht soweit hinauf. Wenn sie aber eine Fokker sahen, dann gaben sie Fersengeld. Das war 1915, als ich zu einer Fokker-Staffel kam, die in der Nähe von Laon lag. Es war eine harte Fliegerei damals.
Im Anfang führten wir manchmal noch Bomben mit – wir warfen sie einfach mit der Hand über Bord – es waren 10-Kilo-Bomben. Sechs Stück hatten im Cockpit Platz. Bei einigen Gelegenheiten konnte ich solche Bomben auf Eisenbahnzüge werfen. Wir kämpften auch gegen Fesselballone, was ziemlich gefährlich war. Wenn es sehr kalt war, dann wollten die Ballone absolut nicht Feuer fangen. Wir zielten dann auf die Oberseite, so daß das Gas entweichen konnte, und kehrten dann noch einmal zurück, um es anzuzünden. Als ich 1915 mit der Fliegerei an der Front begann, hatte ich lediglich eine Pistole als Bewaffnung bei mir im Cockpit. Wir sind damals in Höhen zwischen 3000 und 4000 Metern geflogen und wagten uns 20 bis 30 Kilometer hinter die feindlichen Linien. Ich bin auch einmal über die Stellung der »Dicken Berta« geflogen, mit der Paris beschossen wurde. Ich bin mit Boelcke, dem »Adler von Lille«, mit Max Immelmann zusammen geflogen, und gegen viele feindliche Asse.
Im Luftkampf legten wir Wert auf Höhe, Geschwindigkeit und die Sonne hinter uns. Morgens hatten wir die Sonne immer hinter uns im Osten. Wir warteten dann auf französische Flugzeuge und fanden manchmal ein einzelnes. Guynemer, der berühmte Franzose, war ein ausgesprochener Individualist. Er war schneller als wir, und er überraschte so manchen Kameraden von mir im Sturzflug von oben. Fast alle seine Opfer fanden keine Zeit mehr, sich auf ihn einzustellen.
Die Engländer flogen auch auf unsere Seite herüber. Wenn wir britische Maschinen abschießen konnten, dann wurden sie oft zur Untersuchung durch Fachleute nach hinten geschickt. Die Sopwith Camel war meiner Meinung nach das beste englische Jagdflugzeug. Die Engländer hatten gute Piloten, genauso die Amerikaner. Der beste Belgier war Willy Coppens.
Bei der Jasta 22 habe ich in der Nähe von Laon vier Luftsiege erkämpft. Im Juni 1917 wurde ich Führer der Jasta 7 in Flandern. Dort habe ich auch die meisten Abschüsse erzielt. Aber ich war an einen festen Platz gebunden, während Richthofen jeweils

dorthin verlegt wurde, wo gerade gekämpft wurde. Und wenn Richthofen einen Piloten verlor, dann bekam er sofort Ersatz.«
Ich fragte Jacobs, welchen einzelnen Leistungsfaktor er für den wichtigsten im Luftkampf hält.

»Das allerwichtigste ist Manövrierfähigkeit. Unsere Dreidecker waren in dieser Hinsicht das beste, obwohl sie nicht zu den schnellsten Flugzeugen des Krieges zählten. Aber diese Dreidecker konnten jeden Gegner auskurven oder ihm davonklettern. Natürlich waren auch Geschwindigkeit und Gipfelhöhe sehr wichtig.«
Ich fragte ihn auch, welche Eigenschaften die großen Jagdflieger vom Durchschnitt unterschieden. »Gute Augen waren der beste persönliche Aktivposten. Nicht nur, daß man den Feind sah, sondern mehr noch: daß man die Situation übersah und sie korrekt und schnell beurteilte. Das war eminent wichtig. Eine weitere wichtige Gabe für einen Piloten war eine ruhige Hand. Mit einer ruhigen Hand kann man das meiste aus einem Flugzeug herausholen – Segelflieger wissen das – und eine harte Hand kann bei großer Geschwindigkeit zur Gefahr für das Flugzeug werden und die Strömung zum Abreißen bringen. Im Kurvenkampf zahlt es sich aus, wenn man ein guter Flieger ist. Gute Augen, die Fähigkeiten eine Situation schnell zu beurteilen, Ruhe zu bewahren, nicht holzhackermäßig zu fliegen und das eigene Flugzeug wirklich zu beherrschen – das alles waren Eigenschaften, die die besten Jagdflieger ausmachten.
Unser bester Flieger war wahrscheinlich Werner Voss, der Mann an vierter Stelle. Er hatte wunderbare Augen, war ein exzellenter Pilot und flog oft allein. Richthofen, der viel von Boelke gelernt hat, war unser erfolgreichster. Richthofen war später gekommen und flog in Formationen, die gegen Ende des Krieges zur Regel wurden.
Als ich dann 20 Luftsiege errungen hatte, konzentrierte ich mich darauf, jüngeren Piloten das Notwendige beizubringen. Denn oft waren es die jungen Piloten, die es noch nicht gelernt hatten, richtig auf sich selbst aufzupassen, die abgeschossen wurden, wenn sich bei ihren ersten Einsätzen niemand um sie kümmerte. Wer im Kampf beim ersten Sichten des Gegners die drei wesentlichen Aktivposten aufweisen kann, die ich schon früher erwähnte – Überhöhung, Geschwindigkeit und die Sonne im Rücken –, der kann auch gegen eine Übermacht antreten. Wenn wir die Vorteile

hatten, haben wir es mit Gegnern in zehnfacher Stärke aufgenommen. In Luftkämpfen habe ich manchmal einen Trick angewandt, der mir wahrscheinlich dann das Leben gerettet hat: den slipturn, d. h. eine Kurve, die nur mit dem Ruder geflogen wird. Der Flügel geht auf diese Weise auf der Kurvenaußenseite nicht hoch, und so ist es von hinten nicht zu erkennen, daß man eine Kurve eingeleitet hat. Ein normaler, sauber geflogener Turn entsteht bei gleichzeitiger Betätigung von Seitensteuer und Verwindung, wobei sich die kurvenäußere Tragfläche hebt, während gleichzeitig das Seitensteuer betätigt wird. Beim slip-turn »rutscht« man waagrecht um einen imaginären Punkt herum. Das ist von hinten schwer zu erkennen; und die Kugeln, die für einen gedacht sind, gehen daneben. Im allgemeinen helfen Kunstflugkenntnisse im Luftkampf nicht viel. Loopings können hier nicht helfen, Rollen genausowenig, weil sie Geschwindigkeit kosten.
Ich flog oft gegen Spads. Diese Maschinen waren nicht besonders manövrierfähig, aber schnell, konnten sehr gut steigen und waren stabil um alle Achsen. Im letzten Kriegsjahr flog ich oft in Höhen von 6500 Metern, und ich machte mir gar keine Gedanken wegen des Sauerstoffs. Wir hatten allerdings bereits Fallschirme im letzten Kriegsjahr; die Piloten auf Seiten der Entente hatten immer noch keine, wenn ich mich nicht irre. Und der Fallschirm rettete mir tatsächlich ein paarmal das Leben. Ich wurde viele Male abgeschossen und mußte manches Mal notlanden.«
Ich stellte die Gretchenfrage, bei welcher Gelegenheit Jacobs dem Tod oder der Gefangenschaft am nächsten kam. »Das war vermutlich im Dezember 1917, sagte er. »Sie wissen vermutlich, daß letztes Jahr (1967) im Zusammenhang mit diesem Flug etwas Interessantes passiert ist. Ich habe ja damals den Pour-le-Mérite dafür bekommen, und letztes Jahr war also das 50jährige Jubiläum dieser Verleihung. Ein Fernsehproduzent machte einen Film über diesen Luftkampf, und hinterher bekam ich einen Anruf von einem anderen deutschen Flieger, der damals 1917 beobachtet hat, wie ich abstürzte. In den ganzen 50 Jahren seither hatten wir uns nie getroffen! Es leben nur noch fünf von uns, die den Pour-le-Mérite mit der Gold-Krone des 50jährigen Jubiläums tragen.
Ich war damals Leutnant, flog die Albatros D V und führte eine Formation von acht Flugzeugen. Wir hatten unser Quartier in einer kleinen Jagdhütte, die in der Nähe des Schlosses Wyuendaale-

velo an der französisch-belgischen Grenze lag – nicht weit von Lille. Die Hütte lag in einem weitläufigen Park, und der Schreibstuben-Unteroffizier brachte an diesem Morgen einen vielversprechenden Wetterbericht. Wir hatten einen Bereitschaftsraum auf dem Flugplatz in der Nähe der Flugzeuge, etwa 800 Meter von unserem Quartier entfernt. Wir hatten auch ein Auto, das uns zu den Flugzeugen bringen konnte. Ab 1917 wurden wir von der Front aus per Telefon alarmiert, wenn Feindflugzeuge die Front überflogen. Wir konnten dann sofort zu unseren Flugzeugen fahren. Zu diesem Zeitpunkt waren wir im Bereich der vierten Armee eingesetzt. Eine Meldung besagte, daß feindliche Bomber im Anflug auf Brüssel waren. Wir sollten sie vorher abfangen. Wie gesagt, es war gutes Wetter, und wir waren bald in der Luft. Nach kurzer Zeit kamen sie in Sicht, und ich verwickelte den Führer des Verbandes in einen Luftkampf. Dann nahm ich mir einen anderen englischen Piloten vor, aber irgendwer – Freund oder Feind – hat mir bei der Kurbelei dann »eine verpaßt«. Mein Motor war dahin, und der Wind war ziemlich stark – er trieb mich nach Westen. Ich konnte das Flugzeug kaum mehr halten und wußte, daß mir nur die Notlandung blieb. Ich tat mein Bestes, um mit der DV die deutschen Linien zu erreichen. Aber das klappte nicht ganz, und ich kam etwa 60 Meter vor den deutschen Stellungen herunter. Aber ich hatte Glück. An dieser Stelle sprang die deutsche Frontlinie etwas vor. Wenn ich ein wenig rechts oder links gelandet wäre, dann wäre ich in Gefangenschaft geraten. Die Albatros machte einen Überschlag bei der Landung. Aber ich bin herausgekommen und zu den Unsrigen hinübergekrochen. Das war ziemlich knapp – beinahe abgeschossen, beinahe tödliche Bruchlandung, beinahe in Gefangenschaft geraten. Es wurde bereits dunkel und kühl, als ich schließlich in Sicherheit war.« Wir kamen dann auf den zweiten Weltkrieg zu sprechen, und ich brachte zum Ausdruck, daß sich die Taktik durch schnellere und um vieles leistungsstärkere Flugzeuge geändert hatte. Jacobs, der auch in der neuen Luftwaffe gedient hatte, stimmte mir zu, war aber der Meinung, daß Manövrierfähigkeit auch im letzten Krieg noch genau so wichtig war. Er fragte: »Wissen Sie eigentlich, daß die russische Rata die Me 109 auskurven konnte?«

»Ich bin mit den Nazi's, Göring und den anderen nicht besonders gut ausgekommen. Ich kann mich entsinnen, daß Göring einmal in kleinerem Kreise geäußert hat, wenn die Amerikaner in den Krieg eintreten sollten, dann hätten unsere Flieger leichtes Spiel mit jenen – einfach, weil ihnen die Erfahrung fehle. Ich antwortete damals, daß wir uns bereits mit einigen Amerikanern, die für die RAF flogen, herumzuschlagen hätten und daß unsere Kameraden sie für ausgezeichnete Leute hielten. Einer meiner Staffelkapitäne bestätigte meine Ansicht. Aber Göring wollte einfach nicht glauben, was uns noch bevorstand.«

Jacobs, einer der letzten großen Jagdflieger des ersten Weltkriegs, erinnerte sich an berühmte Asse auf beiden Seiten: »Bei uns waren Coppens, Guynemer, Nungesser, Navarre, Ball und McCudden bekannter als die anderen. Auf unserer Seite war Voss sehr gut. Boelcke war wahrscheinlich der beste. Er lehrte uns viele Dinge; Richthofen hat am meisten von ihm gelernt. Meiner Ansicht nach war Gottfried Banfield einer der hervorragendsten Jagdflieger des ersten Weltkriegs. Er war ein österreischisch-ungarischer Marineflieger, und er flog, obwohl bei einem Absturz vor dem Krieg eines seiner Beine fast ganz zerschmettert worden war. Er trug durch sein Beispiel viel zur Kampfmoral seiner Kameraden bei. Hauptmann Godwin Brunowski von den österreichisch-ungarischen Jagdfliegern hat 41 Luftsiege erkämpft.« Jacobs skizzierte die Formation, die die deutschen Jagdstaffeln gegen Ende des Ersten Weltkrieges bevorzugten und erklärte den Grund für die V-Form. Dieses V konnte aus zehn Flugzeugen bestehen mit dem Führer an der Spitze und den unerfahreneren Piloten dicht hinter ihm. Der beste Mann flog als letzter, zwischen den beiden Schenkeln des V. Jedes Flugzeug, von der Spitze des V angefangen, flog etwas höher als das vordere. Gruppen wurden ebenfalls nach hinten höher gestaffelt.

Jacobs skizzierte die Formationen und beantwortete die Fragen mit der Schnelligkeit eines Vierzigjährigen (was mir übrigens auch bei anderen Jagdfliegern des ersten Weltkriegs aufgefallen ist). Er demonstrierte auf seinen Skizzen im Detail, wie die Waffen eingebaut waren und welches Schußfeld sie bestreichen konnten.

Von allen seinen Auszeichnungen erfüllt ihn der Pour-le-Mérite – etwas schnoddrig »blauer Max« genannt – natürlich am meisten mit Stolz. Aber obwohl er die höchste Kriegsauszeichnung seines Landes im ersten Weltkrieg erhalten hat und im zweiten Welt-

krieg wieder gedient hat, lebt er ein bescheidenes, zurückgezogenes Leben und erhält keine Pension.
Als er die Namen der anderen vier überlebenden Pour-le-Mérite-Träger niederschrieb – Laumann, Degelow, Osterkamp und Christiansen – war er amüsiert über mein Erstaunen, daß er mit 74 Jahren für seinen Dienst am Vaterland keine Pension erhält. »Sehen Sie«, sagte er, »ich war ja nur Reserve-Offizier.«

## DREI AMERIKANISCHE ASSE

Bei den amerikanischen Flieger-Assen des ersten Weltkriegs (das waren verhältnismäßig wenige im Vergleich zum zweiten Weltkrieg) steht Edward Vernon Rickenbacker mit 26 Siegen über Ballone und Flugzeuge an der Spitze. Rickenbacker gibt gerne zu, daß er das »Handwerk« des Luftkampfes von Raoul Lufbery erlernt hat, dem amerikanischen Flieger-As, das in Paris geboren war und französische Eltern hatte. Lufbery, nach dem im englischen und amerikanischen Sprachgebrauch das berühmte Defensiv-Manöver im Luftkampf, der »Abwehrkreis«, benannt ist (und das anscheinend so vielen alliierten Piloten das Leben kostete, als sie diese Taktik auch im zweiten Weltkrieg anwenden wollten), hat nur kurz im US-Service gedient – von Januar bis Mai 1918, denn er ist in diesem Monat gefallen. Aber er hatte kurz vor dem Krieg zwei Jahre bei der US-Army abgedient.

Er kam 1891 im Schulalter nach Connecticut und wurde amerikanischer Bürger. Mit 17 Jahren ist er dann von zu Hause und von der Schule weggelaufen. Nach seiner Dienstzeit trieb sich Lufbery in der Welt herum. Der Ausbruch des Kriegs fand ihn in Frankreich. Er war bereits ausgebildeter Pilot, aber er mußte – als Amerikaner – der französischen Fremdenlegion beitreten und ging dann als Mechaniker seines besten Freundes, Marc Pourpe, an die Front. Als Pourpe gefallen war, erhielt Lufbery im Dezember 1914 die Erlaubnis, selbst zu fliegen, und wurde im Oktober 1915 zu einer Bomber-Gruppe versetzt, bei der er sechs Monate verbrachte. Er wurde dann zu einer Schule für *pilotes de chasse* versetzt, wo er einige Schwierigkeiten hatte, mit einer Nieuport zurecht zu kommen, und wurde dann als Jagdflieger im Mai 1916 zur Escadrille Lafayette an die Front versetzt. Im Verlauf der folgenden 18 Monate wurde er ein ausgezeichneter Pilot und erfahrener Schütze und war das berühmteste As dieser Einheit.

Rickenbacker wurde im März 1918 der 94. Jagdstaffel zugeteilt – genau zwei Monate vor Lufberys Tod (einer anderen Quelle zufolge wurde er erst am 8. April 1918 zur 94. versetzt). In seiner

Autobiographie schreibt Rickenbacker, daß er so oft wie möglich mit Lufbery flog, obwohl er zu jener Zeit unbewaffnet starten mußte, weil die Amerikaner noch keine Waffen und keine Munition hatten. Lufbery brachte ihm einen »Korkenzieher« bei als Manöver beim »Überflug« der Front. Rickenbacker erwähnt, daß Lufbery während dieses Manövers den Kopf nach allen Richtungen wandte und Erde und Himmel beobachtete. Anfänglich ist es Rickenbacker dabei schlecht geworden. Aber er ließ nicht locker, bis er sich daran gewöhnt hatt.

Daß Rickenbacker die Beherrschung von Flugzeug und Waffen ausgezeichnet erlernt und sich eine gute Taktik erworben hatte, zeigte sich bereits am 29. April 1918 beim ersten Abschuß eines Gegners, einer Pfalz, den er zusammen mit Jimmy Hall erzielte (der besser bekannt ist als Co-Autor der »Meuterei auf der Bounty«). Die beiden erkannten die Pfalz, bevor sie selber gesehen wurden. Das ist ein Punkt, der von so vielen erfolgreichen Jagdfliegern einschließlich Joseph Jacobs im vorhergehenden Kapitel als wichtig hervorgehoben wurde. Bald hatten sie einen Höhenvorteil von 300 Metern. Da das Kräfteverhältnis 2:1 stand und aus der Überhöhung der notwendige Geschwindigkeitsvorteil zu erzielen war, hatte die Pfalz kaum eine Chance. Aber das hätte vielleicht nicht ausgereicht, wenn Rickenbacker sein Flugzeug nicht bereits so genau gekannt und die Situation nicht sofort erfaßt hätte, indem er voraussah, wie sich der Pilot der Pfalz verhalten wird.

Rickenbacker sagte sich nämlich, daß der Pfalz-Pilot im Bewußtsein, die Nieuport im Sturz ausmanövrieren zu können, beim Angriff oder wenn es schlecht für ihn aussah, sofort einen Abschwung machen würde. Rickenbacker wollte demzufolge in der richtigen Position sein, wenn die Pfalz im Sturzflug nach unten ging. Als der deutsche Pilot die Amerikaner bemerkte, ging er in den Steigflug. Hall griff ihn an, worauf die Pfalz im Abschwung nach unten ging. Rickenbacker hatte sich eine Position ausgesucht, wo er die Pfalz abfangen konnte. Er kannte ja die Schwäche der Nieuport – die Bespannung der oberen Tragfläche löste sich meist in einem steilen Sturzflug – und flog wesentlich tiefer als Hall, setzte sich hinter die Pfalz und eröffnete das Feuer aus kürzester Entfernung. Das unglückliche Opfer flog durch die Garbe beider Maschinengewehre durch. Als Rickenbacker leicht abfing, lagen die Treffer genau im gegnerischen Cockpit. Die Pfalz ging steuerlos nach unten und schlug auf dem Boden auf. Es war das rasche, klassische Beispiel, den Feind zuerst auszumachen, die Situation zu erkennen, im Besitz des Höhenvorteils zu sein und sich die richtige Schußposition direkt hinter dem Gegner zu verschaffen. Alles das bereits im ersten Luftkampf fertig gebracht zu haben, war ein Hinweis auf die zukünftigen Erfolge, die Amerikas Jagdflieger Nr. 1 im ersten Weltkrieg noch erzielen sollte.

Rickenbacker wäre bei einem späteren Anlaß beinahe Opfer der berüchtigten strukturellen Schwäche der Nieuport geworden. In einem Sturzflug, mit dem er zwei Angreifern entkommen wollte, flog die ganze Bespannung seiner oberen Tragfläche weg, und das Flugzeug fing sofort zu trudeln an. Er glaubt, es dem reinen Zufall zu verdanken, daß er Gas gab, worauf das Flugzeug die Nase hob und aus dem Trudeln herauskam. Die amerikanischen Jagdflieger waren also gar nicht unglücklich, als sie im Verlauf des Jahres 1918 ihre Nieuport gegen Spads und andere robustere Typen eintauschen konnten.

Unter den amerikanischen Jagdfliegern, die am ersten Weltkrieg teilnahmen, hielt Rickenbacker Frank Luke für den wagemutigsten. Luke kam aus Phoenix und hatte deutsch-amerikanische Eltern (sein Vater war in Dahlhausen in Preußen geboten). Während Lufbery die meisten Siege in einer verhältnismäßig langen Zeitspanne bei den Franzosen errungen hatte, brachte es Luke 1918 in den 17 Tagen vor seinem Tod bis an die zweite Stelle unter seinen amerikanischen Landsleuten. Luke erhielt 21 Luftsiege zuerkannt, Lufbery 17.

Luke ist noch immer als der »balloon-buster« bekannt, weil er sich auf die Vernichtung von Fesselballonen – gefährliche Ziele – spezialisiert hatte. Nach besonders guten Leistungen in der Schule und im Boxen meldete er sich freiwillig und erhielt seine Grundausbildung in Texas und San Diego. In seiner Klasse qualifizierte er sich als Erster zum Alleinflug. Er kam im März 1918 nach Frankreich, erhielt seine weitere Flugausbildung in Issoudun und ging als bester Pilot und zweitbester Schütze ab. Weil er zuerst zu Überführungsflügen abgestellt wurde, worüber er sehr enttäuscht war, ist er erst im Juli in der Nähe von Château-Thierry zur 1. Jagdgruppe, 27. Staffel, an die Front gekommen.

Manfred von Richthofen,
1917 nach einer Verwundung.

Manfred von Richthofen in seinem roten Fokker Dr I Dreidecker, der ihm zu dem Beinamen „der rote Kampfflieger“ verholfen hat.

Captain L. H. Rochford (rechts) und Lieutenant R. Stone vor seiner Sopwith Camel im Kriegsjahr 1918.

L. H. Rochford im Jahre 1966.

Am 4. August konnte er mit einer Spad eine Fokker abschießen (die Staffel war kurz vorher von Nieuports auf Sads umgerüstet worden).
Sein Kommandeur glaubte ihm zwar, aber die meisten Staffelkameraden waren anderer Meinung. Also wurde dieser Luftsieg nicht bestätigt. Was noch schlimmer war, er war nun bei seinen Kameraden »unten durch«. Ob es diese Reaktion seiner unmittelbaren Umgebung war oder etwas anderes: er vereinsamte immer mehr. Der neue Kommandeur konnte ihn auch nicht besonders leiden. Und trotzdem hat er im folgenden Monat, im September 1918, unsterblichen Ruhm erworben.
Die Offensive bei St. Mihiel brach am 12. September los. (Rikkenbacker sagte, dies war die erste kombinierte Operation zu Lande und in der Luft). General Billy Mitchell befahl den amerikanischen Jagdgeschwadern, Tiefangriffe gegen Erdtruppen zu fliegen. In der 27. Staffel meldeten sich Luke und Joe Wehner (ein anderer Deutsch-Amerikaner) freiwillig für diese Aufgabe. Wehner gehörte zu den wenigen Freunden, auf die Luke zählen konnte. Beide hatten an diesem Tag bereits Erfolge in der Ballonbekämpfung erzielt; und zwei Tage später fingen sie richtig damit an, feindliche Ballone und Flugzeuge zu jagen. Sie entwickelten eine besondere Kampftechnik unter Ausnutzung der Dämmerung (die dann ein Jahr später zum Einsatz von Nachtjägern weiter entwickelt wurde). Sie griffen den Feind im letzten Licht des Tages an und landeten, wenn es bereits Nacht war. Nachtlandungen waren natürlich um vieles gefährlicher als Landungen bei Tage.
Die beiden schossen am 16. September drei Ballone ab. Lukes größter Tag war der 18., als er über dem Kampfgebiet der Regenbogen-Division 3 Fesselballone und 2 Flugzeuge abschoß und damit plötzlich an der Spitze der amerikanischen Jagdflieger stand. Seine Technik bestand darin, sich aus der Überhöhung auf den Gegner zu stürzen, beim Schießen so nahe heranzugehen, bis er fast mit dem Gegner zusammenstieß (das Geheimnis fast aller erfolgreichen Jagdflieger). Er landete oft auf einem nahegelegenen französischen Feldflugplatz – oder in der Nähe des abgestürzten Gegners, um sich von amerikanischen Bodentruppen den Abschuß bestätigen zu lassen, und meist war sein eigenes Flugzeug auch von Kugeln durchsiebt. Aber trotz seines großen Erfolges wurde der 18. September ein bitterer Tag für ihn, denn sein Freund

Wehner wurde abgeschossen, während er Deckung für ihn flog und damit vielleicht Lukes Leben gerettet hat.
Sein Kommandeur schickte ihn daraufhin auf Urlaub nach Paris, damit er dort auf andere Gedanken kam. Aber er nahm von den 2 Wochen nur sechs Tage in Anspruch und kehrte wieder zur Staffel zurück. Am 26. schoß er eine Fokker ab, und am 28. startete er von einem französischen Platz aus, wo er die Nacht verbracht hatte, um nicht an den Tod eines anderen Kameraden erinnert zu werden, und schoß einen weiteren Fesselballon ab, worauf er (unerlaubt) eine zweite Nacht auf dem französischen Platz blieb.
Der nächste Tag war sein letzter. Er fiel im Glanz des jungen Ruhms, aber er starb einen völlig unnötigen und sonderbaren Tod. Von Verdun, wo er seine alten Kameraden besucht hatte, startete er am späten Nachmittag, schoß kurz hintereinander drei Fesselballone ab (wonach er bei einer amerikanischen Ballonstaffel einen Zettel mit einer genauen Beschreibung seiner Opfer abwarf). Dann wurde er über deutschem Gebiet in einen Kurvenkampf verwickelt, über den Einzelheiten fehlen, bei dem er aber zwei weitere Flugzeuge abgeschossen haben soll. Aber auch er wurde zum Absturz gebracht. Keineswegs schwer verwundet, stieg er hinter den deutschen Linien aus den Trümmern seiner Spad und begab sich an einen kleinen Bach, der etwa 50 Meter entfernt war. Als sich eine Gruppe deutscher Soldaten näherte, zog er seine Pistole und wurde im Verlauf des Kampfes erschossen. Zwei Wochen vorher hatte er bei einem Essen, das zu seinen Ehren gegeben wurde, geäußert, daß er sich nicht lebend gefangen nehmen ließe. Es war ihm also ernst damit, obwohl man sich fragen muß, warum eigentlich.
Französische Augenzeugen wollen beobachtet haben, wie er von deutschen Flugzeugen verfolgt wurde, noch bevor er den ersten Ballon an diesem Nachmittag angegriffen hatte, und daß er nach Vernichtung des dritten Ballons durch feindliche Jagdflugzeuge verwundet wurde. Er soll dann aber weiter Tiefangriffe geflogen und dabei sechs deutsche Soldaten getötet und viele verwundet haben. Sie beschrieben seine Angriffstaktik als Sturz aus großer Höhe, um Geschwindigkeit aufzuholen und auf der Höhe des anzugreifenden Ballons abzufangen und das Feuer auf kürzeste Entfernung zu eröffnen.

Es waren noch zwei Monate bis Kriegsende, als Luke fiel. Aber er steht immer noch an zweiter Stelle der amerikanischen Jagdflieger des ersten Weltkrieges.
Im Oktober, nur einen Monat nach Lukes 21 Luftsiegen, steigerte Rickenbacker in kurzer Zeit die Zahl seiner Abschüsse. Er brachte 14 deutsche Flugzeuge zum Absturz und war damit am 30. Oktober auf 26 Luftsiege insgesamt gekommen.
Die meisten übrigen amerikanischen Flieger-Asse, die knapp hinter diesen ersten drei rangierten, hatten Ausbildung und Flugerfahrung beim Royal Flying Corps bzw. der RAF gewonnen, bevor die rein amerikanischen Staffeln auf französischem Boden eintrafen. Viele hatten Universitätsbildung, waren Söhne wohlhabender Eltern und kamen von vornehmen Schulen. Interessanterweise hatten die drei führenden Flieger aber nur eine begrenzte Schulausbildung genossen, Luke hatte eine Zeitlang ein College besucht, Rickenbacker ist im Alter von 12 Jahren und Lufbery im Alter von 17 Jahren von der Schule weggelaufen. Luke und Rikkenbacker erhielten die höchste amerikanische Auszeichnung, die Medal of Honor, die insgesamt nur an vier amerikanische Flieger des ersten Weltkrieges verliehen wurde.
Rickenbacker, der einzige Überlebende aus diesem Trio, war ein kühler Denker, der zwar dem Kampf nicht auswich, der aber sorgfältig nach seinem Vorteil suchte, wenn er sich auf einen Kampf einließ, und seine Taktik dabei immer im voraus festlegte. In dieser Hinsicht glich er manchem anderen erfolgreichen Jagdflieger einschließlich Richthofen. Der zweite Weltkrieg, nur 21 Jahre nach Ende des ersten beginnend, sollte dann wiederum demonstrieren, daß die besten Jagdflieger ihre Taktik und Strategie sehr sorgfältig planten und erneut Höhe, Geschwindigkeit und nahes Herangehen an den Gegner in den Vordergrund stellten.

## SOMMERTAG 1918

Mit Fortschreiten des ersten Weltkriegs flogen und kämpften die Jagdflieger in immer größeren Formationen, bis schließlich 1918 über der Front fast täglich richtige Luftschlachten ausgetragen wurden. Man kann wohl mit einiger Berechtigung sagen, daß die gleichen Taten, die einigen wenigen Fliegern in den frühen Luftkämpfen der Jahre 1914 und 1915 Berühmtheit brachten, 1918 fast regelmäßig von Hunderten von Fliegern nachvollzogen wurden, deren Namen aber kaum bekannt wurden. Der Kampf in der Luft hatte ein solches Ausmaß angenommen, daß die Sensationen von vor drei Jahren nun zu Alltäglichkeiten geworden waren.

Einer der erfolgreichsten britischen Asse war der Hauptmann L. H. Rochford (D. S. C. mit Spange, D. F. C.) mit 28 Luftsiegen. Er gehörte zu den Fliegern, die 1918 herausragende Leistungen vollbrachten. Rochford war ursprünglich Marinejagdflieger und diente in derselben Staffel Nr. 3 Naval (später 203. RAF) zusammen mit Oberstleutnant Raymond Collishaw, jetzt Air-Vice-Marshal i. R. und dritter Mann auf der englischen Bestenliste. Beide erkämpften einen Großteil ihrer Luftsiege als Marineflieger, bevor es zur Aufstellung der RAF kam (die Royal Navy verfügte in den ersten Jahres des Krieges eindeutig über die besseren Flugzeuge). Beide Männer haben den ersten Weltkrieg überlebt und auch den zweiten und waren rüstig und erfreuten sich bester Gesundheit, als diese Zeilen geschrieben wurden. Ein Feindflug von Rochford aus dem Sommer 1918 illustriert recht deutlich die Wirksamkeit der Taktik und der Teamarbeit, die damals an der Tagesordnung waren. Heute lebt Rochford in Bruton, Somerset, und hat vor kurzem jenen Tag vor über 50 Jahren beschrieben.

Die RAF-Staffel Nr. 203 war in Jzel-le-Hameau stationiert (wo 1917 auch Arthur Gould Lee lag) und war mit Camels ausgestattet. Rochford war Führer der Halbstaffel B, die aus fünf Flugzeugen bestand (manchmal gab es auch Halbstaffeln mit 6 Flugzeugen). Die B flog in Formationskeil, alle Flugzeuge auf gleicher

Höhe. Die Höchstgeschwindigkeit der Camel betrug damals 180 km/h; die Gipfelhöhe lag bei 6 800 Metern.
Am 22. Juli starteten Rochford und sein Staffelkapitän Collishaw vor Tagesanbruch zu einem speziellen Einsatz mit Bomben, den sie schon vor einiger Zeit geplant hatten. Das Ziel war Dorignies, ein von den Deutschen belegter Flugplatz. Rochford hatte am Abend vorher Freunde bei der 64. Staffel besucht (es lagen verschiedene Staffeln auf dem großen Flugplatz Jzel-le-Hameau), und es war etwas spät geworden. Er hatte nur eine Mütze voll Schlaf genommen, als er von Collishaw mit der Mitteilung geweckt wurde, daß der lange geplante Einsatz nunmehr steigen sollte. »Wir starten gleich nachher«, sagte er gut gelaunt. Obwohl Rochford sich gern einen anderen Morgen ausgesucht hätte, stand er auf, zog sich an und begleitete Collishaw in die Dunkelheit hinaus zu den zwei bereitstehenden Camels. Sie starteten hintereinander. Jeder hatte vier 10-kg-Bomben dabei, zwei auf jeder Seite unter den Tragflächen. Sie erreichten Dorignies in 1 700 Meter Höhe, weniger beunruhigt wegen Flakbeschusses als bei Tageslicht. Rochford griff als erster an und verschoß aus 70 Metern Höhe seine ganze Munition auf Gebäude und Flugzeughallen. Dann warf er drei Bomben auf die Unterkünfte ab und die vierte auf einen Hangar, der sofort Feuer fing. Collishaw beschoß dann drei Flugzeuge, die gerade vor einem Hangar umher geschoben wurden, mit MG und warf seine vier Bomben ab, die zwischen den Gebäuden losgingen. Bevor er wieder auf Heimatkurs ging, schoß er eine feindliche Maschine in Brand, die gerade auf dem Flugplatz landen wollte.
Rochford hatte also in den letzten 24 Stunden wenig Schlaf gehabt, als er um 9.00 Uhr den Befehl erhielt, mit seiner Halbstaffel einen Einsatz hinter die deutschen Linien zu fliegen. Es war ein klarer Sommermorgen. Die fünf Flugzeuge stiegen in Richtung Sonne in den blauen Himmel hinein. Rochford startete als letzter, die anderen setzten sich seitlich von ihm in Position. Sie stiegen stetig weiter. Bei Einsätzen, die hinter die deutschen Linien führten, war Höhe eine Grundbedingung, und das um so mehr, als sie gegen die Sonne fliegen mußten. Rochford kannte jenen Vers sehr gut, der vor dem »Hun in the Sun« warnte, der sich von oben auf die überraschten Opfer stürzt. Der einzige Ausweg, eine solche Überraschung zu vermeiden, lag darin, soviel Höhe wie

möglich gewinnen und dabei dauernd den Himmel über sich und gegen Osten abzusuchen, vor allem um die Sonne herum. Aus der Überhöhung heraus hatten die Camels eine bessere Chance als ihre Gegner, zur Überraschung von oben her zu werden.

Der Höhenmesser zeigte stetigen Höhengewinn an. Die Halbstaffel »B« näherte sich 2 500 Metern, als sie die Front überflog und im Steigflug noch 110 km/h schnell war. Unter sich konnten die Piloten bereits Aktivität feststellen. Ein Armstrong-Whitworth Zweisitzer der RAF wurde von zwei Fokker D VII angegriffen. Vor der Fokker D VII hatte man Respekt – vielleicht war sie das beste deutsche Jagdflugzeug des ersten Weltkriegs. Rochford verlor keine Zeit, drückte an und eilte im Sturzflug dem hart bedrängten Aufklärer zu Hilfe. Der schlug sich in etwa 1 500 Metern Höhe mit seinen Angreifern herum. Der Pilot des Zweisitzers flog heftige Abwehrbewegungen, um seine Haut zu retten. Der MG-Schütze schoß, was das Zeug hielt. Rochford kam am Schauplatz mit ungefähr 320 km/h an. Glücklicherweise erkannten die Deutschen nicht, daß da fünf Camels von hinten oben kamen. Rochford manövrierte sich in Schußposition hinter die Fokker, die gerade nicht von dem MG-Schützen der Armstrong-Whitworth beschossen wurde. Er fing ab, ging in den Horizontalflug, immer noch mit hoher Geschwindigkeit und schloß schnell auf sein Opfer auf. Erst als er auf nächste Nähe herangekommen war, eröffnete er das Feuer mit den beiden Vickers-MG. Die Überraschung gelang. Und während die Garben aus den Bordwaffen Rochfords in die eine Fokker einschlugen, hatte auch der MG-Schütze des Zweisitzers sich auf die andere Fokker eingeschossen. Fast gleichzeitig gingen die beiden D VII mit den schwarzen Kreuzen steuerlos nach unten. Die A-W war gerettet, und Rochford hatte einen schnellen Sieg über eines der besten deutschen Jagdflugzeuge erzielt. Es war ein guter Anfang. Aber der Einsatz hatte ja gerade erst begonnen.

Der Kampf mit den beiden D VII hatte die »B« auf 1 500 Meter heruntergebracht. Nun hieß es wieder Höhe gewinnen. Die fünf Flugzeuge flogen im Augenblick gefährlich niedrig für einen Kampfauftrag hinter den feindlichen Linien.

Mit Kurs nach Südost erreichten sie wieder 2 500 Meter und stiegen weiter. Als sie auf 3 000 Meter waren, wurden im Osten kleine Punkte am Himmel sichtbar. Die Pünktchen waren höher als die Camels! Rochford manövrierte sich nach Süden, um die Sonne hinter sich zu bekommen. Er behielt den Steigflug bei, in der Hoffnung, daß der Feind seine fünf Camels nicht gesehen hatte. Bald konnte er die feindlichen Flugzeuge genauer ausmachen: weitere D VII, oben grün, unten blau angestrichen. Allmählich hatte er die Sonne im Rücken und glaubte, daß die Deutschen ihn wirklich noch nicht erkannt hatten. Aber die D VII waren auch im Steigen begriffen, und Rochford fragte sich nun, ob die Camels noch einen Höhenvorteil gewinnen konnten. Die D VII war bekannt dafür, daß sie jedes andere Flugzeug an der Westfront übersteigen konnte. Aber Rochford wollte es auf einen Versuch ankommen lassen. Die Camels mit ihren Bentley-Motoren mühten sich unter Vollgas weiter hoch, 3 300, 3 600, 3 900 Meter. In 4 000 Meter Höhe, bereits in dünner Höhenluft, sah Rochford auf die grünen D VII hinab. Diese hatten die Camels anscheinend immer noch nicht erkannt, die jetzt oben und in der taktisch überlegeneren Position waren. Rochford hatte seine Camels etwas ostwärts von den Deutschen manövriert. Beide Formationen flogen dabei in südlicher Richtung.

Rochford gab das Zeichen, und die fünf Camels gingen in den Sturzflug, um die D VII von hinten anzufallen. Er selbst nahm sich einen der hinteren grünen Doppeldecker vor, hielt ihn im Blickfeld, fing hinter ihm ab und schloß sehr schnell auf. Er wartete bis zum letzten Augenblick (»Ich war ein zu schlechter Schütze und mußte deshalb dicht ran«) und drückte auf beide Vickers-Abzüge. Fast gleichzeitig flogen Fetzen von der weiter im Visier liegenden Fokker. Rochford gab Dauerfeuer, bis das deutsche Flugzeug sich auf die Seite legte und steuerlos nach unten ging. Die anderen Mitglieder der Halbstaffel »B« erzielten ebenfalls Treffer: die fünf Camel konnten bei diesem Sturzangriff vier Fokker zum Absturz bringen. Es war der Angriff aus der Sonne – unter Ausnutzung der Geschwindigkeit: Überraschungs- und Angriffsmöglichkeit von hinten mit tödlicher Wirkung. Rochford hatte erst etwa aus zehn Metern Entfernung das Feuer eröffnet.

Diese Taktik war erfolgreich – es gehörte Geduld dazu, einen Kampf zu vermeiden, bis man den Höhenvorteil gewonnen hatte, und sich erfolgreich »in der Sonne« verbergen konnte (»Ich wußte, es hat keinen Zweck, mich auf sie zu stürzen, solange ich nicht hoch genug war«), um dann erst in den Sturzflug zu gehen und die Fokker durch Überraschung zu erwischen (»Ich war nun 18 Monate im Einsatz und kannte inzwischen die meisten Tricks«).

Nachdem es zweimal zu Feindberührungen gekommen und fast die ganze Munition verschossen war, ging Flight B nach zwei Stunden Flugzeit auf Kurs Heimat und erreichte um 11.00 Uhr Izel-le-Hameau, wo alle außer einem sicher landeten, Rochford als erster und dann die anderen. »Wir waren froh«, erinnert er sich, »wir machten uns nur um Rudge Sorgen, der noch fehlte.« Wenn er auch Überhöhung, Geschwindigkeit und Schießen aus kürzester Entfernung anwandte, um jeweils mit einem einzigen Anflug an jenem 22. Juli zum Erfolg zu kommen , so ist Rochford doch der Meinung, daß in der Manövrierfähigkeit eines Flugzeugs der wichtigste Einzelvorteil für den Kurvenkampf lag.

»Wir waren in dieser Hinsicht mit der Sowith Pup und der Sopwith Camel überlegen, obwohl die Deutschen schneller waren.« Das galt 1916 gegen die frühen Albatros und Halberstadt und manchmal auch gegen D. VII und D. V. Das Geheimnis des Erfolgs lag einfach darin, unbeobachtet über den Gegner zu kommen und dann hinunter zu flattern wie'ne Fledermaus aus der Hölle und so nahe wie möglich ran zu gehen, bevor man das Feuer eröffnete. Das war viel besser, als in einzelne Kurvenkämpfe überzugehen, falls man eine günstige Position fand.

Wenn es zum Luftkampf kam, dann fühlte ich keinerlei Haß auf den Gegner. Die »Hunnen-Hasser« wurden am Ende selber abgeschossen.

Boelcke war der erste, der mit einem anderen zusammen, also in einer Rotte, in den Einsatz flog. Er hatte festgestellt, daß er während eines Angriffs allzuleicht selbst angegriffen werden konnte. So bat er Immelmann mit ihm zu fliegen und ihn während eines Angriffs abzuschirmen; das war die Geburtsstunde der Kampfformationen. Während wir in der B-Flight in Keilformation zu fünf flogen, teilten sich einige unserer Flights in zwei Kettenkeile zu je drei Flugzeugen auf. Andere Flights benutzten wieder andere Formationen. Zu dieser Zeit flog man eben nicht mehr allein. Normal war eine Keilformation von fünf. Drei solcher Formationen bildeten dann eine Staffel.

Ich habe manchmal auch Tiefangriffe auf Truppen und Stellungen geflogen, aber ich habe das nicht gerne getan – ich weiß auch nicht, ob das etwas genutzt hat. Im zweiten Weltkrieg war das anders, aber da hatten wir Raketenwaffen unter den Tragflächen. Im zweiten Weltkrieg war auch die Manövrierfähigkeit im Luftkampf nicht mehr ganz so wichtig wie die Geschwindigkeit. Jagdflugzeuge flogen zu dieser Zeit schon so schnell, daß sie keine engen Kurven mehr fliegen konnten. Aber im ersten Weltkrieg war Manövrierfähigkeit noch eine Wichtigkeit ersten Ranges. Nebenbei bemerkt: es stimmt, daß die Deutschen im ersten Weltkrieg nicht zu uns kamen, wir mußten zu ihnen rüber.«

Der Tag ging zu Ende und auch unsere Diskussion. Aber Rochford wollte sich nicht verabschieden, ohne noch ein Wort der Anerkennung für Collishaw zu sagen: »Er war ein glänzender Pilot und ein feiner Kerl. Wir trafen uns zum erstenmal im Februar 1917 in der 3. Marinerflieger-Staffel an der Somme. Er war einer der Besten«. Collishaw ist heute das überlebende As der RAF mit den meisten Luftsiegen. Er hat sein Interesse am ersten Weltkrieg auch die Jahre hindurch aufrechterhalten und hat eine erstaunlich gründliche Übersicht über die Verluste des R. F. C., der RAF und der deutschen Jagdstaffeln für die Jahre 1917 und 1918 – von Tag zu Tag – zusammengetragen. Seine große Verlustliste enthält 26 000 Namen. Darüberhinaus hat er viel Zeit aufgewendet, um die kürzlich veröffentlichte Liste der von Richthofen abgeschossenen Gegner zu erstellen. Er konnte 77 identifizieren. Es fehlt lediglich die Information hinsichtlich der Nummern 54, 58 und 78! Collishaw lobt auch das deutsche Verfahren aus dem ersten Weltkrieg, Unteroffiziere automatisch zu Offizieren zu befördern, wenn sie eine bestimmte Anzahl von Luftsiegen errungen hatten – die RAF hat so etwas nicht praktiziert. Er glaubt, daß dies ein Grund dafür ist, daß deutsche Unteroffiziere als Flieger 1914–1918 besser abgeschnitten haben als dieselben Dienstgrade bei den Entente-Mächten.

Rochford ist wie viele britische Piloten der Meinung, daß Collishaw in den Jahren seit dem ersten Weltkrieg nicht genügend Beachtung gefunden hat. Man kann nicht mit ihm über die Fliegerei im allgemeinen und über den ersten Weltkrieg sprechen, ohne daß man etwas über seinen alten Staffelkapitän zu hören bekommt. Collishaw, mit seinen 60 bestätigten Luftsiegen, wäre sicher der alliierte Jagdflieger mit den meisten Abschüssen geworden, hätte man ihn nicht mehrere Male für längere Zeit von der Front abgezogen. Zwischen Ende Januar und Juni 1918 kam er nicht zum

Einsatz, weil man ihm administrative Aufgaben zugewiesen hatte. Er kehrte im Juni an die Front zurück und kam bis Ende September von 40 auf 60 Abschüsse. Dann wurde er nach England geschickt und hat die letzten sechs Wochen Kampf nicht mehr mitgemacht. Das war gerade die Zeit, in der viele alliierte Flieger ihre größten Erfolge erzielen konnten. Er stand also 1918 nur vier Monate im Fronteinsatz.

»Sie müssen Collie besuchen«, wiederholte Rochford beim Abschied. Der Mann, der sich im Februar 1917 an der Somme gemeldet, dort gekämpft und den Rest des Krieges überlebt hat, winkte mir ein good-bye zu.

## SPRINGS UND BISHOP AUS DER NEUEN WELT

Mit Rickenbacker in der 94. Staffel flog auch der erfolgreiche amerikanische Jagdflieger Robert C. Cates. Cates stand vor dem Abschluß seines College-Studiums (in Wofford), als er sich 1917 freiwillig meldete. Er erhielt seine Ausbildung in Amerika und Frankreich und kam Anfang 1918 an die Front. Wie er die Flugzeuge des ersten Weltkrieges und die damals vorherrschenden Bedingungen, und zufällig auch die Gründe beurteilt, die Rickenbakker zum Erfolg verhalfen, ist äußerst interessant.

Wir führten 1970 ein Gespräch über Piloten, Flugzeuge und Luftkampftaktik – 52 Jahre nach Ende des ersten Weltkriegs. Er konnte sich immer noch gut erinnern.

»Die wichtigste Fähigkeit, über die ein Jagdflieger verfügen mußte, lag in der Begabung, Geschwindigkeiten und Entfernungen möglichst genau abzuschätzen. Das war wichtiger als alles andere, denn in einem Luftkampf wollte man den anderen Burschen ja möglichst in einem einzigen Anflug erledigen. Manchmal war das schon der ganze Luftkampf überhaupt, ein Angriff – denn die eine wie die andere Seite versuchte gewöhnlich so schnell wie möglich wieder aus einer solchen Situation herauszukommen. Das ist der eine Grund, warum Rickenbacker Erfolg hatte. Er war vorher Autorennfahrer gewesen und konnte deshalb Geschwindigkeit und Entfernung besser schätzen. Er konnte im Sturzflug auf ein feindliches Flugzeug seine Geschwindigkeit so genau beurteilen, daß er ganz genau wußte, wann er abfangen mußte. Das galt auch für die Entfernung, so daß er wußte, wann genau er das Feuer eröffnen konnte.

In Filmen über den ersten Weltkrieg wirken Luftkämpfe oft wie ein Karussell von vielen Flugzeugen, die auf verhältnismäßig engem Platz hintereinander und umeinander herumkurven. Ich selber habe so etwas nie erlebt. Wenn mich jemand danach fragt, dann sage ich immer: das stimmt gar nicht. Ich habe einmal in der Gegend von Verdun eine Fokker gesichtet, die sich hinter einen Freund von mir gehängt hatte, der seinerseits versuchte, ihr

im Sturzflug zu entkommen. Ich war zufällig in der richtigen Position, stürzte hinter der Fokker her und konnte sie abschießen. Das Ganze war also kein Kurvenkampf. Ich erzählte meinem Freund später, daß ich dabei mehr Glück als Verstand hatte. Und so war das oft bei Abschüssen – Zufall und etwas Glück.«
Cates hat interessante Beobachtungen über deutsche Jagdflugzeuge des ersten Weltkriegs gemacht: »Die deutschen Maschinen waren durchweg schwerer und stabiler. Die blieben in einem Stück beisammen im Sturzflug. Unsere Nieuports – wir flogen 1918 die 28, die Spads waren besser – »legten zu leicht die Ohren an«. Die Tragflächen waren zusammengeschustert wie Obstkisten, und die Bespannung löste sich oft bei steilem Sturzflug. Die Spads mit ihren wassergekühlten Motoren hatten mehr Gewicht vorne, und die Tragflächen blieben, wo sie hingehörten. Die Nieuport mit ihrem luftgekühlten Motor hatte mehr Manövrierfähigkeit. Aber sie konnte eben nicht so schnell stürzen, und daneben war das auch noch gefährlich. Die Deutschen sind mit ihren schweren Maschinen oft einfach »nach unten verreist«, um aus einer brenzligen Situation herauszukommen. Nimmt man den ganzen Krieg, dann kann man im allgemeinen sagen, daß die Deutschen unserer Ansicht nach die schnelleren Flugzeuge und die Westmächte die manövrierfähigeren hatten. Nach dem Krieg, als ich noch im Dienst war, erhielten wir eine Anzahl deutscher Flugzeuge, um sie zu testen. Ich habe dabei nie soviel aus diesen Maschinen herausholen können wie die Deutschen.«
Möglicherweise wurde die Geschwindigkeit der deutschen Flugzeuge oft überschätzt, weil sie so oft im Sturzflug aus großer Höhe angriffen? Cates neigte zu dieser Ansicht. Natürlich besteht im Kampf immer eine Tendenz, die Leistung der gegnerischen Maschine etwas zu übertreiben – genauso wie die zahlenmäßige Stärke des Gegners.
Cates ist der Meinung, daß größere Formationen nicht immer die bessere Lösung darstellten, besonders wenn einige Maschinen gegenüber anderen nachhinkten.
»Mein Kamerad Wilkie Palmer flog immer mit mir zusammen. Wir haben als Rotte mehr erreicht. Wir blieben oft in niedriger Flughöhe, gerade so in Höhe der Baumwipfel. Das war so eine Art »hit and run«. Hochfliegende Formationen konnten uns kaum erkennen – so dicht über dem Boden – und wir waren

gewöhnlich vor Angriffen sicher. Andere haben das ähnlich gemacht. Frank Luke, ein ziemlich ungewöhnlicher Bursche, gehört dazu. Sein Rottenkamerad Joe Wehner war gefallen und das machte ihm so zu schaffen, daß er mit allen Deutschen Schluß machen wollte, die er erreichen konnte.« (Luke hatte – wie wir in Kapitel 9 bereits gesehen haben, einen anderen Freund vor seinem letzten Flug verloren, den er dann allein antrat).

Cates, der auf demselben Flugplatz lag wie Rickenbacker und Luke, ist ein Bewunderer von Elliot White Springs, dem an fünfter Stelle stehenden und berühmtesten amerikanischen Jagdflieger, der zuerst bei den Engländern flog. »Er hat überhaupt keine Furcht gekannt,« bemerkte Cates, »da war eine Aufgabe zu erledigen, also tat er das. Aber er war trotzdem ein lebenslustiger Geselle!« Cates lächelte, als er sich an den lebhaften Springs erinnerte, der unter Billy Bishop in der 85. Staffel des R. F. C. diente. Millionen von Amerikanern erkannten seine Vielseitigkeit, denn er wurde nach dem Krieg ein äußerst erfolgreicher Schriftsteller, nachdem er sich im Krieg durch hervorragende Leistungen an der Front ausgezeichnet hatte.

Springs gehörte zu den Leuten von der »Efeu-Liga« (Princeton), die so auffallend zahlreich unter den besten amerikanischen Jagdfliegern aus dem ersten Weltkrieg vertreten sind. In den frühen Tagen in England trat er seinen gutmütigen Gastgebern gegenüber nicht nur mit seinen Fähigkeiten als Flieger hervor, sondern auch indem er ihnen beibrachte, die Vorzüge des South Carolina Eggnog schätzen zu lernen und einen Mint Julep richtig zu mixen. Er war ein ausgezeichneter Pilot. Oberstleutnant Bishop, mit 72 Luftsiegen an zweiter Stelle des R. F. C., war sehr angetan von dem, was er von Springs und seinen zwei von ihm untrennbaren »Buddies«, John Grider und Larry Cattahan, sah. (Sie nannten sich die drei Musketiere. Eine Andeutung »wes Geistes Kinder« sie waren, liegt in dem Namen, auf die sie ihre Camels in Frankreich getauft hatten: Eggnog First, Julep, und Gin Palace II).

Während der Vorbereitung dieses Buches sprach ich mit Springs Tochter, die mich mit Marshal Doswell bekannt machte – und dieser wiederum verschaffte mir die Hilfe von Miß Barbara Fenix, die gerade dabei war, die hinterlassenen Papiere von Springs zu sichten und zu ordnen. So kam ich in den Besitz seiner Gefechtsberichte. Auch aus diesen geht hervor, daß Springs und viele andere Amerikaner das System des Rottenkameraden anwandten und daß sie bei Luftkämpfen unter der Führung von Bishop normalerweise diese 2:1 Taktik benutzten und damit zu zahlreichen Luftsiegen kamen.

Die offizielle Geschichte der 148th Aero Squadron, Aviation Section U. S. Army Signal Corps beschreibt einen Luftkampf, der am 24. September 1918 stattfand:[1]

»Mit drei Flights Patrouille fliegend – Leutnant Clay führte die untereste – wurden »Blauschwänze« (deutsche Fokker) gesichtet. Man konnte sie immer leicht erkennen, weil vier von ihnen dicht gestaffelt flogen. Diese Vier konnte man am Himmel deshalb leicht ausmachen. Sie flogen ungefähr in derselben Höhe wie Clay. Im Bewußtsein auf die beiden höher fliegenden Flights zählen zu können, griff er die Fokker direkt an, obwohl diese zahlenmäßig überlegen waren. Die Blauschwänze nahmen den Kampf an, kamen frontal auf Clay zu, und die Kurbelei ging los. Einige Blauschwänze hatten sich abgesetzt und versuchten, Höhe zu gewinnen. Die beiden oberen Flights der 148. hielten ihre Höhe, bis sie über der Massenkurbelei angelangt waren. Da die »C« Flight zahlenmäßig unterlegen war, ging Leutnant Kindley mit der »A« im Sturzflug nach unten, um ebenfalls in den Kampf einzugreifen. Kurz darauf folgte Leutnant Springs mit der »B«. Dann griff auch der Rest der Blauschwänze ein, die bald von vier oder fünf Fokkers weitere Verstärkung erhielten. Um diese Zeit waren dann 15 Camels und 20 oder mehr Fokker in dieses Durcheinander verwickelt, und es war jetzt mehr eine Frage von gut Glück als von richtigem Verhalten geworden – Camels wie Fokker wirbelten, kurvten umeinander, stürzten, und Leuchtspurmunition flog in alle Richtungen. Die Deutschen wußten, sie waren gute Flieger; und weil sie tapfere Männer waren, versuchten sie ihre Gegner im Einzelkampf zu besiegen. Das aber hat dann auch mehr als irgendein anderer Faktor zu ihrem Untergang beigetragen. Denn die Piloten der 148th warteten ihre Chance ab, und wenn ein eigener Pilot in Schwierigkeiten war, dann kamen ihm zwei oder mehr zu Hilfe und schossen die angreifende Fokker ab. So stürzte eine Fokker nach der anderen ab, sieben waren es schließlich. Die ganze Sache war so schnell vorbei, wie sie begonnen hatte. Die beiden Seiten trennten sich, und die 148. – zwar

1 W. P. Taylor und F. L. Irvin, »History of the 148th Aero Squadron«, Seite 39.

etwas benommen, aber siegreich – nahm Kurs auf den eigenen Platz. Jeder dachte, daß es in diesem Frackas bestimmt auch einen der eigenen erwischt hatte. Ein Seufzer der Erleichterung entrang sich jedem, als schließlich alle Maschinen sicher gelandet waren und keiner fehlte. Einige Flugzeuge mußten allerdings abgeschrieben werden, denn sie waren so von Kugeln durchlöchert, daß sie nicht mehr brauchbar waren ... Die Piloten, denen ein Abschuß zuerkannt wurde, waren die Leutnants Zistell (2), Knox, Kindley, Clay, Springs und Wyly.

Neun Tage vorher hatte Springs zusammen mit einem Kameraden die 2:1 Taktik gegen eine deutsche Halberstadt in der Nähe von Epinay angewandt. Im Gefechtsbericht stand: Wir flogen an der Spitze des unteren Schwarms, konnten einer Halberstadt den Weg abschneiden und griffen aus östlicher Richtung von unten her an. Nach einem längeren Feuerstoß dreht das Feindflugzeug nach Westen ab. Lt. Cunnius griff von hinten oben an, während ich von unten kam. Ich konnte beobachten, wie seine Leuchtspur in das Cockpit des Beobachters einschlug. Das Feindflugzeug drückte nach Osten weg und zog eine Rauchfahne nach. Der Beobachter feuerte nicht mehr auf mich. Ich folgte ihm nach unten bis auf 160 Meter über dem Boden, wo ich aufgrund von Beschuß von unten abfangen mußte. Später griffen Lt. Ralston und ich eine Hannoveraner über dem Wald von Bourton in 100 Meter Höhe an. Das Feindflugzeug verschwand nach einigen langen Feuerstößen. Der Beschuß vom Boden her war verhältnismäßig heftig.«

Bei diesem Stand des Krieges griffen Jagdflugzeuge der Entente-Mächte regelmäßig in Paaren an, und es war nun offensichtlich, da eine solche Team-Taktik äußerst wirkungsvoll sein konnte. Die Tage des einsamen Jägers waren, mit Ausnahmen seltener Gelegenheiten, vorbei. Springs hatte es versucht und seine Lektion gelernt. Zwei Wochen nachdem er zu Bishop zur 85. an die Front gekommen war, wurde er langsam ungeduldig und wollte, daß etwas passiert. Bishop bildete die unerfahrenen jungen Piloten sorgfältig weiter aus und war der Meinung, daß sie noch nicht frontreif seien. Aber Bishop war selbst von Ungeduld gepackt worden. Er war zu einem Frontflug gestartet und hatte einen Zweisitzer abschießen können. Drei Tage später machte er den nächsten Alleinflug und schoß zwei Feindflugzeuge ab. (Er flog immer wieder allein und stellt somit die brillante Ausnahme von der Regel dar). Daß er immer noch untätig herumsitzen mußte, konnte Springs nicht mehr aushalten. Ohne Erlaubnis startete er, flog allein auf die Front zu und hielt Ausschau nach dem Feind. Nun, die Deutschen hatten ihn schneller erkannt, als er sie. Er wurde durch sechs Pfalz von oben her überrascht. Sie schossen sein Flugzeug von vorn bis hinten voller Löcher. Er konnte von Glück sagen, daß er mit dem Leben davon gekommen war und sich auf den Flugplatz Baizeux, in der Nähe von Albert, zurückmogeln konnte. Bei der Landung krachte er in Bishop's Flugzeug hinein. Beide Maschinen mußten abgeschrieben werden. Bishop sah zu, wie Springs aus den Trümmern stieg. Er war ziemlich wacklig auf den Beinen, aber er wollte sich nicht fertig machen lassen. Er ging auf den berühmten Kanadier zu und strich mit seinem Zeigefinger über die Ordensbänder an seiner Brust. »Schauen Sie sich die Orden an«, sagte er. »Sie können sie haben.« Dann machte er kehrt und ging davon. Im späteren Verlauf des Abends suchte er seinen Staffelkapitän noch einmal auf und entschuldigte sich. Am nächsten Tag nahm ihn Bishop mit zur Front. Jeder von beiden konnte eine Pfalz abschießen – es war Springs erster Luftsieg. In seiner Begeisterung machte er bei der Landung Bruch. Bishop sagte nur, daß er nun in zwei Tagen drei eigene Maschinen gegen eine feindliche zerstört habe, und fragte ihn, für welche Seite er eigentlich kämpfe.

Viele überlebende Jagdflieger aus dem ersten Weltkrieg halten Bishop für den besten allround-Flieger jener Zeit. Und mancher ist der Meinung, daß die zugestandenen 72 Luftsiege nicht die ganze Wahrheit sind. Er gehörte zu den wenigen großen Assen, die immer wieder darauf bestanden, allein hinter die feindlichen Linien zu fliegen. Aufgrund seiner Treffsicherheit hat er immer wieder Erfolg gehabt. Dieser einmalige Flieger, Träger des Victoria-Kreuzes, hielt gutes Schießen für das wichtigste Talent, wenn man im Kampf Erfolge haben will. In seinem Buch »Winged Warfare« erläuterte er seine Ansichten. Sie verdienen sorgfältige Beachtung:[1]

»Ich habe gelernt, daß das Schießen im Kampf das Wichtigste ist, dann kommt die Taktik, einen Kampf richtig einzuleiten, und erst zuletzt die fliegerische Fähigkeit. Schießen habe ich, wie bereits erwähnt, bei jeder Gelegenheit geübt und wurde darin mehr und

1 William Bishop, »Winged Warfare«, Kapitel 17.

Theo Osterkamp als Jagdfliegerführer während der Luftschlacht um England.

Eine Sopwith Camel in Marine-Ausführung, mit einem Vickers-MG, das durch den Propellerkreis schoß, und einem Lewis-MG über der oberen Tragfläche.

Hermann Göring in seiner Fokker D VII im Ersten Weltkrieg.

Während die Flieger im Ersten Weltkrieg ihre Luftkämpfe noch mit bespannten Doppeldeckern ausfochten, baute Prof. Hugo Junkers die ersten Ganzmetallflugzeuge. Leutnant Mallinckrodt flog die J 1 erstmals 1915.

mehr zum Meister, mit dem Ergebnis, daß ich schließlich ein großes Selbstvertrauen bekam und mir sicher war, daß ich einen Gegner abschießen konnte, wenn ich mich in der einen oder anderen von mir bevorzugten Position befand.

All denen, die nie Gelegenheit hatten, ein Kriegsflugzeug zu sehen, muß ich erklären, daß der Pilot zur Steuerung hauptsächlich einen einzigen Hebel, den Steuerknüppel, zu bedienen hat: der ähnelt in manchem dem Ganghebel in einem Auto, aber man kann ihn in alle vier Richtungen bewegen. Wenn das Flugzeug in den Sturzflug gehen soll, dann ist die instinktive Bewegung doch, daß man sich dabei nach vorne lehnt. Deshalb ist die Steuerung eines Kampfflugzeuges so ausgelegt, daß die Nase der Maschine nach unten geht, wenn man den Knüppel nach vorne drückt. Genauso geht die Nase der Maschine nach oben und das Flugzeug beginnt zu steigen, wenn der Knüppel an den Körper herangezogen wird. Um zu kurven ist es notwendig, die Maschine seitlich zu neigen, denn sonst würde sie nach außen wegrutschen. Aber die Maschine darf nicht zu sehr geneigt werden. Das ist das Erste, was ein Flugschüler lernen muß.

Mit dem Steuerknüppel wird auch dieses Neigen bewirkt... mit beiden Füßen wird das Seitensteuer bedient. Mit der rechten Hand bewegt der Pilot den Steuerknüppel, mit der linken bedient er den Gashebel. So kann er jedes Manöver nach Belieben einleiten entweder mit dem Motor oder mit dem Flugzeug. Wenn er schießen will, dann bewegt er lediglich seinen rechten Daumen und drückt auf den Waffenknopf.

Wenn ein Pilot erfolgreich kämpfen will, dann muß er sein Flugzeug absolut beherrschen. Er muß ein Gefühl dafür entwickeln, wo sich das Flugzeug befindet, in welcher Fluglage und wie es fliegt, so daß er schnell manövrieren kann, ohne seinen Gegner oder seine Gegner aus dem Auge zu verlieren. Er muß einen Looping fliegen, das Flugzeug auf den Rücken legen können, und eine ganze Reihe anderer Kunstflugfiguren beherrschen – nicht daß er diese Dinge im Luftkampf ernstlich braucht: aber allein die Tatsache, daß er das alles schon oft gemacht hat, verleiht absolutes Selbstvertrauen, und wenn es zum Kampf kommt, dann braucht er sich keine Gedanken zu machen, wie sein Flugzeug reagiert. Er kann seine ganze Aufmerksamkeit darauf verwenden, den anderen zu bekämpfen, denn der fliegerische Teil geschieht dann instinktiv. Dieser fliegerische Teil ist also – obwohl am schwierigsten zu erlernen – im Kampf dann der am wenigsten wichtige Faktor. Ein Mann kann ein perfekter Pilot sein. Er kann sein Flugzeug beherrschen wie niemand sonst auf der Welt, aber wenn er sich auf einen Luftkampf einläßt und immer wieder sein Leben riskiert, um in die richtige Schußposition zu kommen, und dann nicht trifft, dann taugt er nichts. Unfähig, seinen Gegner abzuschießen, muß er sein Leben immer wieder von Neuem aufs Spiel setzen, um von dem Gegner wegzukommen. Deshalb also sehe ich gutes Schießen auf Luftziele als wichtigsten Faktor im Luftkampf an.

Die Taktik ist der nächstwichtige Punkt, denn durch die richtige Anwendung der besseren Taktik wird es leichter, Risiken auszuschalten und den Feind in eine nachteilige Situation zu maövrieren. Man sollte in jedem Fall die Überraschung anstreben. Wenn man den Gegner überraschen kann und in der richtigen Position ist, bevor einen der andere überhaupt bemerkt hat, dann vereinfacht dies die Sache ungemein, und damit sollte es gar nicht zu einem zweiten Teil des Kampfes kommen. Aber das ist nicht einfach, denn jeder Flieger ist in der Luft dauernd auf Ausschau nach feindlichen Maschinen. Der ideale Überraschungsangriff verlangt eine Menge Geduld. Es gibt manchen Fehlschlag, bevor sich erste Erfolge einstellen. Man muß z. B. wissen, daß es leichter ist, einen Verband von vier oder sechs Flugzeugen zu überraschen als eine oder zwei einzeln fliegende Maschinen. Das liegt vermutlich daran, daß man im größeren Verband sich mehr auf die Fähigkeit, sich gegenseitig zu decken, verläßt und glaubt, daß jeder seinen Teil an Wachsamkeit beiträgt.

Im Alleinflug oder zu zweit muß man sich ständig umdrehen, nach rechts oder links kurven und nach oben und unten sehen. Das ist eine sehr ermüdende Angelegenheit. Wenn man drei oder vier Mann hinter sich weiß, ist es nur natürlich, daß man mehr in die Richtung blickt, wo man die feindlichen Maschinen gerne hätte, um sie anzugreifen, oder daß man nach unten schaut, wo etwas interessantes zu beobachten ist.

Wird man in einen Luftkampf verwickelt, dann verfolgt man selbstverständlich Taktiken, die sich nach der gegebenen Situation richten. Hauptsache ist, den Gegner nicht hinter sich geraten zu lassen, »hinter den eigenen Schwanz«. Wenn er nämlich einmal dort ist, dann wird man ihn kaum mehr los, denn er kann jeder Bewegung folgen, die man macht. Und deshalb ist dies genau die Position, in die man selbst kommen möchte. Hat man dies erreicht, dann heißt es einen Schuß anzubringen und nebenbei aufzupassen, ob eine andere feindliche Maschine angreift, die in der Nähe sein mag. Es ist ratsam, im Falle zahlenmäßiger Unterlegenheit nicht allzu lange hinter einer Feindmaschine zu »kleben«. Wenn man sich zu lange auf einen Gegner konzentriert, dann hat ein anderer eine Chance, in Ruhe und ohne eigenes Risiko zu zielen. Ein Flugzeug zu treffen, das im rechten Winkel an einem vorbeifliegt, ist ziemlich schwierig. Es gehört schon einige Erfahrung dazu, um den richtigen Vorhaltewinkel zu finden. Außerdem ist es wichtig, den Piloten zu treffen und nicht nur das Flugzeug selbst, wenn man Erfolg haben will. Und es ist wichtig, ihn im Oberkörper zu treffen, weil man dann erwarten kann, daß er sofort außer Aktion gesetzt wird. Wenn eine Maschine Feuer fängt, dann ist das mehr oder weniger Glück auf Seiten des Schützen – es müssen mehrere Geschosse den Tank durchlöchern und die entweichenden Gase entzünden können.

In unserer Taktik wandten wir diesen »Quer-Schuß«, wir wir ihn nannten, in beträchtlichem Umfang an; dies hauptsächlich, wenn ein Luftkampf aus irgendeinem Grund abgebrochen wurde, wegen einer momentanen Ladehemmung oder Aussetzer beim Motor etwa. Wenn man in einer solchen Situation nur wegkurvt, dann kann der Gegner einen von hinten erwischen. Das ist entschieden gefährlich; man muß also durch Beobachtung nach hinten den Moment zu erfassen suchen, in dem der Gegner das Feuer eröffnen will. Dann muß man so schnell wie möglich abdrehen, wie wenn man querab von ihm wegfliegen wollte. Während dieses Manövers werden seine Schüsse im allgemeinen hinten vorbei gehen. Dann macht man eine Kehrtkurve, fliegt im rechten Winkel auf ihn zu, hält dabei vor und fängt an zu schießen.

Wenn mehrere eigene Maschinen mit in einen Luftkampf verwikkelt sind, dann muß man schon sehr aufpassen, um Zusammenstöße in der Luft zu vermeiden. Man muß also die eigenen Kameraden und den Feind im Auge behalten, denn es ist ein ungeschriebenes Gesetz, daß man einem hart bedrängten Kameraden zu Hilfe kommt, und es gibt dann nur eines – nämlich, sich auf den Feind zu stürzen und dem angegriffenen Kameraden mindestens eine moralische Unterstützung zu geben. In einem Fall ist mir ein Hauptmann aus meiner Staffel, ein Neuseeländer, mehr als acht Kilometer hinter den feindlichen Linien zu Hilfe gekommen, obwohl er Ladehemmung auf beiden MGs hatte und demzufolge keinerlei Kampfwert darstellte – nur um die sieben feindlichen Flugzeuge zu bluffen, die mich angegriffen hatten. Das wäre zwar nicht nötig gewesen, denn ich behielt die Oberhand im Kampf mit den Maschinen, die wirklich kämpfen wollten. Aber es war seinerseits ein Akt von größter Tapferkeit, weil er damit rechnen mußte, selbst abgeschossen zu werden, ohne sich auch nur im geringsten wehren zu können.

Die Kämpfe unterscheiden sich leicht hinsichtlich der erforderlichen Taktik. Man muß schnell denken und sofort handeln. Wenn eine größere Zahl von Maschinen in Luftkämpfe verwickelt ist, ist es eine gute Sache, der »obere Mann« zu sein, – d. h. etwas höher zu sein als der Gegner, mit dem man es gerade zu tun hat. Mit diesem Höhenvorteil kann man einen Sturzflug auf diesen Gegner einleiten, und man kann viel leichter manövrieren. Wenn man – was oft passiert – aber der »untere« ist, so ist dies eine äußerst schwierige Position, bei der man sehr aufpassen muß, wie man den Kampf mit einiger Aussicht auf Erfolg weiterführen kann. Wenn der Gegner zum Sturzflug oder einem anderen Angriff ansetzt, ist es das beste, frontal auf ihn zuzufliegen, die Nase des eigenen Flugzeugs ein wenig hochzunehmen und auf ihn zu schießen. Manchmal wird es im Verlauf eines Luftkampfes notwendig, mit Kollisionskurs auf den Gegner zuzufliegen, bis ein Zusammenstoß in der Luft fast unvermeidbar erscheint. In dieser Situation will keiner nachgeben, und es hat deshalb auch schon Kollisionen gegeben. Wir waren stolz darauf, daß wir kaum einmal ausgewichen sind, sondern daß es die Deutschen waren, die zuerst Platz machten. Im letzten Moment mußte der eine hochziehen und der andere drücken. Dabei besteht natürlich die Gefahr, daß beide dasselbe tun, was dann tödlich endet. Das sind vielleicht die aufregendsten Momente im Luftkampf, wenn man nur noch 30 Meter auseinander ist – mit großer Geschwindigkeit aufeinander zufliegend – und aufeinander schießt, was die MG-Läufe hergeben.

Wenn man aneinander vorbei ist, muß man sofort kurven, damit sich der Gegner nicht in eine günstige Position hinter einen setzen kann, und muß die übliche Serie von Kurven und anderen Manövern fliegen. Ein außerordentliches Merkmal solcher länger dauernden Luftkämpfe ist die Tatsache, daß sie in der Regel unentschieden ausgingen; der eine oder der andere hat dann schließlich aus welchem Grund auch immer aufgegeben und versucht, möglichst gut wegzukommen. In fast allen Fällen, bei denen eine Maschine abgeschossen wurde, handelte es sich um kurze Kämpfe, und die entscheidenden Schüsse fielen innerhalb der ersten Minute der Auseinandersetzung.«

Man sieht also, daß Bishop mit Cates übereinstimmt, der zu Beginn dieses Kapitels zum Audruck brachte, daß Luftkämpfe gewöhnlich nur von kurzer Dauer waren. Wenn Bishop das Schießen in den Vordergrund stellt, bekommt dies aufgrund seiner außergewöhnlich zahlreichen Luftsiege besonderes Gewicht. Er hält daneben auch die fliegerischen Fähigkeiten für wichtig einschließlich Beherrschung des Kunstflugs – nicht etwa, um den Gegner mit ausgefallenen Kunststücken zu bekämpfen, sondern einfach deshalb, weil es einem Piloten Selbstvertrauen verleiht, gleichgültig, in welcher Position er sich befindet oder welche er im Kampf einnehmen möchte. Aber Beherrschung der eigenen Waffen und Treffsicherheit ist und bleibt in den Augen von Bishop der wichtigste Faktor im Luftkampf.

## EIN ALTER ADLER

In Baden-Baden gibt es ein Haus, in dem drei Generale wohnen. Einer davon ist Theo Osterkamp, mit 32 Luftsiegen aus dem ersten Weltkrieg gegenwärtiger Ordenskanzler des Pour le Mérite und ehemaliger Geschwaderkommodore und späterer Jafü 2 während der Luftschlacht um England. Osterkamp ist schlank, mittelgroß, sehr agil und besitzt ein scharf geschnittenes Gesicht. Seine blauen Augen sind wie die eines Falken, und man spürt sofort die gespannte Aufmerksamkeit und auch Konzentration dieses »Alten Adlers«, der ja auch zu jener Traditionsgruppe von Fliegern aus der Frühzeit der Luftfahrt gehört.

Wir betraten ein komfortables Wohnzimmer mit einem großen Fenster auf der einen Seite. Der alte General trug einen blauen Rock, der einen Farbkontrast zu seinem grauen Haar abgab. Ich fragte ihn nach den Luftkämpfen im ersten Weltkrieg.

»Ich gehörte im ersten Weltkrieg zwar zur Marine, flog aber Landflugzeuge. Wir hatten die Albatros D III und D IV, die über ein großes Cockpit verfügte. Diese Flugzeuge waren nicht besonders manövrierfähig. Die Spads waren schneller. Später flog ich dann die Fokker D VII, vorher auch den Fokker-Dreidecker Dr I. Interessanterweise ist unser bestes Jagdflugzeug gar nicht mehr an die Front gekommen. Ich bin 1918 nach Dessau beordert worden, um dort das neue Ganzmetallflugzeug J 7, Vorläufer der J 9, zu testen. Es war um etwa 30 km/h schneller als alles, was wir bisher hatten. Es wäre unser bestes Jagdflugzeug geworden. Fokker wollte es auch testen und hat es dabei zerschmissen. Junkers hatte dann keine Zeit mehr, eine neue Maschine zu bauen, und so wurde Fokkers neues Modell gewählt. Im allgemeinen waren unsere Maschinen etwas schwerer, und das ist auch der Grund, warum uns die anderen oft auskurven konnten. Das gleiche galt dann auch für den größten Teil des zweiten Weltkriegs. Die Me 109 war schwerer als die Spitfire und, obwohl sie unter 6 000 Meter recht gut war und eine bessere Dienstgipfelhöhe hatte, konnte sie sich mit englischen Jagdflugzeugen nicht auf einen

Kurvenkampf einlassen, weil sie einen schwereren Motor hatte und eine Neigung zeigte, mit angehobener Nase zu fliegen. Die Spitfire lag etwas waagerechter in der Luft und konnte enger kurven. Auf der anderen Seite hatten wir mit dem größeren Gewicht einen Vorteil im Sturzflug – in beiden Kriegen.

Im ersten Weltkrieg lag der wichtigste Vorteil im Luftkampf in der Höhe. (Osterkamps Urteil stimmt mit der »goldenen Regel« von »Mickey« Mannock überein: »Immer drüber, selten auf gleicher Höhe, niemals drunter!«). Der zweitwichtigste Punkt war Manövrierfähigkeit. Im ersten Weltkrieg fochten wir manchmal ziemlich lang andauernde Duelle aus. Mein längster Luftkampf ging über 20 – 25 Minuten – das ist ziemlich lang. Erst an dritter Stelle rangierte für einen Jagdflieger des ersten Weltkriegs die Geschwindigkeit seines Flugzeugs. Dieser Punkt wurde im zweiten Weltkrieg dann etwas wichtiger.

Als Marineflieger hatten wir eine etwas andere Taktik als unsere Kameraden über der Westfront. Wir flogen wegen des ziemlich genau liegenden Flakfeuers in größeren Höhen. Und so haben wir vor allen anderen die Taktiken für Höhenjäger entwickelt. Diese wurden dann in der Hauptsache im zweiten Weltkrieg angewandt. Die Notwendigkeit für Alarmstarts entfiel bei uns. Wir flogen normalerweise in 6 000 – 6 500 Meter Höhe. Richthofen ist eine Zeit lang mit uns geflogen. Ich sagte ihm, daß der Luftkampf in großen Höhen anderen Gesetzen unterliege, um es vorsichtig auszudrücken. In der Zeit, als sein Geschwader mit uns flog, hatte er – wenn ich mich recht entsinne – etwa 17 Verluste bei vier oder fünf eigenen Erfolgen. Es war also wohl eine andere Art Luftkrieg.

Wir wollten Höhe, um den Gegner im Luftkampf anzugreifen, denn uns fehlte es an Manövrierfähigkeit.«

Osterkamp kannte Richthofen recht gut und hatte schon mit Boelcke geübt. Er ist der Meinung, daß Richthofen seinen Erfolg seiner außergewöhnlichen Treffsicherheit zu verdanken hatte.

»Richthofen war nicht der beste Flieger, den wir im ersten Weltkrieg hatten. Er hatte bei Boelcke fliegen und Formation halten gelernt. Aber er war ein Genie, was Schießen anbelangt. Und das ist etwas, das man nicht lernen kann. Nur ein deutscher Jagdflieger war genauso treffsicher wie Richthofen, aber er sollte erst im zweiten Weltkrieg in Erscheinung treten: Marseille.«

Osterkamp stimmt den Theorien Bishops vom vorigen Kapitel zu – nämlich, daß das Schießen den wichtigsten Faktor des Erfolges im Luftkampf darstellt. Der Mann, auf den er sich im Vergleich zu Richthofen bezog, Hans-Joachim Marseille, war 1941 und 1942 in Nordafrika eingesetzt, hat 158 Luftsiege erkämpft – und verlor sein Leben, weil sein Motor ohne Feindeinwirkung über britischem Territorium Feuer fing. Er konnte die deutschen Linien erreichen und sprang ab. Dabei schlug er gegen das Leitwerk seines Flugzeugs. Sein Fallschirm öffnete sich nicht. Marseilles Schießkunst war so ausgeprägt, daß er mehrere Flugzeuge bei einem einzigen Feindflug mit einem Minimum an Munition abschießen konnte. Er verfügte natürlich über bessere Waffen und Zieleinrichtungen und über ein wesentlich besseres Flugzeug als Richthofen 25 Jahre vor ihm.

Ich fragte Osterkamp, warum die deutschen Jagdflieger im ersten Weltkrieg mehr Flugzeuge abschießen konnten als ihre Gegner auf der anderen Seite.

»Im ersten Weltkrieg hatten wir ältere Flugzeugführer. Sie hatten mehr Erfahrung. Das war teilweise darauf zurückzuführen, daß wir meistens über eigenem Gebiet kämpften. Wenn also einer abgeschossen wurde, dann kehrte er gewöhnlich zu uns zurück, es sei denn, daß er tödlich verwundet wurde. Weil wir also diese Piloten wieder einsetzen konnten, bekamen sie mehr Erfahrung. Wir brauchten nicht soviel jungen Ersatz. Andererseits gerieten Piloten der Entente-Mächte in der Regel in Gefangenschaft, wenn sie abgeschossen wurden, und waren damit für den Krieg verloren. Das bedeutete einen stetigen Zufluß von neuen und jungen Piloten zu den Staffeln des Gegners. Deshalb war die Masse der englischen und französischen Jagdflieger, zumindest für den größten Teil des Krieges, jünger und unerfahrener.

Diese Situation kehrte sich dann im zweiten Weltkrieg um. Da mußte die Luftwaffe dann immer mehr auf jungen Ersatz zurückgreifen.«

Osterkamp ist im Verlauf des ersten Weltkrieges einige Male nur knapp mit dem Leben davongekommen. Das fantastischste Ereignis, an das er sich erinnern kann, war ein Luftkampf mit dem berühmten französischen Jagdflieger Guynemer.

»Der Kampf begann in einer Höhe von etwa 5 800 Metern und zog sich hin bis in eine Höhe von nur noch 50 Metern über dem

Boden. Ein Schuß, der von unten kam, schnippte mein Flugzeug auf den Rücken, ich hing mit dem Kopf nach unten. Ich konnte Guynemers Schüssen ausweichen und sicheren Boden erreichen, aber bei der verzweifelten Landung gab es Bruch. Ich hatte auch einmal die Ehre, von dem berühmten Engländer Albert Ball abgeschossen zu werden.«

Ich fragte Osterkamp wie viele Träger des Ordens Pour le Mérite noch am Leben sind. »Wir sind nur noch achtzehn« antwortete er. »Vier davon sind Jagdflieger.« Er zeigte mir das Briefpapier des Ordens mit einem großen »blauen Max« in Prägung auf dem Briefkopf und der Unterschrift »Die Ritterschaft des Ordens Pour le Mérite.« Als wir das Blatt Papier betrachteten, glitt es durch einen Luftzug vom Schreibtisch. Osterkamps Hand erwischte es, bevor es den halben Weg zum Boden gemacht hatte. Ich lachte und mußte ihm bescheinigen, daß er immer noch katzenhaft schnelle Reflexe besaß.

Frau Osterkamp unterhielt sich eine Weile mit uns. Als sie aus dem Zimmer ging, legte Osterkamp seinen Finger an die Lippen und sagte dann: »Ich war vor kurzem in Hamburg, und sie ließen mich einen der moderne Düsenjäger fliegen.« Ich muß ziemlich erstaunt ausgesehen haben. »Aber ich möchte nicht, daß meine Frau sich Gedanken darüber macht,« fügte er hinzu.

An den Wänden hingen viele Bilder von Fliegern und Flugzeugen aus beiden Weltkriegen. Die meisten Männer auf diesen Bildern leben nicht mehr. Da war auch ein Foto von Osterkamps Lehrer und altem Kameraden, Gotthard Sachsenberg, der 31 Luftsiege errungen hatte, einen weniger als sein berühmter Schüler. Beide kamen von Dessau an der Elbe, und beide haben sich 1919 – zusammen mit Joseph Jacobs, den wir von Kapitel 8 her kennen – nach dem verlorenen Krieg dem Kampf gegen die Kommunisten verschrieben.

Osterkamp ist schlank und drahtig – er war es immer schon und ist es seit den Tagen des ersten Weltkriegs geblieben. Er war zuerst wegen schwacher Konstitution dienstunfähig geschrieben worden, fand aber heraus, daß er als Freiwilliger bei den Marinefliegern angenommen werden könne. Er gehörte zum Forstdienst in Ostpreußen und hatte sich bereits mit Kosaken herumgeschlagen, und die Fliegerei reizte ihn. Weil das Heer ihn nicht haben wollte, kam die Marine zu ihrem besten Jagdflieger. Er kam An-

fang April 1917 an die Front (fünf Wochen, bevor Albert Ball gefallen ist) und hat dann fast regelmäßig seine Abschüsse erzielt. Am 12. August 1918, als sein Freund Sachsenberg nach der Auszeichnung mit dem Pour le Mérite in Urlaub fuhr, hatte er einen seiner größten Tage, als er die Marine-Jasta 2 in einem Luftkampf gegen eine Formation D.H.9 anführte. In der anschließenden Kurbelei schossen die von Osterkamp geführten D VII neunzehn Flugzeuge der RAF ohne einen eigenen Verlust ab! Kurz danach erhielt auch er den »blauen Max« – ungefähr zu der Zeit, als er gerade selber von drei Spad abgeschossen worden war.
Kurz vor Ende des Krieges erkrankte er und wurde erst am 9. November 1918 aus dem Lazarett entlassen. Zwei Tage darauf war der Krieg vorbei, und er hat keinen weiteren Luftsieg mehr erkämpfen können. Aber mit der »Eisernen Division« hat er im Kampf gegen die Kommunisten in Litauen, Estland und Finnland zusammen mit seinen Kameraden beträchtliche Erfolge mit Junkers D.I und CL.I erzielt. Dann wurden er und seine Kameraden durch die deutsche Regierung von dieser Front zurück befohlen, und die frühen Tage der Fliegerei waren erst einmal vorbei. Die Belastung dieser Zeit hat aber ihren Zoll gefordert – Osterkamp hat kurz darauf einen Zusammenbruch erlitten und mußte mehrere Monate im Krankenhaus verbringen.
Als die neue Luftwaffe aufgebaut wurde, ließ er sich reaktivieren und begann eine zweite Karriere, diesesmal nicht als aktiver Jagdflieger, sondern als Chef der Jagdfliegerschule in Werneuchen bei Berlin und später als Führer von Jagdfliegerverbänden im zweiten Weltkrieg. Seine Erinnerungen an diesen Konflikt stellen eine »inside«-Information des Kommodore eines der besten Jagdgeschwader der Luftwaffe dar, und wir werden im Teil III dieses Buches darauf zurückkommen, wenn wir den Luftkrieg zwischen 1939 und 1945 zu analysieren versuchen.

# Der zweite Weltkrieg: Phase I

## DER BEGINN

Bei Ende des ersten Weltkriegs flogen Jagdflugzeuge mit Geschwindigkeiten von 180 km/h und etwas darüber, erreichten im Sturzflug 320 km/h und waren mit Zwillings-MG ausgerüstet. Geschwindigkeit, Feuerkraft, Dienstgipfelhöhe und andere Leistungsdaten hatten während der vier Kriegsjahre einen beachtlichen Zuwachs erfahren. Flugmotoren mit mehr als 200 PS wurden gebaut, um zu noch größeren Leistungen zu kommen. Die Rolle des Flugzeugs hatte sich weit vom anfänglichen Konzept des Jahres 1914 – der Beobachtung aus der Luft – entfernt. Das Flugzeug fand verbreitete Anwendung im taktischen Bereich, und es kam sogar zu strategischen Konstruktionen, wie aus den Langstreckenbomber-Einsätzen gegen England zu ersehen ist. Die Taktik war vom primitiven, mit beschränkten Mitteln geführten Einzelkampf bis zum Einsatz großer Verbände fortgeschritten, die in beträchtlichen Höhen straff geführte Luftkämpfe praktizierten.
Bestimmte Kampfvorteile wurden von allen Beteiligten gleicherweise geschätzt: Manövrierfähigkeit, Geschwindigkeit, Gipfelhöhe, Steigfähigkeit, Ausdauer, Festigkeit, Feuerkraft und viele andere Fähigkeiten waren die erstrebten Maßstäbe für ein Flugzeug. Gute Augen, schnelle Entschlußkraft, Treffsicherheit, fliegerisches Können, Aufmerksamkeit und andere Talente wurden als Qualifikation für einen erfolgreichen Jagdflieger angesehen. Mit diesem Stand der Entwicklung der Luftfahrt endete im November 1918 jenes Blutvergießen, das einen Schlußpunkt unter die Lebensart des alten Europa (und vielleicht der Welt) gesetzt und dem Kommunismus auf unserem Globus zum Durchbruch verholfen hat.

Überall war man sich einig, daß in einem neuen Krieg die Flugzeuge noch schneller und in vieler Hinsicht auch kampfstärker sein würden. Über die Taktik und Strategie der Zukunft war man aber nicht überall gleicher Meinung. In England, Amerika und

Italien entstand eine Theorie, die rasch Anklang fand – nämlich, daß Bomber sich in einem neuen Krieg als nahezu übermächtige Waffe erweisen würden. In der Zeit zwischen beiden Weltkriegen und auch noch in den ersten Monaten des zweiten Weltkriegs vertrat diese Schule die Ansicht, daß gut bewaffnete, schnelle Bomber »immer durchkommen würden« und ihre Aufgabe erledigen könnten. Hitler gehörte zu denen, die den Schwerpunkt auf die Bomber legten; das war eine Offensiv-Waffe, und er war auf Offensive eingestellt. In jedem Fall fand man Leute mit ähnlichen Ansichten. Der größte Unterschied im strategischen Konzept zwischen den Demokratien und NS-Deutschland lag darin, daß in Deutschland der Bomber in erster Linie als Erdkampfunterstützungswaffe (also als taktische Waffe) projektiert wurde.[1]

Die Deutschen hatten den Vorteil, ihre Luftwaffe nach neuzeitlichen Bedingungen zu formen und auszubilden, nachdem sie einen Teil im spanischen Bürgerkrieg eingesetzt hatten, um die Ausrüstung im scharfen Einsatz zu testen und Taktiken zu entwickeln. In Spanien lernten sie sehr schnell, daß die Zeit des Doppeldekker-Jagdflugzeuges – mit dem einige Länder noch in den zweiten Weltkrieg gingen – endgültig vorbei war; und außerdem entwikkelten sie eine wirksame Taktik der Erdkampfunterstützung. In der Entscheidungsschlacht 1938 am Ebro haben die Luftstreitkräfte der Nationalen in den ersten Tagen die Hauptrolle gespielt, weil sie den republikanischen Vormarsch in Schach halten konnten.

Die Deutschen haben in diesem Fall ein im ersten Weltkrieg bewährtes Konzept weiter entwickelt; in den letzten beiden Jahren des Kriegs war der Bombenangriff zum wichtigen Bestandteil der Erdkampf-Operationen geworden. Das neue Konzept der westlichen Demokratien – strategischer Bombereinsatz – war im ersten Weltkrieg noch nicht zum Tragen gekommen. Es war zwar demonstriert worden, daß man schwere Bomber bauen kann, die lange Strecken fliegen und beträchtlichen Schaden anrichten können. Aber eine endgültige Klärung der Frage, ob Bomber eine solche Offensive angesichts einer ständig einsatzbereiten und entschlossenen Jagdabwehr aufrechterhalten können, ist im ersten Weltkrieg genau so wenig erfolgt wie bei der Frage, ob durch Einsatz von Bombern etwa die Industrie des Feindes entscheidend

1 Jose Varios, »Combat over Spain«, Seite 224.

gelähmt werden kann. Die Deutschen hatten die Zeppelin-Angriffe auf London wegen der dabei erlittenen schweren Verluste gestoppt, aber als sie dann die schweren Bomber einsetzten, da waren die Engländer nicht auf diese geschwindigkeitsmäßig schnellere Form des Luftangriffs vorbereitet. Zu Anfang hatten die deutschen Bomber nur geringe Verluste. Die Briten nahmen jedoch diese Angriffe so ernst, daß sie Jagdstaffeln von der Westfront abzogen, um die deutschen Bomber zu bekämpfen. Die deutschen Verluste nahmen zu – wegen der eingesetzten Jäger, aber auch aus anderen Gründen. Nichtsdestotrotz haben Modernisten in der Zeit zwischen den beiden großen Kriegen in den Anfangserfolgen der Deutschen zu erkennen geglaubt, was die Zukunft bringen wird und was tatsächlich unausweichlich dann auch kam, mit schnellen und gut bewaffneten Bombern. Sowohl England wie auch Amerika haben sich im Verfolg dieses Konzeptes schon Jahre vor Ausbruch des Zweiten Weltkrieges auf ein schweres Bomberprogramm festgelegt.

So haben also in den Jahren zwischen den Kriegen die westlichen Demokratien – beeindruckt von den deutschen Bomberangriffen auf England und Frankreich im ersten Weltkrieg – eine starke Betonung auf eine große strategische Bomberwaffe gelegt und bis zu einem gewissen Punkt die Lektion vergessen, die die taktische Unterstützung aus der Luft in den letzten Jahren des ersten Weltkriegs erteilt hatte und bei der sie selbst Pionierarbeit geleistet hatten. Die deutsche Luftwaffe legte zwar eine gewisse Betonung auf Bomber, aber dabei handelte es sich um mittlere Bomber und Jagdbomber für die Erdkampfunterstützung. Obwohl also Deutschland auf dem Gebiet der Langstreckeneinsätze mit schweren »Riesenflugzeugen« (also mit dem strategischen Konzept) Pionierdienste geleistet hatte, hat die deutsche Luftwaffe keine schwere Bomberwaffe aufgebaut. Ihre mittleren Bomber sollten sowohl unabhängige Einsätze auf feindliche Ziele fliegen wie auch mit dem Heer zusammenarbeiten.

Trotz dieser Betonung der Bomber sollte dann im zweiten Weltkrieg das Jagdflugzeug die Schlüsselrolle in den Luft-Operationen des zweiten Weltkriegs übernehmen, genau wie im ersten Weltkrieg. Selbst den schnellsten, von Abwehrwaffen nur so starrenden Bombern gelang es nicht, in den feindlichen Luftraum ohne unvertretbare Verluste inzudringen und die angewiesenen Ziele gegen eine entschlossene Jagdabwehr zu bombardieren – wenn sie nicht ihrerseits von eigenen Begleitjägern auf dem ganzen Weg hin und zurück gedeckt wurden. So hing also der Erfolg in den Eröffnungsschlachten des zweiten Weltkrieges in erster Linie von den Jagdflugzeugen ab, die in der zweiten Hälfte der dreißiger Jahre in Deutschland und England gebaut wurden. Hier waren es im Grunde genommen nur drei Typen, die in den ersten beiden Kriegsjahren wirklich zählten – die Me 109, die Hurricane und die Spitfire. Deutschland lag am Anfang um ein weniges vorn, aber nur um ein weniges. Die Luftwaffe hatte sich 1935 für die Me 109 und gegen die He 112 V1 und zwei andere Konkurrenzentwürfe entschieden und setzte die Me 109 B im spanischen Bürgerkrieg ein, nachdem der Doppeldecker He 51 durch die russische »Rata« und die amerikanische Curtis P-36 klar deklassiert worden war. Bei Ausbruch des Krieges war die Me 109 wahrscheinlich der beste Höhenjäger der Welt. Einzig die Spitfire, von der damals nur wenige Exemplare vorhanden waren, kam ihr in der Gesamtleistung gleich – sie war in mittleren Höhen etwas schneller und konnte enger kurven. Die Me 109 (korrekter: Bf 109, weil die Firma Bayerische Flugzeugwerke erst später umbenannt wurde) hatte einen höheren Dienstgipfel, konnte der Spitfire davonsteigen (darüber wird immer noch debattiert) und war mit einem Einspritzmotor ausgestattet, der auch unter negativen g-Werten arbeitete. In seiner Einführung zu William Green »Famous Fighters« schreibt Johnnie Johnson, daß die Spitfire das beste konventionelle Defensiv-Jagdflugzeug war – gegenüber der P-51 Mustang als bestem Offensiv-Jäger (aufgrund der Reichweite). Bei Beginn des Krieges war die RAF jedoch hauptsächlich mit der Hawker Hurricane ausgerüstet, einem anderen ausgezeichneten Jagdflugzeug, das in der Luftschlacht um England die Hauptlast des Ansturms auffangen mußte. Das Handicap der Hurricane lag darin, daß sie langsamer war als die Me 109. Aber sie war ziemlich robust, hatte eine gute Steigfähigkeit und beinahe die gleiche Dienstgipfelhöhe wie die Me 109.

Die Me 109 E war die erste in Großserie hergestellte Me 109. Ende 1939 hatte sie die früheren Typen in den Frontstaffeln abgelöst. Als der Krieg begann, waren 13 Gruppen zu je 40 Jagdflugzeugen mit Me 109 ausgestattet, dazu 8 mit Me 109 B, C und D. Die Leistungsdaten der Me 109 E waren: 566 km/h in 4 000

Meter Höhe, Dienstgipfelhöhe 12 500 m, Einsatzradius 660 km, Steigen: 1 020m/min. Die Bewaffnung bestand aus zwei MG 17 über dem Motor und zwei MG 17 in den Flächen.
Die Spitfire I, die in der Luftschlacht um England auf die Me 109 E traf, hatte eine Höchstgeschwindigkeit von 579 km/h in 6 200 Meter Höhe,[1] eine Gipfelhöhe von rund 11 600 Metern, einen Einsatzradius von 630 km und konnte in einer Minute auf 620 Meter steigen. Die Hurricane war um etwa 70 – 80 km/h langsamer, hatte einen größeren Einsatzradius (etwa 650 km), konnte besser steigen, war aber in größeren Höhen leistungsmäßig unterlegen. Beide Typen waren mit acht 7,9-mm-MGs bewaffnet. Diese drei Flugzeugtypen waren es, die in erster Linie die Luftschlacht um England unter sich ausmachten, und die mittleren Bomber, die Zerstörer und die Stukas der Luftwaffe. Die beiden letzteren Typen (Me 110 und Ju 87) mußten nach schweren Verlusten herausgezogen werden. So kam es zu dem weltweiten Interesse an diesen drei Jagdflugzeugen von damals und bis heute.
Die Strategie, die die Luftstreitkräfte Deutschlands auf der einen Seite und Frankreichs und Englands auf der anderen Seite angewandt hatten, folgte der Planung der dreißiger Jahre. Nachdem man im Spanienkrieg wirkungsvoll gemischte Operationen mit Luft- und Bodenstreitkräften entwickelt hatte (Wolfram von Richthofen, Vetter des »Roten Kampffliegers« aus dem ersten Weltkrieg, hatte die in Spanien eingesetzte Legion Condor geführt), führte Deutschland zu Lande eine neue Art von mechanisiertem Krieg, den »Blitzkrieg«. Es handelte sich dabei um eine Kombination schnell beweglicher Panzer- und motorisierter Infanterieverbände, die eng mit Bombern, Jagdbombern und Jägern zusammenarbeiteten. Dieses Konzept hatte auf Anhieb Erfolg (im Polenfeldzug 1939).

Als die Luftwaffe dann eine strategische Bomberoffensive mit Verbänden versuchte, die in erster Linie für eine Zusammenarbeit mit dem Heer gedacht waren, und auf die Spitfire traf, die nach Johnnie Johnsons Worten der beste Abwehrjäger der Welt war – unterstützt von der Hurricane, und unter bestimmten Vortei-

1 Der Geschwindigkeitsvorteil der Spitfire – etwa 13 km/h – ist irreführend. In niedrigeren Flughöhen war wahrscheinlich die Me 109 die schnellere Maschine. Aber auch innerhalb derselben Bauserie variieren die Geschwindigkeiten der einzelnen Maschinen. Die deutschen Jagdflieger sind überzeugt davon, daß die Me 109 in den meisten damals geflogenen Höhen schneller war. Siehe auch: Adolf Galland »Die Ersten und die Letzten«.

len operierend (Einsatz über eigenem Land und von Radar geleitet) –, da mußte sie unterliegen. Die Me 109 E hielten sich zwar ganz gut, sie schossen mehr Jagdflugzeuge der RAF ab, als sie selbst verloren. Diese Leistung ist zum Teil auf bessere Gefechtsformationen zurückzuführen und den höheren Ausbildungsstand der deutschen Piloten und die durchschnittlich bessere Leistung der deutschen Jagdflugzeuge (auf britischer Seite waren hauptsächlich Hurricanes eingesetzt). Es waren die schweren Verluste der deutschen Bomber, Stukas und Zerstörer und die gegen Ende der Luftschlacht um England stetig wachsende Zahl englischer Jäger, die zur Niederlage der Luftwaffe führten.

Die Luftwaffe war ursprünglich nicht ausgelegt worden, um eine derartige Offensive zu führen. Die Jagdflugzeuge der RAF waren aber konstruiert worden, um genau solch einen Kampf zu führen, denn die Briten hatten die deutschen Bombenangriffe des ersten Weltkriegs nicht vergessen. Bei diesem kurzen Blick auf die Luftschlacht von 1940 wird klar, daß die Zeit, die England mit dem Abkommen von München im September 1938 gewonnen hatte, die RAF dann in die Lage versetzte, die Luftschlacht um England zu gewinnen. Wären die Engländer 1938 in den Krieg eingetreten, und hätte die Schlacht in jenem Herbst oder 1939 ausgefochten werden müssen, dann hätten sie dies ohne Spitfire tun müssen, denn damals standen nur einige V-Muster zur Verfügung und ganz wenige Hurricane-Staffeln. Die Doppeldecker der RAF wären wahrscheinlich genauso vom Himmel gewischt worden wie die Doppeldecker der Polen, der Franzosen und anderer Länder. (Hitler hatte vielleicht recht, als er seine Generale 1939 zum Angriff im Westen bewegen wollte). Die Luftwaffe war der RAF 1938 im Hinblick auf die Zahl moderner Jagdflugzeuge weit voraus, aber nicht mehr 1940. In der Zeit zwischen dem Münchner Abkommen und der Luftschlacht um England – das waren fast zwei Jahre – hatten die Engländer sich mit fieberhaftem Tempo an den Bau von modernen Jagdflugzeugen gemacht und begannen den Kampf im Hinblick auf Verbände der ersten Linie zahlenmäßig etwa gleich stark (vielleicht auch bereits etwas stärker). Auf jeden Fall aber übertrafen sie die deutsche Produktion im Verhältnis 2:1 oder besser. Diese Tatsache wird immer noch von vielen Leuten hartnäckig bestritten, die sich an die allgemein verbreitete, aber völlig fiktive Meinung von der relativen Jäger-Stärke in der Schlacht um England klammern, die so oft in Filmen, Romanen, Erzählungen und ungenauer Sachliteratur zum Ausdruck kam. Der Autor des vorliegenden Buches und auch andere ernst zu nehmende Forscher haben in den letzten Jahren regelmäßig die weniger romantischen Tatsachen publiziert; Bruce Robertson hat kürzlich in »Air Pictorial« darauf hingewiesen, daß die RAF zu keiner Zeit mit einer verzweifelten Situation in der Nachlieferung von modernen Jagdflugzeugen konfrontiert war, ja daß das »Fighter Command« in der ersten Woche der Luftschlacht um England in der Lage gewesen wäre, 1 000 Flugzeuge in die Luft zu bringen. Air Vice Marshal J.E. (Johnnie) Johnson hat nach dem Krieg geschrieben, daß das Fighter Command im Mai 1940 über 800 moderne einsatzfähige Jagdflugzeuge verfügte.[1] Im Gegensatz dazu begannen die Angriffsverbände der Luftwaffe – obwohl sie 2 700 Flugzeuge aller Typen umfaßte – die Schlacht im August mit nur etwa 80 einmotorigen Jägern. Nachdem aber Jagdflugzeuge diesen ausschließlich in der Luft stattfindenden Kampf entscheiden mußten, stand die Luftwaffe vor einer schweren Aufgabe. Die Jagdflieger erfreuten sich zwar der vorher genannten drei Vorteile, hatten aber mit den schwerer wiegenden Nachteilen zu kämpfen, keine ausreichende Reichweite zu besitzen, zu eng an die eigenen Bomber gebunden zu sein und über feindlichem Gebiet kämpfen zu müssen (das bedeutete den Verlust von Piloten und Flugzeugen, wenn diese zu Boden gezwungen wurden). Die Luftwaffe flog auch gegen das beste Radarsystem der Welt, was ihre Führer eine ganze Zeitlang gar nicht merkten. Die Jagdflieger der Luftwaffe flogen Gefechtsformationen, die sie in Spanien perfektioniert hatten, und nutzten bewährte Grundsätze aus dem ersten Weltkrieg: sie gingen in den zweiten Weltkrieg mit der Grundform der Rotte, d. h. eines Paares. Diese zwei Flugzeuge flogen etwa im Abstand von 200 Meter voneinander, so daß jeder Pilot den toten Winkel hinter seinem Kameraden überblicken konnte, wenn das auch traditionsgemäß eher die Aufgabe des Rottenfliegers (also des »2. Mannes«) war. Diese Grundeinheit ließ sich leicht erweitern. Zwei Rotten bildeten einen »Schwarm«; die vier Flugzeuge flogen dann seitlich gestaffelt wie Boelckes Leute im ersten Weltkrieg. Wenn einige Schwärme (in »Vier-

1 J. E. Johnson, »Full Circle«, Seite 119. Im Juni, Juli und August (die Luftschlacht um England begann im August) wurden in den britischen Flugzeugwerken 1 418 Jagdflugzeuge produziert.

Finger«-Formation fliegend) als geschlossene Staffel flogen, dann wurde dabei eine Höhenstaffelung vorgenommen, und die einzelnen Flugzeuge überkreuzten sich in »Schlangenlinien«, wobei sie sich gegenseitig beobachten und decken konnten.
Es erwies sich für manche französischen und britischen Piloten als Unglück, daß die Verfasser ihrer Ausbildungsvorschriften fast alle Lektionen des ersten Weltkrieges hinsichtlich Gefechtsformationen vergessen hatten. Die RAF hautpsächlich ging noch in geschlossenem Verbandsflug in die Luftschlacht um England, viel zu eng gestaffelt, um effektiv kämpfen zu können. Die Jagdflieger der RAF waren am Anfang auch noch dadurch beengt, daß sie streng nach Vorschrift hintereinander angreifen mußten. Diese Taktik wie auch die dabei eingehaltenen Gefechtsformationen erwiesen sich sehr bald als verheerend (für die unglücklichen Opfer leider zu spät) und wurden von einigen Verbänden, denen dies dämmerte, aufgegeben.
Die Jagdflieger der Luftwaffe haben im Bewußtsein, über ein in großer Höhe überlegenes Flugzeug zu verfügen, dann die Taktik ihrer Väter aus dem ersten Weltkrieg erfolgreich angewandt: den Angriff von oben »aus der Sonne heraus«. Da die Me 109 E sowohl der Spitfire wie auch der Hurricane im Sturzflug überlegen war, war dies auch ein logisches taktisches Manöver. Es war jedoch nicht immer anwendbar, wenn die Me 109 E als Begleitschutz eng an die Bomber gebunden waren. Bei solchen Gelegenheiten konnten dann die RAF-Jäger den Höhenvorteil nutzen und die Bomber oder die Bomber und Jäger im Sturzflug angreifen. Bei dieser Defensiv-Aufgabe war die bessere Manövrierfähigkeit der britischen Jagdflugzeuge – die im ersten Weltkrieg so wichtig war – ein zwar ins Gewicht fallender Pluspunkt, der zwar durch die größere Sturzgeschwindigkeit der Me 109 etwa ausgeglichen wurde, die ihr jederzeit erlaubte, aus einer unvorteilhaften Situation »nach unten zu verreisen«! Mit dem Fortschreiten des Krieges erwies sich dann der Vorteil der Manövrierfähigkeit als nicht mehr so wesentlich wie 1914–1918, dies hauptsächlich deshalb, weil das schnellere Jagdflugzeug oder das mit der größeren Dienstgipfelhöhe versuchte, den Luftkampf in einem einzigen Anflug zu entscheiden. Und bei der größeren Feuerkraft der Jagdflugzeuge des zweiten Weltkriegs genügte meistens auch ein einziger Anflug. War das nicht der Fall, dann wa-

ren die beiden Flugzeuge nach einem solchen Anflug aufgrund der großen Geschwindigkeiten sehr schnell wieder weit genug voneinander getrennt, daß der eine wie der andere sich davonmachen konnte – nicht immer allerdings. Es gab auch noch Kurvenkämpfe, nur ging dabei alles schneller und dauerte insgesamt nicht so lange.

Die meisten Grundsätze aus dem ersten Weltkrieg behielten ihren Wert. Vor ein paar Jahren fragte ich Douglas Bader, welche Kampfbedingungen angestrebt wurden. Seine Antwort war: »Höhe, Sonne und kurze Distanz«.

Genau wie Mannock seinen Piloten gegen Ende des ersten Weltkriegs beibrachte, von hinten anzugreifen, nahe heranzugehen und dann zu schießen, Team-Taktik einschließlich Fallenstellen und Täuschungsmanöver zu praktizieren, stellte sich heraus, daß diese Regeln auch im Zweiten Weltkrieg noch ihre Geltung hatten. Die meisten Jagdflieger kamen von hinten an den Gegner heranfliegend zum Erfolg. Sie hatten besonders dann Erfolg, wenn sie so nahe herangingen, daß sie nicht mehr vorbeischießen konnten. Andererseits wurde das Schießen mit Vorhalten in weiterem Umfang und auch mit mehr Erfolg als im Ersten Weltkrieg praktiziert.

Die gegenseitige Deckung, die im Formationsflug möglich war, ging natürlich verloren, wenn einer allein flog, was äußerst gefährlich werden konnte – genau wie gegen Ende des ersten Weltkriegs. In anderen Worten, die Grundregeln des Ersten Weltkriegs sind schnell – wenn auch mit kleinen Anpassungen – von den Jagdfliegern des Zweiten Weltkriegs übernommen worden.

Durch den ganzen Krieg hindurch wurden Flugzeuge verbessert und neue Typen eingeführt (wenn auch nicht in der Zahl und in dem Tempo wie 1914 – 1918). Das ist auch der Grund, warum man z.B. die Me 109 nicht einfach mit der Spitfire vergleichen kann. Wir haben die Me 109 E der Spitfire I aus dem gleichen Jahr gegenüber gestellt. Aber von da an wurden von beiden Flugzeugen bis zum Ende des Krieges immer wieder neue, verbesserte Varianten eingesetzt, so daß manchmal die eine und manchmal die andere dem derzeitigen Gegenstück überlegen war. In den späteren Jahren des Krieges und nachdem auch die Japaner und die Amerikaner in den Krieg eingetreten waren, wurden völlig neue Typen in England, Amerika und Japan produziert. (Die Japaner starteten mit der Überlegenheit der deshalb berühmt gewordenen Zero über die amerikanischen Jagdflugzeuge).

Am Ende gab es dann in den führenden Industrienationen propellergetriebene Jagdflugzeuge, die über 650 km/h schnell waren. In Deutschland flog die Me 262 im Kampf mit Geschwindigkeiten von 960 km/h. Zu den besten Jagdflugzeugen mit Kolbenmotor gehörten die amerikanische P-47 Thunderbolt, die deutsche Focke-Wulf Fw 190, die britische Mosquito und Tempest und die japanischen Ab M5 Zero-Sen, Ki-84 und die Shiden-Kai.

Bei näherer Betrachtung stellt man fest, daß die Höchstgeschwindigkeiten nicht proportional angewachsen sind. Die Ausnahme liegt in dem technologischen Durchbruch des Düsenflugzeugs – es war fast doppelt so schnell wie die Jagdflugzeuge, mit denen der Krieg begonnen hatte. Der größte Unterschied in der Luftkriegführung lag in dem entscheidenden Einfluß, den Jagdflugzeuge so oft in taktischen wie auch in strategischen Rollen im Zweiten Weltkrieg spielten.

Jagdflugzeuge entschieden oftmals das Schicksal von Landschlachten, Seeoperationen, strategischen Bombereinsätzen und Nachschuboperationen des Zweiten Weltkriegs. Der große Beitrag der Vereinigten Staaten von Amerika auf dem Gebiet der Jagdflugzeuge war die Einführung des Langstrecken-Begleitjägers P-51 Mustang, den Johnnie Johnson den besten Offensiv-Jäger des Krieges nannte. Die Mustang gab Jagdfliegern zum ersten Mal die Einsatzreichweite, um den Ausgang von strategischen Langstrekkenbombereinsätzen zu entscheiden, und wurde damit zur global eingesetzten Waffe. Bei Ende des Krieges flogen sie von England bis nach Ostdeutschland und nach Österreich und der Tschechoslowakei. Sie flogen ähnlich große Strecken von Insel-Stützpunkten aus – 600 bis 700 Meilen nach Japan. Ein derart offensives Konzept hatte man im Hinblick auf Jagdflugzeuge in der Zeit zwischen den beiden Kriegen nicht vorausgesehen. Auch nicht in den ersten Jahren des Zweiten Weltkriegs. Die Leistungen der Mustang von Ende 1943 bis zum Kriegsende wiesen bereits auf die Möglichkeiten hin, die mit den noch schnelleren Düsenflugzeugen in den Nachkriegsjahren zu erwarten waren, mit einer noch viel größeren Ausdehnung der Einsatzreichweiten. Die Mustang hat von Ende 1943 und dann 1944 den deutschen Jagdfliegern die Initiative entrissen, die sie zumindest bis zum Herbst

1943 hatten, als sie den Tagesangriffen der US-Bomber noch Paroli bieten konnten.
In Teil III dieses Buches geben wir wieder, was führende Jagdflieger des Zweiten Weltkriegs zum Thema Jagdflieger-Taktik und Strategie zu sagen haben, auch einzelne interessante Berichte über Einsätze, die für die Zeit bis Ende 1943 typisch waren, und welche Meinung diese Männer im Hinblick auf die wachsende Bedeutung der Luftmacht haben. Auch diese Piloten wurden – wie die Veteranen aus dem ersten Weltkrieg – in den Vereinigten Staaten, in Westdeutschland und in Großbritannien interviewt. Ihre Erfahrung im Kampf qualifiziert sie als Experten auf dem Gebiet des Luftkriegs, als Tagjäger oder als Nachtjäger.
Der Einsatz von Nachtjägern wurde im zweiten Weltkrieg zu einem hohen Wirkungsgrad entwickelt. Nachtjagdflugzeuge haben auf ihrem unheimlichen Schlachtfeld eine Besatzung von mindestens zwei Mann verlangt, wovon einer als Radarbeobachter fungierte; das Heranführen an den Feind besorgten Bodenleitstellen. Der Nachtkrieg in der Luft wuchs zu einem Kampf an, der dem Krieg bei Tage im Ausmaß und in den Verlusten kaum nachstand. Die Bristol Beaufighter und die Mosquito wie die Me 110 und die Ju 88 übernahmen wichtige Rollen als Nachtjäger zusätzlich zu den bereits genannten Typen.
Bei dem Besuch eines der größten Asse aus dem zweiten Weltkrieg beschäftigen wir uns mit dem Morgen des 11. Mai 1940, dem Tag nach Beginn des Feldzuges, der zum Zusammenbruch Frankreichs führen sollte. Bei diesem rasch vorgetragenen Angriff demonstrierte die Deutsche Luftwaffe, bis zu welchem Grad sie die Zusammenarbeit mit schnellen Panzerverbänden und ihre Fähigkeit, eine feindliche Luftwaffe in der Zeit von ein paar Tagen zu vernichten, entwickelt hatte.

## CHAOS IN FRANKREICH

Zu den berühmten Jagdfliegern der RAF gehörte im Zweiten Weltkrieg der mit 22 Jahren jüngste Wing Leader Roland P. Beaumont, D.S.O., O.B.E., D.F.C. Beaumonts Geschichte ist faszinierend wegen der Vielfalt dessen, was er von Anfang bis Ende des Krieges in verschiedenen Flugzeugtypen erreichte. Im Oktober 1944 wurde er über Deutschland von der Flak abgeschossen und verbrachte die letzten sieben Monate des Krieges als Gefangener.
Er begann als Hurricane-Pilot in Frankreich, wo er sich ohne Erfolg im Mai 1940 der deutschen Offensive entgegenwarf, die sehr schnell Holland und Belgien und dann auch Frankreich überrannte. Drei Jahre später erhielt er das Kommando über eine Typhoon-Staffel und damit die Aufgabe, die fast täglichen Jagdbomber-Angriffe auf London und die Städte an der Südküste einzudämmen, die von Fw 190 unternommen wurden. Die deutsche Luftwaffe hatte die Fw 190 A im November 1941 zum Fronteinsatz gebracht; das neue Flugzeug zeigte sich rasch der Spitfire V überlegen, die damals im Einsatz war, und hielt einen leichten Vorsprung wahrscheinlich bis 1943. Der Geschwindigkeitsvorteil der Fw 190 veranlaßte die Luftwaffe, sie in erster Linie für »hit and run«-Einsätze (Jabo-Einsätze in deutscher Terminologie) auf London und andere Ziele zu verwenden. Eine ganze Zeit lang wollte es den Spitfires einfach nicht gelingen, die allmählich auf die Nerven gehenden, im Tiefflug überraschend einfliegenden Maschinen zu erwischen. Beaumont war gegen Ende 1942 mit einer Typhoon-Staffel in Manston stationiert, an der Südküste von Kent. Dort gelang es ihm bald, den Fw 190 respektable Verluste zuzufügen. Bei einem verhältnismäßig ehrgeizigen Tagesangriff auf London, mit 28 Jabos am 20. Januar 1943, erwischten die Typhoons von Beaumont fünf Fw 190 und schossen sie ab. Am 12. 3. 43 wurde London noch einmal von 19 Jabos angegriffen, wobei keine Verluste eintraten. Jabo-Einsätze auf Ziele in England wurden bis Ende Juni 1943 durchgeführt.

Beaumont flog den ersten Typhoon-Nachteinsatz über dem feindbesetzten Frankreich. Er hat dann viele Tiefangriffe und Jabo-Einsätze in der Typhoon geflogen. Er war 1944 der erste Führer einer Tempest-Gruppe (die Tempest war eine Variante der Typhoon). Mit einer Tempest gelang es ihm dann, viele der anfliegenden V 1 zu überholen. Von den 632 V 1-Abschüssen der Jagdgruppe wurden ihm allein 32 zugeschrieben. Nachdem er zehn bestätigte und einige unbestätigte Luftsiege errungen und 32 V 1 abgeschossen und zahlreiche Eisenbahnzüge und Fahrzeuge in Frankreich vernichtet hatte, wurde ihm bei Hawker eine Stellung angeboten, wo die Typhoon gebaut wurde und wo er schon früher gearbeitet hatte. Er hatte 94 Feindflüge hinter sich gebracht und wollte erst die runde Zahl 100 erreichen und dann die Stellung annehmen. Auf seinem nächsten Einsatzflug, am 13. Oktober 1944, wollte er – nachdem er einen Zug angegriffen hatte – noch einmal anfliegen, um die Wirkung festzustellen. Da bekam er einen Treffer in den Kühler seiner Tempest. Ohne ausreichende Kühlflüssigkeit, die schnell ausgelaufen war, fing sein Motor an zu heiß zu werden; die Folge war ein Kolbenfresser. Er mußte notlanden, konnte sein Flugzeug mit einer Brandbombe zerstören – die er für einen solchen Fall stets dabei hatte – und konnte dann der HJ und der Wehrmacht noch eine Stunde lang ein Schnippchen schlagen, wurde aber doch geschnappt und kam so in Kriegsgefangenschaft.
Als ich mit Beaumont sprach, war er Direktor des Zweigwerks der BAC in Preston und flog oft mit einem Privatflugzeug zur Arbeit. Was es in den grimmigen Tagen des Mai 1940 hieß, eine Hurricane I zu fliegen, erzählte er in lebhaften Worten. Er illustrierte dabei die Nachteile (wie: armselige Gefechtsformationen) und die schwierigen Bedingungen, mit denen die alliierten Piloten in Frankreich damals konfrontiert wurden. Die kurze Zeitspanne, in der die 87. Staffel Widerstand leisten konnte, bevor sie nach England zurückgenommen wurde – es waren nur 12 Tage –, beleuchtet die Überlegenheit der deutschen Luftwaffe. Der Kampf im Mai 1940 beleuchtet aber auch den großen Vorteil, der allein in zahlenmäßiger Überlegenheit liegt, und den die Luftwaffe in vielen Fällen einfach durch Konzentration erzielte: in beiden Kriegen hat dies zu unverhältnismäßig hohen Verlusten auf der

zahlenmäßig unterlegenen Seite geführt. Beaumont erinnert sich an jene Tage:

»Im November 1939 wurde ich nach Frankreich versetzt und kam zur 87. Staffel, die in der Nähe von Lille lag. Am 10. Mai fühlte ich mich zwar krank, aber ich stand dann doch auf, um mir die Front anzusehen. Ich war neunzehn Jahre alt. Ich sah Truppen mit Gewehren aus dem ersten Weltkrieg und viel pferdebespannte Fahrzeuge. Wir hörten, daß ein Panzerangriff erwartet wurde, und die Staffel verlegte am 10. Mai. Tom Mitchell, ein Pilot-Officer wie ich, hatte ebenfalls die Nacht in Lille verbracht. Wir fanden die Staffel dann am 11. Mai in Senen bei Metz. Ich war immer noch nicht richtig auf dem Damm. Wir meldeten uns beim Staffel-Adjutanten und dann beim Chef. Er schickte uns zu unseren Kettenführern. Meiner war damals Bobby Vose Jeff. Der fragte mich, ob ich fit sei, und ich sagte ja.

Der Feldzugplatz war eine Wiese mit einem Buckel in der Mitte. Sechs Hurricanes standen auf der einen Seite des Platzes, die sechs anderen auf der gegenüberliegenden Seite – wegen des Buckels in der Mitte waren sie unseren Blicken entzogen. Wir hatten in Lille die ganze Nacht hindurch Geschützfeuer gehört und erfuhren jetzt, daß die 87. Staffel am 10. Mai vier feindliche Flugzeuge abgeschossen hatte. Ich wurde als Ersatz eingeteilt für einen Piloten, der zum Frühstück weggegangen und noch nicht zurückgekehrt war, obwohl es schon auf Mittag zuging. So stand ich mit den anderen Piloten wartend auf dem Platz herum.

Der Flight-Commander erhielt einen Telefonanruf über das Feldtelefon, das wir am Rande eines Grabens in der Nähe unseres Munitionslagers aufgebaut hatten. Der Staffelgefechtsstand befand sich auf einem Bauernhof, etwa 800 Meter von uns entfernt. Die Staffel war bereits von der Gruppe angerufen worden. Nach wenigen Worten legte Vose Jeff den Hörer auf und sagte: »Allright Jungs: auf geht's nach Maastricht«. Die Deutschen setzten dort über den Fluß – an der belgisch-holländischen Grenze – und unsere Fairey Battles mußten die Brücken angreifen. Wir sollten dabei Höhendeckung geben. Wir rannten zu unseren Hurricanes, die damlas noch nicht mit Verstellpropellern ausgerüstet waren. Ich flog in der vorderen Kette der Halbstaffel B, die wiederum hinter der A flog. Ich mußte genaue Position halten – etwas rechts rückwärts gestaffelt vom Halbstaffelführer B. Als ich ankam, sprang mein Mechaniker aus dem Cockpit und zog meine Fallschirm- und Sitzgurte stramm, als ich saß. Der Chef wackelte mit dem Querruder, und dann starteten wir los, so schnell wir konnten. Wir waren besonders stolz darauf, daß wir weniger als zwei Minuten brauchten, um in die Luft zu kommen. Es war ein Wunder, daß es bei diesem Start keinen Unfall gab, weil wir die anderen jenseits des Buckels ja nicht sehen konnten, aber es ging alles gut.

Wir sollten in einer Höhe von 5 000 Metern über Maastricht Patrouille fliegen und waren gewarnt worden, daß wir mit reger Feindtätigkeit zu rechnen hätten. Wir gingen auf Kurs und stiegen mit einer Geschwindigkeit von 290 km/h. Es gab kaum Funksprechverkehr. Die TR-9 Funkgeräte waren nicht allzu verläßlich. Fast auf jedem zweiten Einsatz fielen sie aus. Es war ein klarer Tag, und wir konnten einige Minuten lang stetig steigen. Dann wurden wir über Funk gewarnt, daß deutsche Jagdflieger über der Gegend von Maastricht-Brüssel gesehen wurden. Ich hatte mein Reflex-Visier GM-2 eingeschaltet. Die waagerechten Linien konnten dabei so eingestellt werden, daß sie der Spannweite des anvisierten Flugzeuges entsprachen und damit die richtige Schußentfernung anzeigten. Die Waffen waren noch nicht entsichert. Wir blieben weiterhin im Steigflug. Nach 25 Minuten hatten wir eine gute Höhe erreicht. Plötzlich rief jemand: »Banditen – auf 11 Uhr, oben!« Ich sah die zweimotorigen Flugzeuge, war mir aber nicht sicher, um welchen Typ es sich handelte. Sofort kam die Stimme des Staffelkapitäns: »Angriffsreihe Steuerbord – los!«

Wir alle schwenkten nun hinter ihm zur Reihe ein, als er mit Vollgas in eine Rechtskurve ging. Aber dann wurde die Sache konfus. Als wir zum Angriff auf die grauen Bomber – sie hatten Sternmotoren und Doppelleitwerk – zuflogen, stürzten sich andere Flugzeuge von oben auf uns. Ich war plötzlich mit meinem Halbstaffelführer allein. Das ging alles so schnell – ich hatte ja zu dieser Zeit gerade 150 Flugstunden hinter mir – ich war völlig durcheinander. Me 110 stürzten sich auf uns und schossen über uns weg, um wieder hochzuziehen. Ich suchte mir einen Bomber aus und wollte das Feuer auf ihn eröffnen. Aber eine Me 110 flog an mir vorbei. Ich zögerte noch. Aber dann schoß ich auf die Dornier-Maschine – einen der Bomber. Die Entfernung war beträchtlich. Die Bomber kurvten nach links. Ich folgte, aber plötzlich tauchte Vose Jeff vor meiner Nase auf, und ich stoppte das Feuer. Im gleichen Augenblick sah ich, daß eine Hurricane links von mir steil nach unten ging, eine Me 110 dicht hinter ihr. Ich machte einen Abschwung über die linke Fläche und versuchte, mit Vollgas im Sturzflug auf die Me 110 aufzuholen. Aber die war schon zu weit weg. Plötzlich bemerkte ich weiße Leuchtspur rechts von mir. Es dauerte vielleicht eine Sekunde, bis mir bewußt wurde, was das hieß. Ich kurvte also so eng wie möglich nach links und flog zwei Vollkreise, mit Vollgas. Danach hatte ich den Rükken wieder frei. Der Himmel schien leer. Vor mir, etwas höher, sah ich eine Dornier in einer Rechtskurve. Ich schloß so schnell auf wie ich konnte, und obwohl ich noch nicht in der richtigen Schußposition von hinten war, probierte ich eine Flugzeuglänge vorzuhalten und schoß. Die acht Browning-MGs erzielten Treffer in der linken Tragfläche und im linken Motor des deutschen Bombers, als er beim Kurven in meine Geschoßgarbe hineinflog. Ich konnte mehrere Treffer feststellen. Sein linker Motor fing an zu rauchen, die Nase des Flugzeugs neigte sich nach unten. Ich flog näher heran, gab einen weiteren Feuerstoß ab und erzielte noch mehr Treffer. Er nahm Richtung auf eine schützende Wolke in etwa 1 000 Meter Höhe. Ich folgte und hielt mich rechts über ihm. In 700 m Höhe kam ich aus der Wolke heraus. Der Bomber war nicht mehr zu sehen. Ich befand mich über einem Wald, fragte mich, wo ich wohl wirklich war und dachte, es könnten die Ardennen sein. Dann erkannte ich Flakwölkchen – schwärzliche 2 cm-Wölkchen – direkt vor mir. Ich ging schleunigst auf 35 Meter herunter und flog nach Westen. Plötzlich schossen wieder weiße Leuchtspurfäden an mir vorbei. Ich sah mich um und bekam einen Schock. Eine Dornier saß mir im Nacken!

Ich hatte mich verschossen, wußte das aber noch garnicht und versuchte nun eine scharfe Kurve nach links, um hinter den Bomber zu kommen. Nach eineinhalb Vollkreisen kam ich in Schußposition. Da eröffnete der deutsche Heckschütze das Feuer auf mich. Ich hatte ihn im Visier und drückte auf den Knopf. Aber nur drei oder vier Schuß kamen heraus. Jedesmal wenn ich näher kam, schoß der Heckschütze. Die Dornier war nur etwa 20 bis 30 km/h langsamer als ich. Ich wußte, daß ich den Kampf abzubrechen hatte – ohne Munition – und daß ich mich anstrengen

mußte, um wegzukommen. Auf der Hurricane konnten wir für drei Minuten mit Notleistung fliegen und ich wußte, daß ich die brauchte, um die nötige Distanz zwischen mich und die Dornier zu bringen. Ich drückte also den kleinen runden farbigen Knopf; der ganze Motor konnte mir in Fetzen um den Kopf fliegen, wenn ich den Knopf länger als drei Minuten in dieser Stellung beließ. Dann ging ich in eine Steilkurve nach rechts; damit kam ich etwa 600 Meter weg, bevor mein Gegner mir folgen konnte. Er schoß noch einmal auf mich. Aber inzwischen war die Entfernung zu groß, und ich verzog mich. Ich hatte die Orientierung verloren, der Schreck saß mir in den Knochen. Ich dachte, ein 350°-Kurs müßte mich wieder in die Gegend von Brüssel bringen oder irgendwohin, wo die Küste oder sonst eine Landmarke zu erkennen war. So flog ich einige Minuten lang – es wurde langsam spät – und endlich sah ich die Küste. Rechts von mir war Dünkirchen auszumachen. So fand ich schließlich den Platz und landete – mehr als erleichtert, wieder festen Boden unter den Füßen zu haben. Die Staffel hatte einige Flugzeuge verloren; und mich hatte man auch schon abgeschrieben. Ich meldete einen wahrscheinlichen Abschuß. Aber weil alles so durcheinander gegangen war, bekam ich keine Bestätigung.
Für die nächsten fünf Tage waren wir fast dauernd in der Luft. Ich glaube, ich konnte fünf Flugzeuge abschießen. Aber zu dieser Zeit achtete die Staffel wenig auf solche beanspruchten Abschüsse. Wir wurden auch nicht ermutigt, auswertbare Gefechtsberichte zu schreiben, wenn wir nicht absolut sicher waren über das Ergebnis. Und das war unter diesen Bedingungen mehr als schwierig. Ich kann mich erinnern, daß am nächsten Tag, dem 12. Mai, drei Hurricanes unserer Staffel von Me 110 abgeschossen wurden, die von oben im Sturz angeflogen kamen, hinter den Hurricanes abfingen und im Hochziehen von unten die ganze Kette abschossen. Wir waren dabei in enger Formation, in der Höhe gestaffelt. Am 13. Mai meldete ich einen wahrscheinlichen Abschuß. Ich habe eine Ju 88 angeschossen, die nach unten trudelte, und eine Me 109, die eine Rauchfahne hinter sich herzog (Beaumont bekam für diesen Tag eine Bestätigung, seine erste in Frankreich), und ich glaube, ich erzielte Treffer bei zwei Me 110. In diesen fünf Tagen habe ich eine ganze Anzahl von Flugzeugen beschossen. Sie waren nicht meine ersten Gegner, denn bereits im Januar 1940

hatte ich eine He 111 über dem Kanal erwischt und abgeschossen, sie fiel in die See.

Am 22. Mai, zwölf Tage nach Beginn des deutschen Angriffs, hatte die 87. Staffel nur noch vier Flugzeuge. Wir hatten die Hälfte unserer Piloten verloren. Deshalb wurden wir zur Auffrischung nach Yorkshire geschickt, wo wir einen ganzen Monat blieben. Im Juni kam ich wieder zum Einsatz – das war in Exeter – gerade zur rechten Zeit für die Luftschlacht um England, denn der Feldzug in Frankreich war zu Ende, und alle unsere Staffeln waren wieder nach England zurückberufen worden.«

Diese Schilderung Beaumonts vermittelt eine lebhafte Anschauung des Kampfgeschehens am Anfang des Krieges. Ein paar Monate später hätten sich Flugzeuge wie die Dornier Do 17, die Beaumont in dreißig Meter Höhe gejagt hat, vermutlich gehütet, es mit einem Jagdflugzeug aufnehmen zu wollen. Aber im Anfangsstadium dachten deutsche Bomberbesatzungen, ihr Flugzeug sei so schnell wie die englischen Jagdflugzeuge, und sie hätten durchaus eine Chance im Luftkampf. Ein paar Wochen später sollten sie über Dünkirchen und über England eines besseren belehrt werden.

Die Me 110 erwischten die Hurricanes am 12. Mai überraschend im Sturzflug von oben, gerade als die britischen Jagdflugzeuge die Dorniers bekämpfen wollten – es ist das klassische Verfahren, das Richthofen und ein paar andere im ersten Weltkrieg angewandt haben. Anscheinend hat keiner der 12 Hurricane-Piloten die Me 110 gesehen, bevor siemitten unter ihnen waren. Es ist interessant, daß die Luftwaffe an diesem Tag die Me 110 als Höhendeckung, also als Jagdflugzeuge eingesetzt hat. Das ist kennzeichnend dafür, daß die Luftwaffenführung zu Beginn des Krieges noch der Ansicht war, die Me 110 könne es mit den feindlichen Jagdflugzeugtypen jederzeit aufnehmen. Diese Hoffnung war fehl am Platze. Gegen die Hurricane I jedoch konnten sich die Me 110 – wenn sie das Überraschungsmoment und die zahlenmäßige Überlegenheit auf ihrer Seite hatten – in den Anfangszeiten durchaus behaupten, ohne größere Verluste hinnehmen zu müssen. Bei anderen Gelegenheiten wurden die Me 110-Verbände fürchterlich gerupft.

Der Bericht über den 12. Mai zeigt aber auch, von welchem Angriffsgeist die deutschen Piloten erfüllt waren. Sowohl die Me 110

wie auch die Do 17 griffen englische Jagdflugzeuge immer wieder an, einzeln und im Verband.
Beaumont flog im Verlauf des Krieges immer bessere Flugzeuge. Als er die mit Typhoon ausgestattete 609. Staffel in Manston übernahm, hatte das neue Jagdflugzeug noch einige Kinderkrankheiten, die er mit auszumerzen half, aber trotzdem konnte die sehr schnelle Typhoon in den ersten vier Monaten ihres Fronteinsatzes eine ganze Anzahl von Fw 190 abschießen.
1944, als seine Tempest-Gruppe fronteinsatzfähig wurde (kurz vor Beginn der Invasion), flog er ein Jagdflugzeug, das alles übertraf, was sich zu jener Zeit in Höhe unter 6 500 Metern herumtrieb. Die Tempest mit Sabre-Motor erreichte in 6 500 Metern Höhe eine Höchstgeschwindigkeit von 670 km/h. Demgegenüber kam die P-51 Mustang auf 652 km/h, und die Spitfire 14 „nur« auf 608 km/h.
»Wir trafen einmal über Arnheim auf Fw 190 und konnten in 6 500 Meter Höhe Kringel um sie fliegen. Ich flog nahezu alle Jagdflugzeugtypen während des Krieges, die Me 109 G, die Fw 190 usw. Die P-51 war das beste, wenn es nach Berlin ging – natürlich. Die Fw 190 oder Spitfire IX war am besten in 10 000 Meter Höhe. Die Spitfire IX machte mehr Spaß – rein fliegerisch – als alle anderen. Aber unter 6 500 Meter gab es nichts, was der Tempest auch nur entfernt gleichkam.«

## RANGIERDIENST ENGLAND – FRANKREICH

Einer der großen Jagdflieger des zweiten Weltkriegs, der auch in künftigen Auseinandersetzungen dem Jagdflugzeug und dem Kurvenkampf eine Rolle zuschreibt, ist RAF Air Vice-Marshal Harold Arthur Cooper Bird-Wilson, C.B.E., D.S.O., D.F.C. In einem der nachfolgenden Kapitel werden wir feststellen, daß US Air Force General Robin Olds, zur Zeit dieser Niederschrift (1971) Kommandant der Kadetten der Luftwaffen-Adademie in Colorado Springs, diese Meinung teilt. Olds war ein sehr erfolgreicher Jagdflieger im zweiten Weltkrieg (der Autor diente mit ihm zusammen in der 497. Gruppe) und in Vietnam.
Bird-Wilson glaubt nicht, daß die Zeit des Kurvenkampfes nur deshalb vorbei sein soll, weil die modernen Düsenjäger so viel schneller sind und so hochgestochene Waffensysteme darstellen. Er weist darauf hin, daß Düsenflugzeuge – je schneller sie sind – auch desto kräftiger gebaut sein müssen, wenn sie den Kräften wiederstehen sollen, die bei hohen Geschwindigkeiten auftreten. »Die Düsenjäger von heute«, sagt er, »können eine ganze Menge aushalten, was Beschädigungen anbetrifft. Und in Vietnam sind es die MiG-21 und Phantom, mit hochentwickelter Elektronik, die immer noch umeinander kreisen – im Kurvenkampf – wie es Jagdflieger auch vor fünfzig Jahren schon getan haben.«
Aber wir eilen unserer Chronologie weit voraus; wir beschäftigen uns in diesem Kapitel mit dem Stand der Luftkampftaktik, bei dem einsitzige Jagdflugzeuge der RAF beweisen, daß die zweimotorigen Me 110 es nicht mehr mit ihnen aufnehmen konnten. Die Luftwaffenführung hatte eigentlich fest darauf gebaut, als die Zerstörerverbände aufgestellt wurden, meist sogar mit Elite-Besatzungen. Die Kämpfe jedoch, die Bird-Wilson beschreibt – und die eine Woche nach dem von Beaumont geschilderten Kampf der Hurricanes mit den Me 110 stattfanden – zeigen, daß sich bereits sehr früh schon jenes Dogma aus dem ersten Weltkrieg zu bestätigen schien, wonach zweisitzige Flugzeuge keine Chance gegen einsitzige Jagdflugzeuge haben. Bird-Wilson's Erfahrung aus jenen

Tagen bezeugt aber andererseits die erfolgreiche Taktik der Luftwaffe von 1940 in ihrem Ansturm gegen den Westen und drückt sich in dem Zustand aus, in dem sich seine Staffel befand, nachdem sie mehrere Wochen dem konzentrierten Angriff standzuhalten versucht hatte.

Er gehörte damals im Mai 1940 zur 17. Staffel. Er hatte zu Beginn des Krieges noch unter den Nachwirkungen eines Flugunfalls zu leiden und war gerade erst wieder dienstfähig geworden. Die Staffel flog Hurricanes, die tagtäglich – quasi im Rangierdienst – von England nach Frankreich und wieder zurück verlegt wurden, damit sie nicht auf irgend einem französischen Flugplatz von deutschen Truppen oder von der Luftwaffe erwischt werden konnten. Der eigentliche Horst in England war Hawkinge, ein Grasplatz drei km nordwestlich von Folkestone. Sein Bericht über den 18. Mai, einem Tag an dem die Staffel nach Frankreich geflogen und in Luftkämpfe verwickelt war, und sein Kommentar über die Einsatzbedingungen zu jener Zeit in Frankreich sprechen für sich selbst.

»Um 7.30 Uhr morgens weckte uns die Ordonnanz und meldete, daß die Sonne schien. Nach dem Frühstück gingen wir auf den alten Platz hinaus, mit seinen vier Holz- und Backstein-Hangars, auf dem unsere zwölf braungrünen Hurricanes abgestellt waren. Es war ein Grasplatz ganz besonderer Art, so etwa wie eine große Schüssel. Egal aus welcher Richtung man auch landete: es ging immer bergab; in jenen Tagen landeten wir noch geschlossen zu dritt.

Wir warteten an dem Häuschen, das als Gefechtsstand diente. Drin war ein Mann vom Stabspersonal am Telefon; und außerdem war noch der Nachrichten-Offizier des Horstes anwesend. Es lag eine große Karte auf dem Tisch. Nach einiger Zeit bimmelte das Telefon, und der Führer der Staffel wurde verlangt. Das war an diesem Tag der Führer der Halbstaffel A, W. A. Toyne. Der Squadron-Leader, unser Chef, war am Tag vorher bei dem Versuch, eine Ju 87 auszukurven, abgestürtzt. Der Sektor-Gefechtsstand in Biggin-Hill war an der Strippe. Wir sollten sofort starten und den Jagdschutz für zwei VIP-Transportflugzeuge bis zum französischen Flugplatz Merville übernehmen, wo wir dann in Einsatzbereitschaft der weiteren Dinge harren sollten. Wir starteten in Kettenformation und formierten uns dann in drei Reihen zu vier, dicht gestaffelt. In der Luft benützten wir Farbbezeichnungen (blau, rot und gelb) anstelle von »A Flight«, »B Flight« usw. Wir verließen uns meistens auf Handsignale. Nach dem Start schlossen wir die Kabinenhaube und sammelten. Die letzten Piloten jeder Flight starteten zusammen und schlossen dann zur Staffel auf – die Nummer vier von Rot (in der Mitte fliegend), mit dem Verbandsführer an der Spitze, war der »Weber« Er mußte immer von der einen zur anderen Seite kurven und so den Himmel absuchen – als Sicherung gegen Überraschungsangriffe von oben – und wurde liebevoll »tail-end Charlie« genannt. Ich flog an diesem Tag als Blau 2, in der linken Reihe. Gelb flog rechts.

Wir sollten uns mit der Boston und der Douglas in der Nähe von Manston treffen und sie entsprechend dem Flugplan aufnehmen. Aber sie waren etwas spät dran, und es dauerte 45 Minuten, bis wir sie landen sahen und dann selbst auf dem Flugplatz Lille Marcq, nördlich von Lille, ausrollen konnten.

Dort waren Zelte aufgeschlagen und, wie in Hawkinge, warteten wir erst einmal ab. Es dauerte nicht lange, und Toyne wurde ans Feldtelefon gerufen. Es war der Gefechtsstand der britischen Expeditionstruppen mit der Meldung, daß feindliche Flugzeuge zivile Flüchtlingskolonnen in der Nähe unter Beschuß nahmen. Wir starteten sofort und flogen nach Süden in Richtung Seclin, das etwa zehn Flugminuten entfernt lag. Die Waffen durchgeladen und entsichert, suchten wir den Himmel ab und erkannten bald eine Do 215, von zwei Me 110 begleitet, auf Kurs voraus und etwas tiefer. Toyne befahl den Formationen »Rot« und »Gelb« sich um die Me 110 zu kümmern. »Blau« – das waren wir – nahm die Do 215 aufs Korn. Wir kurvten nach links und gingen in den Steigflug, um die richtige Höhe für einen Sturzangriff zu gewinnen. Aber die Deutschen hatten uns gesehen und »verreisten« schleunigst nach unten. Die Me 110 überließen die Do 215 ihrem Schicksal, aber wir stürzten nun hinter allen drei Maschinen her und hatten einen Geschwindigkeitsüberschuß. Ich holte auf die Do 215 auf, konnte als erster angreifen und mit dem ersten Feuerstoß Treffer im rechten Motor des zweimotorigen Bombers erzielen. Ich glaube, dabei ist auch der Heckschütze getroffen worden und gefallen. Nachfolgende Kameraden von »Blau« konnten der 215 weitere Treffer beibringen, die kurz darauf auf einem Acker

Oswald Boelcke vor seiner Fokker E-IV. Er wurde zum Taktiker und Lehrmeister der deutschen Jagdfliegerverbände.

Max Immelmann, hier in einem der ersten Fokker E-1-Eindecker, der mit fest eingebautem MG ausgerüstet war, das durch den Propellerkreis schießen konnte.

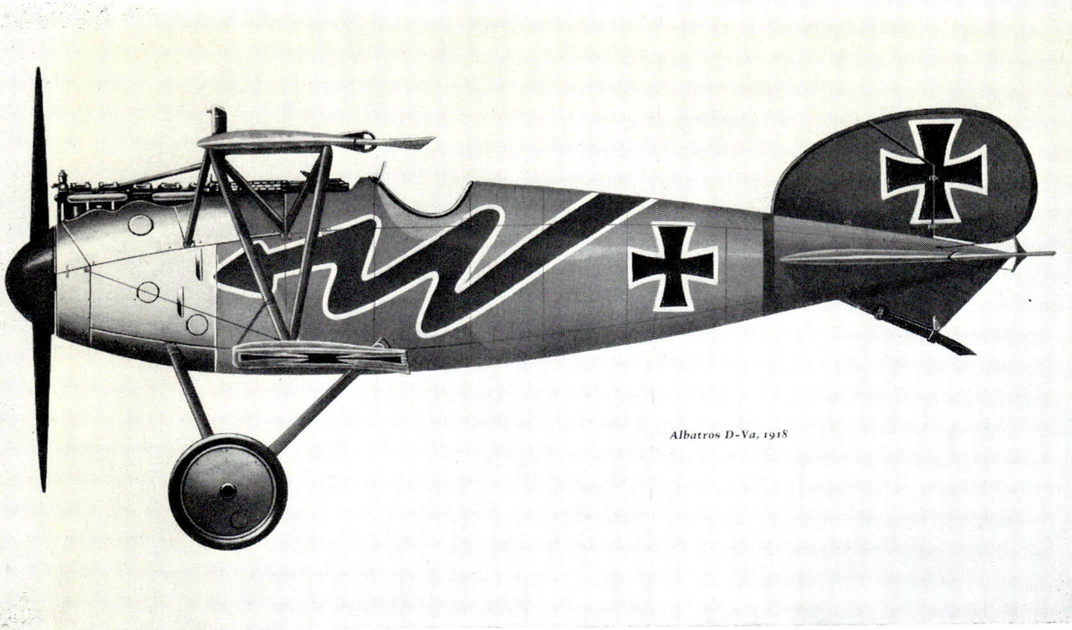

*Albatros D-Va, 1918*

Aus dem Jahre 1918: eine Albatros D-V a mit 180 PS Mercedes-Sechszylinder-Reihenmotor. Die Höchstgeschwindigkeit betrug 190 km/h.

Louis Bécherau, der bereits die Gordon Bennet Deperdussin konstruiert hatte, war auch der Vater der wahrscheinlich meistgebauten Jagdflugzeuge des Ersten Weltkrieges. Ab 1917 kam die SPAD S. XIII als Nachfolgerin der SPAD S. VII zum Einsatz. Die abgebildete Dreizehn wurde 1918 zum französischen Standardjäger.

SPAD S.XIII C 1, 1918

in der Nähe von Douai aufschlug. Dann erkannte ich eine Hurricane – es war die von Pilot Officer Ken Manger – dem in Baumwipfelhöhe eine Me 110 im Nacken saß, die aber selbst von drei Hurricanes verfolgt wurde. Die Me 110 schlug kurz darauf brennend auf einem Feld auf. Für die Angehörigen der Staffel war der Mythos von der Manövrierfähigkeit der Me 110 durch diesen Kampf entzaubert.
Wir Zwölf kehrten dann nach Lille Marcq zurück, die meisten von uns in heller Begeisterung; lediglich Pilot Officer Manger war leicht erschüttert. Es war ein trauriger Anblick, wenn die Augen aus der Vogelschau über die französische Landschaft streiften, wie alle nach Westen führenden Straßen gestopft voll von Flüchtlingen waren, die vor der vorrückenden deutschen Armee zu fliehen versuchten. Was da zu Lande tatsächlich vor sich ging, war nur sehr wenigen bekannt, und alles, was wir auf der Staffelebene erfahren konnten, war, daß unsere Truppen ein bißchen schnell nach Frankreich hinein zurückgeworfen wurden. Der Befehlshaber der Jagdflieger, Air Marshal Dowding, hatte Befehl erhalten, die Jagdstaffeln in Frankreich zu verstärken. Er tat dies, indem er eine sehr begrenzte Zahl von Staffeln – wie z. B. die 17. – täglich zwischen England und Frankreich rotieren ließ. Die Einweisung in Frankreich war immer etwas lückenhaft und unverbindlich. Wenn Alarmstart befohlen wurde, dann meist zur Verteidigung – und wir hatten gewöhnlich kaum mehr als eine vage Idee, wo der Feind war und wo wir ihn am besten abfangen konnten.
An diesem Tag waren fünf Hurricane-Staffeln in Lille Marcq – die Nummern 17, 87, 111, 253 und 615. Sie waren etwas auseinandergezogen an der Nord-, West- bzw. Südseite des rechteckigen Grasplatzes abgestellt. Jagdflugzeuge starteten den ganzen Tag hindurch von diesem Platz. Die Spannung wuchs gegen Nachmittag, als Meldungen eintrafen, wonach die Deutschen bereits auf Lille vorrückten. Ein Befehl traf ein, daß auf eine grüne Rakete, ostwärts vom Platz geschossen, alle Flugzeuge im Alarmstart den Platz verlassen sollten. Kurz darauf ging die Rakete hoch – von allen Piloten zur gleichen Zeit gesehen. Ihr Hauptanliegen war nun, so schnell wie möglich in die Luft zu kommen und nicht etwa auf dem Boden erwischt zu werden. Man konnte Hurricanes in alle Richtungen starten sehen – ganz ohne Rücksicht auf den

Wind. Es gab einige Beinahe-Zusammenstöße, aber wunderbarerweise kam es zu keinem Unfall. Die Hurricanes schwärmten aus dem Flugplatz Lille Marcq wie aufgestörte Bienen aus ihrem Stock.

Irgendwie brachte es die 17. Staffel fertig, zu sammeln und im Formationsflug Kurs Heimat – in Richtung Hawkinge – zu nehmen. Der Feindnachrichten-Offizier ließ sich nach unserer Landung eingehend über die Kämpfe Bericht erstatten. Wir waren alle guter Stimmung, wenn auch etwas müde. Außerdem wurden wir dann von unserem neuen Chef, Squadron Leader Edwards-Jones begrüßt, der uns am nächsten Tag nach Frankreich zurück und in den Kampf gegen Me 109 führen sollte – wobei dann zwei Piloten von uns den Tod fanden. Unsere Staffel flog täglich etliche Einsätze während des weiteren Verlaufs des Frankreich-Feldzuges und hat einmal bis Le Mans verlegt. Sie verließ Frankreich als eine der letzten Staffeln, am Tage als der Widerstand aufgegeben wurde. Vor Ende des Sommers und der Schlacht um England hatte die Staffel fünf Staffelkapitäne.

In der Luftschlacht um England konnte Bird-Wilson weitere Luftsiege erringen und erhielt im September das D.F.C. für sechs bestätigte Abschüsse, Beteiligung an fünf Abschüssen und einige wahrscheinliche Abschüsse. Ende September wurde er jedoch selbst abgeschossen und verwundet und ist erst wieder im Frühjahr 1941 in den Einsatz gekommen. Er hat jedoch den Krieg bis zum Ende mitgemacht, hat vier »Einsatztouren« voll gemacht und insgesamt 600 Feindflüge hinter sich gebracht. Er führte seinen ersten Spitfire-Wing Anfang 1943 und wurde während dieser Zeit mit der Spange zum D.F.C. ausgezeichnet. Dann kam eine Pause im Einsatz, als er die Kommandeurs- und Generalstabs-Schule in Fort Leavenworth, Kansas, besuchte. Er kehrte nach England zurück, um Mitte 1944 einen weiteren Spitfire-Wing zu übernehmen. Später wurde dieser Verband auf P 51 Mustang umgerüstet und flog Begleitschutz für schwere Bomber bis tief nach Deutschland hinein. Im Januar 1945 erhielt er den D.S.O. und im Mai übernahm er das Kommando über den ersten Meteor-Düsenjäger-Verband.

Bird-Wilson hat 198 verschiedene Flugzeugtypen geflogen – und fliegt immer noch. Seit dem Zweiten Weltkrieg hat er verschiedene Führungsposten in der RAF in verschiedenen Ländern innegehabt. Er ging nach Korea, um weitere Studien über Jagdfliegertaktik durchzuführen – sie werden im einzelnen im Kapitel 31 beschrieben – und hat dort mit der 77. Königlich-Australischen Jagdstaffel auf Meteor von Kimpo aus Einsätze geflogen.

»Die Zukunft des Luftkampfes? Es wird immer Jagdflieger geben. Nach jedem Krieg wurde bisher behauptet, die veränderten Bedingungen würden das Jagdflugzeug veralten lassen. Das war nach dem ersten Weltkrieg so und nach dem zweiten auch. Aber die Prinzipien sind immer noch dieselben. Die Flugzeuge sind natürlich viel schneller geworden, denn Geschwindigkeit war immer von entscheidender Bedeutung. Von überragender Bedeutung ist für eine Jagdwaffe jedoch, daß sie in Doktrin und Taktik immer mit der Zeit geht.«

So waren es höhere Geschwindigkeit und zahlenmäßige Überlegenheit, die den Hurricanes der 17. Staffel am 18. Mai 1940 den Sieg brachten. Aber über Frankreichs Himmel hat sich um diese Zeit ein anders gearteter Trend im Luftkampf erkennen lassen. Die Erfahrung der 17. Staffel war die Ausnahme von der Regel; sie hatte ihren Luftsieg acht Tage nach Beginn des deutschen Angriffs errungen. In diesen acht Tagen hatte die deutsche Luftwaffe genau das erreicht, was sie sich vorgenommen hatte. Wenn einerseits die Do 215 und Me 110 es kaum mit Hurricanes aufnehmen konnten, so muß man gerechterweise darauf hinweisen, daß andererseits britische Doppeldecker vom Typ Battle oder leichte Blenheim-Bomber eine Woche lang gegen vorrückende deutsche Panzer eingesetzt waren und dabei von deutschen Jägern wie von der Flak übel gerupft wurden. Die Luftwaffe hatte den Großteil der belgischen wie der holländischen Luftstreitkräfte auf ihren Heimathorsten zerstört und viele andere Ziele angegriffen – einige Piloten kamen dabei bis auf neun Feindflüge pro Tag.

Ein wirklich effektiver Widerstand gegen den Vormarsch der deutschen Armee kam deshalb garnicht zustande. In einem verzweifelten Versuch, die deutschen Panzer zu stoppen, warfen die Briten und die Franzosen ihre Bomber in die Schlacht, sehr oft ohne Jagdschutz. Sie wurden dabei von den Me 109 fürchterlich dezimiert, und selbst wenn weitere Hurricanes zu ihrem Schutz in den Kampf geworfen wurden, dann war die Konzentration an deutschen Jagdverbänden an der Durchbruchsstelle (bei Sedan) so groß, und die Flak so stark vertreten, und genau schießend, daß einige RAF-Formationen dabei ausgelöscht wurden. Am 10. Mai, dem ersten Tag des Angriffs, gingen von 35 eingesetzten Battles fünfzehn verloren. Der Rest wurde schwer beschädigt. Am nächsten Tag konnten nur acht Maschinen gegen die deutschen Panzer geschickt werden, sieben kehrten nicht zurück. Am 12. Mai griffen fünf Maschinen zwei Brücken bei Maastricht an; keine kehrte zurück. Den Blenheim-Bombern, die von England aus operierten, ging es nicht besser. Me 109 schossen an diesem Tag aus einem Verband von sechs Maschinen fünf heraus, am 17. Mai elf aus einem Verband von zwölf Maschinen. Am 14. Mai ließ sich der Trend kristallklar erkennen. Starke deutsche Panzerverbände gingen bei Sedan über die Maas und setzten damit zum tödlichen Stoß auf Frankreich an. Jeder alliierte Bomber erhielt den Befehl, die deutsche Panzerspitze anzugreifen, aber einige französische Einheiten weigerten sich, bei solchen Verlustaussichten zu starten – sie blieben am Boden. Von 71 leichten Bombern, die die RAF an diesem Tag gegen die deutsche Spitze einsetzte, kamen nur 31 zurück, viele mit schweren Beschädigungen. Die deutsche Luftwaffe gewann ihren Krieg, indem sie ihre Me 109-Verbände zur Vernichtung der feindlichen Bomber und in zweiter Linie gegen die Hurricanes einsetzte, um diese vom Raum Sedan fernzuhalten. Die Luftkämpfe von Bird-Wilson am 18. Mai und Beaumont am 11. Mai verliefen für die Genannten siegreich, aber sie waren – wie bereits gesagt – Ausnahmen vom allgemeinen Trend der Luftkämpfe. Von den alliierten Flugzeugtypen, die damals eingesetzt waren, erwies sich lediglich die Hurricane als erfolgreich, und das auch nur gegen Stukas, Zerstörer oder Bomber. Es hatte den Anschein, als ob nichts vorhanden wäre, was die Luftwaffe noch stoppen konnte. Die Spitfire war zwar vorhanden, aber sie wurde in England in Reserve gehalten und sollte erst im richtigen Augenblick eingesetzt werden. Fünf Tage, nachdem Bird-Wilson von Merville aus zum Feindflug gestartet war, überquerten zwei Spitfire den Kanal von England nach Frankreich und trafen dabei auf einen Me 109 Verband. Obwohl sie zahlenmäßig unterlegen waren, nahmen sie den Kampf an und gingen siegreich daraus hervor. Das war eines der ersten Zeichen, daß die Sache der Alliierten in der Luft noch nicht ganz verloren war. Diesem Tag, an dem die erste Me 109 von einer Spitfire abgeschossen wurde, wollen wir uns im nächsten Kapitel zuwenden.

## DEBÜT DER SPITFIRE

In den Krisentagen von 1940 weigerte sich die RAF, Spitfires nach Frankreich zu schicken. Es gab damals noch nicht viele, die Bodeneinrichtungen in Frankreich waren ungenügend, und der Rückzug verlief so schnell, daß sie möglicherweise auf dem Boden in die Hände der Deutschen gefallen wären. Als die britische Expeditionsarmee bei Dünkirchen eingeschlossen war und Hunderttausende von britischen Soldaten Jagdschutz aus der Luft verzweifelt nötig hatten, um noch wegzukommen, wurden zum ersten Mal Spitfires in größerer Zahl eingesetzt – die Geschichte von Dünkirchen ist inzwischen allgemein bekannt. Weniger bekannt ist, daß vor Dünkirchen einige wenige Spitfires, von englischen Stützpunkten aus eingesetzt, Me 109 über der Küste von Frankreich in Luftkämpfe verwickelt haben. Der Spitfire-Pilot, der als erster eine Me 109 abgeschossen haben soll, war ein neuseeländischer Schafzüchter, der nach England gegangen war, um in die RAF einzutreten. Er diente zuerst bei der 74. Staffel und wurde dann zur 54. Staffel versetzt, die 1939 Spitfires erhalten hatte. Alan Christopher Deere, D. S. O., O. B. E., D. F. C., hatte also bereits einige Monate lang die Spitfire geflogen, als er im Mai 1940 auf die inzwischen berühmte Me 109 traf.

Ich besuchte ihn mehr als 30 Jahre nach Ende des Kriegs in England. Er ist etwas groß für einen Jagdflieger, blond, ungezwungen und hat eine angenehme Stimme. Er war noch immer bei der RAF – als Air Commodore – und hatte kurz zuvor noch als Adjutant ihrer Majestät der Königin von England fungiert. Die historischen Begegnungen des 23. Mai 1940 erbrachten den so gespannt erwarteten Beweis, daß die Spitfire A I, zumindest in geringeren Höhen, der Me 109 gewachsen, wenn nicht überlegen war. Deere nahm 14 Tage lang an den Kämpfen über dem Strand von Dünkirchen teil. In diesen zwei Wochen nach dem ersten Einsatz am 23. Mai schoß er fünf Flugzeuge ab und wurde zuletzt selbst abgeschossen – aber er schaffte es, mit den evakuierten englischen Soldaten zurück nach England zu kommen! Seine Geschichte beweist – selbst in der bescheidenen Art, wie er erzählt – daß er zu jenen Jagdfliegern der RAF gehörte, die von höchstem Angriffsgeist erfüllt waren.

»Schon in Neuseeland habe ich mir immer gewünscht, fliegen zu können. Ich gehörte dort zu den ersten 24 Leuten, die als Flugschüler aufgenommen wurden. Zu neunzehnt kamen wir 1937 in England an, um mit der Flugausbildung zu beginnen. Ich habe in Berkshire meinen ersten Alleinflug absolviert und kam dann nach Hornchurch, wo später einige der besten Jagdflieger, die die RAF hatte, die Anflugsrouten nach London verteidigten. Die Staffeln Nr. 54, 65 und 74 waren dort stationiert. »Sailor« Malan und Stanford Tuck waren in Hornchurch. Nach meiner Meinung war Malan der beste Jagdflieger des Zweiten Weltkriegs.

1938 flogen wir noch Gloster Gladiators. Die Deutschen hatten ihre Me 109. Chamberlain verschaffte uns ein Jahr, um die meisten Staffeln mit Hurricanes und Spitfires ausrüsten zu können. Als 1939 der Krieg ausbrach, lag ich mit der 54. Staffel in Hornchurch. Wir flogen Spitfire, sahen aber nicht viel vom Krieg. Wir zogen die Abstellplätze weiter auseinander und bauten Splitterboxen aus Sandsäcken, kamen aber wenig zum Fliegen. Wir wurden in Reserve gehalten und frontreif gemacht.«

Der Tag, auf den er sich jahrelang vorbereitet hatte, kam zwei Wochen nach Beginn der deutschen Offensive gegen Frankreich und die Niederlande. Seine Darstellung zeigt die Vorteile auf, die im engeren Kurvenradius und in der höheren Geschwindigkeit der Spitfire lagen. Deere bewies sich an diesem Tag selbst, daß seine Spitfire, die »KIWI I«, der Me 109 auch davonsteigen konnte, obwohl technische und statistische Vergleiche darauf hinwiesen, daß es die Me 109 war, die damals der Spitfire sowohl davonsteigen wie auch im Sturz entkommen konnte. Der Grund lag vielleicht darin, daß die 54. Staffel damals mit einem Propeller konstanter Drehzahl experimentierte, den andere Staffeln noch nicht hatten und der besseres Steigvermögen erbrachte.

»Ich flog meinen ersten Einsatz über Frankreich am 15. Mai 1940. Am 23. Mai war ich mit Johnny Allen auf einem Patrouillenflug entlang der französischen Küste über dem Flugplatz Calais Marck und kam dabei zu der ersten nachweisbaren Feindberung zwischen Spitfires, die von England aus starteten, und Me 109. An diesem Tag hatte ich schon einmal über der französischen Küste Patrouille geflogen, aber dabei war nichts passiert. Squadron Leader White von der 74. Staffel war jedoch kurz darauf beim ersten Schlagabtausch mit Me 109 (kein Abschuß) in Calais Marck, jenseits des Kanals, zur Landung gezwungen worden. Flight Leader James Leathart, von der A-Flight, meldete sich freiwillig, um mit einer Miles Master über den Kanal zu fliegen und ihn nach Hornchurch zurückzuholen, obwohl wir nicht wußten, in wessen Händen der Flugplatz sein würde, wenn er hinkam. »Professor« Leathart, Johnny Allen und ich waren immer zusammen geflogen, und natürlich übernahm ich für Allen den Begleitschutz. Offiziell wurde das ganze als Ausbildungsflug bezeichnet, der Horstkommandant hatte dies so vorgeschlagen und den Einsatz von zwei Spitfires genehmigt. Wir starteten gleichzeitig nebeneinander etwa um 11.00 Uhr. Es war warm, ich hatte ein blaues Baumwollhemd, Uniformhosen und Slippers an, und trug eine gelbe Schwimmweste. Ich hatte zwar eine braune Fliegerhaube auf, trug aber keine Brille. Wir flogen mit Kurs 110 Grad. Die Master war gerade so schnell wie eine mit wenig Gas geflogene Spitfire, und wir blieben auf 500 Meter Höhe und hielten Funkstille. Die Master flog vorneweg. Innerhalb von 30 Minuten überquerten wir den Kanal. Ich schaltete das Reflexvisier für meine acht Browning-MG ein, als die französische Küste vor uns lag; das Reflexvisier bestand aus einem orangefarbenen Ring und einem großen Punkt. Die Bedeckung war etwa 5/8. Wolkenuntergrenze bei etwa 1 600 Meter Höhe. Die Sicht unterhalb der Wolken war gut. Wir erkannten den Flugplatz und flogen darüber weg. Eine Spitfire stand dort unten, ganz sicher die Maschine des Staffelkapitäns.

Leathart sagte, er würde mit den Flächen wackeln, wenn er zur Landung ansetze. Jetzt zeigte er, daß er so weit war, White aufzupicken. Ich wies Johnny an, durch die Wolken nach oben zu steigen, dort zu kreisen und aufzupassen, und er löste sich von mir. Ich wollte den Flugplatz decken und in niedriger Höhe bleiben. Leathart landete sicher. Ich zog meine Kreise über ihm. Alles ging gut, und er rollte gerade auf einen kleinen Hangar zu, als Johnny plötzlich von oben meldete, daß eine Formation Me 109 den Platz anflog! Die Master rollte gerade wieder zum Startplatz, als eine Me 109 südlich des Platzes aus den Wolken stieß. Offensichtlich nahm sie die Master aufs Korn. Leathart war praktisch

hilflos. Ich befand mich rechts hinter ihm, etwas nördlich des Platzrandes, und ging nun in eine scharfe Linkskurve und drehte auf die anfliegende Me 109 ein. Ich wollte den deutschen Piloten nur etwas aus dem Konzept bringen und von der Master ablenken. Er kam ziemlich schnell heran, ich hatte meine Spitfire mit voller Pulle auf Abfangkurs, und gerade als er links hinter der Master einkurvte, gab ich einen Feuerstoß ab. Da bemerkte er mich. Er schoß kurz auf die Master und zog dann überrascht hoch. Ich zog die Spitfire herum, so eng das ging, um mich hinter ihn zu setzen. Genau in diesem Augenblick hörte ich über Sprechfunk die Stimme Johnny's: »Ich bin von 109 umringt und werde angegriffen. Komm rauf und hilf mir!« Alles was ich sagen konnte, war: »Wenn ich mit dem Burschen vor mir fertig bin!« Mit einer halben Rolle ging ich aus meiner Kehrkurve und setzte mich hinter die Me. Ich war etwas tiefer, gewann aber schnell Höhe und holte dabei auf. Ich kam auf etwa 100 Meter heran – unglücklicherweise waren meine Bordwaffen so justiert, daß sich ihre Schußlinien erst bei 400 Meter in einem Punkt vereinigten – etwas zu weit, wie wir später herausfanden. Der Deutsche versuchte, mir zu entkommen, indem er fast senkrecht hochzog. Ich eröffnete das Feuer. Ich konnte sehen, wie die De Wilde-Munition fast sofort im Ziel lag. Die Trefferlage war weiterhin gut, dann strömte Rauch aus seinem Motor, und er ging plötzlich über die Fläche nach unten. Ich beobachtete, wie er am Strand direkt an der Wasserlinie aufschlug. Er hatte mir dadurch geholfen, daß er wegkurvte. Ich war inzwischen etwa 700 Meter hoch, kurvte nach links in eine Steilkurve und rief Johnny zu: »Ich komme!«
Ich flog mit höchster Steigleistung – wir hatten die ersten Rotol-Propeller mit konstanter Drehzahl in der I A – erreichte die Wolkenuntergrenze bei 1 600 Metern und zog nach oben durch. Als ich raus kam, hatte ich zwei Me 109 direkt vor mir. Es war ganz einfach, sich hinter die zweite Maschine zu setzen. Der Rottenführer hatte mich erkannt und begann zu kurven. Sein Rottenkamerad vor mir flog zickzack, um mir das Zielen zu erschweren. Ich konnte trotzdem an ihm dran bleiben und schließlich auf etwa 90 Meter das Feuer eröffnen. Ich brauchte nur einen längeren Feuerstoß, und er legte sich auf den Rücken und ging steuerlos nach unten. Fast senkrecht schlug er auf dem Boden auf, aber um diese Zeit kurvte ich bereits auf den Rottenführer ein. Der mach-

te einen Abschwung und kam zuerst auch weg von mir. Aber als wir dann dicht über den Baumwipfeln abfingen, holte ich wieder auf ihn auf. Er versuchte jedes denkbare Manöver um zu entkommen, selbst eine »Kerze«, nachdem ich zu schießen begonnen hatte. Nach einem zweiten Feuerstoß ging er auf Ostkurs, und ich hatte mich nun verschossen. Ich blieb hinter ihm – das war ja eine perfekte Gelegenheit, festzustellen, ob die Spitfire die Geschwindigkeit mithalten konnte – dann nahm ich den Knüppel an den Bauch, zog in die Wolken hoch und ging oben mit einer halben Rolle auf Kurs Heimat! Johnny hatte über mir eine Me 109 abgeschossen. Leathart, der seinen Start abgebrochen hatte, sah wie eine Me 109 auf dem Boden aufschlug und sprang schleunigst in einen Graben in Deckung, wo er sich plötzlich in Gesellschaft von White befand! Ich rief Johnny über Sprechfunk. Er flog gerade bei Calais über die Küste und war in Sorge über seine Spitfire. Er hatte in seinem Kampf mit der Me 109 Treffer einstecken müssen. Ich fand ihn und flog mit ihm nach Hause. Etwa zehn Minuten später kletterten auch Leathart und White in die Master, starteten weg und landeten dann auch sicher auf unserem Platz.«

Deere erhielt einen Abschuß bestätigt, einer wurde ihm als wahrscheinlich zugeschrieben, und mit Allen's Luftsieg hieß es also für die beiden Spitfire gegen eine Anzahl Me 109 nun 3:0. Zusätzlich hatten sie natürlich auch ihre eigentliche Aufgabe erfüllt: die Miles Master gegen feindliche Angriffe zu decken. Mehr als das hatte dieser Luftkampf aber demonstriert, daß die Spitfire der Me 109 in niedrigen Höhen eindeutig überlegen war. Deere war sich völlig im Klaren über die allround-Überlegenheit der Spit in diesem Höhenbereich.

»In diesen Kämpfen haben die feindlichen Piloten nahezu alles probiert, einschließlich einer »Kerze« mit Kampfleistung, und trotzdem stieg die Spitfire besser.«

Deere nutzte die bei dieser historischen Begegnung gemachte Erfahrung und ließ seine Waffen anders justieren. Waren sie bisher eingestellt, um auf 400 Meter den gleichen Punkt zu treffen, so ließ er seine Waffenwarte diesen Punkt auf etwa 220 Meter zurücknehmen. Er hatte ja sein erstes Opfer am 23. Mai auf 220 Meter und das zweite auf etwa 90 Meter beschossen. Der Krieg sollte dann schnell beweisen, daß die erfolgreicheren Jagdflieger diejenigen waren, die aus möglichst kurzer Entfernung schossen, und daß sie ihre meisten Erfolge nur aus einer solchen Position erzielten. Andere Jagdflieger der RAF sind dann Deere's Beispiel gefolgt und haben ihre Waffen ebenfalls umjustieren lassen. Diese Änderung erwies sich dann einige Tage später über Dünkirchen und schließlich in der Luftschlacht um England als wesentlich.

Diese erste Begegnung mit Spitfire I A hat aber auch die deutschen Jagdflieger beeindruckt; diejenigen, die an diesem Tag beobachten konnten, was zwei Spitfire gegen ungünstige Bedingungen erreichen konnten, wußten, daß sie nun gegen ein beachtliches Jagdflugzeug antraten, das von durchaus fähigen Piloten geflogen wurde. Die Me 109 haben im Verlauf dieses Jahres bei vielen Gelegenheiten besser abgeschnitten, hauptsächlich, indem sie im Sturzflug angriffen bzw. in größeren Höhen kämpften (oder anderen Spit's davonstiegen), aber die Tage der leichten Siege über gegnerische Jagdflugzeuge, wie sie in Spanien, Polen, Holland, Belgien und Frankreich möglich gewesen waren, waren nun vorbei, als es gegen die Spitfire ging.

Deere, Leathart und Allen erreichten zusammen bis zum 17. Juni 25 Luftsiege, und Deere erhielt das D. F. C. in diesem Monat. (Er hatte am 23. zwei weitere Einsätze geflogen und dabei noch eine Me 109 nach einer langen Kurbelei abschießen können.) Am 8. August hatte er acht bestätigte Luftsiege, und einige, in die er sich mit anderen teilte. Obwohl er bei Dünkirchen abgeschossen wurde und England auf dem Seewege wieder erreichte, flog er weiter, wurde noch ein paarmal abgeschossen, und kam zu weiteren Luftsiegen. Am 31. August wurde sein Flugplatz gerade mit Bomben belegt, als er starten wollte. Eine Bombe detonierte fast direkt unter ihm und zerstörte seine Spitfire. Aber er selbst kam wieder einmal davon. Zu dieser Zeit hatte er 17 Luftsiege und war selbst sieben Mal abgeschossen worden. Auf höheren Befehl wurde er aus dem Fronteinsatz genommen.

Er kehrte bei verschiedenen Gelegenheiten während des Krieges wieder an die Front zurück, wurde 1943 Staffelkapitän der 403. Staffel und dann Wing Commander. Am Ende des Krieges waren ihm 32 Luftsiege offiziell zuerkannt und man sah in ihm einen der führenden Jagdflieger des Krieges. In seinem Beitrag zur Sache der Alliierten hat wohl kein Einsatz mehr Gewicht gehabt als jene Leistung am 23. Mai 1940, als es schon so aussah, als ginge

alles schlecht aus für England und die Demokratien, und alles gut für die Luftwaffe und die deutschen Heeresverbände.
Deere's Angriffsgeist, verbunden mit seinen fliegerischen Fähigkeiten und seiner Treffsicherheit, zeigte anderen RAF-Piloten, was die Spirfire im Kampf mit der Me 109 leisten konnte. Der Erfolg, den er und Allen an diesem Tag erzielen konnte, war ein entscheidender Auftrieb für die anderen Jagdflieger der RAF.

## DIE NORWEGISCHE LEKTION

Zu den schwierigsten Einsatzbedingungen, denen alliierte Jagdflieger zu Beginn des Zweiten Weltkriegs ausgesetzt waren, gehört die Situation der RAF-Piloten, die 1940 in Norwegen versuchen sollten, die deutschen Invasionstruppen wieder aus dem Lande zu vertreiben. Die Deutschen waren bereits im Besitz der wichtigsten Städte, als die Briten ankamen. Deshalb waren nur noch ein paar Flugplätze übrig. Die britische Flotte dampfte in den Hafen von Narvik, weit im Norden, zerstörte einen deutschen Flottenverband, beschoß die Stadt, landete Truppen und nahm den Hafen in Besitz. Die RAF schnappte sich Skanland und Bardufoss; der Platz in Skanland war zu weich für Jagdflugzeuge, aber Bardufoss schien geeignet, und so startete die 46. Staffel am 26. Mai mit 16 Hurricanes vom Flugzeugträger Glorious zum Einsatz nach Bardufoss. Der Führer dieser wenig glückhaften Gruppe von Jagdfliegern, der heutige Air Chef Marshal Sir Kenneth Cross, K.C.B., C.B.E., D.S.O., D.F.C., erinnert sich noch bis zum heutigen Tag an die mehr als eigenartigen Einsatzbedingungen auf diesem nördlichen Kriegsschauplatz. Die Deutschen waren zwar aus Narvik vertrieben worden, aber sie waren im Besitz aller in der Nähe gelegenen Flugplätze und hatten praktisch alle übrigen des Landes ebenfalls unter ihrer Kontrolle. Sie reagierten schnell auf die Einnahme des Hafens durch die Engländer (und die Versenkung der deutschen Zerstörerflottille im Hafen) durch Bombenangriffe auf Schiffe im Hafen und auf Reede.

Den Hurricanes von Cross war die Aufgabe zugefallen, den Schutz der britischen Streitkräfte und Schiffe vor deutschen Bombern zu übernehmen. Da die Deutschen bereits in der zweiten Nacht nach Einnahme des Hafens von Narvik mit Angriffen begannen, kam es sofort zum Einsatz der Jäger. In der kurzen Periode, bevor die 46. Staffel wieder aus Norwegen abgezogen wurde, konnte sie den Abschuß von 14 He 111 und Ju 88 bei einem Verlust von 6 eigenen Hurricanes melden. Drei RAF-Flugzeuge waren aus unbekannten Gründen verloren gegangen, eines war in

einen Sumpf geraten. Drei Flugzeuge wurden von den Heckschützen der deutschen Bomber abgeschossen. Allerdings waren die Deutschen bei diesen Luftkämpfen gehandicapt, weil ihnen keine Me 109 als Begleitschutz zur Verfügung standen und so mußte auch die Luftwaffe jene Lektion lernen, die den Franzosen und den Engländern einen Monat worher in Frankreich erteilt worden war: Daß man Bomber nicht ohne Jagdschutz gegen Ziele schikken kann, die von Jagdverbänden verteidigt werden. Aber die Luftwaffe mußte nur kurze Zeit ihren Preis bezahlen, denn die Lage entwickelte sich in Frankreich so schlecht für die Briten und Franzosen, und die Bedrohung Englands durch die Deutschen wurde so beunruhigend, daß die Hurricanes der 46. Staffel in den ersten Tagen des Juni nach England zurück beordert wurden.
Nun meinen einige Leute, daß der Jagdeinsatz der RAF in Norwegen doch noch zum Erfolg geführt hätte, wenn man die Jäger dort belassen hätte; die Luftwaffe wäre wahrscheinlich gezwungen gewesen, zumindest einige Jagdfliegerverbände nach dort zu verlegen. Was immer auch dabei herausgekommen wäre, Luftkämpfe so weit nördlich wären sicher etwas Neues gewesen. RAF-Jäger konnten einige Bomber abschießen, bevor sie überhaupt von diesen entdeckt wurden. In den Fjorden spielten die Schatten der Berge eigenartige Tricks. Die Deutschen flogen oft die Küste herauf, weil dies die einfachste Art zu navigieren war, und kurvten erst dann in Richtung ihrer Ziele auf das Land zu. Deshalb waren die Abfangjäger der RAF manchmal in der Lage, vorauszusagen, welche Ziele »dran« waren, und erfolgreich einzugreifen. Die 46. Staffel war mit Hurricane I mit Verstellpropeller ausgerüstet. Cross und die anderen Piloten waren begeistert von diesen Maschinen. Eine andere Staffel – die 263. – war mit Gladiator ausgerüstet. Man konnte in diesem Land ziemlich weit hören, so daß es manchmal möglich war, anfliegende Maschinen bereits in großer Entfernung auszumachen. Einzelne Piloten standen bereits um 02.00 Uhr oder 03.00 Uhr auf – da wurde es bereits hell – und flogen erfolgreiche Einsätze zu dieser frühen Stunde. Cross hat einmal vier He 111 am frühen Morgen erwischt, obwohl sie sofort abdrehten, als sie die startenden Hurricanes bemerkten. Die deutschen Bomberpiloten wußten um diese Zeit bereits, daß sie den Hurricanes nicht davonfliegen konnten; die Jäger holten stetig auf, während die He 111 versuchten, nach

oben aus dem Fjord herauszukommen. Aber deutsche Heckschützen brachten Cross im selben Augenblick Treffer bei, als er eine der He 111 erwischte und wahrscheinlich zum Absturz brachte. So mußte er nach Bardufoss zurückfliegen (ein Felsplateau, von Bergen umringt), die Panzerscheibe völlig mit Öl verschmiert. Immerhin war der Bombenangriff abgeschlagen worden, was die entscheidende Tatsache war, und deutsche Bomber fanden es auf diesem Kriegsschauplatz immer schwieriger, die englischen Jagdflieger zu überraschen.

An dem Tag, an dem Cross die He 111 vertrieb, begann die 46. Staffel mit der Rückverlegung aus Norwegen. Pat Jameson, ein flight leader der 46., führte die erste Kette von drei Hurricanes an, die auf dem Deck des Flugzeugträgers »Glorious« landen sollte. Man hatte 20-Pfund-Sandsäcke im Rumpfheck der Maschinen verzurrt, damit die Piloten sofort auf den Bremsen stehen konnten, wenn die Flugzeuge aufsetzten. (Kein einziger Pilot hatte vorher eine Landung auf einem Flugzeugträger ausprobiert. Cross war lediglich am Vortage mit einem »Walrus«-Flugboot zu der »Glorious« hinausgeflogen, um den Versuch mit dem Kapitän des Schiffs zu arrangieren). Jameson und seine beiden Kameraden landeten sicher, und Cross tat es ihnen mit den anderen Piloten am 8. Juni nach. Eine steife Brise, die 30 Knoten, die die »Glorious« lief, und gekonntes Manövrieren wirkten offensichtlich zusammen, um die 46. sicher aus Norwegen herauszulösen. Am Nachmittag des 8. Juni wurde der Flugzeugträger jedoch auf offener See (wegen Brennstoffmangel mit direktem Kurs auf Scapa Flow), von einem deutschen Flottenverband, in dem sich die Schlachtschiffe »Scharnhorst« und »Gneisenau« befanden, gestellt und versenkt, wobei hohe Menschenverluste zu beklagen waren.

Die Tragödie der 46. Staffel war vielleicht die grimmigste, die einen alliierten Jagdfliegerverband während des Krieges betraf, zumindest im Hinblick auf die Plötzlichkeit und die Vollständigkeit der Vernichtung. Von den Piloten der 46. Staffel überlebten nur Sir Kenneth und Jameson die Versenkung der Glorious.

Wenn auch Cross nur kurze Erfahrungen in Norwegen sammeln konnte, so betonen diese jedoch die geradezu lebenswichtige Notwendigkeit eines ausreichenden Jagdschutzes für Bomber, die Ziele bekämpfen sollen, die von Jägern geschützt werden. Außerdem zeigte das Beispiel die wachsende Bedeutung von Luftmacht im allgemeinen. (Hätte die RAF zu dieser Zeit die P 51 Mustang gehabt, die mit Zusatztanks leicht 1 600 km weit fliegen konnte, dann hätte die 46. Staffel ihre Flugzeuge von Bardufoss zu den Faeröern oder den Shetlands ausfliegen können, und die Piloten wären am Leben geblieben). Die strategische Lektion, die der Feldzug in Norwegen 1940 erteilte – die deutlichste Lektion in der bisherigen Geschichte überhaupt – , besagte, daß richtig angesetzte Luftmacht selbst die mächtigsten Schiffe und Flottenverbände aus Gewässern vertreiben kann, die im Bereich von feindlichen Bombern liegen. Die Luftaufklärung, die die Deutschen über dem größten Teil von Norwegen und der norwegischen See durchführten, setzte sowohl die deutsche Luftwaffe wie auch die deutsche Kriegsmarine in den Stand, viele britische Schiffe, einschließlich einer ganzen Anzahl von Kriegsschiffen, zu versenken. Die Transportkapazität der Luftwaffe ermöglichte es den Deutschen, im Gebiet von Narvik auszuhalten.[1]

Der Besitz der norwegischen Flugplätze half den Deutschen, die britischen Landungstruppen im Gebiet von Trondheim zurückzuschlagen (ein Angriff von See her wurde wieder abgeblasen, weil die Flotte heftigen Luftangriffen ausgesetzt gewesen wäre). Dies bedeutete gleichzeitig die Niederlage der gesamten britischen Geginvasion in Norwegen.

Die Landung in Narvik, hoch oben im Norden, ist kritisiert worden, denn sie habe keinem, dem Aufwand entsprechenden militärischen Zweck gedient.[2] Ohne in diese Debatte eintreten zu wollen kann man doch sagen, daß die Briten gar keine so schlechte Figur gemacht haben, wo sie über einen Flugplatz verfügten und Jagdschutz hatten. Und Cross kam trotz allem mit der Überzeugung zurück, daß diese Operation im hohen Norden durchaus ihre Chancen hatte, welchen Wert man ihr auch beimessen mag.

Der Feind war im Besitz des Flugplatzes Trondheim (in der zentralen Norwegen-Operation), und die Royal Navy hatte gegen einen direkten Angriff auf Trondheim Bedenken. Es wurden zwei Verbände Landungstruppen unter General Carton de Wiart und General B.C.T. Paget an der Küste abgesetzt. Aber sie waren zehn Tage lang gnadenlosen Luftangriffen ausgesetzt, bis sie

1 Werner Baumbach, »The Life and Death of the Luftwaffe«, Kapitel 4.
2 J. F. C. Fuller, »The Second World War«, Seite 61.

schließlich wieder zurückgezogen wurden – ein Unternehmen, das nur unter hohen Verlusten zu Ende geführt werden konnte.
Weil die Deutschen die Luftherrschaft hatten, waren sie in der Lage, eigenen Nachschub heranzubringen und gleichzeitig den britischen Nachschubschiffen schwere Verluste beizubringen. So erwies sich in Norwegen zum ersten Mal in der Geschichte, bei einer größeren amphibischen Operation Luftmacht als dominante Größe, taktisch wie strategisch.

Derartige Kraftpakete, wie der Daimler-Benz-Einspritzer-Ottomotor DB 605 A, verliehen einem großen Teil von Me 109 runde 1475 PS. Das hängend eingebaute V-12-Zylinder-Kolbentriebwerk war ein Viertakter.

Eine Messerschmitt Me 109 G-1 mit durch die Luftschraube schießendem 20-mm-MG 151, und mit zwei MG 131 zu je 13 mm links und rechts über dem Motor.

Das war die berühmte Me 209, mit der V 1-Ausführung hat der Flugkapitän Fritz Wendel am 26. April 1939 den Geschwindigkeitsweltrekord auf 755, 138 km/h geschraubt. Der Rekord hatte bis 1969 Bestand. Bei der Me 209 handelte es sich um eine Neukonstruktion der Me 109 für Rekordflüge und als Vorstufe zu einem Hochgeschwindigkeitsjäger.

Die Supermarine Spitfire I war das erste englische Jagdflugzeug, das es 1940 wirklich mit der Me 109 aufnehmen konnte.

## DER LUFTKRIEG BEI NACHT

Die wachsende Bedeutung der Luftmacht, sowohl taktisch wie strategisch, wurde in Norwegen, beim deutschen Angriff auf Frankreich, Holland und Belgien, und in der Luftschlacht um England 1940 demonstriert. Stukas, Jagdbomber und mittlere Bomber haben vereint mit schnellen Panzerverbänden integrierte Angriffe von solcher Wirkung geführt, daß die alliierten Verteidigungsstreitkräfte in Frankreich überrannt wurden. Hier wurden Luftstreitkräfte in taktischer Koordination in einem völlig neuen Grad von Intensität eingesetzt, der sich dann als entscheidend erwies. Die verzweifelten französischen Ersuchen um britische Hilfe aus der Luft – die letzte Hoffnung, die bei Sedan durchgebrochenen Panzerspitzen noch zu stoppen – zeigten, daß die militärischen Führer die neue Schlüsselrolle der Luftmacht erkannt hatten.

Zwei Monate später demonstrierten dann RAF-Jagdflieger in der Luftschlacht um England erneut die entscheidende Rolle der Luftmacht. Zum Erstaunen eines Großteils der Welt schlugen britische Jagdflieger die damals bestausgerüstete und bestausgebildete Bomberwaffe (allerdings keine strategische Waffe) zurück, obwohl diese moderne Armada über den Begleitschutz moderner Jäger verfügte. Es ging knapp her dabei, aber die Luftwaffe konnte sich auf die Dauer die Verluste nicht leisten, die den Bomberverbänden durch die britischen Jagdflieger zugefügt wurden, und die Operation »Seelöwe« (die Invasion Englands) wurde gestrichen.

Die konsequente Wendung in der Entwicklung des Luftkriegs konnte nicht ausbleiben – erweiterte Nachteinsätze. Die Luftwaffe, duch die beharrliche Tagjagd der RAF angeschlagen, verlegte sich auf nächtliche Bombenangriffe, die anfänglich sehr erfolgreich waren. Weder in Deutschland noch in England (Frankreich war zu dieser Zeit schon zusammengebrochen) hatte man zwar das Problem ›Nachtjäger‹ völlig vernachlässigt. Weil aber Ziel bei Tag leichter auszumachen und zu bombardieren sind, aber auch weil man in beiden Ländern angenommen hatte, daß

Bomber trotz Jagdabwehr zum Ziel durchdringen können, hatte man das Hauptaugenmerk auf Tagbombenangriffe gelegt. Nun wollte Deutschland mit Nachtbombenangriffen versuchen, das zu erreichen, was unter vertretbaren Verlusten bei Tage nicht mehr möglich war. Gerade als die RAF-Jagdwaffe endlich die verwundbaren ›vic‹-Formationen und den ›Angriff nach Vorschrift‹ aufgegeben und den aus zwei Rotten bestehenden ›Vier-Finger-Schwarm‹ übernommen hatte, gerade als die Jagdflugzeuge mit besseren Reflex-Visieren ausgestattet wurden, in anderen Worten: Gerade als die Tagjagd perfekt war, ging die deutsche Luftwaffe auf Nachtangriffe über, die eine völlig anders geartete Verteidigung erforderten.
Mit der Nacht zum 14. November 1940 – etwa zwei Monate, nachdem die Luftwaffe erkennen mußte, daß die Luftschlacht um England verloren war – begann eine neue Kampagne in der Luft, die wohl das am meist kritisierte große Luftunternehmen des zweiten Weltkriegs ist. Es sollte nicht enden, bis ein Gleichstand zwischen Nachtbombenangriffen und Nachtjägerabwehr erreicht wurde, der in seiner Intensität den bei Tage ablaufenden Operationen gleichkam, und bis Bomber-Flotten und Jäger-Flotten von etwa derselben Größe wie Armadas am Tage in feindliche Luftbereiche ein- und ausflogen. Das sollte bis zum Ende des Krieges so weitergehen.
In der Nacht zum 14. November benutzte die deutsche Luftwaffe einen Funkstrahl, um 12 He 111 nach Coventry zu führen. Weitere Funkstrahlen, aus dem von den Deutschen besetzten Gebiet quer dazu abgestrahlt, vermittelten mit den kartographisch festgelegten Schnittpunkten Hinweise über Entfernung, Geschwindigkeit und Wind. Die 12 Führungsmaschinen (die Briten tauften sie »Pfadfinder« und benutzten diese Taktik später in noch viel größerem Ausmaß) warfen Leuchtbomben auf das Ziel Coventry, und dann luden mehr als 400 deutsche Bomber je über eine Tonne Sprengbomben, Brandbomben und Fallschirmbomben in den folgenden Stunden über der Stadt ab. Es war eine mondhelle Nacht. Der Angriff verursachte eine Vernichtung an industrieller Kapazität und privatem Eigentum, die die britische Öffentlichkeit zutiefst schockte, auch weil sie erkennen mußte, daß die RAF gegen solche Angriffe wenig ausrichten konnte und daß das Land nun wehrlos solchem nächtlichen Terror ausgesetzt war. Zu dieser Zeit

setzte die RAF hauptsächlich Blenheims als Nachtjäger ein. Sie hatten sich bei Tag-Einsätzen als äußerst verwundbar erwiesen und waren natürlich auch nicht gerade das Richtige für die Nachtjagd. Als Schulflugzeuge zur Ausbildung von Besatzungen, die später in Beaufighters, Mosquitos und anderen Flugzeugen recht erfolgreich wurden, eigneten sie sich immer noch recht gut. Auf den Schlag gegen Coventry folgten in den nächsten Nächten und Wochen (nach damaligen Maßstäben) schwere Nachtangriffe auf London, Southampton, Birmingham und viele andere Städte. Die RAF war außerstande, den Angreifern nennenswerten Schaden zuzufügen. Bei dem Angriff auf Coventry ist es den Nachtjägern z. B. nicht gelungen, einen einzigen Bomber abzuschießen; die Flak meldete 2 Abschüsse.

Die Deutschen hatten während der Luftschlacht um England irrtümlich London bombardiert, und die RAF hatte mit einem Angriff auf Berlin geantwortet. Die RAF hatte im Mai auch schon andere Ziele in Deutschland angegriffen. Von deutscher Seite wird nun manchmal behauptet, daß die Briten mit der überlegten Bombardierung der Zivilbevölkerung in Städten begonnen habe, bevor deutsche Bomben auf London fielen. Aber die Luftwaffe hatte solche Angriffe bereits in Spanien praktiziert (Göring gab dies in Nürnberg zu), hatte Warschau, Rotterdam und andere Städte mit Bomben belegt, und ein Argumentieren über diesen Punkt führt zu nichts. Bei Nachtbombenangriffen ist es nicht mehr möglich, den Fall der Bomben auf militärische Ziele zu beschränken, und weder die eine noch die andere Seite dachte ernsthaft, daß dies möglich sei. Wie Air Marshal Sir Arthur Harris zugab,[1] hat man jene Bomben, die nachts ihre eigentlichen Ziele verfehlten, als Waffen zur Schwächung der feindlichen Moral betrachtet. Der US Army Air Force (USAAF) wird manchmal von deutscher Seite eine Politik der Präzisionsbombenangriffe nachgesagt – bei Tage. Im Krieg gegen Japan haben die USA jedoch die Flächenbombardierung von Städten durchgeführt und schließlich auch noch Atombomben abgeworfen.

Für die nächtliche Luftkriegführung war weder Deutschland noch England richtig vorbereitet. Dem Kommando der Jagdflieger in England fehlte es nicht nur an brauchbaren Nachtjägern und ausgebildeten Besatzungen, sondern auch an Flugplätzen, Wartungs-

1 Arthur Harris, »Bomber Offensive«, Seite 77.

personal, modernem Jägerleitgerät (landeinwärts im Bereich der Städte), an Flak und Scheinwerfern, um einfliegende Bomber abschießen zu können. Nur eines rettete England für ein paar Jahre vor einem schrecklichen Schicksal bei Nacht: Hitler's Entscheidung, Rußland anzugreifen. Wären nicht im Mai 1941 zwei Drittel der Luftwaffe in den Osten verlegt worden, dann wäre der Angriff auf die englischen Städte weitergegangen und sicher noch gesteigert worden. Und niemand kann mit Sicherheit sagen, wie groß der Schaden geworden wäre und was für eine Auswirkung das Ganze auf den englischen Widerstandswillen gehabt hätte.
In England wurden z. B. im Jahre 1940 sowohl die Scheinwerfer wie auch die Flak noch mit akustischen Geräten geführt. Die deutschen Bomber waren aber so schnell, daß ein beträchtlicher zeitlicher Verzug entstand, bis der Schall die Geräte auf dem Boden erreichte, die noch auf wesentlich langsamere Fluggeschwindigkeiten ausgelegt waren. Die schlecht ausgerüsteten, kaum richtig ausgebildeten Nachtjäger-Besatzungen machten von November 1940 an heroische Anstrengungen, bis der Druck etwas nachließ. Aber es hatte auch nur bescheidene Fortschritte gegeben bis zu dem Zeitpunkt, als sich die Deutschen Rußland zuwandten.
Der schlimmste Feind einer Nachtjägerbesatzung war schlechtes Wetter und völlige Dunkelheit. Wenn Nachtjäger das Pech hatten von ihrem Heimatflugplatz durch Wetterverschlechterung abgeschnitten zu werden, dann ereilte sie oft ein tragisches Geschick. Die Nachtjagd verlangt Stetigkeit, Geduld und die Fähigkeit, sich unbemerkt an den Feind heranzumachen – und dies zusätzlich zu einer ausgesprochenen fliegerischen und navigatorischen Begabung. Denn es ist nahezu unmöglich, einen Bomber bei Nacht ohne die Hilfe von Radar (der Radarbeobachter war der zweite Mann in einem Nachtjäger) und eine Führung vom Boden aus zu orten. Die Briten fanden heraus, daß ihre Küstenstationen zwar recht gut dazu taugten, während der Luftschlacht um England vor anfliegenden deutschen Verbänden zu warnen – die Abfangjäger konnten ihre Ziele dann im Tageslicht erkennen und bekämpfen – , aber das genügte nicht bei Nacht. Nachtjäger mußten sorgfältig bis zur letzten Minute oder Sekunde herangeführt werden, wenn sie überhaupt eine Erfolgschance haben sollten. Es mußte also ein völlig neues Verteidigungssystem organisiert werden, bei dem ein Beobachter auf dem Boden einen oder höchstens

zwei Nachtjäger im Einsatz führen konnte. Dadurch ging die Zahl der verfügbaren Verteidiger bei Nacht noch einmal zurück, bis eine riesige Bodenorganisation aufgebaut war.

Zu Beginn des nächtlichen Luftkrieges war das Radar noch primitiv. Seine Entwicklung zur Perfektion war das wichtigste Einzelelement bei dem stetigen Fortschritt und Erfolg der Nachtjäger. Mit besserem Radargerät in besseren Flugzeugen, besser ausgebildeten Piloten und einer besseren Bodenorganisation wurde die Nachtverteidigung zu einer Waffe, die man als Gegner nur fürchten konnte. Die deutsche Nachtjagd begann zum Beispiel 1944 den schweren Bombern der RAF einen solchen Zoll abzuverlangen, daß neue Bombertaktiken befohlen wurden in dem Versuch, die steigenden Verluste einzudämmen: Es wurden hunderte von Bombern zu einem Täuschungsangriff losgeschickt, oder es wurden in derselben Nacht zwei Angriffe auf das gleiche Ziel geflogen, zu verschiedenen Zeiten usw. Das britische Bomber-Kommando mußte auch die Praxis aufgeben, Leuchtbomben als Streckenmarkierungen zu benutzen, weil die deutschen Nachtjäger diese Leuchtzeichen nutzten, um den Bomberstrom zu finden.

Bei der ersten größeren Operation, der deutschen Offensive, die 1940 begann, startete die britische Luftverteidigungstechnik mit der Erfassung der Anflugkurse der deutschen Bomber in den Sektor-Gefechtsständen, wobei der Sektor-Kontrolleur verschiedene anfliegende Gruppen auf andere Kontrolleure verteilte (die sich in sogenannten controlled interception stations – G.C.I. stations – befanden). Das waren die neuen Radarstationen, die so schnell wie möglich gebaut wurden. Auf diesen Stationen rief nun der G.C.I.controller (= Jägerleitoffizier) einen Nachtjäger von einer in der Nähe geflogenen Patrouillen-Linie ab und versuchte, ihn in eine Position 3 Meilen hinter einen feindlichen Bomber zu manövrieren. Wenn das klappte, dann konnte der Nachtjäger den feindlichen Bomber auf seinem eigenen Bordradar erkennen und die Verfolgung aufnehmen. Der G.C.I.controller erfaßte Echos auf seinem Radarschirm, und der Radarbeobachter in einem Nachtjäger (der mit Blick entgegen der Flugrichtung saß) übernahm nun das zugewiesene Echo und »sprach« seinen Piloten hinter den Feindbomber in Schußposition, d. h. er gab Steuerungshinweise und -korrekturen. Die Idee war nun, etwas hinter und tiefer – in den toten Winkel des Gegners zu kommen. Das Land

unten war dunkel und half damit, den auffliegenden Nachtjäger zu verbergen. Der Himmel war meistens etwas hell. Der Pilot des Nachtjägers konnte natürlich die Silhouette des Bombers leichter gegen den helleren Himmel erkennen. Wenn er langsam auf Schußentfernung herangekommen war (er durfte ihn keinesfalls überholen, sonst verlor er ihn!), dann nahm er die Nase seines Flugzeuges etwas nach oben und gab Gas. Wenn er den Bomber voll im Visier hatte, drückte er auf die Waffenknöpfe und konnte nur hoffen, richtig gezielt zu haben – die Entfernung war gewöhnlich 70 Meter oder weniger.
Im Herbst 1940 verfügte die RAF über etwa ein Dutzend Nachtjäger-Staffeln, die dem Gegner recht respektable Verluste hätten beibringen können, wären sie mit modernem Radar ausgerüstet gewesen, besetzt mit gut ausgebildeten Besatzungen und wirksam geführt von einer angemessenen Bodenorganisation. Aber das war nicht der Fall. Die Hälfte der Staffeln war mit Blenheims ausgerüstet, 3 Staffeln mit Defiants, die sich wie die Blenheims bei der Tagjagd nicht bewährt hatten, und 3 Staffeln mit Hurricanes. Diese Staffeln machten tapfere Anstrengungen unter unzulänglichen Bedingungen; sie flogen von Grasplätzen mit primitiven, oft irreführenden Radargeräten und wurden von einer keineswegs fähigen Bodenorganisation geführt. Wenn sie wenig erreichten, dann hat immerhin der feindliche Nachtangriff des 14. November die RAF angestoßen, eine wirksamere Nachtjägerwaffe aufzubauen.
Die Erfahrungen auf der deutschen Seite waren ähnlicher Art. Indem sie ihre Verteidigungsplanung entsprechend den Erkenntnissen aus dem ersten Weltkrieg vornahmen, versuchten die Deutschen, vermutliche Zielobjekte durch Flak, Scheinwerfer und Ballonsperren (was die Engländer auch taten) zu schützen – und durch eine begrenzte Zahl von Nachtjägern. Bei der Luftwaffe diente die Me 109 zu Beginn des Krieges auch als Nachtjäger. Sie erwies sich sehr schnell als ungeeignet, als die Briten 1940 ihre ersten Nachtangriffe flogen. (Eine kleine Anzahl von Piloten war vor dem Krieg für diese Aufgabe ausgebildet worden). Die ursprüngliche deutsche Luftverteidigung verließ sich teilweise auf die sogenannte Luftverteidigungszone West, eine Konzentration von Flakstellungen im System des Westwalls, die theoretisch jedes Flugzeug – von Westen einfliegend oder nach Westen ausfliegend – in Höhen bis zu 7 500 Meter innerhalb von 3 bis 4 Minu-

ten zum Absturz bringen sollte. (Um solche festen Systeme zu meiden, ist die RAF oft von See her eingeflogen). Als der Krieg begann, war die Luftverteidigungszone West zwar noch nicht fertig, aber sie bestand aus immerhin 197 schweren Flakbatterien und 44 leichten Flakbatterien, und obwohl Scheinwerfer noch knapp waren, wurde doch ein Programm für einen durchgehenden Scheinwerfergürtel erstellt. (Für den Bau von Scheinwerfern benötigte man Kupfer in größeren Mengen, und Kupfer war ein ausgesprochener Materialengpaß in Deutschland; dies war ein konstantes Problem, besonders als Hitler der Schweinwerferproduktion hohe Priorität einräumte. Für einen Scheinwerfer benötigte man etwa ebenso viel Kupfer wie für ein ganzes Flugzeug). Als Nächstes kam der Scheinwerfergürtel und ab 1941 die Kammhuber-Linie (benannt nach dem Schöpfer der deutschen Nachtjagd). Sie bestand aus mit Funkmeßgeräten ausgestatteten Jägerleitgefechtsständen, von wo aus die Nachtjäger – ähnlich wie in England – aus ihren Wartezonen an die Bomber herangeführt werden konnten. Und schließlich waren die deutschen Nachtjäger gegen Ende des Krieges mit verbesserten Bordgeräten in der Lage, auch in der Nacht auf freie Jagd zu gehen.
Als man feststellte, daß die Me 109 für die Nachtjagd ungeeignet war, baute die Luftwaffe (1940) Nachtjägerverbände aus zweimotorigen Me 110 und Ju 88 auf. Die anfänglichen Fortschritte waren bescheiden, wie in England auch, aber als der erste schwere Bombenangriff auf eine deutsche Stadt – am 30. Mai 1942 auf Köln – erfolgte, konnten die Nachtjäger der Luftwaffe und die deutsche Flak 40 britische Bomber abschießen. Es waren 1 000 Bomber eingesetzt. Die Verlustrate war also nicht gerade katastrophal, aber man mußte sie ernst nehmen, sie deutete auf schwere Verluste in der Zukunft, denn die deutsche Nachtjagd war erst im Ausbau begriffen und sammelte noch Erfahrungen. Die Briten haben ihre Nachtbombenoffensive 1943 dann noch einmal ausgeweitet, als sie im Sommer dieses Jahres die Stadt Hamburg eine Woche lang enormen Flächenbombardierungen aussetzte. (Die Bomberverluste konnten dabei durch den Einsatz von »Düppelstreifen«, die die deutschen Radargeräte lahmlegten, gering gehalten werden). Die Brände, die diese fürchterliche Woche eröffneten, kosteten über 60 000 Menschenleben. Diese RAF-Angriffe veranlaßten die Führung des Dritten Reichs und der

deutschen Luftwaffe zu noch größeren Anstrengungen, die Nachtjagd zu verbessern. Aber genauso wie die Bombardierung der Zivilbevölkerung in England die britische Moral nicht brechen konnte, blieb es der Nachtbomberoffensive der RAF versagt, die Moral der deutschen Zivilbevölkerung zu brechen.

Deutsche Nachtjäger wurden von Mal zu Mal erfolgreicher, bis sie im Jahre 1944 dann sechzig, siebzig, achtzig oder neunzig schwere Bomber pro Nacht abschossen. Betrachtet man den Gesamtverlust an ausgebildeten Besatzungen und zusätzlich die Schäden an anderen Bombern, die gerade noch nach Hause kamen, dann muß man sagen, daß diese Verluste für die Nachtjäger der Luftwaffe echte Siege bedeuteten. Einige Nachtjäger der Luftwaffe konnten zahlreiche alliierte Bomber abschießen; der erfolgreichste unter ihnen war Heinz Wolfgang Schnaufer mit der erstaunlichen Zahl von 121 bestätigten Luftsiegen bei Nacht. Er wurde im Frühjahr 1942 Nachtjäger und erzielte im Juni seinen ersten Abschuß. Bis August 1943 hatte er es auf 21 Luftsiege gebracht. Am 16. Dezember 1943 schoß er vier Lancaster in einer Nacht ab. Im März 1944 erzielte er seinen 50. Abschuß. Am 25. Mai schoß er in einer Nacht fünf Lancaster ab, und am Ende des Jahres war er bei 106 Nachtsiegen angelangt und war Deutschlands führender Nachtjäger. Seine erfolgreichsten 24 Stunden kamen am 21. Februar 1945, als er zwei Lancaster am Morgen und dann in der Nacht innerhalb von 17 Minuten weitere sieben Lancaster abschießen konnte. Die Seitenruderflosse seines Flugzeugs, mit den Markierungen seiner Abschüsse steht heute im Imperial War Museum in London. Schnaufers Bordfunker und Radarbeobachter war Fritz Rumpelhardt. Ein solch erstaunlicher Rekord wie der von Schnaufer wurde teilweise möglich durch die große Zahl von schweren Bombern, die nahezu Nacht für Nacht nach Deutschland einflogen und damit genügend Gelegenheiten für Nachtjäger boten. Aber diese Tatsache kann die Leistung nicht schmälern. Was Schnaufers Rekord und die Abschußzahlen anderer deutscher Nachtjäger zeigen, ist: Daß diese Waffengattung seit dem bescheidenen Anfang, als deutsche Piloten – das war 1940 – noch daran zweifelten, ob man einen Bomber bei Nacht überhaupt mit einem Jäger abschießen kann, einen langen Weg zurückgelegt hatte. (Erst in der Nacht zum 20. Juli 1940 war es Werner Streib mit einer Me 110 gelungen, als erster deutscher Nachtjäger einen

Bomber der RAF, eine Whitley, abzuschießen. Zwei Nächte später war er erneut erfolgreich[1]).

Ein anderer herausragender Nachtjäger war Helmut Lent. Er war zuerst Tagjäger mit einer Me 110 (mit 5 Luftsiegen im Norwegen-Feldzug), wurde dann zu den Nachtjägern versetzt und kam dort im Mai 1941 zu seinem ersten Erfolg. Bis zu seinem tödlichen Absturz im Oktober 1944 erreichte er 102 Nachtsiege.[2] Er war der erste deutsche Nachtjäger, der mit dem Eichenlaub mit Schwertern und Brillanten zum Ritterkreuz des Eisernen Kreuzes ausgezeichnet wurde. Ein Zeichen für die Bedeutung, die man den Nachtjägern in Deutschland beimaß, ist die Tatsache, daß von den neun mit den Brillanten ausgezeichneten Luftwaffenoffizieren zwei Nachtjäger waren: Lent und Schnaufer.

In der Anfangszeit (1940/1941) erzielten Nachtjäger der Luftwaffe größere Erfolge bei der von Oberst Josef Kammhuber angeregten offensiven Fernnachtjagd gegen die Absprungplätze der britischen Bomber (Intruder Einsätze) als bei der Abwehr der auf die Bomber über Deutschland selbst. Kammhuber, in den Nachkriegsjahren Inspekteur der neuen Luftwaffe, hatte diese zweigeteilte Nachtjagd zuerst projektiert, und 1940/1941 wurden in der Regel ebenso viel englische Bomber über ihren eigenen Plätzen abgeschossen oder nicht weit davon als über Deutschland.[3] (Dazu wurden Ju 88 und Do 17 eingesetzt). Die Nacht-Fernjägergruppe (I. NJG 2), die so beträchtlichen Schaden anrichtete, war eine zeitlang in Holland stationiert (zwischen Tilburg und Breda). Sie wurde durch eine beachtliche Funkaufklärung unterstützt. Spezialisten hörten in Holland die Frequenzen der Bomber ab und konnten genau sagen, wann die RAF-Besatzungen in ihren Flugzeugen die Funkgeräte einschalteten, um sie auf Funktion zu überprüfen. Sie konnten dann ziemlich genau vorhersagen, wann mit einem Start zu rechnen war. Oft war es sogar möglich, genau anzugeben, wieviel Flugzeuge von welchen Plätzen starten würden. Und weil die Deutschen wußten, welche Bombertypen auf welchen Plätzen lagen, war damit auch die Identität der einzelnen Flugzeuge bekannt. Es gab dann drei verschiedene Angriffswellen: Die erste griff die Bomber an, kaum daß sie auf ihren

1 Der erste Nachtluftsieg eines deutschen Jägers erfolgte tatsächlich in der Nacht vom 8. zum 9. Juli 1940, als Ofw. Förster mit einer Bf 109 einen britischen Bomber abschoß.

2 Insgesamt 141.

3 Cajus Bekker, »The Luftwaffe War Diaries«, Seite 107.

Flugplätzen in England gestartet waren; der zweite Angriff erfolgte über der Nordsee, bevor sie das Festland anflogen; der dritte Angriff traf die Bomber auf dem Heimweg, oft über England.

Die Einsätze dieser Fernjäger, recht erfolgreich im Hinblick auf die geringe Zahl der dabei eingesetzten Flugzeuge, wurde im Herbst 1941 von Hitler plötzlich gestoppt. Er wünschte nicht, daß deutsche Besatzungen in englische Gefangenschaft gerieten. Nach dem Kriege angestellte Studien (einschließlich einer offiziellen Veröffentlichung des Luftfahrtministeriums mit dem Titel ›The Rise and Fall of the German Air Force‹ stimmen darin überein, daß dies einer der größeren Fehler auf der deutschen Seite gewesen ist. Kammhuber, inzwischen General, hat dann den Gürtel der Nachtjäger-Zonen (das sogenannte »Himmelbett«-Verfahren) konsequent weiter verfolgt, vergrößert und ausgebaut, den er im Sommer 1941 angelegt hatte. Gegen Ende des Jahres erhielt er die ersten deutschen Bordradargeräte (»Lichtenstein«-Geräte). Die große Einschränkung des Werts der Zonen, in denen die besser ausgerüsteten Jagdflugzeuge an das Ziel herangeführt wurden, lag – wie man auch schon in England festgestellt hatte – in der Tatsache, daß in jeder Zone nur ein Flugzeug zur selben Zeit geführt werden konnte. Aber da die RAF-Bomber um diese Zeit immer noch einzeln flogen, waren gute Abschußmöglichkeiten gegeben. Als die RAF ganz Deutschland mit den Brandangriffen auf Hamburg schockte, errangen die Nachtjäger der Luftwaffe gerade ihre ersten beeindruckenden Erfolge (in Hamburg allerdings fiel die Abwehr aus). In der Luftschlacht über dem Ruhrgebiet, die im Frühjahr 1943 begonnen hatte, und bei Einflügen, die tiefer nach Deutschland hineinführten, stiegen die Verluste der RAF immer mehr an, und bei einigen Angriffen wurden zehn Prozent der englischen Bomber angeschossen oder schwer beschädigt. Diese Verluste waren noch nicht so schwer, daß man die Bomberoffensive hätte einschränken müssen, aber es war doch ein deutlicher Anstieg gegenüber der mageren Abwehr von 1940/1941.

Der Fall Hamburg stachelte die deutschen Anstrengungen gegen Nachtbomber gewaltig an, und die »Wilde Sau« wurde genehmigt – Jagdangriffe durch Nachtjäger in Zonen, die bisher ausschließlich der Flak vorbehalten gewesen waren. Wegen des Ernsts der Situation wurden sogar wieder einmotorige Jäger zur

Nachtjagd eingesetzt, allerdings mit besserer Instrumentierung, die auch sichere Landungen bei Nacht ermöglichten. Was in Hamburg zur Niederlage der gesamten deutschen Abwehr geführt hatte, waren die »Düppelstreifen« aus Aluminiumfolie, die von den englischen Flugzeugen zu Millionen abgeworfen wurden und auf den deutschen Radarschirmen eine »Blendung« hervorriefen, so daß die Radarbeobachter nichts erkennen konnten. Dies komplizierte also die Radarerfassung, und es dauerte einige Monate, bis neue Geräte zur Verfügung standen und geeignete Gegenmaßnahmen die Deutschen wieder mit der Situation fertig werden ließen. Mit der Einführung des Lichtenstein SN2 Bordradars konnte die deutsche Nachtjagd jedoch ihre Erfolge wieder aufnehmen und so steigern, daß sie im Dezember 1943 zu einer ernsthaften Bedrohung der Nachtoffensive der RAF wurde. (Mit diesem Gerät konnten die deutschen Nachtjäger feindliche Bomber auf 5 km Entfernung erfassen).

Nach deutschen Quellen haben die deutschen Nachtjäger in den folgenden drei Monaten größere Abschußzahlen erreicht; aus den Berichten geht hervor, daß die RAF 1944 78 Bomber bei einem Angriff auf Leipzig (19./20. 2.) verloren hat, weitere 72 bei einem Angriff auf Berlin (24./25. 3.), und daß 95 Bomber bei einem Angriff auf Nürnberg (30./31. 3.) abgeschossen und weitere 71 schwer beschädigt wurden (12 davon mußten verschrottet werden). Die Entwicklung der Nachtjagd hatte also einen weiteren Weg zurückgelegt seit jenem schüchternen Beginn im November 1940, als die deutsche Luftwaffe Coventry zerstörte. An dem Angriff auf Nürnberg waren 795 Bomber beteiligt; die Verlustrate betrug 20%. Derart hohe Verluste konnte das Bomber Kommando der RAF auf die Dauer nicht hinnehmen und war also gezwungen, die Taktik zu ändern.

Die deutsche Nachtjagd, die mit ein paar Me 109 begonnen hatte, war in zwischen auf 6 Geschwader angewachsen, mit einer Verteidigungszone, die von Nord-Jütland bis zu den Alpen reichte und 1944 über zahlreiche unterirdische Leitstände verfügte. Jäger hatten bewiesen, daß man Bomber auch bei Nacht schlagen kann – wenn man Funkmeßgeräte, also Radar, als Schlüssel dabei einsetzen kann.

Auch auf der britischen Seite hatten Nachtjägereinsätze stetig zugenommen. Die Nachtjäger der RAF fuhren fort, ihre Technik zu verbessern, und wurden schließlich auch mit besseren Flugzeugen und Radargeräten ausgerüstet. Sie flogen Langstreckeneinsätze mit den Bombern nach Deutschland hinein – um gegen die deutsche Nachtjagd anzutreten. Und deutsche Bomber starteten weiterhin bei Nacht gegen England, wenn auch nicht in so großen Zahlen. Der RAF-Pilot, der mehr als jeder andere die britischen Nachtjäger inspiriert hat und an zweiter Stelle hinsichtlich der Nachtabschüsse der RAF steht, war John »Katzenauge« Cunningham, den wir im nächsten Kapitel kennen lernen.

## »STARLIGHT« UND CUNNINGHAM

Die berühmten Hawker Siddeley Flugzeugwerke liegen in der Nähe von Hatfield, knapp 40 Kilometer nördlich von London, und der Technische Direktor und Cheftestpilot ist niemand anders als der berühmte englische Nachtjäger aus dem Zweiten Weltkrieg, John Cunningham.

Er war so gut als Nachtjäger, daß die Presse und die Öffentlichkeit ihn mit dem Spitznamen »Katzenauge« belegten (den aber weder er selbst noch seine Kameraden in den Sprachgebrauch übernommen haben).

Vom Haupttor der Hawker Siddeley Werke wurde ich an ein rotweiß kariertes Gebäude verwiesen, das seitlich an einen Flugzeughangar angebaut war. Eine Betonstartbahn und eine Graspiste verloren sich in der Entfernung. Cunningham, immer noch jugendlich trotz der mehr als 25 Jahre, die vergangen waren, seit er seinen ersten deutschen Bomber bei Nacht abgeschossen hatte, begrüßte mich in seinem Büro im dritten Stock. Unser Gespräch drehte sich sehr bald um den Luftkrieg bei Nacht in jenen Jahren 1939-45.

Cunningham war vor dem Krieg Testpilot bei de Havilland und kehrte zu diesem Job zurück, als der Krieg vorüber war. Er ist immer noch aktiver Testpilot bei Hawker Siddeley, denn de Havilland ist in dieser Firma aufgegangen. So hat er also mehr als dreißig Jahre lang seine Hand bei der Entwicklung der Fliegerei im Spiel gehabt und glaubt nach wie vor – wie er betont – an die Schlüsselrolle des Jagdflugzeugs auch im Düsenzeitalter.

Ich fragte ihn, wie er denn seinen ersten deutschen Bomber im Jahr 1940 abgeschossen habe und welche Taktik die Nachtjäger in diesem frühen Stadium des Zweiten Weltkriegs verfolgt haben.

»Mein erster Abschuß war verdammter Dusel«, sagte er.

»Es war in Middle Wallop. Wir wurden im Sommer 1940, während der Luftschlacht um England dorthin verlegt. Ich war Flight Commander, und wir flogen Blenheims. Im September wurde dann umgerüstet auf Beaufighter, die bereits das neue Radargerät

hatten. Wir hatten bisher kaum Erfolge aufzuweisen, aber die Beaufighter waren schon eine wesentliche Verbesserung gegenüber den Blenheims, und wir hofften, nun endlich zu Abschüssen zu kommen. Der Dienst lief damals so ab, daß wir an den Nachmittagen Übungseinsätze flogen, wobei einer von uns als Zielflugzeug flog, während die anderen ihr Radargerät zu justieren versuchten. Wenn es regnete oder wenn eine der Antennen auf den Tragflächen verbogen war, dann erhielt man zu leicht falsche Werte. Wir überprüften also die Richtigkeit von Kurs- und Höhenangaben, bis jeder Pilot überzeugt war, daß sein Gerät richtig anzeigte. Dann bat man den Piloten, der vorausflog, Ausweichmanöver einzuleiten. Wir versuchten dann, mit Hilfe der Geräte an unserem »Ziel« dranzubleiben. Diese Flüge am Nachmittag begannen gewöhnlich nach dem Lunch, so zwischen zwei und drei Uhr. Nach der Landung tranken wir dann unsere Tasse Tee und waren ab vier Uhr bereit zum Einsatz. An normalen Tagen gingen wir natürlich vor dem Lunch zu einem der Flugzeughangars, um festzustellen, ob wir für den Abend zum Einsatz eingeteilt waren. Wir hatten damals zwei Nächte Dienst und dan wieder zwei Nächte dienstfrei. Wir gingen dann zu den Abstellplätzen und dem Gefechtsstand, wo der Flight Commander die Einteilung für die Übungsflüge am Nachmittag vornahm. Die Staffel bestand aus zwei ‚flights' zu je 6 – 8 Flugzeugen; ich war Commander der B Flight. Zu den Übungsflügen starteten wir zu zweit nebeneinander. Wir trugen Jerseys mit langen Ärmeln, pelzgefütterte Hosen und Pelzstiefel, denn es war in großen Höhen bitter kalt bei Nacht.
Ich kann mich erinnern, daß ich am Nachmittag des 19. November 1940 etwa eineinhalb Stunden Übungsflug hinter mich brachte, nach der Landung die übliche Tasse Tee trank und mich umzog. Gegen Abend war ich dann im Bereitschaftsraum. Das erste Flugzeug startete immer zu einer bestimmten Zeit, um auf einer Linie quer zum Kurs der anfliegenden deutschen Bomber zu patrouillieren. Der Gruppen-Gefechtsstand läutete in der Regel kurz danach durch und befahl die nächsten zwei Flugzeuge zum Start und so weiter. Gewöhnlich saßen wir herum, spielten Karten oder Schach, lasen und warteten, bis das Telefon läutete. Der Gefechtsstand der 10. Gruppe lag in Colerne, in der Nähe von Bath. Von dort kamen unsere Einsatzbefehle auf der direkten Leitung. In

Sopley bei Bournemouth war ein provisorischer Radarleitstand aufgebaut, mit einem Stromgenerator und einem Anhänger mit Zelt, in dem ein Mann die Radarantenne noch von Hand drehte. Der Controller übernahm dann von Middle Wallop. Er hieß Brown. Sein Codename war »Starlight«. In dieser Nacht gehörte ich zu den ersten Drei, die starteten. Als der Anruf kam, ging ich hinaus zu der Maschine, sprach mit den Warten, alten Hasen, die seit Jahren zur Staffel gehörten, kletterte durch die Bodenluke zwischen den Fahrwerksbeinen in die Maschine und mußte drinnen mit den Füßen voraus über die nach vorn geklappte Rücklehne auf meinen Platz. Mein Wart kam hinterher, legte mir die Fallschirmgurte an und zog dann den Hebel, der die Luke für den Fallschirmabsprung öffnete, stieg hinaus und schlug sie kräftig zu. Damit wußte ich, daß sie gesichert war.

Mein Radarbeobachter bei diesem Flug war John Phillipson, ein sehr guter Mann. Seine Mutter stammte aus den Midlands, sein Vater aus Irland. John war jung, blond, mit einer frischen Gesichtsfarbe. Er saß 5 Meter hinter mir bei den Munitionstrommeln, den Waffen und dem Radargerät. Die Beaufighter waren mit vier 2 cm-Kanonen bewaffnet, die paarweise links und rechts unter den Füßen eingebaut waren.

Phillipson stieg nach mir ein, überprüfte die Luke von draußen noch einmal, ob sie richtig geschlossen war, und kontrollierte dann die Munition. Meistens war ein kleiner Teil Brandmunition mitgegurtet, aber ich wollte keine Brandmunition; ich wollte etwas Sprengmunition mit Aufschlagzünder. Ich machte meinen Cockpit-Check, dann die Überprüfung mit Phillipson und nahm Sprechverbindung mit dem Kontrollturm auf. Mein Codename war »Fearsome 24«. Ich überprüfte zum letztenmal den Treibstoffvorrat, schaltete die Zündung ein – die Motoren waren die luftgekühlten Bristol Hercules Sternmotoren mit Schiebersteuerung. Sie hatten einen großen Auspuffsammelring vorne, von dem zwei große Auspuffrohre nach unten gingen. Dies dämpfte gleichzeitig den Auspufflärm (die Japaner nannten die Beaufighter später den »flüsternden Tod«). Die Motoren trieben große Dreiblattpropeller an. Das elektrische Startverfahren war gut; der Pilot drückte lediglich auf einen Knopf, nachdem er sich entschieden hatte, welches Triebwerk zuerst anlaufen sollte. Ich startete immer den linken Motor zuerst. Sie sprangen immer gut an. Im Durchschnitt

leisteten sie 1 500 PS. Ich kontrollierte noch einmal den Öldruck, fragte Phillipson, der »alles stimmt!« antwortete, und dann starteten wir.
Die Hercules-Motoren trugen uns mit voller Startleistung schnell aus dem Platz. Dann ging ich auf Steigleistung. Phillipson schaltete sein Gerät ein. Wir stiegen in die Dunkelheit; die Erde unter uns war fast schwarz, nur die Sterne blinkten. Nach einiger Zeit meldet sich der Turm von Middle Wallop: »Ich übergebe Sie an Starlight!« Das war Brown. Wir waren jetzt etwa 3 000 Meter hoch, und er teilte uns mit, daß er uns auf eine Code-Patrouillen-Linie einweise. Er meldete: »Links von Ihnen Lufttätigkeit!« Unsere Hoffnungen stiegen. Es bestanden gute Aussichten, daß wir genau auf dem Weg lagen, auf dem die Bomber anflogen. Wir flogen eine zeitlang weiter unseren Törn, als sich »Starlight« wieder meldete. Er hatte etwas aufgepickt und gab uns einen Kurs auf das unidentifizierte Flugzeug, das er auf seinem Schirm entdeckt zu haben glaubte. Er beobachtete das Echo des anderen Flugzeugs wie auch das unsere. Wir waren nahe genug heran, um angreifen zu können – unsere »Warteschleife« hatte also richtig gelegen. »Kurs eins-eins-null!«, sagte er, und ich kurvte auf den neuen Kurs ein. Nun schienen Stunden zu vergehen, während wir in der Dunkelheit an den unsichtbaren Bomber heranflogen. Er flog etwas höher als wir, und wir kletterten, um auf seine Höhe zu kommen. Es war wichtig, ihn nicht zu schnell zu überholen. Denn es gehörte zu den häufigsten allgemeinen Fehlern, die gemacht wurden, zu schnell heranzukommen, unten durchzufliegen und plötzlich vor ihm zu sein – ohne die Möglichkeit, bremsen zu können. Brown meldete sich erneut und gab eine Kurskorrektur durch, und wir stiegen weiter. Es war ein langer Steigflug. Dann sagte Brown endlich, daß wir ziemlich nahe ran waren. Aber wir waren noch nicht nahe genug, um ihn sehen zu können. In einer dunklen Nacht kann man ein anderes Flugzeug erst in etwa 100 Meter Entfernung erkennen.
Phillipson konzentrierte sich ganz auf sein Gerät, wartete darauf, daß ein Zeichen auf seinem Schirm erschien, um dann Steuerkorrekturen zu geben. Voraus konnte ich Scheinwerfer erkennen, die am Himmel herumfingerten. Das mußte »unserem« Bomber gelten. Wir kamen näher, und Brown meldete, daß wir fast auf Eigenerfassung heran waren. Es war mit hoher Wahrscheinlichkeit

Fünf Hawker Hurricane II C in Reihe rechts über Nordafrika.

Air Commodore A.C. Deere als Jagdflieger 1940.

Wing Commander R. P. Beamont, heute Direktor bei der BAC (British Aircraft Corp.), Ende der sechziger Jahre bei einem Probeflug mit einem Düsenjäger.

ein feindlicher Bomber. Ich befand mich immer noch im stetigen Steigflug, als plötzlich Phillipson über die Bordverständigung meldete: »Ich habe einen Kontakt.« Er gab die geschätzte Entfernung und sagte: »Er fliegt immer noch höher als wir.« Ich nahm die Nase meiner Beaufighter noch etwas höher und blieb auf Kurs. Ich blickte nach vorne in die Nacht, um dort die schlanke dunkle Silhouette zu erkennen, die sagen würde, daß die Aufholjagd nun zu Ende sei. Phillipson meldete: »Wir holen auf; aber er ist immer noch höher als wir.« Er blickte so gespannt auf seinen Radarschirm, daß er gar nicht bemerkte, daß sein Mikrophon eingefroren war. Aber er brachte es dann wieder zum Funktionieren.

Wir brauchten etwa vier bis fünf Minuten von der Zeit an, als Radarkontakt bestand, bis ich ihn sehen konnte. Ich starrte nach vorne und stellte fest, daß sich eine Gruppe von Sternen anders bewegte als die anderen. Ich wandte den Blick ab und sah dann wieder hin. Und dabei konnte ich ganz schwach den Umriß einer Tragfläche erkennen. Nun erkannte ich auch seine Auspuff-Flammen. Er war immer noch vor uns und etwas höher. Ich rief Phillipson zu: »Ich glaube, ich sehe seine Auspuff-Flammen.« Er klammerte sich verzweifelt an sein Gerät, sprachlos. Sie müssen bedenken: Keiner von uns Nachtjägern hatte bisher einen Abschuß erzielen können – wir hatten in letzter Zeit einige recht gut aussehende Radarkontakte wieder verloren, und wir wollten diesen auf keinen Fall verlieren. Ich schob die Gashämmer mit der linken Hand noch ein wenig nach vorn und hielt die Augen gebannt auf diese Auspuff-Flammen da oben vor mir. Ich war mir nicht sicher, um was für einen Flugzeugtyp es sich handelte. Ich erkannte vier Auspuff-Flammen – konnte es ein viermotoriges Flugzeug sein? Ich war wahrscheinlich näher dran als ich dachte, ich war ja noch neu. Vermutlich war ich kaum 70 Meter hinter ihm. Ich rief Phillipson zu: »Er ist immer noch höher als wir.« Ich hing mich an die feurigen Auspuffgase und kam in seinen toten Winkel. Von dort stieg ich langsam weiter, bis ich auf gleicher Höhe flog, nahm die Nase etwas höher, damit die Kanonen im Ziel lagen. Es war ein zweimotoriger deutscher Bomber. Der Moment war gekommen, und ich drückte auf den Knopf. Es gab einen Höllenlärm. Die Granaten fetzten in ihn hinein, zehn

pro Sekunde. Es gab eine blendend helle Explosion. Zu meinem Erstaunen nahm ich alle möglichen Gerüche wahr.
Sonst konnte ich nichts sehen. Das war ziemlich unbefriedigend. Ich konnte nicht sagen, was passiert war. Bei späteren Flügen kam ich näher heran und sah auch, wie ein Flugzeug explodierte – einmal, wie eine ganze Tragfläche wegbrach; manchmal flogen wir durch einzelne Flugzeugtrümmer und konnten dieselben Gerüche wahrnehmen. Aber bei diesem ersten Mal konnte ich überhaupt nichts sehen. Ich rief Phillipson: »Ich habe ihn verloren. Können Sie irgendetwas sehen?«
»Ich habe was. Das verschwindet jetzt.«
Ich rief Brown, meldete, daß ich Kampfberührung gehabt hätte und erbat neue Weisungen. Er konnte mir in diesem Gebiet nichts Weiteres anbieten, und so erhielt ich den Befehl, nach Middle Wallop zurückzufliegen und zu landen. Brown gab mir einen Kurs. Ich erreichte den Platz ziemlich schnell. Der Anflug war durch abgedunkelte Lichter erkennbar (es war keine feindliche Lufttätigkeit in der Gegend). Ein Scheinwerfer leuchtete die Graspiste hinunter. Der Landeweg war genau nach dem Wind ausgerichtet. Es gab immer ein Blinklicht ein paar Meilen vor dem Platz; wir kannten die Code-Signale und wußten dann, um welchen Platz es sich handelte. Blinklicht und Code-Signale wurden von Zeit zu Zeit geändert. Wir flogen den Platz mit 160 km/h aus einer Höhe von etwa 280 Meter über Grund an, gingen in den Endanflug, landeten und bremsten im Gras langsam ab. Wir wußten immer noch nichts Genaues. Ich rollte zum Abstellplatz, und die Warte fragten natürlich, ob wir Glück gehabt hätten. »Ich weiß nicht genau, aber ich glaube, wir haben irgendwas getroffen,« sagte ich. Aber der Nachrichten-Offizier wartete außen auf mich und begrüßte mich mit den aufregenden Worten: »Wir haben einen unten. Ich glaube, es ist Ihrer! Die Leute vom Observer Corps hörten Ihre Kanonen schießen und haben das Wrack gefunden.«
Das waren natürlich aufregende Neuigkeiten. Wir hatten uns schon so lange so viel Mühe gegeben. Es war eine lange Wartezeit gewesen, und eine Menge Leute waren auf einmal versammelt. Dann rief der Kommandeur der 10. Gruppe, Air Vice-Marshal Sir Quinton Brand, an. Er war damals oft in Middle Wallop. Ich sollte mich bei ihm melden. Er wollte alles ganz genau wissen,

wie wir es geschafft hatten. Ich sagte also, daß das Gerät gut funktioniert habe und daß Phillipson ausgezeichnet damit zurande gekommen sei. Die Meldung ging dann zum Jäger Kommando und zum Luftfahrtministerium, aber die Öffentlichkeit erfuhr nichts über unser geheimes Gerät. Man erzählte den Leuten, ich hätte so gute Augen, daß ich bei Nacht wie eine Katze sehen könne, und so wurde ich – unglücklicherweise – als »Katzenauge« bekannt. Bald darauf schoß ein anderer Pilot einen Bomber im Abschnitt von Tangmere ab. Gegen Ende Dezember oder Januar fielen wieder ein paar. Wir alle lernten. Mein Opfer war eine Ju 88 gewesen – zwei Motoren mit Auspuffrohren auf beiden Seiten.«

Einige Zeit war vergangen, seit Cunningham begonnen hatte, zu erzählen. Wir brachen das Interview ab, um es in einem der berühmten Pubs von Hatfield (seltene Zeichnungen schmücken dort die Wände) fortzusetzen. Ich stellte die Frage nach der Nachtjäger-Taktik.

»Man muß auf ungefähr 70 Meter heran sein, bevor man das Feuer eröffnen kann. Ein großer Fehler liegt darin, daß man Geschwindigkeit verliert, wenn man hochzieht, um dann im letzten Moment schießen zu können. Das funktioniert nicht, der Abstand wird größer dabei, und man kann sogar den Kontakt mit dem Ziel verlieren. Wenn man aus zu großer Entfernung schießt, verrät man sich – die Leuchtspur ist zu sehen – und der Gegner kann dann häufig entkommen. Im Beaufighter war das Visier oft höher eingestellt als die Kanonen, und so habe ich einigemale unter meinem Ziel hindurchgeschossen. Ein anderer großer Fehler kann darin liegen, daß man zu schnell aufholt und dann nicht mehr abbremsen kann sondern unter dem Ziel hindurch nach vorne gerät.

Wichtig ist auf jeden Fall ein stabiles Flugzeug. Der Beaufighter mit seinem kleinen Leitwerk konnte, mit voller Munition beladen, gut steigen und stürzen. Er war etwas schwierig zu trimmen – und wir hatten zu jener Zeit auch wenig Erfahrung im Instrumentenflug. Es war also schon eine kitzliche Sache, dieses Flugzeug in einer dunklen Nacht ohne erkennbaren Horizont mit nur ein paar Instrumenten zu fliegen. Die heutigen Flugzeuge sind hinsichtlich der Flugeigenschaften viel stabiler.«

Cunningham schoß seinen ersten Bomber zwar mit John Phillipson als Radarbeobachter ab, er flog aber mehr Einsätze mit Jimmie Rawnsley als mit irgendeinem anderen, und Rawnsley hat sich nach dem Krieg mit Robert Wright zusammengetan, um eines der besten Bücher zu schreiben, die je über das Thema Nachtjagd veröffentlicht wurden: Night Fighter. Cunningham hat drei Wochen nach seinem ersten Erfolg seinen zweiten Bomber abgeschossen, zehn Tage darauf seinen dritten. Im Februar 1941 kam er zu einem weiteren Erfolg und zerstörte zwischen dem 3. April und dem 23. Mai 1941 12 weitere Bomber. Die Ziele wurden dann spärlicher, nachdem die Deutschen in Rußland einmarschiert waren. Aber in der zweiten Hälfte des Jahres wurde er zum Squadron Commander ernannt, trug den D. S. O. und das D. F. C. Anfang 1943 übernahm er das Kommando über eine Mosquito-Staffel und hatte im Januar 1944 20 bestätigte Nachtabschüsse. Keiner dieser Zwanzig war so wichtig wie sein erster, der soviel dazu beitrug, die Wissenschaftler anzuspornen, der RAF zur Führung auf dem nun lebenswichtig gewordenen Gebiet des Radar zu verhelfen, ein Vorsprung, der dann 1943 sehr dazu beitrug, auch die Bedrohung durch die deutschen U-Boote abzuwenden.

## ABFANGJAGD MIT ME 109

Etwa 40 Kilometer nordostwärts von Frankfurt/Main liegt das Städtchen Nidda an der Nidda. An einem regnerischen Herbsttag – die Blätter an den Bäumen wurden schon gelb – fuhr ich von Wiesbaden in Richtung Nordost, kreuzte die Autobahn Frankfurt – Köln, dann die Autobahn Frankfurt – Kassel und kam am Nachmittag in Nidda an. Ich wollte eines der großen Jagdflieger-Asse aus dem Zweiten Weltkrieg, Kurt Bühligen, besuchen. An der Westfront erzielte er die dritthöchste Abschußzahl mit 112 Luftsiegen.[1] Er gehört zu jenen seltenen Fliegern, die von Anfang bis Ende im Kampf standen.

Er kam 1917 in Granschütz in Thüringen zur Welt, ging schon mit 15 Jahren in Lützen in eine Segelfliegerschule, wo er das Fliegen in den damaligen Schulgleitern erlernte. Er arbeitete vier Jahre an dieser Schule und brachte es auf viele Flugstunden im Segelflugzeug. Er meldete sich dann freiwillig zu einer technischen Schule der neuen Luftwaffe, durchlief Ende der dreißiger Jahre verschiedene Fliegerschulen und machte 1940 seinen Pilotenschein. Im Juli dieses Jahres, kurz bevor die Luftschlacht um England begann, wurde er zu einer Einheit versetzt, die sehr bald allen britischen und amerikanischen Fliegern bekannt werden sollte, die von englischen Einsatzhäfen aus gegen Deutschland starteten. Es war das Jagdgeschwader 2 »Richthofen«. Bühligen begann als Unteroffizier; am Ende des Krieges war er Kommodore dieses Geschwaders, der letzte.

Ich fand den berühmten Jagdflieger an seinem Arbeitsplatz – ein ernsthafter, freundlicher Mann, der eine starke persönliche Ausstrahlung besitzt. Seine Hand zitterte manchmal, wenn wir sprachen – er war damals erst 50 – sein Haar wurde schon grau. Aber er war ein Mensch, der gerne lacht und sich noch deutlich an die Kriegsjahre erinnert. Ich bat ihn um eine Bewer-

1 Bühligens 112 Luftsiege wurden von 2 anderen Jagdfliegern übertroffen, die ebenfalls im Westen eingesetzt waren. Hans-Joachim Marseillc hat von seinen 158 Luftsiegen 151 in Afrika errungen. Heinz Bär hat von seinen 220 Luftsiegen 96 an der Ostfront, 61 in Afrika und 63 an der Westfront ezielt. Marseille ist in Afrika gefallen, Bär ist 1957 ums Leben gekommen.

tung der Jagdflugzeugtypen, die er selbst während des Kriegs geflogen hat, und der anderen, gegen die er geflogen ist. Denn er hat den ganzen Krieg im Westen mitgemacht und ist demzufolge wie kaum jemand anderer in der Lage, alle zu beurteilen. Ich fragte ihn auch über die Taktik, die sich am besten für die verschiedenen Typen eignete. »Ich flog zuerst die Me 109 und dann die Fw 190, und später im Krieg wieder die Me 109. Die 190 war besser in niedrigen Flughöhen; ich flog sie gern. Aber gegen Ende des Kriegs hatte ich eine spezielle 109 – die war sehr leicht, und wunderbar zu fliegen.

Wir konnten die P. 51 und andere amerikanische Jagdflugzeuge mit jeder der beiden Maschinen auskurven. Der Kurvenradius der 109 und der 190 war so ziemlich der gleiche. Die Spitfire war natürlich noch besser, wenn es ums Kurven gin. Ich habe mich deshalb mit Spits nicht aufs Kurven eingelassen. Die P. 51 war schneller als wir, aber unsere Munition und unsere Kanonen waren besser. Die P. 47 war sehr schwer, zu schwer für manche Manöver. Wenn wir sie von hinten ankommen sahen, dann zogen wir hoch, und die P. 47 konnte nicht folgen. Wir jedoch kamen herum und konnten uns so hinter die P. 47 setzen.

Was die schweren amerikanischen Bomber betrifft, so waren die B-17 am schwersten abzuschießen. Die B-24 und die P. 38-Jäger waren leichter zu erwischen. Wir flogen in Afrika einmal zu sechst und trafen auf acht P. 38. Sieben davon haben wir abgeschossen.

Man sieht in Afrika sehr weit, und unsere Bodenbeobachter und die Leute von der Flak meldeten uns alle Flugzeugbeobachtungen. So konnten wir zuerst Höhe gewinnen, während sie niedrig flogen und langsamer waren.

Gefechtsformationen? Wir flogen zu viert nebeneinander, also nicht im »Vier-Finger-Schwarm«. Dieses Fliegen in Reihe war besser. Hinter dem Stabsschwarm flog dann die Staffel, etwas höher. Und diese Piloten flogen nun in weiten Zickzack-Kurven hin und her und überwachten dabei den Himmel von hinten und oben.«

Um sicher zu gehen, daß ich diese Erklärung auch verstanden hatte, zeichnete er dies auf einem Stück Papier auf, das er von seinem Schreibtisch genommen hatte: zuerst die vier Flugzeuge des Stabsschwarms (nebeneinander), dann die drei Schwärme der Staffel dahinter, jeder in Reihe, wie der Stabsschwarm.

Ich fragte ihn, wie er wohl zu seinen erstaunlich vielen Luftsiegen gekommen sei, und er gab schließlich zu, daß er sich als Pilot ganz besonders guter Augen erfreuen durfte. Vielleicht ist er deshalb nie von einem anderen Flugzeug abgeschossen worden. Er mußte zwar ein paarmal notlanden, aber das war auf Flakbeschuß zurückzuführen.

Ich fragte ihn, gegen welche Flugzeuge er geflogen sei, und er konnte sich erinnern, daß er 1940 und 1941 Spitfires und Hurricanes abschießen konnte, dann folgten P. 38, P. 39 und P. 40 in Afrika, und schließlich B-25, B-24, B-26 und B-17. Er gab seiner Meinung Ausdruck, daß es die deutschen Jagdflieger gegen die Westmächte schwerer hatten als gegen Rußland – und zwar an der Westfront und in Afrika.

»Alle Piloten, die von der Ostfront zu mir gekommen sind, sind nach kurzer Zeit an der Westfront gefallen«, sagte er. Zur Taktik zurückkehrend betonte er wie wichtig das Schießen sei, und erklärte die Methode, die er anwandte, um ein schnelles Flugzeug wie etwa die Spitfire abzuschießen.

»Die beste Schußentfernung war zwischen 100 und 50 Meter oder weniger. Wir haben häufig von vorne angegriffen, hauptsächlich gegen Bomber, und ich flog dann immer bei einem solchen Angriff unter meinem Gegner durch. Bei einem schnellen Flugzeug wie der Spitfire mußte man vorhalten – es flog dann in die Garbe hinein. Unsere Reflexvisiere waren so justiert, daß die Flugzeugsilhouette den Ring ausfüllte, wenn man noch 300 Meter entfernt war. Das war zu weit. Aus einer guten Position von hinten mußten die Tragflächen noch ein ganzes Stück über den Ring hinausreichen – dann erst war es Zeit zu schießen. (Britische Jagdflieger haben dieselbe Erfahrung gemacht; siehe Kapitel 16.)

Eines der Geheimnisse deutscher Jagdflieger lag darin, die Me 109 leicht auf Steigflug getrimmt zu fliegen, gab Bühlingen zu erkennen. Man mußte zwar dabei immer ein wenig drücken. Aber wenn der Pilot schnell nach oben ziehen wollte, dann nahm er den Knüppel an den Bauch, und das Flugzeug hob die Nase leichter an und schmierte nicht erst durch die Luft. Es ist eine gewisse Ironie, daß Bühligen, der nie gegen Russen geflogen ist, nach dem Krieg von ihnen eingesperrt wurde. Er wurde von den Amerikanern gefangen genommen, als seine Einheit 1945 in der Nähe des Chiemsees überrannt wurde. Nach kurzer Zeit freigelassen,

wurde er bei seiner Ankunft im Heimatort Tollwitz von den Russen zum Kriegsgefangenen erklärt und nach Rußland gebracht, wo er fünf Jahre lang festgehalten wurde. Nach seiner Entlassung ließ er sich in Nidda nieder, wo er 1944 stationiert gewesen war. Der Stab und die II. Gruppe des JG 2, deren Kommandeur er damals war, lag in Nidda.
Drei Monate vor Kriegsende heiratete er Elle Schirmer, und sie wohnen nun an seinem alten Kriegsstandort; Sohn und Tochter sind heute erwachsen.
Ich bat Bühligen, mir einen Luftkampf gegen alliierte Jäger zu beschreiben, der in seiner Erinnerung noch besonders klar vor ihm stehe, und sich dabei der angewandten Taktik zu entsinnen, und alle Einzelheiten mitzuteilen, an die er sich noch erinnern könne. Die Wahl fiel auf einen sehr erfolgreichen Einsatz über Frankreich im Jahr 1941. Er glaubt, daß es der 17. oder 23. Juni 1941 war, als bereits größere Jagdfliegerverbände in Vorbereitung des eine Woche später geplanten Angriffs auf die Sowjetunion aus Frankreich abgezogen worden waren. Damals starteten deutsche Jagdflieger im Westen bis zu fünfmal am Tag, um eine stärkere Präsenz zu dokumentieren.
»Zu jener Zeit war ich noch Oberfeldwebel, flog im Gruppenstab der II. Gruppe, als Rottenflieger des Kommandeurs, Heino Greisert. Ich hatte als Unteroffizier hier angefangen, als Schellmann noch Kommandeur war. Zu jener Zeit flog Helmut Wick noch mit uns. Wir hatten damals in Beaumont le Roger gelegen, nicht weit von Evreux; aber als Geisert nach Abbéville verlegte, ging ich als Rottenflieger mit ihm. Wir wohnten in einem alten dreistöckigen Gebäude, ungefähr fünf Kilometer vom Flugplatz entfernt. Normalerweise standen wir eine Stunde vor Sonnenaufgang auf und fuhren nach dem Frühstück mit dem PKW des Kommandeurs zum Platz. Es handelte sich um einen Grasplatz – die verschiedenen Staffeln auf die Ecken verteilt. Innerhalb und außerhalb der Gebäude, in denen das fliegende Personal auf den Einsatz wartete, waren Lautsprecher installiert. Wir bekamen die Einsatzbefehle über diese Lautsprecher oder durch eine grüne Leuchtkugel, die Startbefehl bedeutete.
An diesem Tag hatten wir schon am Morgen geflogen. Kurz nach dem Mittagessen hörten wir, daß die Engländer südlich von London und entlang der Südküste in großen Zahlen sammelten. Wir

sollten innerhalb von fünf Minuten starten. Es war wichtig, zur genau richtigen Zeit zu starten, sodaß uns ab Feindberührung genügend Sprit für den Luftkampf verblieb. Wenn wir nicht den richtigen Zeitpunkt erwischten, dann wurden wir oft zur Landung zurückgerufen. Der Stabsschwarm in Me 109 F war zuerst dran. Wir starteten zusammen. Die Staffeln folgten dann hinter uns und höher. Soweit ich mich erinnern kann, war es etwa zwei Uhr nachmittags.

Wir flogen in Richtung auf den anfliegenden Bomberverband, gegen Boulogne zu, und jeder von uns beobachtete den Himmel voraus. Wir stiegen schnell. Es waren nur ein paar Minuten vergangen, als eine Stimme die Funkstille brach: »Achtung, Achtung! Rechts voraus Möbelwagen! Viele Indianer« (Bei den deutschen Jagdfliegern war ein Bomber ein »Möbelwagen« und ein Jäger war ein »Indianer«) Der englische Bomberstrom flog in einer Höhe von etwa 5 000 Metern. Etwa 100 Spitfires hatten den Jagdschutz der Bomber übernommen, bei denen es sich im übrigen um Blenheims handelte. Wir näherten uns der Spitze des Feindverbands bereits höher fliegend und immer noch im Steigflug. Als wir auf etwa 1 000 Meter heran waren, immer noch links von dem anfliegenden Pulk, der jetzt fast genau über Boulogne die Küste überquerte, gingen wir im Abschwung nach unten – aus diesem Sturz konnten wir dann mit hoher Geschwindigkeit wieder hochziehen. Zu jener Zeit waren unsere 109 mit zwei 7,9 mm MGs und einer 2 cm Kanone ausgestattet. Später hatten wir zwei Kanonen. Wir waren höher als die Bomber und die Begleitjäger gewesen und stürzten uns nun auf die Spitfires. Hätten wir die Bomber angegriffen, dann hätten sich die Jäger über uns hergemacht.

Ich stürzte mit dem Kommandeur nach unten, zog zusammen mit ihm wieder hoch – sehr schnell – und jeder von uns suchte sich eine Spit aus. Ich wartete, bis die Silhouette den Kreis im Reflexvisier ausfüllte und flog dann noch näher heran. Ich hielt tief, die Spitfire war sehr schnell. Als ich auf kurze Entfernung ran war, eröffnete ich das Feuer. Der Kommandeur machte es genau so. Eine riesige Kurbelei entwickelte sich. Aber ich konnte an meinem Gegner dran bleiben, meine Geschoßgarben saßen genau im Ziel. Stücke begannen von der Spitfire wegzufliegen, und dann zog sie eine schwarze Rauchwolke hinter sich her und stürzte nach unten. Ich sah keinen Fallschirm. Ich glaube, der Kommandeur hatte auch eine Spitfire erwischt; aber wir waren dann getrennt worden. Ich blickte mich um und sah, wie er einen Anflug auf eine andere Spitfire versuchte. Er kam zu schnell heran. Anstatt unter der Spit durchzufliegen, zog er hinter ihrem Schwanz hoch nach links, wie um von dort hinter sie zu kommen. Aber auch der Spitfire-Pilot kurvte nach links, um hinter den Kommandeur zu kommen. Ich war in der Position, einzukurven und mich hinter die Spitfire zu setzen und ihr zu folgen. Ich kurvte, so eng es ging, hinter ihrem Schwanz. Der Brite war ganz damit beschäftigt, meinen Kommandeur abzuschießen. Ich konnte etwas aufschließen und blieb weiter dran. Als ich mich nahe genug glaubte, begann ich zu schießen und konnte sofort Treffer beobachten. Weißer Rauch zog von der Spitfire nach hinten. Ich schoß weiter. Dann löste sich das halbe Rumpfheck. Es ging sehr schnell. Auch hier kein Fallschirm. Greisert hatte gesehen, was passiert war, und rief mir über Sprechfunk zu: »Prima. Gratuliere!«

Die Flugzeuge hatten sich jetzt weit verstreut. Wir beide fingen wieder an zu klettern, um Höhe zu gewinnen. Wir nahmen Kurs nach Nordwesten und waren noch gar nicht weit geflogen, als eine Stimme im Kopfhörer ertönte: »Achtung! Hurris!« Ich suchte den Himmel mit den Augen ab, und da waren sie – zwei Hurricanes fast genau vor uns. Der Kommandeur nahm Kurs auf sie, und als wir gerade hoch genug und nah genug hinter ihnen waren, gingen wir im Abschwung nach unten. Wieder fingen wir ab und ließen uns vom Geschwindigkeitsüberschuß hochtreiben – in den toten Winkel. Ich flog links von Greisert, wir kamen auf Schußentfernung heran – da hatte der Kommandeur Ladehemmung auf seinen Waffen. Meine Waffen funktionierten noch, und ich eröffnete das Feuer auf die links fliegende Hurricane, als ich dicht hinter ihr war und traf sie sofort voll. Ich kann mich noch erinnern, wie auch sie die gleiche schwarze Rauchfahne hinter sich herzog wie die Spitfire. Ich schoß, solange meine Munition reichte. Die Hurricane war schwer getroffen und ging senkrecht nach unten, während ich hochzog.

Es war ein außergewöhnlicher Einsatz für mich gewesen – drei Jagdflugzeuge abgeschossen! Ich hatte keine Munition mehr, und auch der Sprit wurde langsam kanpp – es wurde Zeit, nach Abbéville zurückzufliegen. Der Einsatz hatte etwa eine Stunde gedauert. Wir landeten kurz nach drei Uhr. Der Kommandeur hatte ein weiteres »Prima!« für mich nach der Landung. Ich war mir nicht sicher, ob mir alle drei Luftsiege anerkannt würden, aber die drei Wracks wurden aufgefunden, und so steht dieser Tag unauslöschlich in meinem Gedächtnis. Die drei Abschüsse wurden bestätigt, zwei waren tatsächlich Spitfires.«

Bühligens Taktik ist, so wie er sie beschreibt, in verschiedener Hinsicht recht interessant. Er ließ sich kurz mit einer Spitfire auf einen Kurvenkampf ein, obwohl er zugab, daß die Spitfire ihn auskurven konnte. Es war sein Glück, daß er so treffsicher schießen konnte. Weiter ist bei diesem Kampf die Nutzung der Überhöhung interessant, wobei im Sturzflug Fahrt aufgeholt wird, um mit hoher Geschwindigkeit von unten her hinter den Gegner zu kommen. Auf diese Weise hatten die 109 viel Geschwindigkeit, schossen aus dem toten Winkel und konnten sich lösen (mit dem Geschwindigkeitsüberschuß) im Steigflug oder im Sturzflug, wenn sie nicht getroffen hatten. Diese Taktik wurde fast den ganzen Krieg hindurch verfolgt – der deutsche Jagdflieger sucht die Überhöhung für den Sturzflug. Die sich daraus ergebende Geschwindigkeit, größere anfängliche Sturzgeschwindigkeit und bessere Steiggeschwindigkeit, wenn er sie hatte, nutzte er für den Angriff oder einen erneuten Anflug, wenn er vorbeigeschossen hatte. (Im Herbst 1944 und Frühjahr 1945 wandten die Düsenpiloten in den Me 262 die gleiche Taktik an. Auch die amerikanischen Jagdflieger im Pazifik, im ersten Teil des dortigen Kriegs in vieler Hinsicht durch die japanischen »Zero« deklassiert, wandten die gleiche Taktik an.)

Bühligen erinnerte sich noch an einen anderen Tag während der Luftschlacht über Deutschland 1944, als er zwei ‚Fliegende Festungen' (B-17) und eine ‚Liberator' B-24 abschoß: drei schwere Bomber. Das waren 30 Mann fliegende Besatzung an einem Tag.

Alles in allem kam er auf 700 Einsätze während des Kriegs, und seine 112 Luftsiege schließen 24 viermotorige Bomber mit ein. Er ist stolz darauf, daß er nur zwei Piloten seiner Staffel (beim Einsatz in Afrika) verlor. Er wurde im November 1942 auf diesen Kriegsschauplatz verlegt (die II./JG 2 wurde in Afrika eingesetzt). In der kurzen Zeit bis März 1943, als er aus Nordafrika ausflog, um der Gefangenschaft zu entgehen, hat er 40 Luftsiege erzielt. In Afrika flog er die Fw 190.

Ich fragte Bühligen als einen der drei erfolgreichsten Jagdflieger der Westfront, mit nahezu dreimal soviel bestätigten Luftsiegen als der beste alliierte Jagdflieger, der gegen die Deutschen flog, ob er irgendeine Erklärung für den großen Unterschied in den Abschußzahlen habe – denn unmittelbar nach dem Krieg war dieser Unterschied Anlaß zu Zweifeln und zu der Behauptung gewesen, die deutschen Abschußzahlen seien übertrieben. »Der Unterschied liegt einfach darin, daß die RAF und die USAAF ihre Piloten aus dem Kampf ziehen und rotieren lassen konnten, und wir den ganzen Krieg hindurch im Einsatz blieben«, antwortete er. Er erwähnte weiter, daß die deutschen Jagdflieger, besonders in der zweiten Hälfte des Kriegs, viel mehr Ziele hatten, auf die sie schießen konnten.
Aber selbst wenn man das alles in Betracht zieht, dann steht man immer noch vor den eindrucksvollen Leistungen vieler deutscher Jagdflieger. Ein interessanter Punkt, den der Chronist der deutschen Jagdflieger, Hans Ring, festgestellt hat, ist: daß die wirklich befähigten und erfolgreichen Jagdflieger zumeist auch den Krieg überlebt haben. Wenn ein ungewöhnlich befähigter Flieger während der Anfangszeit des Lernens und Erfahrungssammelns überlebte und zum »Experten« wurde, dann überstand er oft auch lange und harte Einsatzperioden.
Es waren die Jungen mit ungenügender Ausbildung, die so oft nicht einmal ihre Feuertaufe überlebten. Dies wurde in den letzten beiden Jahren des Kriegs in der Luftwaffe immer deutlicher, als die Fliegerschulen nicht mehr in der Lage waren, den Flugschülern genug Schulflugstunden zuzubilligen (teilweise auch weil nicht mehr genügend Treibstoff zur Verfügung stand). Viele dieser jungen Piloten fielen bei ihren ersten Feindflügen. Bühligen war ausgebildeter Flieger, als der Krieg begann, und seine Erfahrung, seine Fähigkeiten als Pilot und Schütze verhalfen ihm dazu, daß er bereits 1941 mit dem Ritterkreuz ausgezeichnet wurde, 1944 das Eichenlaub erhielt und im August desselben Jahres dann mit den Schwertern zum Eichenlaub ausgezeichnet wurde. Er ist immer noch der Meinung, daß seine Taktik im Zweiten Weltkrieg die richtige war.

## FRANKREICH: MAI 1940; AFRIKA

Ein etwas gehetzter Tag im Verlauf der Interviews mit Piloten für dieses Buch begann mit einem Nachtflug von Hamburg nach London. Ein Zug nach Bentley Priory in Middlesex verhalf mir dann, eine Verabredung mit dem Oberkommandierenden des Jägerkommandos der RAF, Sir Frederick Rosier, K.C.B., C.B.E., D.S.O., dem letzten Chef der britischen Jagdflieger des Zweiten Weltkriegs, einzuhalten, die wir einen Monat vorher getroffen hatten. Ich erreichte das Tor der Bentley Priory in Stanmore etwa um 2 Uhr nachmittags. Im Empfangsraum des 200 Jahre alten Gebäudes standen zwei erleuchtete Glasvitrinen mit Flugzeugmodellen. An der Wand hing ein Porträt von »Stuffy« Dowding, wie er 1940 an seinem Schreibtisch saß. Und man konnte die Namen aller Chefs des Fighter Command lesen – es waren dreizehn. Dann war da eine Plakette mit einer Liste der Jagdstaffeln, die unter dem Fighter Command im Zweiten Weltkrieg gedient hatten – tschechische, holländische, belgische, norwegische, polnische, französische und amerikanische Staffeln dabei.
Squadron Leader John Pugh machte mich mit den wichtigsten Dingen vertraut und brachte in Erinnerung, daß Königin Adelaide einmal in einem der Zimmer übernachtet hatte. Als mich Pugh (oder war es Flight Lieutenant John Graham?) in Sir Fredericks Büro geleitete, wurde die Atmosphäre noch mehr geschichts- und erinnerungsbeladen. Die Aussicht von dem Schreibtisch, den Dowding während der Luftschlacht um England benutzte, über die schönen Niederungen; die Gemälde von Bombern und Jagdflugzeugen im Luftkampf, die die Wände zierten; ein Behälter mit Trophäen; ein berühmter, nun gerahmter Brief, den Dowding 1940 an dasLuftfahrtministerium gesandt hatte, alles trug noch zu dem Eindruck bei, besonders wenn man sich an diese Tage erinnern kann oder selbst Jagdflieger war. Sir Frederick bewies auf Anhieb ein beachtliches Erinnerungsvermögen über Ereignisse, die nun dreißig Jahre zurückliegen. Rosier war kein besonderes Jagdflieger-As – er sagte mir das gleich – aber er war ein großer

Jagdfliegerführer, sowohl in Europa wie auch in Afrika, und die Anzahl ungewöhnlicher Abenteuer, die er überlebt hat, ist wirklich bemerkenswert.

Seine offenherzige Analyse des Luftkampfs an sich und der Talente hervorragender Jagdflieger war: »Sehr wenige Piloten beweisen im Kampf die Fähigkeit, den Himmel richtig abzusuchen und alles wahrzunehmen.« Im Vergleich der einzelnen Jagdflugzeugtypen des Zweiten Weltkriegs hält er die Spitfire für die beste Maschine, die es zu Anfang des Krieges gab. »Sie hatte Geschwindigkeit, eine gute Steigleistung und gute Manövrierfähigkeit. Während des ganzen Jahres 1940 hatten wir sowohl in Frankreich wie auch in der Luftschlacht um England keine andere Alternative als die Defensive – wir mußten dem Gegner die Initiative überlassen. Gottseidank hatten wir die Leistung der Spitfire. Es wäre jedoch falsch, den Eindruck zu erwecken, daß die Hurricane der Spitfire viel nachstand. Sie war ein sehr robustes Flugzeug, außerordentlich manövrierfähig, und stellte das Rückgrat unserer Jagdfliegerverbände dar. Gottseidank hatten wir beide – die Spitfire und die Hurricane.«

Rosiers Erfahrungen in den ersten Tagen des deutschen Angriffs im Westen sind interessant, weil sie ganz klar den unverhältnismäßig großen Vorteil einer Konzentration zahlenmäßig überlegener Kräfte im Luftkampf aufzeigen. Sie demonstrieren auch (wiederum), wie effektiv deutsche Jagdflieger den Sturz aus der Überhöhung – möglichst aus der Sonne heraus – anwandten, um den Gegner zu überraschen, genauso wie sie es bereits im Ersten Weltkrieg getan hatten. Die Bedingungen, denen Rosier in Frankreich unterworfen war, sind ein Zeichen für die Furcht und die Verwirrung, die so viel dazu beigetragen hat, den französischen Widerstand zu schwächen. Nachdem sie unter solchen Bedingungen auf dem Boden, gegenüber einem zahlenmäßig überlegenen Feind, der gewöhnlich auch noch höher flog, kämpfen mußten, ist es bemerkenswert, daß eine ganze Anzahl Piloten von Rosiers Gruppe die grimmigen Wochen im Mai überlebte. (Die RAF verlor etwa 300 Jagdflugzeuge im Verlauf des französischen Zusammenbruchs).

»Am Abend des 16. Mai flog ich mit 6 Hurricanes zusammen mit einer Halbstaffel der 56. nach Vitry-en-Artois in der Nähe von Douai in Nordost-Frankreich. Als wir nach der Landung zu den Abstellplätzen rollten, rannte ein Franzose auf uns zu und fragte, ob wir noch etwas Sprit übrig hätten – über 40 feindliche Flugzeuge seien im Anflug. Wir blieben also eine Zeitlang in Bereitschaft. Als aber keine feindlichen Flugzeuge auftauchten, schickte ich einen meiner Piloten los, um herauszufinden, was los war: außer uns war niemand mehr auf dem Platz, er war verlassen. Die Konfusion und Panik war so groß, daß nicht nur der Mann, der uns gebeten hatte, noch eine Weile in Bereitschaft zu bleiben, vergessen hatte, uns wieder zu »entwarnen«, sondern wir brauchten auch einigen Nachdruck, in der Form von gezogenen Pistolen, um Quartiere für die Nacht zu finden.

Wir waren ein gemischter Verband aus der 56. und 29. Staffel und flogen Hurricanes. Wir standen um drei Uhr morgens auf, um den ersten Einsatz zu fliegen. Es war unser erster Luftkampf. Ich führte an diesem Morgen die Patrouille. Es war der 17. Mai. Wir waren nur 6 Hurricanes. Wir starteten fast noch in der Dunkelheit, gingen sofort in den Steigflug und kletterten, bis wir eine gute Höhe erreicht hatten. Unser Befehl lautete, zwischen Brüssel und Antwerpen zu patrouillieren, und wir wollten so hoch wie möglich anfangen. Wir erreichten das Gebiet in 8 000 Meter Höhe. Schon beim ersten Törn kamen sie von oben, eine Menge 109, ich würde sagen: es waren 40 bis 50, und wir waren plötzlich in eine wilde Kurbelei verwickelt, unsere erste. Ich schoß auf einige Me, und einer der 109-Piloten landete Treffer bei mir, die mein Instrumentenbrett zerstörten. Ich konnte in Lille sicher landen (das lag auf dem Rückweg) – wir hatten ein paar Maschinen verloren – und hier fand ich heraus, daß die Franzosen gar nicht flogen! Aber wir brachten es auf 6 Starts an diesem Tag. Natürlich waren wir dann müde.

Am nächsten Tag erhielten wir den Befehl, einige Fairey Battle zu begleiten, die eine strategische Brücke bombardieren sollten, über die die Deutschen herüberströmten. Es war am Nachmittag des 18. Mai. Und ich sollte den Begleitschutz führen. Gerade als wir starteten, stürzten sich die Me 109 von oben auf uns. Natürlich waren wir im Nachteil. Es entstand eine Kurbelei, die über den ganzen Himmel verteilt war. Ich schaffte es, mich hinter eine Me zu setzen, aber im gleichen Augenblick erhielt ich Treffer von einer anderen. Meine Hurri fing Feuer. Ich konnte die Cockpithaube nicht öffnen. Ich konnte nicht raus!

Brennendes Benzin lief ins Cockpit, und mein Fliegeranzug fing an zu brennen. Aber ich konnte die Haube immer noch nicht öffnen. Dann muß das Flugzeug explodiert sein, denn das nächste, an was ich mich erinnern kann, ist, daß ich durch die Luft fiel. Nachdem ich meinen Fallschirm geöffnet hatte, sah ich, daß meine Hosen brannten. Ich versuchte die Flammen mit den Händen zu ersticken, und kann mich immer noch sehr lebhaft daran erinnern, als ich plötzlich sah, wie die Haut von meinen Händen abging. Das nächste, an das ich mich erinnern kann, ist dann, daß ich in einem Armee-Lazarett aufwachte. Zufällig hatte ein alter Freund von mir, Squadron Leader Teddy Donaldson, heute Luftfahrtkorrespondent des *Daily Telegraph*, einige französische Soldaten davon abhalten können, weiter auf mich zu schießen, als ich am Fallschirm da nach unten schwebte. Sie hielten mich anscheinend für einen Deutschen.
Was da in Frankreich passierte, war ein Abschlachten. Wir hatten nur Hurricanes, und es waren so viele Me 109 gegen uns, wir waren auch zahlenmäßig weit unterlegen.«
Dieser hoffnungslose, ungleiche Kampf in Frankreich war ein harter Anfang, aber Rosier's Verwendung endete nicht mit den Verbrennungen des 18. Mai. Nachdem er den Sommer im Lazarett verbracht hatte, wurde er wieder frontverwendungsfähig geschrieben – gerade noch rechtzeitig, um am zweiten Teil der Luftschlacht um England teilnehmen zu können, diesesmal als Squadron Leader der 229. Hurricane-Staffel.
Im Mai 1941 wurde seine Staffel in den Mittleren Osten verlegt, wo sie von einem Flugzeugträger aus Einsätze flog, um schließlich über Malta in die Westliche Wüste hinein zu wirken.
Um diese Zeit wurde Tobruk von den Deutschen und Italienern belagert und mußte von kleinen Schiffen versorgt werden, die in der Dunkelheit anlegten und vor Morgengrauen schon wieder verschwunden sein mußten. Diesen Nachschub gegen Luftangriffe zu schützen – hauptsächlich, wenn deutsche Feldflugplätze in der Nähe waren – war eine Aufgabe von hoher Priorität. Während eines solchen Einsatzes, bei dem Ju 87 in Bodennähe bekämpft wurden, ist eine Bombe so nahe bei Rosiers Hurricane explodiert, daß diese auf den Rücken gedreht wurde, wobei die äußere Bespannung der rechten Tragfläche und des rechten Höhenruders

Die Me 309 war 1942 eines der ersten deutschen Jagdflugzeuge, die, statt eines hinteren Spornrades, vorn ein Bugradfahrwerk besaßen. Ferner hatte die Maschine einen Schleudersitz. Sie sollte als „schwerer Jäger" zum Einsatz kommen.

So, wie deutscherseits beinahe die leichten Objektschutzjäger Ba 349 und Fi 103 V 1/R 3 zum Einsatz gekommen wären, so hätten diese von Lockheed-Vega zu XB-40 und YB-40 modifizierten Boeing B-17 F, beinahe die alliierten Bomber-Verbände als „Flakkreuzer" begleitet. Diese besonders schwer bewaffneten und teilweise gepanzerten Viermotorer gingen allerdings wegen ungenügender Flugleistungen nicht in Serie.

Eine Focke-Wulf FW 190 in der A-6-Version. Sie besaß je zwei 20-mm-MG in den Tragflächen.

Ein ehemaliger deutscher Nacht- und Allwetterjäger: die eigentlich als Zerstörer geschaffene zweimotorige Messerschmitt Me 110 in G-4/R 3-Ausführung mit dem FuG 212 direkt an der „Nasenspitze“ und dem FuG 220.

weggerissen wurde. Aber irgendwie brachte Rosier sein Flugzeug wieder in normale Fluglage und konnte sicher landen.
Obwohl Rosier die Spitfire für das beste anglische Jagdflugzeug des Zweiten Weltkriegs hält, zollt er der Hurricane in Afrika hohes Lob. Die Langstreckenversion der Hurricane war für bestimmte Einsätze besonders geeignet. Er äußerte seine besondere Anerkennung hinsichtlich des Kampfgeistes der alliierten und deutschen Jagdflieger. Einzelne Italiener waren erste Klasse, aber im allgemeinen schienen sie nicht von Einsatzfreude und verbissener Hartnäckigkeit geprägt zu sein. Um diesen Mangel an Kampflust einiger italienischer Verbände zu illustrieren, erzählte er einen Trick, den er im Frühjahr 1942 erfolgreich anwandte. Zu jener Zeit lag er mit seiner Staffel in El Adem, dicht südlich von Tobruk und hatte einen kleinen Funkmeßtrupp in El Gazala, in der Nähe der deutschen Linien.
»Während der ganzen Zeit hatten wir einen recht guten Funkaufklärungstrupp zur Feindlage-Erfassung auf unserem Gefechtsstand. Der Trupp erfaßte, was sich auf der anderen Seite tat und war stets in der Lage, mir zutreffende Feindnachrichten vorzulegen. Auch die Deutschen hatten einen solchen Funkaufklärungstrupp, der unseren Funkverkehr überwachte. Eines Morgens, als alle unsere Jagdflugzeuge in Gambut nicht starten konnten, weil ein heftiger Regen den Flugplatz in einen Schlammsee verwandelt hatte, hörte ich, daß mit hoher Wahrscheinlichkeit ein Stukaangriff auf Tobruk zu erwarten sei. Ich entschloß mich, den Feind an der Nase herumzuführen. Ich erläuterte meinem Radarmann in Gazal, daß ich Funkbefehle an einen imaginären, auf freie Jagd befindlichen Jagdverband geben werde, und daß er sie mir per Funk bestätigen solle, genau wie es ein Verbandsführer in einem solchen Fall tun würde. Tatsächlich pickte unser Radartrupp nach kurzer Zeit einen anfliegenden Verband auf. Es handelte sich um italienische Stukas, die von deutschen und italienischen Jagdfliegern begleitet waren. Ich schickte also meinen nur in der Phantasie bestehenden Jagdverband im Alarmstart los. Mit Kurs auf den feindlichen Verband. Es dauerte gar nicht lange und unsere eigene Funkaufklärung meldete, der Führer der gegnerischen Bomber sei gewarnt worden, er habe in Kürze einen Angriff durch britische Jagdflugzeuge zu erwarten. Ich gab weiterhin Befehle an meine imaginären Jäger und flocht ein, daß sie in den

nächsten Minuten den anfliegenden Pulk selbst sehen könnten. Als nun die Feinde immer näher kamen, dachte ich schon, daß mein Trick nicht funktioniert habe. Aber plötzlich vernahm ich einen Freudenschrei bei den Funkern: die feindlichen Bomber hatten ihre Bomben im Notwurf abgeworfen und drehten nun ab. Um es milde auszudrücken: es gab einen unfreundlichen Wortwechsel zwischen den Führern der Begleitjäger und dem Führer des italienischen Bomberverbands. Das war ganz amüsant anzuhören, aber was wichtiger war: der Trick hatte funktioniert. Ein Bomberverband, der Tobruk hätte ungehindert angreifen können, hatte seine Bomben irgendwo in die Wüste geworfen. Aber ich glaube, ein zweitesmal wären die anderen nicht darauf reingefallen.«

Rosier lächelte, als er diese Episode erzählte. Er konnte sich immer noch an Namen und Daten erinnern, und er hatte während unserer Unterhaltung eine Kartenskizze mit den Orten gezeichnet, die er erwähnt hatte. Immer noch eine jung wirkende Erscheinung, wie so viele Jagdflieger, selbst jene aus dem ersten Weltkrieg, steht er der zukünftigen Entwicklung einer möglichen Luftkriegführung aufgeschlossen gegenüber, wenn er auch davon überzeugt bleibt, daß das bemannte Flugzeug auch in einem zukünftigen Konflikt eine größere Rolle spielen wird.

Er war natürlich etwas wehmütig über die Tatsache, daß das Fighter Command in dem Frühjahr, das auf meinen Besuch folgte, aufhören würde zu bestehen, um zusammen mit dem Bomber Command in dem neu zu bildenden Strike Command aufzugehen. Wenn man so in die schöne Landschaft hinausschaute, und sich der Geschichte und Tradition dieses Hauses entsann, von dem aus die Luftschlacht um England geführt wurde, dann schien das tatsächlich sehr schade.

## RUSSLAND: RALL SCHIESST 275 FLUGZEUGE AB

Einer der erfolgreichsten deutschen Jagdflieger des Zweiten Weltkriegs war Günther Rall, heute Generalinspekteur der Bundesluftwaffe. Ich habe Rall's fast unglaubliche Zahl von 275 Abschüssen mit anderen deutschen Jagdfliegern und mit dem Chronisten Hans Ring in München bereits Anfang der sechziger Jahre bei der Vorbereitung meines Buches »Jagdflieger« diskutiert. In diesem Buch habe ich ihm ein oder zwei Abschnitte bei der Erwähnung der Spitzenjagdflieger der Luftwaffe gewidmet. Vor kurzem schrieb ich ihm aus der Schweiz einen Brief und bat um ein Interview. Ein paar Tage später erhielt ich eine Karte von seiner Frau, Dr. Hertha Rall, aus Salem in Baden, und wir legten einen Termin fest.

So ging ich dann an einem Oktobermorgen auf ein langes, blaßgrünes Gebäude in der Manfred-von-Richthofen-Straße in Münster zu. Da standen Rosen in einem Garten und eine Trauerweide rechts von einem Säuleneingang. Und innen standen die Flaggen der Natoländer, die Stars and Stripes ganz rechts. Es gab Flugmodelle in Glasvitrinen – wie auch beim Fighter Command. Mit Ausnahme der Tatsache, daß Deutsch gesprochen wurde und daß die Uniformen ein wenig anders aussahen, war die Atmosphäre genau die gleiche wie bei einem höheren amerikanischen oder britischen Stab.

Das Dienstzimmer von General Rall war im 2. Stock. Nachdem mir eine Ordonnanz eine Tasse Tee gebracht hatte, trat der General aus seinem Zimmer und bat mich zu sich. Blauäugig, gut aussehend und lebhaft, wie er ist, sprach er mich in ausgezeichnetem Englisch an: »Wir sprechen nur noch Englisch auf den Kontrolltürmen der Flugplätze. Auch wenn ich nach Frankreich fliege, verlange ich dort einen englisch sprechenden Fluglotsen – die müssen ja einen haben. Unser ganzes Luftwaffen-Personal lernt Englisch. Einige kennen nicht einmal das deutsche Fachwort für einige der englischen Ausdrücke.«

Ich fragte ihn, was so zu der 3. Luft-Division gehört, die er zur damaligen Zeit gerade befehligte. »Wir haben alle Flugzeugtypen, Jagdbomber-Geschwader, ein Aufklärungs-Geschwader, ein Pershing Raketen-Geschwader, usw. Ich war Projekt-Offizier für die F-104, und habe alle Tests im Herstellerwerk und auf der Edwards Air Force Base in Amerika durchgeführt. Die Bundesluftwaffe ist nun sehr zufrieden mit dem Flugzeug. Es war das erste hochkomplizierte Waffen-System, das die neue Luftwaffe übernahm. Nun haben wir es in den Griff bekommen. Wir haben zusammen mit Holland, Italien und anderen Ländern uns in die Herstellung geteilt und konnten natürlich nicht alles nach unserem Kopf machen. (Rall erwähnte dies vielleicht, weil eine große Zahl Starfighter im Verlauf der Ausbildungs-Flüge abgestürzt ist und in der Öffentlichkeit der Eindruck entstanden war, dieses Flugzeug sei zu unsicher. Damals ging ein Witz in der Bundesrepublik um, der eine Unterhaltung zweier Westdeutscher zum Gegenstand hatte. Der eine fragt den anderen, wie er am besten zu einer F-104 kommt. Sagt der andere: »Kauf Dir ein Stück Land, nimm Dir einen Stuhl und setz Dich drauf. Dann brauchst Du nur zu warten, bis Du einen hast!«) »Was viele Leute leider nicht wissen«, sagte Rall, »ist die Tatsache, daß die Bundesluftwaffe im vergangenen Jahr die beste innerhalb der NATO im Hinblick auf die Unfallrate war. Es kann also nicht so schlecht um uns stehen, wie manche Leute glauben.«

Rall ist 1936 in die Wehrmacht eingetreten und hat beim Heer die Kriegsschule absolviert. 1938 wurde er zur Luftwaffe versetzt. Er hat dann die berühmte Jagdflieger-Schule Werneuchen bei Berlin durchlaufen und wurde zum Jagdgeschwader 52 versetzt, kurz bevor Hitler den Zweiten Weltkrieg heraufbeschwor. Seine Karriere als Jagdflieger begann im Westen, beim deutschen Angriff auf Frankreich und die Niederlande. Später flog er im Osten gegen die Russen. Er war also als Jagdflieger von Anfang an dabei, hatte an beiden Hauptfronten des Kriegs im Einsatz gestanden und war also wie kaum ein anderer dazu prädestiniert, zum Thema Flugzeugtypen und Taktik seine Meinung beizutragen.

»Bei der Luftschlacht um England hatten wir vom Jagdgeschwader 52 noch keine Erfahrung, und unsere Ist-Stärke ging innerhalb von zwei Monaten von 36 Flugzeugführern auf zwei zurück.

Wir haben damals unsere Jagdflieger verheizt. Einmal hatten wir sowieso zu wenig, und dann setzten wir sie auch noch falsch ein. Ich meine: sie als Begleitschutz einzusetzen, hieß die Vorteile preisgeben, die wir eigentlich hatten. Wir waren an die Bomber angebunden, die langsam über England dahinflogen – manchmal sogar mit ausgefahrenen Klappen!

Mein erster Abschuß war eine Curtiss P. 36 über Frankreich. Es war bei Calais vor dem Angriff auf England. Die Engländer waren damals ausgesprochen sportlich. Sie nahmen den Kampf unter jeder nur denkbaren Bedingung an. Wir waren etwas im Nachteil, weil wir an die Bomber gebunden waren, und wir konnten unseren Vorteil auch nicht im schnellen Abschwung nutzen. Die Spitfire waren natürlich verdammt gut und hatten einen phantastischen Kurvenradius. Wenn wir an die Bomber gekettet waren und uns aus dieser Situation in eine Kurbelei mit Spit's einlassen mußten, dann war der engere Kurvenradius eben von entscheidender Wichtigkeit. Auch die Hurricane war in dieser Hinsicht sehr gut.

In Rußland war die Taktik eine ganz andere, denn die russischen Flieger traten gerne in größeren Zahlen auf. Und zu Beginn des Rußland-Feldzugs hatten wir ja bereits die notwendige Erfahrung, und es war leichter für uns. Später ist es dann wieder schwieriger geworden. Die Russen entwickelten nicht jene persönliche Initiative wie die gegnerischen Piloten an der Westfront. Aber die Elite-Einheiten der Roten Garde waren schon sehr gut. Ihre Flugzeuge waren bis zum Cockpit rot angestrichen, und ihre Piloten gingen gern in den Kurvenkampf. Unsere Me 109 waren besser in großen Höhen, hauptsächlich zu Beginn des Feldzugs. Wir konnten an einem Tag 5 Flugzeuge abschießen – am nächsten Tag waren genau wieder so viele da...«

War der Luftkampf im Westen schwieriger als im Osten?

»Ich kann das nicht behaupten. Ich kann nicht sagen, im Osten hatte man es leichter – allein schon aus dem Grund, weil der Flug über sowjetischem Gelände eine psychologische Belastung mit sich brachte. Wenn man gegen den Westen flog, abgeschossen wurde und in Gefangenschaft geriet, dann verbrachte man den Rest des Kriegs in Kanada. Man konnte mit dem Fallschirm aussteigen und danach ein angenehmes Leben führen. Die Russen jedoch brachten unsere Flieger in der Regel um, wenn sie abspringen mußten. Unsere Leute machten eine Bauchlandung oder

sprangen ab, wenn es sie bös erwischt hatte. Viele kamen nicht mehr zurück. An keiner Front war der Krieg eine leichte Sache. Ich bin achtmal abgeschossen worden, habe zusätzlich dazu einige Bauchlandungen riskiert und wurde dreimal verwundet.. Im Grunde genommen fand der ganze Krieg für mich im Osten statt, zwischen Orel und dem Kaukasus – in dieser Gegend hatten die Sowjets zwei Drittel ihrer Flugzeuge konzentriert. Kurz nach Beginn des Feldzugs waren mindestens 50 % des russischen Flugzeugbestands amerikanischen oder britischen Ursprungs: P. 40, P. 39, Mitchell-Bomber und Bostons. Ich habe zum Beispiel meine erste Spitfire in Rußland abgeschossen. Das passierte bei Krymskaja[1], und als ich dann meldete, ich hätte eine Spitfire abgeschossen, gab es zuerst ein ziemliches Gemurmel. Bereits am nächsten Tag konnte sich jeder überzeugen. Da flogen sie in größeren Zahlen. Wir hätten die Russen schlagen können, wenn sie nicht so viel angloamerikanische Ausrüstung bekommen hätten – Flugzeuge, Panzer, Lastwagen und so weiter. Und die Zahlen nahmen mit den Jahren immer weiter zu. Wir flogen manchmal am Tag bis zu vier Einsätze, in einzelnen Fällen sogar noch mehr. Und an manchen Tagen konnte einer 4 oder 5 Flugzeuge abschießen, einschließlich einer »Langnasen«-Jak oder LaGG mit der großen luftgekühlten Maschine. Das waren gute Flugzeuge. Als der Krieg weiter fortschritt, wurden dann auch wir mit immer ungeheureren Zahlen von feindlichen Jägern konfrontiert.
Der Vorstoß in den Kaukasus führte am weitesten nach Rußland hinein. Im Verlauf der Schlacht um Stalingrad mußten wir wieder zurück und wurden in der Hauptsache zu Tiefangriffen eingesetzt. Es war die Zeit der großen Panzerschlachten. Wir verloren viele Flugzeuge, einen großen Teil davon am Boden. Wir waren damals dauernd im Einsatz. Schließlich hatten wir nur noch ein paar Flugzeuge. Anfang 1943 wurden wir aufgefrischt und kamen wieder nach der Kertsch zurück. Von der Insel Kertsch aus flogen wir im Jahre 1943 unsere Einsätze in den schweren Kämpfen im Südabschnitt.«
Ich bat Rall, den Kampf an der Ostfront und seine Taktik gegen russische Flugzeuge zu beschreiben.
»Wir sind vor dem Fußland-Feldzug auf Me 109 F umgestiegen.

1 28. 4. 1943.

Im Juni 1941 wurde ich in die Nähe von Constanza an die Schwarzmeerküste verlegt. Die Rumänen hatten Erdölraffinierien dort – und man rechnete mit russischen Luftangriffen auf diese Anlagen. Ich landete – ich glaube, es war am 25. Juni – spät am Abend. Es handelte sich um einen Grasplatz in flachem Gelände. Die Unterbringung erfolgte in Zelten. Es lag nur meine Staffel, die 8./JG 52, dort. Unsere 12 Me 109 waren je mit einer Kanone und zwei MGs bewaffnet. Ich nahm mir einen Wagen und fuhr am sandigen Strand von Constanza zu einem Flakregiment hinaus, um zu erfahren, was man dort über die Lage wußte. Wir waren sicher, daß die Russen am nächsten Tag angreifen würden, und so befahl ich für alle meine Piloten sehr früh am Morgen Sitzbereitschaft. Eine Rotte schickte ich zur Erkundung auf das Schwarze Meer hinaus. Es dauert nicht lange und wir hörten über Sprechfunk: »Sie kommen!«

Wir starteten so schnell wie möglich aus dem Platz heraus. Die russischen Bomber waren knapp 5 000 Meter hoch – es waren zweimotorige DB-3 – und wir flogen Nordost-Kurs, um sie abzufangen. Wir waren nur zu sechst oder siebt gestartet, denn es fehlten uns für die anderen Maschinen ein paar Ersatzteile, die erst mit einer Ju 52 eingeflogen werden mußten. Die Russen waren noch etwa 30 Kilometer entfernt, als wir starteten. Aber wir stiegen schnell und konnten sie bald genau voraus erkennen. Ich glaube, sie kamen von der Krim her. Die zuerst gestartete Rotte hatte sie bereits angegriffen und einige abgeschossen. Als sie uns herankommen sahen,— wir waren immer noch tiefer und im Steigflug begriffen –, machten sie kehrt. Einige warfen ihre Bomben ins Wasser. Jetzt ging die Jagd los. Wir griffen von hinten unten an und schossen eine ganze Anzahl ab. Ich zielte auf den rechten Motor einer Maschine und schoß sie in Brand. Sie trudelte nach unten. Wir griffen weiter an, bis unser Sprit knapp wurde und wir zu unserem Platz zurückfliegen mußten. Da die russichen Bomber ohne Jagdschutz geflogen waren, war das ganze eine recht einfache Sache gewesen. Es war unser erster Einsatz, nachdem man uns etwas überstürzt nach Rumänien herunter verlegt hatte, und er war recht erfolgreich verlaufen. Wir kamen alle hintereinander wieder gut auf unseren Platz zurück, nur einige Maschinen waren durch Treffer leicht beschädigt. Der Einsatz hatte um 06.00 Uhr begonnen. Ich war bereits vor der

ersten Dämmerung aufgestanden. Bei unserem Angriff waren wir sehr schnell von unten und hinten herangekommen. Auf diese Weise erzielten wir ausgezeichnete Ergebnisse. Als ich zum Platz zurück flog, fielen gerade die ersten Sonnenstrahlen auf die beiden Wellblechschuppen, die dort standen.
Ich fuhr nach Constanza und rief die Gruppe an. Am nächsten Tag kam dann eine zweite Staffel an. Eine Woche später ging es zurück nach Mizil in Rumänien, dann wurden wir nach Rußland verlegt – ich glaube, unser erster Platz lag in der Nähe von Bjelaia Zerkow – und von dort aus nahmen wir teil an der Kesselschlacht um Kiew.«
Rall's Beschreibung der ersten Luftkämpfe in Rußland bestätigt erneut, daß Bomber ohne Jagdschutz einfach nur Zielscheibenmaterial für gegnerische Jäger waren – im Osten genauso wie im Westen. Alliierte Jagdflieger hatten es am Anfang natürlich nicht so leicht, denn die deutschen Bomber schossen in den ersten Wochen und Monaten oft Jagdflugzeuge ab oder brachten ihnen Treffer bei, weil sie manchmal schneller waren und die Jäger einholen konnten. Rall's Staffel griff die russischen Bomber von unten an, also aus einer Position, wo sie von den russischen Bordschützen kaum bekämpft werden konnten. Rall wandte sich dann seinem vielleicht bemerkenswertesten Erlebnis des Krieges zu:
»Bei einem Einsatz am 28. November 1941 kam es zu einer großen Kurbelei im Raum zwischen Rostow und Taganrog. Ich kam gut aus diesen Kurvenkämpfen heraus, aber dann bekam ich einen Treffer in den Motor, der schnell in der Leistung nachließ. Ich schaffte es gerade noch zurück zu den deutschen Linien, mußte aber notlanden und zwar in ziemlich ruppigem Gelände. Ich versuchte es mit einer Bauchlandung, rutschte aber nach dem Aufsetzen in einen Geländeeinschnitt und knallte dort in den Gegenhang hinein. Dabei habe ich mir an drei Stellen das Rückgrat gebrochen. Ich war gelähmt. Vom Feldlazarett kam ich dann nach Wien in ein entsprechend ausgestattetes Heimatlazarett. Dort machte man mir einen Körpergips und Streckverband. Eine Ärztin nahm sich meiner besonders an. Sie glaubte fest an die Chance meiner Genesung, schnitt den Gips auf und begann mit einer regelmäßigen Behandlung. Sie versuchte alles mögliche und munterte mich immer wieder auf. Nach vier Monaten konnte ich mich wieder etwas bewegen. Während dieser Zeit starb mein Vater.

Das war im Januar 1942. Ich wurde ans Telefon gerufen und konnte mich doch nicht rühren. Sie nahm den Anruf an, sprach mit meiner Mutter und erzählte mir dann alles. So lernte ich sie schließlich näher kennen – meine Frau Hertha, mit der ich nun schon über 25 Jahre verheiratet bin. Wir feierten im Spätjahr Hochzeit. Sie brachte mich wieder soweit, daß ich fliegen, Tennis spielen, Skilaufen kann – wenn ich auch immer einmal wieder einen Krampf bekomme. Wir haben zwei Töchter. Zwei Töchter haben wir im Krieg durch Frühgeburt verloren. Aber die beiden, die nach dem Krieg auf die Welt kamen, sind gesund und jetzt siebzehn bzw. zwölf Jahre alt.

Als ich damals abgeschossen wurde, hatte ich 36 Luftsiege. Ich kam im August 1942 an die Ostfront zurück und wollte wieder mithalten. Ich hatte an der Spitze des Geschwaders gestanden, als ich abgeschossen wurde, und hatte viel Zeit verloren. Am 22. Oktober 1942 erkämpfte ich meinen 100. Luftsieg und erhielt das Eichenlaub zum Ritterkreuz des Eisernen Kreuzes. Im August 1943 war ich bei 200 Luftsiegen angelangt, schoß allein im Oktober jenes Jahres weitere 40 Flugzeuge ab und erzielte meinen 250. Luftsieg im November.« (In Anerkennung dieser Leistung wurde Rall als 34. deutscher Soldat mit dem Eichenlaub mit Schwertern zum Ritterkreuz ausgezeichnet.)

Rall glaubt, daß Jagdflieger eine wichtige Rolle in jedem Konflikt spielen werden, der die NATO befallen könnte. Er sucht deshalb nach Kampfflugzeugen mit überlegener Leistung für die Bundesrepublik Deutschland – bemannt durch hervorragend ausgebildete Piloten. Wenn die westdeutschen Jagdflieger von heute in der Luft so gut werden wie Rall vor über 25 Jahren war, dann ist die Bundesluftwaffe in guten Händen.

# Der zweite Weltkrieg: Phase II

## 1943: DER LUFTKRIEG WEITET SICH AUS

Von 1939 bis Mitte 1943 kann man sagen, daß die deutsche Luftwaffe hinsichtlich der Jagdflugzeuge – ganz allgemein gesprochen – einen technologischen Vorteil vor ihren Gegnern hatte. Die Fw 190 erschien 1941 und hielt den kleinen Vorsprung, den vorher die Me 109 für sich in Anspruch nehmen konnte. Wenn auch die Spitfire der Me 109 im Jahre 1940 durchaus gewachsen war, so bestand doch die Mehrheit der britischen Jagdflugzeuge in der Luftschlacht um England aus Hurricanes. Als die Fw 190 in den Kampf eingriff – 1941 – hatte sie gegenüber den damals eingesetzten Spitfiretypen eine leichte Überlegenheit, die zwei Jahre lang anhielt. Aber dann begann sich die Flut gegen die Luftwaffe zu kehren. 1942, im ersten vollen Jahr amerikanischer Teilnahme am Krieg, begann die amerikanische Produktion auf Touren zu kommen, lieferte wachsende Zahlen aus, ein Vorteil, der sich zuerst 1943 im Pazifik und Ende 1943 und 1944 dann auch in Europa spürbar zeigte. 1943 kam auch eine neue Spitfire heraus – die Spitfire IX – die der Fw 190 gleichkam, ja: ihr sogar in manchen Punkten überlegen war. Gegen Ende 1943 und besonders 1944 erschien die P. 51 »Mustang« über Deutschland. Mehr als irgendein anderes Jagdflugzeug zeigte die P. 51 die Niederlage der Luftwaffe an – denn ihre Reichweite erlaubte nun den amerikanischen Piloten, die deutschen Jäger tief innerhalb von Deutschland zu stellen, über ihren eigenen Horsten. Die Mustang zwang zum Kampf Jäger gegen Jäger, und sie war schneller als alle Me 109 und Fw 190, von einigen Ausnahmen abgesehen. Die Engländer produzierten nun die Tempest und die bemerkenswerte »Mosquito«. Diese und andere Flugzeugtypen waren einfach zuviel für die Luftwaffe – wenn auch Hitler schließlich die Notwendigkeit größerer Jagdflugzeugzahlen eingesehen hatte, und die deutschen Werke 1944 Rekordzahlen ausstießen. (Die Deutschen frisierten die Triebwerke einiger Jagdflugzeuge, um mit der Mosquito fertig zu werden; aber die Mosquito war auch für diese Spezial-Einheiten zu schnell).) Die Amerikaner hatten anfänglich P. 38, P. 39 und P. 40 nach Afrika und Europa geschickt, aber diese waren den besten deutschen Jagdflugzeugen bei weitem nicht gewachsen. Nun kam die P. 47, ein bulliges, kampfkräftiges Jagdflugzeug, das allerdings nicht die Reichweite der P. 51 hatte. Die P. 47 und die P. 51 waren in den letzten Jahren des Krieges die beiden Standard-Flugzeuge der US Army.

Von 1943 an wurde der Luftkampf in Europa zur Luftschlacht über Deutschland. Die RAF hatte die Luftschlacht um England gewonnen – die deutsche Luftwaffe den Jägerkrieg in den Jahren 1941/42 (beide aus der Verteidigung heraus). Konfrontiert mit einem zunehmenden Widerstand im Osten, einer größeren Front im Süden, und den Amerikanern und Engländern im Westen, kämpfte die Luftwaffe einen aussichtslosen Kampf.

Im Pazifik wandte sich das Blatt etwa um dieselbe Zeit – vielleicht etwas früher. Wo die Mitsubishi Zero-Sen im Dezember 1941 und lange noch 1942 souverän den Himmel beherrschte, errangen neue amerikanische Jagdflugzeugtypen die Überlegenheit, und die Zahl der US Army-, US Navy- und US Marine-Staffeln begann sich mit beachtlicher Geschwindigkeit zu vermehren. Die verschiedenen japanischen Zero-Typen blieben jedoch in punkto Manövrierfähigkeit nach wie vor unerreicht.

Selbst britische Piloten, die im Fernen Osten Spitfires flogen, mußten feststellen, daß sie von Zeros ausgekurvt wurden. Aber die meisten japanischen Flugzeuge hatten keine beschußsicheren Tanks und waren dadurch äußerst verwundbar. Und die neuen amerikanischen Corsairs, Hellcats, Thunderbolts und Mustangs, die in wachsenden Zahlen auf dem Schauplatz auftauchten, waren schneller als die meisten ihrer Gegner und hatten eine größere Feuerkraft. Sie konnten auch mehr Treffer einstecken. Im selben Maße wie die zahlenmäßige Überlegenheit auf der alliierten Seite zunahm, versuchten japanische Piloten, reine Abwehrtaktiken anzuwenden. Das As der amerikanischen Marineflieger, David McCampbell, zog aus dieser auf Defensive eingestellten Haltung seinen Vorteil, als die japanischen Jagdflieger in der Schlacht am Leyte Golf 1944 Zuflucht zu einem Abwehrkreis wie im Ersten Weltkrieg suchten. McCampbell beobachtete kühl und wartete, bis einer aus dem Kreis ausbrach. Auf diese Weise schoß er neun Japaner ab und hat wahrscheinlich noch zwei weitere zerstört – alles bei einem einzigen Einsatz. Dies war eine bisher nicht dagewesene Leistung, die auch später von keinem anderen Jagdflieger auf dem pazifischen Kriegsschauplatz erreicht worden ist. McCampbell, sein Rottenflieger Roy Rushing und fünf weitere Hellcats (F. 6 F) waren am 24. Oktober vom Flugzeugträger Essex gestartet und waren auf einen anfliegenden japanischen Verband von 60 Flugzeugen gestoßen – 40 Jagdflugzeuge (Zekes, Oscars und Tonys), die hoch über 20 Bombern (Bettys und Vals) Höhendeckung flogen.

Die Fünf fingen die Bomber ab, und McCampbell und Rushing griffen die Jäger an, obwohl sie noch nicht auf gleicher Höhe mit ihnen waren. Sie gewannen den Höhenvorteil – die japanischen Piloten hatten sie nicht bemerkt – und stürzten sich dann von hinten auf die 40 Jagdflugzeuge, so daß sie auf gleicher Höhe an die drei V-Formationen herankamen. Dann fingen sie an, einen nach dem anderen herauszupicken.

Die Japaner gingen in den Abwehrkreis. Wenn auch Hans-Joachim Marseille in Afrika eine Technik entwickelt hatte, in einen solchen Kreis hineinzutauchen, hochzuziehen und dabei hintereinander Abschüsse zu erzielen, so war doch die F. 6 F ein wesentlich größeres Ziel als eine Me. Nach zwei Versuchen auf Kollisionskurs, bei denen er Treffer einstecken mußte, zog Mc Campbell hoch, blieb über der Kurbelei und wartete. (Er befand sich nahe des Flugzeugträgers »Essex« den die Japaner nicht gefunden hatten, diese aber waren weit von ihren Flugplätzen auf Luzon entfernt.) Seine Strategie funktionierte. Nach kurzer Zeit lösten sich die Japaner aus dem Abwehrkreis und nahmen Kurs auf Luzon.

Bei der darauffolgenden Jagd schossen McCampbell und Rushing 15 Flugzeuge ab, indem sie aus der Überhöhung mit Geschwindigkeitsüberschuß angriffen, um wieder hochzuziehen und dabei Geschwindigkeit wieder in Höhe umzusetzen.

In der Unterhaltung über diesen, seinen größten Tag im Kriegseinsatz faßt er seine Taktik zusammen:

»Man muß sich dabei ins Gedächtnis zurückrufen, daß diese einmalige Chance auf mich zukam, als ich bereits fünf Monate ziemlich lebhaften Einsatzes hinter mir hatte, wobei es einundsechzigmal zu Luftkämpfen gekommen war. Während dieser Zeit hatte

ich durch bittere Erfahrungen gelernt, wo meine Fähigkeiten und wo meine Grenzen lagen. Ich hatte auch jenes Selbstvertrauen gefunden, das so notwendig ist, um aufkommende Furcht oder Unsicherheit zu überwinden, die sonst in einer derartigen Situation allzuleicht zu einer Verkrampfung führen.
Die richtige Entscheidung kam, als ich im Formieren des Abwehrkreises die defensiv gewordene Haltung erkannte und von diesem Augenblick an weitere Angriffe unterlief. Im anderen Fall hätten Roy und ich nur sinnlos unsere Munition verschossen, und in schwierigen Flugmanövern wahrscheinlich nur bescheidene Ergebnisse erzielen können. Dieser Angriff von hinten unterschied sich nur geringfügig von der Taktik, die ich bei der Ausbildung meiner Piloten angewandt hatte nämlich zur eigenen Verteidigung die »Thatch Weave« anzuwenden, die 1943 bei den Ausbildungsschulen so in Mode war.
Ich war lange Zeit der festen Meinung, daß Angriffsgeist eine fundamentale Notwendigkeit darstellt, wenn man sich im Luftkampf durchsetzen will. Und: daß man einen gegnerischen Piloten schon vor dem ersten Schuß bezwungen hatte, wenn man ihn in einer defensiven Einstellung erwischte. Ich muß zugeben, daß es manchmal töricht gewesen wäre, auf diesem Prinzip zu beharren. Solche Gelegenheiten sind mir passiert, und die Sache ist bei mir unentschieden ausgegangen. Von den vier Angriffen auf Kollisionskurs, die ich geflogen habe, bin ich zweimal zuerst ausgewichen und zweimal der andere. Drei habe ich dabei abgeschossen. Aber der Vierte hätte beinahe mich erwischt – ich hatte 21 Treffer in meiner Mühle. Ich kann mich an jeden dieser drei Flüge lebhafter erinnern als an irgendeinen anderen in meiner Laufbahn. Ich habe öfter davon geträumt als von etwas anderem . . .«
McCampbell wußte den beträchtlichen Vorteil seines leistungsfähigeren Flugzeugs zu nutzen, hat den Anflug von hinten als sichere gegenüber dem Angriff von vorn vorgezogen und – was bei dem Einsatz am 24. Oktober am wichtigstens war – auch den Vorteil überlegter sorgfältiger Angriffstaktik richtig erkannt. Was er nicht erwähnt hat, ist: daß er einer der besten Scharfschützen des Krieges war. Um neun Feindflugzeuge abzuschießen (und noch zwei mit Wahrscheinlichkeit), hätten die meisten Jagdflieger mehrmals nachladen müssen. McCampbell bewies, daß (wie schon

im Ersten Weltkrieg) das richtige Schießen der Schlüssel zum Erfolg ist, und daß das Nahe-heran-fliegen von hinten der leichteste und der sicherste Anflug zum Schießen ist.
Eine Taktik, die gegen Ende des Zweiten Weltkriegs immer größere Bedeutung erlangte, war das Schießen mit Vorhalt. Der Unterschied zwischen den wirklich guten Jagdfliegern und dem Durchschnitt, lag manchmal einfach darin, ob einer einen Gegner von der Seite her abschießen konnte – mit Vorhalt. Diese Taktik war im Zweiten Weltkrieg erfolgreicher, weil ganz allgemein ein Jagdflugzeug jetzt über mehr Feuerkraft und über bessere Visiere verfügte. Um ein Flugzeug auf diese Weise zum Absturz zu bringen, mußte man das richtige »Vorhaltemaß« schätzen können. In anderen Worten: man schoß dabei weit vor seinen Gegner, je nach seiner Geschwindigkeit. Eigene Entfernung zum Ziel, Geschwindigkeit, geflogener Kurs und andere Faktoren gingen in die Kalkulation ein, die man innerhalb von Sekunden aufzustellen hatte. Die besten Schützen konnten ihre Gegner aus allen Richtungen bezwingen, von hinten oder mit Vorhalt von der Seite, von oben oder von unten. Ein schlechterer Schütze mußte seinen Gegner von hinten beharken. Er konnte dann manchmal genug Treffer anbringen – wenn er lange genug dranbleiben konnte – um einen Abschuß zu erzielen. Deshalb sagt auch Johnnie Johnson, das große As der RAF, daß zu Anfang, bevor es eine richtige Schießausbildung in der RAF gab, bestätigte Abschüsse in jeder Staffel anscheinend immer an die gleichen Leute gingen, während die andren immer nur einen »wahrscheinlichen Abschuß« oder lediglich Treffer melden konnten.«
Amerikanische Jagdflieger mußten sich der gleichen Lehrzeit unterziehen in Asien, in Afrika und in Europa, bevor der Wert der Schießausbildung anerkannt wurde und jeder das Schießen richtig beherrschte. Selbst der Amerikaner mit den meisten Luftsiegen im Zweiten Weltkrieg, Dick Bong, gab zu, daß er seine ersten 28 Luftsiege errang, obwohl er ein schlechter Schütze war. (Er brachte dies gegenüber seinem Kommandierenden General, George Kenny, zum Ausdruck, als er im Sommer 1944 von der Schießausbildung in den USA nach dem damaligen Holländisch-Neu Guinea zurückkehrte.)
Bong schämte sich, weil er soviel Munition bei seinen ersten Luftkämpfen verschossen hatte. Er glaubte in Matagorda, an der

Golfküste in Texas, über Schießen eines gelernt zu haben: daß jeder Jagdflieger wenn irgend möglich solch eine Schule besuchen sollte. Bevor Bong in jenem Jahr nach Asien zurückkehrte, gehörte ich zu einer Gruppe, der er einen Vortrag über Schießen hielt, einer Gruppe, die kurz darauf nach Europa gehen sollte. Immer wieder betonte er, daß der wichtigste Einzelfaktor im Kurvenkampf in gutem Schießen bestand. Aber während er dies sagte, betonte er auch, daß er selbst kein guter Schütze sei, da er viele seiner Gegner nur genau von hinten habe abschießen können. (Bei jenem Heimataufenthalt, stimmte er bei einer Diskussion im Pentagon mit Eddie Rickenbacker, dem berühmtesten US-Jagdflieger aus dem Ersten Weltkrieg darin überein, daß eine bessere Schießausbildung und bessere Visiere in den US-Ausbildungsschulen dringend nötig seien, und daß die sicherste Methode zu einem Abschuß zu kommen, darin liege, möglichst nahe heranzugehen. Dieser Grundsatz hatte sich seit 1918 nicht geändert.)

1943 war der erste wirkliche amerikanische Hochleistungsjäger, der »Donnerbolzen« P. 47, in Europa in größeren Zahlen verfügbar. Aber deutsche Jagdflieger waren oft in der Lage, ihn auszukurven. Gegen Ende des Jahres erschien die P. 51 und bewies einen etwas besseren Kurvenradius und hohe Geschwindigkeit.

Jim Goodson, der 1943 eine P. 47 flog, erinnert sich an die Einführung dieses Jagdflugzeugs auf dem europäischen Kriegsschauplatz. Goodson hatte vorher Spitfires bei der RAF geflogen, und er teilte am Anfang die Skepsis anderer Piloten hinsichtlich dieser »7-Tonnen-Milchflasche«. Aber er lernte die Eigenschaften der P. 47 schätzen. Das war gut so, denn bereits bei einem seiner ersten Einsätze in diesem neuen Jagdflugzeug geriet er in einen Luftkampf mit jenen Deutschen, die von alliierten Piloten die »Abbéville-Boys« genannt wurden. Damals saßen die deutschen Jagdflieger, die von Abbéville aus operierten, in jenen Fw 190, von denen Goodson sagt, daß sie »1941 und 1942 Kringel um uns herum geflogen haben«. Die Spitfire, die er damals geflogen hatte, konnte die Fw 190 auskurven. Aber das war auch alles. (Die Spitfire IX, die 1943 in den Einsatz kam, hielt sich da wesentlich besser).

Es war im Sommer 1943. Goodson flog unter Colonel Don Blakeslee in der 4. US Fighter Group, und Blakeslee ging im Abschwung auf einige 190, die tiefer flogen. Blakeslee forderte ihn auf, ihm zu folgen, denn es seien zahlreiche feindliche Jagdflieger da unten. Goodson folgte mit seinem Rottenflieger Bob Wehrmann. Zwei 190 gingen ebenfalls in den Sturzflug, als Blakeslee herankam, aber nach einem anfänglichen leichten Vorsprung blieb der Abstand gleich. Blakeslee setzte zur Aufholjagd an. Goodson erreichte die Höhe Blakeslees gerade rechtzeitig, um zu erkennen, daß drei andere 190 von hinten an Blakeslee herankamen. Er rief diesem zu, sich zu lösen, und der Kommandeur der 4. Gruppe ging sofort in eine scharfe Linkskurve. Aber er konnte die Fw 190 nicht auskurven. (Goodson ist davon überzeugt, daß die 190 die Thunderbolts auskurven konnten- er erinnert sich, daß sie sehr leicht in eine Rolle gingen, was vielleicht erklärt, warum so viele deutsche Jagdflieger in eine Rolle gingen und dann in den Abschwung gingen, um sich vom Gegner zu lösen.)

Trotzdem gelang es Goodson, mit Geschwindigkeit innen hinter die 190 zu kommen und aus einer guten Position zwei Fw 190 von Blakeslees Heck wegzuschießen und die dritte noch anzukratzen, bevor ihm die Munition ausging. Als er auf diese Weise als Retter angebraust war, rief er über Sprechfunk: »Ich hab' sie!« Und Blakeslee rief zurück: »Von wegen! Einer hat mich.« Goodson drängte die letzte 190 von Blakeslee ab, um seinen Kommandeur zu retten, dessen P. 47 jetzt ganz schön durchlöchert war. Das war also eine der frühen Auseinandersetzungen, bei denen die P. 47 sich im Einsatz und bei den Deutschen vorstellte. Wenn die P. 47 die Fw 190 auch nicht auskurven konnte, so konnte andererseits die 190 nicht schneller stürzen, was ihr bisher bei den meisten alliierten Jagdflugzeugen geholfen hatte. Und die P. 47 war wahrscheinlich mindestens so schnell wie die Fw 190, gegen die sie 1943 flog. Darüber hinaus handelte es sich hier um ein äußerst robustes Flugzeug, das noch nach heftigem Beschuß nach Hause fliegen konnte. Als sie die P. 47 eine Zeit lang im Einsatz geflogen hatte, stieg die 4. Gruppe wieder um – dieses Mal auf die P. 51 Mustang. Goodson flog die P. 51 gern, hatte aber immer noch etwas für die P. 47 übrig. Als die Gruppe von der Spitfire auf die P. 47 umrüstete, war Goodson einer der ausgesuchten Piloten gewesen, welche eine spezielle Einweisung in diese Maschine erhielten, und er schätzte ihre Eigenschaften. Im Zusammenhang mit dem Tag, an dem er seinem Kommandeur zu Hilfe kam, und den ersten Tagen, an denen die Gruppe mit der P. 47 in den Einsatz

Hier ein anderes Modell der deutschen Nachtjäger: die zweimotorige Junkers Ju 88 C-6 mit dem sogenannten Lichtensteingerät oder auch „Hirschgeweih" FuG (Funkmeßgerät) 220.

Günther Rall, heute Generalinspekteur der Luftwaffe, als Jagdflieger im Zweiten Weltkrieg (oben).

Georg Peter Eder, einer der bekanntesten deutschen Jagdflieger, vor seiner Me 109 (oben rechts).

General John C. Meyer, heute Vice Chief of Staff bei der USAF (United States Air Force), war während des Zweiten Weltkriegs Jagdflieger in einer P. 51 Mustang.

ging, sagte er: »Ich war damals vermutlich der einzige, der wußte, daß wir mit der Thunderbolt eine gute Chance in die Hand bekamen.« Goodson erinnert sich noch gut an die Feuerkraft der 8 MG der P. 47. »Die erste 190 schoß ich aus etwa 90 Metern Entfernug ab... da brach gleich eine ganze Fläche weg. Die 190 zog nicht wie die 109 eine weiße Rauchfahne hinter sich her, wenn sie getroffen wurde – sie hatte einen luftgekühlten Motor.«
Die Amerikaner waren bei dieser Gelegenheit auf freier Jagd, und zu diesem Zeitpunkt im Sommer 1943 war der Kampf der Jagdflieger ja noch keineswegs entschieden. Jenseits des Kanals traf man zumeist auf harten Widerstand und Goodson sagte ja, daß die Deutschen zu jener Zeit »Kringel um ihre Gegner fliegen konnten«. Viele amerikanischen Piloten zogen die P. 47 jedem anderen Flugzeug vor; und sie sind auch nicht der Meinung, daß ihnen die Fw 190 in allen Punkten überlegen war. Sicher ist aber, daß mit dem Auftauchen dieser zähen und kampfkräftigen Jagdflugzeuge – nämlich der P. 47 und P. 57 sowie der neuen britischen Typen der Wendepunkt für die Luftwaffe gekommen war.
Als die amerikanischen Piloten ihre ersten Erfahrungen im Luftkrieg sammelten, gingen sie sehr schnell – wie die Engländer vor ihnen – von den im Frieden geübten Flugformationen ab. Beim Jagdschutz für schwere Bomber wurden die amerikanischen Jagdflieger auf dem Weg nach Deutschland hinein manchmal durch deutsche Jäger von oben überraschend angegriffen, während sie in verhältnismäßig enger Formation flogen. Anfänglich kam es vor, daß Staffelkapitäne einzelne Piloten schief ansahen, wenn diese die Formation ohne Befehl verlassen hatten – auch wenn sie nur vermeiden wollten, von hinten erwischt zu werden, wenn feindliche Jäger von dort anflogen. Nach einigen bitteren Lektionen, lockerten sich die US-Formationen auf, und der Vier-Finger-Schwarm oder eine Formation in Reihe zu Viert wurde als die beste Kampfformation in die allgemeine Praxis übernommen. Der erste Pilot, der Jagdflugzeuge im Angriff auf den eigenen Verband erkannte. kurvte sofort auf sie ein, machte die anderen auf den Gegner aufmerksam, worauf diese sich hinter ihm formierten.
Wenn man das Auftauchen der leistungsstärkeren amerikanischen Jagdflugzeuge und die Entwicklung der amerikanischen Jagdoffensive 1943 und 1944 analysieren will, dann darf man nicht vergessen, daß die US-Piloten in den ersten Monaten dieser Auseinander-

setzung auf ‚alte Hasen' trafen, die ihnen einiges an Erfahrungen voraus hatten. Die Deutschen hatten 1941/42 überraschend wenig Jagdflieger im Westen verloren. Ein Jahr später bzw. Ende 1944 waren viele erfahrene deutsche Jagdflieger gefallen, und die durchschnittliche Zahl der Ausbildungs- und Flugstunden der neuen deutschen Flugzeugführer war weit kleiner geworden. Und so begannen schließlich die besseren US-Jagdflugzeuge, geflogen von Piloten, die nun Erfahrung hatten, der Luftwaffe einen schweren Zoll abzuverlangen. Im Jahre 1944 haben die Langstreckenjäger der Amerikaner die Stärke der deutschen Jagdwaffe gebrochen und den noch vorhandenen Rest der Jagdflieger der japanischen Armee und Flotte im pazifischen Raum fast überall erledigt.

Auch bei den Nachtjägern ergab sich eine kolossale Ausweitung. Die strategische Bomberoffensive der RAF, die den größten Teil der britischen Produktionskapazität in Anspruch nahm, hatte die Luftwaffe dazu gezwungen, ihre Nachtjagdverbände zu erweitern und zu verbessern. Als Folge erstanden genau wie bei der Tagjagd einzelne Spezialisten der Nachtjagd mit hohen Abschußzahlen, es gab Fortschritte in der Radartechnik – und bei den Engländern steigende Verluste an schweren Bombern. Um diese zu schützen und die manchmal über die Grenze des Vertretbaren gehenden, von der deutschen Nachtjagd verursachten Verluste und Ausfälle zu stoppen, ließen die Engländer ihre Bomber durch Nachtjäger begleiten. Die englischen Nachtjäger kämpften gegen die deutschen Nachtjäger – es war ein lange anhaltender Kampf, wie ihn die Geschichte des Luftkriegs bisher nicht verzeichnen konnte. Begleitjäger, Einsätze zur Täuschung der deutschen Verteidigung, Abwurf von Düppelstreifen zur Blendung der deutschen Radarerfassung und Jägerführung ermöglichten es der RAF, den Angriff fortzusetzen. Aber die nächtlichen Verluste der RAF im Winter 1943/44 waren oft schwerer als die der USAAF-Bomber, die bei Tage nach Deutschland einflogen. In den schlimmsten Nächten waren sie größer als die gesamte 8. US Air Force jemals am Tag zu verzeichnen hatte. Diese Verluste veranlaßten das Bomber Command der RAF schließlich, die Eindringtiefe nach Deutschland drastisch zu begrenzen. Der Druck auf die Reichsverteidigung ging rund um die Uhr und verlangte einen wachsenden Jägereinsatz bei Tage und bei Nacht. Aber die Nachtjäger

der Luftwaffe erreichten vermutlich mehr bei weniger Aufwand als die Tagjäger um diese Zeit.
Im Pazifik hatten es die Japaner nun mit Hellcats, Corsairs, Mustangs und Thunderbolts zu tun. In einigen der Flugzeugträger- und Landschlachten erlitten die Japaner Verlustquoten von 20:1. Die Japaner (und die Deutschen) stellten einige ziemlich fortgeschrittene Jagdflugzeuge mit Kolbenmotoren her, aber – zu wenige. Die Deutschen rüsteten die Me 109 in einer letzten Anstrengung, die Tagesangriffe auf Berlin zu bremsen, mit dem Daimler-Benz 605 AS aus. Aber obwohl diese Flugzeuge dann höher als die US-Jagdflugzeuge fliegen konnten und – wie die Deutschen behaupteten – schneller beschleunigen konnten, waren nicht genügend vorhanden; die Flugzeit war zu knapp, die Feuerkraft zu sehr vermindert, um die richtige Antwort auf die Offensive der schweren Bomber zu sein. In der Theorie sollten diese Me 109 Höhenjäger den amerikanischen Jagdschutz auf sich ziehen, während besser gepanzerte und schwerer bewaffnete Fw 190 die Bomber angreifen sollten. Aber es mußten eben zu viele amerikanische Jagdflugzeuge weggelockt werden, auf zu weite Stecken verteilt, und es waren nicht genügend Experten bei der Luftwaffe vorhanden, die an die Ziele herankamen. Im Herbst 1944 erhielt die Luftwaffe allerdings den Düsenjäger Me 262, ohne Frage das fortschrittlichste und modernste Jagdflugzeug des Zweiten Weltkriegs. Die Me 262 war, wie heute allgemein bekannt ist, von Hitler in der Entwicklung und Produktion als reines Jagdflugzeug gestoppt worden, weil er einen Schnellbomber aus dieser Maschine machen wollte. Die Me 262 war schneller als jedes andere Jagdflugzeug des Zweiten Weltkriegs, konnte höher fliegen – und wäre es, selbst so spät wie 1944, in einigen Tausenden zum Einsatz gekommen, dann hätte sich das Kriegsglück sehr wohl noch einmal zugunsten der Deutschen wenden können. Prof. Dr. Willi Messerschmitt, der Vater der Me 109, Me 110 und der Me 262, glaubt, daß dieser Düsenjäger, rechtzeitig gebaut, den Lauf des Krieges hätte ändern können. Er bezieht sich dabei auf alliierte Fachleute, die dieser Meinung sind. Er ist jedoch sicher, daß die Luftwaffe dieses Flugzeug lange vor dem Zeitpunkt, als es schließlich verwirklicht war, hätte haben können. Ich habe mich mit Professor Messerschmitt darüber unterhalten, und er sagte mir: »Berlin glaub-

te, wir würden den Krieg gewinnen, bevor wir die Me 262 brauchen. Wir hätten sie zwei Jahre früher haben können.«
Die Me 262 war das einzige Jagdflugzeug, das die Situation in der Luft noch drastisch geändert hätte. Aber sie hätte keinesfalls den Krieg für Deutschland gewinnen können; sie hätte die Invasion in der Normandie wahrscheinlich sehr erschwert, und sie hätte die alliierte Bomberoffensive so verlustreich werden lassen können, daß sie vielleicht abgebrochen worden wäre. Aber das Vorhandensein dieses Flugzeugs hätte nicht die Rote Armee im Osten stoppen können. Vielleicht hätte es nicht einmal die alliierte Luftoffensive stoppen können – einfach wegen der drückenden zahlenmäßigen Überlegenheit auf alliierter Seite. Ich fragte den General a. D. Theo Osterkamp, den berühmten Jagdflieger aus dem Ersten Weltkrieg und hohen Luftwaffenoffizier des Zweiten Weltkriegs, ob die Luftwaffe mit mehr Jägern in den Jahren 1943 und 1944 die alliierte Bomberoffensive hätte abschlagen können. Er sagte nein. Aber niemand wird jemals herausfinden, was zweitausend Me 262 angestellt hätten, wenn man sie 1943 gehabt hätte. Es war das Jagdflugzeug, das allen anderen in den Leistungsdaten weit voraus war. Nur etwa tausend wurden gebaut, und viele davon wurden am Boden zerstört. Alle, die in den letzten Tagen des Kriegs gegen diese Maschine geflogen sind, wußten, wie gut sie war – und die Deutschen schreiben dieser Maschine eine Siegesrate von 40:1 in den Jahren 1944/45 zu.
Gleicherweise haben die Japaner in den letzten zwei Kriegsjahren einige ausgezeichnete Jagdflugzeuge gebaut. Die beste Maschine war vermutlich die ‚Frank', über die ein überaus interessanter Bericht im Juniheft 1970 von »Rendezvous« (Organ der American Fighter Pilots Assciation) erschien. Der Verfasser war Edward Maloney, der Kommentator Bud Mahurin, der die einzige noch vorhande ‚Frank' nachgeflogen hat. Maloney sagt, daß die von Nakajima gebaute ‚Frank' eine Höchstgeschwindigkeit von 683 km/h hatte und über einen 2 000 PS Motor verfügte. Die Bewaffnung bestand aus zwei 12,7 mm MGs und zwei 2 cm Kanonen. Der Einsatzradius betrug erstaunliche 3 000 Kilometer. Die ‚Frank', die zuerst im Frühjahr 1944 an die japanische Armee geliefert wurde, hatte ein besseres Steigvermögen als alle alliierten Jagdflugzeuge (einschließlich der P.51 D) und konnte sie alle auskurven (einschließlich der Spitfire). Die ‚Frank' war in der japa-

nischen Armee als Ki-84 bekannt; Tests ergaben, daß sie schneller als die Zeke 52 war. Diese Maschine und zusätzlich die Tony' und die George' waren sicherlich sehr fortschrittliche Jagdflugzeuge, aber keine Düsenflugzeuge, und um diese Zeit war die zahlenmäßige Überlegenheit der Alliierten bereits so groß und die japanischen Ausbildungs- und Produktionsstätten so desorganisiert, daß sie die rechte Würdigung für ihre ausgezeichnete Leistung nicht mehr erfuhren.

Die Achsenmächte wurden, kurz gesagt, in den letzten zwei Jahren des Kriegs durch die größere Zahl fähiger alliierter (und hier hauptsächlich amerikanischer) Jagdflieger, die in schnelleren Flugzeugen saßen, überwältigt. Auf dem japanischen Kriegsschauplatz zeigten die amerikanischen Piloten weit bessere Fähigkeiten, im Kampf selbständig zu denken. Italien – bereits 1943 aus dem Kampf ausgeschieden und schon damals mit veralteten Typen fliegend (und eigentlich mit veralteten Typen im Jahr 1940 angetreten) – spielt bei dieser Betrachtung keine Rolle mehr; die Wende im Kampf der Jäger in diesen beiden letzten Jahren betraf lediglich Deutschland mit seinen Satelliten und Japan. In Japan haben, wie in Deutschland, einzelne Jagdflieger unglaublich hohe Abschußzahlen erreicht. Deutsche Jäger haben russische Flugzeuge geradezu en gros abgeschossen (der erfolgreichste Deutsche, Erich Hartmann, hat allein 352 heruntergeholt), und einige japanische Piloten haben es auf weit über 100 Luftsiege gegen alliierte Flieger gebracht. Aber wie wir bereits in den Anfangsphasen des Kriegs 1939 und 1940 beobachtet haben, bedeutet zahlenmäßige Überlegenheit einen ungeheuren Vorteil im Luftkampf. Und die Alliierten hatten diesen Vorteil in der Endphase des Zweiten Weltkriegs, und dazuhin ausreichenden Nachschub, Ersatzmaschinen, Brennstoff und andere wichtige Versorgungsgüter.

Diese beiden letzten Jahre brachten Luftkämpfe in einem Ausmaß, die alles bisherige in den Schatten stellten – genau wie das letzte Jahr des Ersten Weltkriegs, in dem der Luftkampf eine Ausweitung erfahren hatte, die niemand 1914 auch nur für denkbar gehalten hätte. Der Jägerkrieg in Europa dehnte sich nun bis Berlin aus. So vermutet Jim Goodson, daß er einmal den General der Jagdflieger, Adolf Galland, über die Dächer von Berlin hinweg gejagt hat. Wenn es so war, dann hatte diese Begebenheit eine symbolische Bedeutung – nämlich, daß es die P.51 war, die

die Wende herbeiführte. Goodson erinnert sich: »Er war etwas über 8 000 Meter hoch, und wir flogen in knapp 10 000 Meter Höhe. Er flog eine Me 109G mit direkter Einspritzung, und diese Me 109 war in 10 000 Meter Höhe besser als die Mustang. Ich drückte mit Höhenvorteil auf ihn an, und ab ging die Reise bis hinunter auf Höhe der Baumwipfel. Er flog ganz nieder über die Hausdächer hinweg, berührte sogar einige Baumspitzen, sprang über eine ganze Baumgruppe und verschwand außer Sicht.«
Galland hatte das Problem erkannt, das da auf die Luftwaffe zukam, denn solche Kämpfe wiederholten sich täglich, selbst über den Dächern von Berlin. Er wußte, daß die letzte Chance der Luftwaffe darin lag, technisch überlegene Jagdflugzeuge so schnell wie nur möglich zu bauen und eine gewaltige massive Jagdwaffe zusammenzuziehen und mit dieser einen so vernichtenden Schlag gegen die einfliegenden Bomberströme zu führen, daß die Moral der alliierten Besatzungen entscheidend getroffen würde. Aber es war zu spät, und Hitler verplemperte die Me 262 kleckerweise bei der Invasion im Juni 1944, ohne wesentliche Wirkung und unter schweren Flugzeugverlusten.
Was den Luftkampf allgemein angeht, so ist Galland der Meinung, daß Geschwindigkeit im Zweiten Weltkrieg wichtiger war, während Manövrierfähigkeit im Ersten Weltkrieg von ausschlaggebender Bedeutung war. »Aber man kann das nicht verallgemeinern«, sagte Galland. »Für den Begleitschutz ist Manövrierfähigkeit wichtig; bei anderen Einsätzen sind Geschwindigkeit, Beschleunigung und Steiggeschwindigkeit von größerer Bedeutung. Beschleunigung kann entscheidend sein – das wird oft übersehen.« Wir unterhielten uns in Galland's Wohnung. Der berühmte englische Jagdflieger Stanford Tuck saß dabei. Galland und Tuck stimmten darin überein, daß der Tag, an den man in einem bewaffneten Konflikt einmal keine Jagdflugzeuge mehr braucht, noch lange nicht kommen wird. »Man kommt nicht darum herum, man muß sie haben,« sagte Galland. »Aber Ihr hinkt hinter den Russen her!« Und er warnte: »Im Falle eines neuen Kriegs heißt die kritische Frage, ob die NATO in der Lage ist, die Streitkräfte des Warschauer Paktes so zu stoppen, daß sie Deutschland nicht innerhalb der ersten Tage einfach überrennen. Die NATO muß auf dieses Ziel ausgerichtet sein, Ausbildung und Ausrüstung müssen so geartet sein, daß sie diese Aufgabe bewältigen.«

## NEUE STRATEGIE UND TAKTIK

Die Luftschlacht über Deutschland sah eine größere Zahl von Kämpfern in der Luft als je zuvor. Sie führte zu der Entwicklung einer völlig neuen Jäger-Strategie und neuen Kampftaktiken.
Der Kampf am Tage fand hauptsächlich zwischen amerikanischen Bombern und Jägern einerseits und deutschen Jägern andererseits statt. US Jagdstaffeln bestanden in der Regel aus 16 Flugzeugen (verglichen zu den zwölf Flugzeugen einer normalen Jagdstaffel der RAF) und waren unterteilt in vier Schwärme zu vier Flugzeugen. Ihre Aufgabe bestand natürlich im Schutz der schweren Bomber. Die Führer der USAAF-Verbände profitierten von den guten und schlechten Erfahrungen der Deutschen und der Engländer und auch von schwer erworbenen eigenen Kenntnissen. Deshalb flog die Begleitjagd etwas abgesetzt von den Bomberpulks. Die Jäger waren weder zeitlich noch räumlich eingeengt und konnten feindliche Jagdverbände angreifen und abfangen, wenn diese sich noch in größerer Entfernung im Anflug befanden. Die amerikanische Führung entschloß sich auch, größere Jagdverbände zu beiden Seiten des Bomberstroms, sowie auch weit voraus fliegen zu lassen, um die Flugplätze heimzusuchen, von denen die deutschen Jäger aufstiegen. Da die P. 51 Mustang besser stürzen konnte als die Me 109 und Fw 190 und – mit Ausnahme der frisierten Versionen – auch schneller war, konnten die deutschen Jäger zum erstenmal im Krieg den Luftkampf nicht einfach mit dem üblichen Abschwung und einem Sturzflug abbrechen, wenn sie wollten. Sie wurden zum Kampf gestellt und wurden oft genug bis zu ihren Plätzen verfolgt. Die deutsche Luftwaffe war also nun mit einem Feind konfrontiert, der über ihren eigenen Plätzen auftauchte und – wenn er keine Gegenwehr fand – die deutschen Flugzeuge am Boden zerstörte. Amerikanische Jagdflieger unterflogen auch die deutsche Radarerfassung, indem sie in niedrigen Höhen über das deutsche Land huschten. Und obwohl die Flak einen schweren Zoll von diesen Eindringlingen forderte, konnten sie doch schwere Schäden auf Flugplätzen und Beein-

trächtigungen des Verkehrsnetzes mit dem Beschuß von Eisenbahnzügen erzielen.
1944 haben amerikanische Jagdflieger sogar einmal von England her ganz Deutschland überflogen, um auf russischen Flugplätzen zu landen, von dort nach Italien zu fliegen und dann wieder nach England zurückzukehren. Im selben Jahr begannen US-Jagdverbände von Inselstützpunkten des Pazifik aus, Bomber nahezu 1 600 Kilometer weit auf japanische Ziele zu begleiten. Aber die Jagdabwehr in Japan ließ sich in keiner Weise mit der in Deutschland vergleichen; dasselbe galt für die Flak. Zum erstenmal also begannen Jäger genauso wie Bomber wirklich über die Weiten der Erde zu schweifen. Die Jagdflieger-Taktik mußte sich natürlich diesen Langstrecken-Aufgaben anpassen. Der Begleitschutz war oft als Staffette aufgebaut, wobei die abgelösten Verbände dann häufig in Tiefangriffen Gelegenheiten wahrnahmen, die sich dabei boten. Wenn solche räubernden Jagdverbände auf startende oder landende deutsche Jagdflieger trafen, dann kam es manchmal zu richtigen Serienabschüssen. Dadurch wurde natürlich auch die Ausbildung und der normale Flugdienst auf deutscher Seite gestört. Wenn aber einmal deutsche Jagdflieger in größeren Zahlen sich dem einfliegenden Feind entgegenstellten, dann hatten sie es nicht nur mit den massierten Pulks der mit 10 MG's bewaffneten schweren Bomber zu tun sondern mit einer zahlenmäßig noch größeren Streitmacht von überlegenen Begleitjägern. Cajus Bekker schreibt in seinem »Kriegstagebuch der Luftwaffe«, daß dieser Abnutzungskrieg im März 1944 in die tödliche Phase für Deutschland eintrat. In bitteren Luftschlachten haben die Jagdflieger der Reichsverteidigung am 6. März mit dem Abschuß von 69 Bombern und 11 Jagdflugzeugen eine besondere Leistung vollbracht. Aber dabei gingen auch 80 deutsche Jagdflugzeuge verloren und viele andere wurden beschädigt. Das war fast die Hälfte der gestarteten Verteidiger gewesen, und Verluste in der Größenordnung von 50 % waren einfach nicht mehr tragbar. Als dann gegen Ende März schwere amerikanische Bomber Berlin angriffen, gelang es den deutschen Jägern nicht, auch nur einen einzigen Bomber abzuschießen. Und so kann man wohl mit einigem Recht annehmen, daß dies der entscheidende Wendepunkt war. Es folgten zwar wieder Tage, an denen den Bombern schwere Verluste beigebracht werden konnten, aber nach dem März 1944 gab

es auf alliierter Seite keine Erörterung mehr, ob man die Tagesangriffe der Bomber weiterführen könne oder nicht.
Die neuen Taktiken, die die Jagdflieger bei diesen Langstreckeneinsätzen entwickelten, wurden von einem der großen amerikanischen Asse beschrieben, der wahrscheinlich die Spitzenposition eingenommen hätte, wenn er nicht versehentlich am Weihnachtstag 1944 von der eigenen leichten Flak abgeschossen worden wäre. Die P. 51 flog auseinander und Captain George Preddy fand den Tod, als er durch Beschuß vom Boden her bei der Verfolgung einer Fw 190 in niedrigster Flughhöhe getroffen wurde. Er war einige Zeit vorher vom stellvertretenden Stabschef gebeten worden, sein Konzept einer erfolgreichen Jagdflieger-Taktik zusammenzufassen. Mit Erlaubnis von John Beaman, Joseph Noah und Sam Fox jr. darf ich die Analyse des auf dem europäischen Kriegsschauplatz an dritter Stelle rangierenden US-Jagdflieger-Asses zitieren:
»In Beantwortung Ihres Briefs vom 3. März 1944 lege ich hiermit einige Grundsätze des Jagdflieger-Einsatzes schriftlich nieder. Alle angeführten Fakten und Ideen basieren auf Erfahrungen, die ich auf diesem Kriegsschauplatz mit der P. 47 auf freier Jagd und bei Begleitjagdeinsätzen sammeln konnte.
Zuerst einmal ist es eine alte Wahrheit, daß der Pilot, der nicht auf die andere Seite des Ärmelkanals hinüber fliegt, auch nichts erlebt. Eines der großen Probleme hier in Europa ist das Wetter, und da wir etwa 50 % der Zeit nach Instrumenten fliegen müssen, ist es notwendig, daß jeder einzelne Pilot den Instrumentenflug und den engen Formationsflug beherrscht. Geschlossene Wolkendecken werden wie folgt durchflogen: Innerhalb des Schwarms fliegt die Nr. 2 links vom Schwarmführer und die Nr. 3 und 4 rechts von ihm. In der Staffel fliegen die vier Schwärme genau hintereinander, aber nach unten gestaffelt. Der ganze Verband fliegt dabei eng aufgeschlossen, und wenn jeder einzelne sauber fliegt, dann ist es möglich, 16 bis 20 Maschinen geschlossen durch die Bedeckung zu bringen. Wenn die Sicht in der »Waschküche« sehr schlecht ist oder wenn Turbulenz auftritt, dann ist es allerdings notwendig, die Staffel in zwei oder mehr Teile aufzusplittern.
Beim Durchstoßen nach oben fliegen die Schwärme und die einzelnen Flugzeuge enge Formation, weil dies Kraftstoff spart und

nicht dazu verleiten kann, dauernd mit dem Gashebel zu spielen. Wenn wir uns dann der feindlichen Küste nähern, wird Kampfformation eingenommen, d.h. es wird in Linie nebeneinander geflogen und von Flugzeug zu Flugzeug 5 - 6 Flugzeugspannweiten Zwischenraum eingehalten. Zwei Schwärme fliegen in der Regel nebeneinander. Das ist eine leicht einzuhaltende Flugformation, wenn ein gerader Kurs geflogen wird, und sie bietet genügend gegenseitige Deckung.

Wenn man für einige größere Bomberpulks Deckung fliegen muß, dann ist es unmöglich, die Gruppe beisammen zu lassen. Deshalb werden Staffeln und Teile von Staffeln bestimmten Pulks zugeordnet. Wir fliegen dabei in der Regel mit zwei Schwärmen zu je vier Flugzeugen. Die Schwärme fliegen in Reihe, um sich gegenseitig decken zu können, aber wenn das Führerflugzeug vorne stark zu kurven beginnt, dann wird es notwendig, in Linie hintereinander zu gehen. Normalerweise suchen die Schwarm- und Rottenführer nach Möglichkeiten zu Angriffen auf Feindjäger, während die Rottenflieger für Deckung sorgen. Das heißt aber nicht, daß die führenden Piloten nicht nach hinten und die Rottenflieger nicht nach unten sehen. Es ist unmöglich, alles zu sehen, aber jeder Pilot muß seinen Kopf in Bewegung halten und eben Ausschau halten, damit er etwas findet.

Wenn nun einer etwas Verdächtiges bemerkt, dann meldet er das über Sprechfunk, und der Schwarmführer fliegt mit allen Flugzeugen drauf zu, um festzustellen, was es damit auf sich hat. Wenn die Flugzeuge als Feind erkannt werden, dann stellen wir die genaue Zahl und die Formation fest und versuchen einen Überraschungsangriff. Der erste Viererschwarm greift im Sturz an, der zweite Schwarm bleibt oben als Höhendeckung. Man braucht diesen Schutz, denn man kann keinen richtigen Angriff fliegen, wenn man dabei noch auf den eigenen Rücken aufpassen muß. Wenn nur ein Schwarm vorhanden ist, dann greift nur eine Rotte an, und die zweite übernimmt die Höhendeckung. Wenn die Überraschung gelingt und es sich um mehrere Feindflugzeuge handelt, dann pickt sich jeder eine Maschine heraus, setzt sich hinter sie und versucht, sie abzuschießen. Wenn der Deutsche einen von oben kommen sieht, dann geht er in der Regel nach unten und fängt an zu kurven. Es ist deshalb notwendig, daß der Rottenflieger bei seinem Führer bleibt, weil dieser dem Feind nicht auf seinen Abwehrmanövern folgen kann, wenn sein Rottenflieger nicht da ist, um ihn gegen Angriffe anderer Feindflugzeuge zu decken. Wenn nun der im Luftkampf befindliche Schwarm bzw. die Rotte ihrerseits angegriffen wird, dann greift auch der oder die Rottenflieger in den Kampf ein und verständigt den Führer von der neuen Situation.

Wenn ein Führer einen Angriff beabsichtigt, dann sollte er seine Staffel über seine Absichten informieren. Stellt nun ein Rottenflieger fest, daß ein Feindflugzeug sich davonmachen kann, wenn er nicht sofort eingreift, so setzt er sich im Sturz hinter diesen Gegner und meldet dies seinem Führer, der nun die Rolle des Rottenfliegers übernimmt.

Wenn man von oben angegriffen wird, dann kurvt man in diesen Angriff hinein. Die übrigen Flugzeuge des Schwarms folgen dem Führer nicht geschlossen in diese Kurve hinein, sondern greifen ebenfalls einzeln den Feind an.

Wenn ein Pilot bemerkt, daß sich ein Feindflugzeug von hinten auf Schußentfernung genähert hat, dann muß er sofort Abwehrmanöver fliegen. Er muß slippen und gieren, soviel er kann, um dem Gegner so wenig wie möglich Gelegenheit zu genauem Zielen zu geben. Es empfiehlt sich auch, in die Richtung eigener Kameraden zu fliegen, so daß diese den Gegner vom eigenen Rücken wegschießen oder zumindest abdrängen können. Nach einem Luftkampf kann es vorkommen, daß man sich plötzlich »im Parterre« wiederfindet. Wenn man dann allein ist und keinen Kameraden findet, dem man sich anschließen kann, ist es das beste, Kurs Heimat zu nehmen und möglichst den Vorteil vorhandener Wolken als Deckung zu nutzen. Wenn aber zwei oder mehr Flugzeuge beisammen sind, dann sollten sie wieder hochziehen, vorausgesetzt sie haben noch genügend Sprit und Geschwindigkeit. Sie sollten den Leistungshebel bis zum Anschlag nach vorne nehmen und im Steigflug Geschwindigkeit halten; der Führer muß dabei ziemlich kurven, um den Mann hinter sich nicht zu verlieren. Jeder einzelne muß aufpassen, ob ein Gegner von oben angreift oder ob sich einer hinter einen Kameraden setzt. Wenn nur zwei oder drei beieinander sind, dann sollten sie nach eigenen Flugzeugen Ausschau halten und sich diesen anschließen. Zum Schluß noch die Bemerkung, daß es sich bei Begleitschutzaufgaben empfiehlt, weit seitlich, nach vorne und nach hinten auszuschwenken und feindliche Jagdflugzeuge zu bekämpfen, bevor sie an die Bomberpulks herankommen, aber nicht einfach sich weglocken zu lassen und die Bomber schutzlos ihrem Schicksal zu überantworten.«

Adolf Galland, der ehemalige General der Jagdflieger, stimmt darin überein, daß die tödliche Wendung für die deutsche Luftwaffe kam, als die amerikanischen Jagdflieger vom eng an die Bomber geketteten Begleitschutz zur Offensive übergingen und damit einer Taktik folgten, die von Verbandsführern wie George Preddy entwickelt wurden. Dieser Erfolg der amerikanischen Langstreckenjäger bewies erneut das alte und immer noch geltende Prinzip im Luftkampf: der Angriff ist die beste Verteidigung – auch von Bombern, die Begleitschutz bei sich haben, aber auch im Kampf von Jägern gegen Jäger.

Amerikanische Jagdfliegerführer lernten bei den Langstrecken-Einsätzen bis tief nach Deutschland hinein, daß es ziemlich unpraktisch war, mehr als eine begrenzte Zahl von Jagdflugzeugen direkt zu führen. Bei einem Einsatz auf Berlin hatte der hervorragende Don Blakeslee, der Führer der 4. Fighter Group, über Funk die Führung für all die hunderte von Jagdflugzeugen, die teilnahmen. Aber selbst Blakeslee schaffte es nicht, sich einen Überblick über die Tätigkeit so vieler Staffeln, die über 150 Kilometer auseinandergezogen waren, zu bilden – geschweige denn, die Einzelereignisse im voraus zu bestimmen.

Die Jäger der Reichsverteidigung gruppierten sich in größeren Formationen, als der Kampf immer verzeifelter wurde, und die dabei eingesetzten Sturmgruppen waren schon manchmal ein Anblick zum Fürchten; sie waren in ihren systematischen Angriffen gelegentlich sehr wirksam gegen Bomberpulks. Man darf daran erinnern, daß Douglas Bader von der RAF 1940 dieselbe Verteidigungstaktik während der Luftschlacht um England bevorzugt hat und dabei einmal demonstrieren konnte, was für einen Erfolg man erreichen kann, wenn man mit einem geschlossenen Geschwaderverband die einfliegenden Bomber bekämpft.

Die besonders zusammengestellten Sturmgruppen der Deutschen bestanden meist aus schwer gepanzerten Fw 190 mit vier Kanonen, die die Bomber von hinten angriffen, während leichter gepanzerte Me 109 die amerikanischen Begleitjäger in Kämpfe verwickelten oder die Bomber von vorne angriffen. (In diesem fortgeschrittenen Stadium des Kriegs war die Me 110 längst als Tagjäger und Zerstörer machtlos gegen die amerikanischen Jäger, aber dieser Typ wurde wie auch die Ju 88 in größerem Umfang bei der Nachtjagd eingesetzt.) Die deutschen Jäger verfolgten die Absicht, die engen Bomberpulks aufzusplittern, weil die einzelnen Flugzeuge getrennt besser zu bekämpfen waren. Den deutschen Jagdfliegern hatte man beigebracht, daß schwere Bomber besser von vorne als von hinten anzugreifen waren, weil die Hauptverteidigungskraft der Bomber nach hinten gerichtet war. Außerdem wurden sie instruiert, nach dem Angriff über die Bomber hinwegzufliegen, um so rasch wie möglich einen neuen Angriff ansetzen zu können, aber auch weil sie im Sturz nach unten wiederum der stärkeren Abwehrbewaffnung ausgesetzt waren. Trotzdem erlitten die deutschen Jäger schwere Verluste durch die Bordschützen der Bomber (wenn auch bei weitem nicht so schwere Verluste, wie diese Bordschützen hinterher beanspruchten) und durch die Begleitjäger.

Die deutschen Nachtjäger waren demgegenüber erfolgreicher. Ab Anfang 1944 hatten sie einen solchen Leistungsstand erreicht, daß das Bomber-Kommando die Eindringtiefe beträchtlich einschränken mußte. Die deutschen Nachtjäger griffen von hinten und von unten an; einige Ju 88 waren so ausgestattet, daß sie fast senkrecht nach oben in die schweren Bomber hineinschießen konnten (»Schräge Musik«). Im Winter 1943/44 stiegen die Verluste durch Nachtjäger und Flak bei den Bombern auf mehr als 5 % pro Einsatz.

Aber wenn die Luftwaffe in diesem Krieg der Nachtjäger so etwas wie einen Sieg davontragen konnte, so hatte sie doch den Krieg der Tagjagd verloren. General Osterkamp hat vor kurzem geschrieben, daß es »kriminell« war, wie die deutschen Jäger 1944 gegen die US-Bomberströme geschickt wurden. In Zahlen ausgedrückt, hat die Luftschlacht über Deutschland an manchen Tagen über 4 000 Flugzeuge im Einsatz gesehen. Die 8. US Air Force konnte 1 300 Bomber und 800 Jagdflugzeuge nach Deutschland hineinschicken. Hunderte von deutschen Jagdflugzeugen stiegen dann auf, um sich dem Feind entgegenzustellen. Die 9. US Air Force in Frankreich konnte mit hunderten von mittleren Bombern und Jagdbombern Ziele entlang der deutschen Grenze angreifen. Aus Italien entsandte die 15. US Air Force hunderte von Bombern und Jägern gegen Süddeutschland. Die RAF war, zusätzlich zu Kurzstreckentageseinsätzen, in der Lage, nachts neunhundert Bomber und Begleitjäger in den Kampf zu werfen, und viele deutsche Nachtjäger stellten sich dieser Bedrohung entgegen. Luftkämpfe, ja Luftschlachten dieses Ausmaßes hatte es noch nie gegeben und wird es vermutlich in diesen Zahlen nie mehr geben, allein schon deshalb, weil die heutigen Bomber so ungeheuer viel mehr an Zerstörungskraft mit sich tragen können.

Die Jagdflieger-Strategie der 8. US Air Force, ein Angriff auf alle Teile Deutschlands in großen Höhen wie im Tiefangriff, war ebenfalls bis zu diesem Zeitpunkt weder im Hinblick auf die Eindringtiefe noch auf die eingesetzten Zahlen denkbar gewesen. Es ist nicht der Zweck dieses Buchs, die strategische Bomberoffensive zu analysieren, aber es ist klar, daß diese auf Grund der Jagdflieger-Strategie weiter aufrecht erhalten werden konnte. In Analysen, die nach dem Krieg erstellt wurden, haben eine ganze Anzahl von hervorragenden Historikern mit Nachdruck den Nutzen der langen, verlust- und kostenreichen Nachtbomberoffensive der RAF in Frage gestellt, die soviel von den gesamten britischen Kriegsanstrengungen absorbierte. Selbst die Tagesangriffe der amerikanischen Bomber haben weniger ausgerichtet, als die enthusiastischen Befürworter während des Krieges immer behauptet haben. Aber die sogenannten Präzisionsangriffe der USAAF waren wirksamer, indem sie der deutschen Rüstungsindustrie, hauptsächlich auf dem Gebiet der Kugellager-Fertigung und der synthetischen Treibstoff-Herstellung, mehr Schäden zufügte als die Offensive bei Nacht, bei der dazuhin eine viel größere Bombenlast abgeworfen wurde.

Der Vorteil der Nacht, von dem man am Anfang des Krieges annahm, daß er mit den Bombern sei, wandte sich zum Vorteil der Jäger im letzten Jahr des Kriegs. Die deutschen Nachtjäger, schneller als die Bomber, fanden ihr größeres Ziel leichter als sie selbst entdeckt werden konnten, und zerstörten eindringende Bomber oft, bevor sie von diesen überhaupt erkannt werden konnten. Die geeignete Antwort auf diese radargeführte Jagd lag in der Ausrüstung der Bomber mit besseren Radargeräten, was heute realisiert ist. Aber weil heute unbemannte Flugkörper und Raketenwaffen zur Verfügung stehen und weil die Rolle des schnellen Düsen-Jagdbombers heute gewaltig erweitert ist (denn er ist so konzipiert, daß er allein oder in Formation sein Ziel anfliegen, eine nukleare Waffe von enormer Zerstörungskraft abschießen oder abwerfen und wieder auf seinen Stützpunkt zurückkehren kann), daß der Bomberstrom des Zweiten Weltkriegs – der so vielen Tag- oder Nachtjägern die Chance gab, mehrere Feindflugzeuge in kurzer Zeit abzuschießen – wohl mit Sicherheit ein Ding der Vergangenheit ist. In den folgenden Kapiteln besuchen wir deutsche Jagdflieger-Asse, die in den letzten zwei Jahren des Krieges versucht haben, die Luftoffensive gegen Deutschland in Schach zu halten, und amerikanische Jagdflieger, die den Luftkampf bis in die entferntesten Ecken Deutschlands getragen haben.

## RUDORFFER: 222 LUFTSIEGE

Zu den bemerkenswertesten Rekorden, die ein Jagdflieger im Zweiten Weltkrieg aufstellen konnte, gehört der des Majors Erich Rudorffer. Er wurde 1917 in Sachsen geboren, in dem Jahr also, in dem das zaristische Rußland gegenüber Deutschland kapitulierte und die USA in den Ersten Weltkrieg eintraten. Mit 19 Jahren begann er 1936 seine Laufbahn als Flieger. 1939 trat er in die Luftwaffe ein und diente während des Krieges an allen drei Fronten, war von Anfang bis zum Ende im Einsatz und konnte in dieser Zeit 222 Flugzeuge abschießen. Das ist zwar nicht die höchste Zahl, die ein deutscher Jagdflieger erreichte, aber sie ist deshalb bemerkenswert, weil Rudorffer 48 alliierte Flugzeuge im Westen, 26 in Afrika, 136 an der Ostfront und schließlich noch einmal 12 Flugzeuge, diesesmal mit der Me 262 in den letzten Monaten des Kriegs, abschießen konnte. Er stand nahezu 5 Jahre im Einsatz und brachte über 1 000 Feindflüge hinter sich. Unter den von ihm abgeschossenen Flugzeugen befand sich fast jeder Typ, der von den Alliierten gegen Deutschland eingesetzt war. Er ist selbst 16mal abgeschossen worden und dabei neunmal mit dem Fallschirm ausgestiegen, was wohl auch so etwas wie einen Rekord darstellt. Nur sechs deutsche Jagdflieger haben eine größere Zahl von Luftsiegen erkämpfen können, und diese sechs waren an der Ostfront eingesetzt. Es gibt Kenner des Luftkriegs, die die Leistungen von Rudorffer und von Oberstleutnant Heinz Bär als im wirklichen Sinne unübertroffen ansehen. Bär hat 108 Flugzeuge im Westen (61 davon in Afrika), 96 im Osten, und dann noch einmal 16 mit der Me 262 abgeschossen. Er ist 1957 bei Braunschweig einem Flugzeugabsturz zum Opfer gefallen. Wer ihn kannte, wird seine humorvolle und charmante Art nie vergessen.

Das lange erwartete Interview mit Rudorffer kam schließlich eines Abends im Hotel Atlantic in Hamburg zustande. Rudorffer brachte seine Frau und seine Tochter mit. Er war damals als Fluglehrer in Lübeck tätig, die dunklen Haare zeigten ein paar graue Stellen. Er ist die Verkörperung des gewissenhaften, auf-

Die Messerschmitt Bf 109 (Bayerische Flugzeugwerke) war in ihren verschiedenen Varianten der Standardjäger der deutschen Luftwaffe während des Zweiten Weltkriegs.

So sah das amerikanische Jagdflugzeug North American P. 51 Mustang aus.

Erich Rudorffer, der an allen drei Fronten des Zweiten Weltkriegs eingesetzt war und 222 Luftsiege erzielen konnte.

Die Messerschmitt Me 262, der erste einsatzfähige und in größerer Serie gebaute Düsenjäger der Welt.

richtigen Menschen. Er ist größer als Jagdflieger im Durchschnitt sind, immer noch schlank und hat große, durchdringende blaue Augen. Er war eher bescheiden im Hinblick auf seine Leistungen im Kriege. Dabei hat er einmal an einem einzigen Tag (am 9. Februar 1943) 8 Flugzeuge, sechs Tage später 7 Flugzeuge und am 6. November 1943 sogar 14 Flugzeuge an einem Tag abgeschossen.

Da Rudorffer die Me 262 im Einsatz geflogen hat, fragte ich ihn, wie wirksam dieser Typ gegen alliierte Jagdflugzeuge während der Tagangriffe der US Bomber war.

»Sie war sehr gut, sehr schnell – aber es waren eben in jenem Stadium des Kriegs bereits zu viele alliierte Jäger in der Luft für die paar Me 262, die wir hatten«, sagte er. Die deutschen Flugzeugführer mußten sich seiner Meinung nach mit vielen technischen Kinderkrankheiten in diesen neuen Düsenflugzeugen herumschlagen, was nicht verwunderlich war bei einer so revolutionären Neuerung. Aber in der Hauptsache war es eben doch die erdrückende zahlenmäßige Überlegenheit, der die deutschen Jagdflieger gegenüberstanden und die ihre Aufgabe so hoffnungslos machte. »Ich kann mich an einen Tag im Jahr 1944 erinnern, an dem ich etwa 2 000 alliierte Flugzeuge über Deutschland beobachten konnte. An diesem Tag standen mir 16 Me 262 zur Verfügung. Wir griffen B-17 Bomber und P.51 Jäger an. Sieben Flugzeuge konnten wir abschießen und verloren zwei eigene Leute dabei. Ich habe zwei »fliegende Festungen« an jenem Tag erwischt – es muß im April gewesen sein –, aber auch mein Flugzeug war dabei schwer beschädigt worden. Wir flogen die Me 262 mit etwa 990 km/h, selten viel langsamer. Es waren zu viele Flugzeuge um uns herum. Im Steigflug erreichten wir etwa 745 km/h. Ich war damals Kommandeur der II. Gruppe des J.G. 7, das als erstes reines Düsenjäger-Geschwader aufgestellt und in Kaltenkirchen bei Hamburg stationiert wurde. Im Januar 1945 wurde eine besondere Staffel aus berühmten Jagdfliegern gebildet (JV 44). Ich hatte in Lechfeld auf die Me 262 umgeschult. Wir konnten mit dieser Maschine nur etwa 55 Minuten bei voller Leistung in der Luft bleiben und vielleicht eineinhalb Stunden mit Marschgeschwindigkeit. Einmal habe ich es geschafft, eine Stunde und fünfzig Minuten oben zu bleiben – das war mein längster Flug mit der Me 262.

Wir wußten, daß die Amerikaner über den Dümmersee hereinkamen und diesen See oft als Rendezvous-Punkt benutzten. Deshalb sammelten wir über dem Steinhuder Meer bei Hannover. Ich kann mich noch gut erinnern, wie wir eines Tages dort sammelten, unseren Angriff flogen, dann nach Prag, von dort nach München/Rosenheim weiterflogen, um schließlich in Dresden zu landen. Es war in jenen Tagen sehr, sehr schwierig, einen Platz zu finden, auf dem man sicher landen konnte – so viele amerikanische Jäger flogen am Himmel über Deutschland. Dies war eine der Schwierigkeiten, denen die deutschen Jagdflieger damals gegenüberstanden. Viele deutsche Jagdflugzeuge wurden am Boden zerstört oder aber während der Landung. Die kurze Flugzeit der Me 262 machte die Frage der Landung schon vom Beginn eines Einsatzes an zur schweren Sorge.

Die großen Zahlen der amerikanischen Flugzeuge haben mich im Grunde nicht überrascht. Als wir hörten, daß die Vereinigten Staaten von Amerika uns 1941 den Krieg erklärt hatten, wußten wir, daß dieser Krieg für uns verloren war... wir im J.G. 2 wußten, was das bedeutete. Viele von uns wußten es.«

Ich bat Rudorffer um eine Bewertung der Jagdflugzeuge, gegen die er im Westen gekämpft hat. Seiner Meinung nach waren die deutsche Me 109 und Fw 190 der P.40 und P.38 überlegen, die in Afrika eingesetzt waren. Er sah die Spitfire und die P.51 als sehr gute Jagdflugzeuge an. Ich fragte ihn, ob er die Spitfire im Kurvenkampf für gefährlicher hielt. Er verneinte dies; er hatte eine hohe Achtung vor der P.51 Mustang, von der er sagte, daß diese gelegentlich sogar Me 262 abschießen konnte. Von den Flugzeugtypen wechselten wir im Gespräch dann zu den alliierten Flugzeugführen, d. h. den Jägern, über und zu dem Ehrenkodex, an den sich die meisten Jagdflieger fast den ganzen Krieg hindurch hielten.

»Ich habe einmal zusehen müssen, wie ein deutscher Me 262-Pilot, am Fallschirm hängend, von verschiedenen P.51 beschossen wurde. Das war ein Schock für mich. Im Einsatz gegen England und über Afrika habe ich so etwas nie erlebt. Ich glaube, das muß eine Söldner-Natur gewesen sein, die fliegen gelernt hat und es nicht besser wußte.« Rudorffer erzählte diesen Zwischenfall ohne jede Bitternis. Er fuhr fort: »Das war ganz anders in der Luftschlacht um England. Einmal – ich glaube, es war am 31. August

1940 – hatte ich einen Luftkampf mit vier Hurricanes über Dover. Ich war dann schon wieder auf der anderen Seite des Kanals, als ich eine andere Hurricane bemerkte, die aus Richtung Calais kam und eine weiße Fahne hinter sich her zog. Offensichtlich hatte es sie bös erwischt. Ich setzte mich daneben und eskortierte die Maschine nach England hinüber und winkte dem Piloten dann zu. Ein paar Wochen später ist es mir dann umgekehrt ergangen. Aber an der Ostfront wäre so etwas undenkbar gewesen – völlig undenkbar.«

Zu jener Zeit flog Rudorffer die Me 109; später stieg er dann auf die Fw 190 um. Auf die Frage nach den beiden Typen und nach seiner Taktik antwortete er: »Die Fw 190 war sehr gut bis in Höhen von 8 000 Meter, darüber war dann die Me 109 besser. Aber ich habe nie eine speziell frisierte Maschine geflogen. Ich flog die gleichen Maschinen wie meine Leute. Ich wollte gar keine bessere haben.

Beim Angriff war es am besten, wenn man mit Geschwindigkeitsüberschuß aus der Überhöhung kam, eine Garbe abgab und den Gegner damit abschoß, um gleich wieder hochzuziehen. Hans-Joachim Marseille war darin in Afrika ein ausgesprochener Experte, und als ich in Tunesien war, habe ich die gleiche Technik entwikkelt. Wenn man Fliegen und Schießen genau aufeinander abstimmen konnte, dann war es egal, ob man von oben oder von unten kam – den notwendigen Geschwindigkeitsüberschuß vorausgesetzt. Das Geheimnis lag einfach darin, daß es gleich beim erstenmal klappte; ob von der Seite oder von hinten, ich ging gewöhnlich bis auf 50 Meter heran und eröffnete das Feuer. Ich übte dieses Hinein- und wieder Heraustauchen in bzw. aus dem gegnerischen Abwehrkreis mit meinen Kameraden. In Afrika haben nämlich die Jagdflieger der anderen Seite sehr oft den Abwehrkreis angewandt, und dabei war es dann möglich hineinzuslippen und Mehrfachabschüsse zu erzielen.

Am 9. Februar 1943 habe ich auf diese Weise innerhalb von fünfzehn Minuten acht Flugzeuge abgeschossen – sechs P.40 und zwei P.38. Das passierte etwa 200 Kilometer südlich von Tunis. Ich flog damals als Kommandeur der II./J.G. eine Fw 190. Wir lagen in Kairouan und hörten, daß Bomber und Jäger im Anflug waren. Eine Staffel hatte Sitzbereitschaft, und ich befahl Alarmstart. Ich selbst startete immer als Letzter, um mich noch mit den neuesten Nachrichten über Kurs und Geschwindigkeit des gegnerischen Verbands zu orientieren. Dann startete ich mit dem Stabsschwarm und nahm Kurs auf die »Möbelwagen« und »Indianer«. Sie kamen aus westlicher Richtung – etwa 24 B-17, 18 P.40, 20 P.38 und etwas mehr als 20 Spitfires. Es können auch ein paar Hurricanes darunter gewesen sein, denn als die Kurbelei losging, meinte ich, einige Hurricanes erkannt zu haben. Wir flogen etwa in 7 000 Meter Höhe, die Bomber waren tiefer als wir, die P.40 höher. Als wir die Bomber im Sturz anflogen, kamen die Curtiss-Jäger von oben, und damit begann eine allgemeine Kurbelei. Nach kurzer Zeit gingen die P.40, die nicht so schnell waren wie wir, in den Abwehrkreis. Ich fing dann an, von oben und von unten in den Kreis hineinzutauchen und konnte sechs Maschinen innerhalb von sieben Minuten abschießen. Soweit ich mich entsinnen kann, stand in meinem Gefechtsbericht, daß ich eine um 13.59 Uhr, eine um 14.00 Uhr, die nächste um 14.01 Uhr, eine um 14.02 Uhr, dann eine um 14.05 Uhr und die letzte um 14.06 Uhr abschießen konnte. Um diese Zeit war der Luftkampf abgebrochen worden; die anderen hatten sich in alle Winde zerstreut. Dann erkannte ich tiefer unter mir einige P.38, die Tiefangriffe flogen. Obwohl ich nur den Stabsschwarm bei mir hatte, machten wir einen Abschwung und konnten sie überraschen. Ich erwischte eine von oben, zog anschließend wieder hoch und konnte beim nächsten Abschwung noch einmal eine abschießen. Das waren also acht Luftsiege an einem Tag – ich kann mich noch gut daran erinnern, denn es war einer der erfolgreichsten Tage während meines Einsatzes im Krieg.«

Aus Rudorffers Darstellung der von ihm in Afrika angewandeten Technik kann man entnehmen, daß er und Werner Schroer zu den wenigen deutschen Jagdfliegern gehörten, die die sogenannte »Marseille-Technik« beherrschten. Rudorffers Beschreibung deckt sich fast wörtlich mit der, die mir Marseilles Rottenflieger, Reiner Pöttgen, ein paar Jahre vorher genauso wie Marseilles ehemaliger Kommandeur, Eduard Neumann, gegeben hatte. Wer also skeptisch ist im Hinblick auf die Erfolge von Marseille, der muß sich nun mit den Kampferfahrungen von Rudorffer und Schroer auseinandersetzen, die Marseilles Taktik angewandt haben und ähnlich erfolgreich waren. Eine knappe Woche nach dem oben ge-

schilderten Luftkampf hat Rudorffer sieben Flugzeuge an einem Tag abgeschossen.
Seine Kameraden hielten Funktstille während dieser Erfolgsserie am 9. Februar 1943. »Ich hatte Glückwünsche über Sprechfunk untersagt. Aber nach der Landung kamen sie natürlich alle zu meinem Flugzeug herüber. Kurze Zeit später gratulierte auch General Christiansen von Bari aus per Funk. Die Feier an diesem Abend verlief verhältnismäßig brav, denn ich trinke nicht. Ich habe viel geraucht, aber keinen Wein getrunken.«
Die deutsche Luftwaffe hatte im November und Dezember 1942 einige ihrer besten Jagdflieger nach Tunesien geschickt, um die Amerikaner zur Ader zu lassen, und Rudorffer hat zu denen gehört, die anscheindend genau das fertig brachten. Er und seine Kameraden waren erfahrene Jagdflieger in überlegenen Flugzeugen, aber sie konnten die letzte Stellung der Deutschen in Afrika nicht mehr sichern. Die Alliierten hatten zu Lande und zur See bereits zu festen Stand. Amerikanische Truppen drückten von Westen her, die 8. Armee der Briten rückte unter Montgomery von Süden her an. Im gleichen Maße, wie das von den Deutschen und Italienern noch gehaltene Gelände in Afrika zusammenschrumpfte, geschah dies mit der Zahl der Flugplätze, von denen aus die Luftwaffe noch operieren konnte. Das war eines der größten Handicaps, dem die deutschen Jagdflieger in den letzten Tagen in Afrika gegenüberstanden.
»Wir verloren viele Flugzeuge durch Bombenangriffe in den letzten Tagen in Afrika, in Tunesien und später in Bizerta, und dann wurde auch die Flak noch sehr gefährlich. Ich kann mich daran entsinnen, daß die Flak bei Tebessa sehr gut war. Wir mußten unsere restlichen Flugzeuge dann am Ende (im April 1943) ausfliegen.«
Rudorffer hat über hundert russische Flugzeuge abgeschossen und hat an allen Fronten über lange Zeiten hinweg im Einsatz gestanden. Er ist also der qualifizierte Gesprächspartner bei der Frage, die die deutschen Jagdflieger des Zweiten Weltkriegs heute noch bewegt: war es im Osten tatsächlich leichter, zu einem Abschuß zu kommen?
»Als ich nach Rußland versetzt wurde – das war im August 1943 –, da waren die russischen Piloten gar nicht mehr so

schlecht. Aber es war im Westen immer härter und ist auch so geblieben.«

Rudorffer hatte eines seiner Flugbücher zu dem Interview mitgebracht, und wir verfolgten eine Reihe von Einträgen. Er erinnerte sich gern an diese fliegerische Vergangenheit. Fliegen ist immer noch sein Beruf; oft ist er sieben Stunden am Tag als Fluglehrer mit einer Piper der Fliegerschule Lübeck in der Luft. Und trotz der Tatsache, daß er 222 Luftsiege erkämpft hat – viele davon gegen Piloten an der Westfront – und daß er unzweifelhaft einer der größten Flieger der Welt ist, ist er ein bescheidener, friedlicher Mensch. In dieser Hinsicht ähnelt er sehr dem erfolgreichsten Jagdflieger aller Zeiten, Erich Hartmann. Taktisch dachten und kämpften sie gleich. Rudorffer hat vielleicht ein paar größere Tage gehabt. Außer den 8 amerikanischen Flugzeugen, die er am 9. Februar 1943, und den 7, die er am 15. Februar in Afrika abgeschossen hat, gelang es ihm, an der Ostfront am 6. November 1943 14 und am 28. Oktober 1944 11 russische Maschinen herunterzuholen.

Vielleicht erklärt seine Neigung, einen Luftkampf zeitlich auszudehnen, auch, warum er 16mal selbst abgeschossen wurde und 9mal mit dem Fallschirm abspringen mußte. Wenn man ihn so sieht, dann kommt man nicht auf den Gedanken, daß dieser nette, friedliche und freundliche Mann im Zweiten Weltkrieg so angriffsfreudig und erfolgreich war, daß er zu den größten Jagdfliegern der Welt gehört.

## MEYER: DAS GEISTERFLUGZEUG

Es ist bezeichnend, daß die erfolgreichsten Jagdflieger in den zunehmend heftigeren Luftkämpfen gegen Ende des Zweiten Weltkriegs im allgemeinen den klassischen Kurvenkampf vermieden haben. An dessen Stelle entwickelten sie spezielle Angriffsarten, gewöhnlich einen schnellen Sturzangriff, um den Gegner zu überraschen, einen Feuerstoß aus kürzester Entfernung, dann Abbruch und Lösen vom Feind, entweder im Sturz oder durch Hochziehen, wobei ein Geschwindigkeitsüberschuß ausgespielt werden konnte: Die klassische Kurbelei, mit Kurven und nahezu jedem Kunstflugmanöver, das tausende von Jagdfliegern als Standardprozedur im Luftkampf angesehen hatten, wurde von diesen Jagdfliegerführern als außerordentlich gefährlich verworfen. Einige Asse haben Flugzeugführern, die von den Ersatz-Verbänden kamen, ihre Philosophie des Luftkampfs beigebracht, aber viele sind bis zum Ende des Krieges geflogen, ohne diesen Trend zu erkennen. Das Ganze war natürlich nichts Neues. Richthofen und andere haben bereits im Ersten Weltkrieg ähnliche, vorsichtige Taktiken übernommen und waren sehr erfolgreich, indem sie sie beibehielten.

Der auf dem europäischen Kriegsschauplatz auf die vierte Stelle gekommene amerikanische Jagdflieger gehörte zu denen, die etwa zur selben Zeit auf die gleichen Gedanken wie z. B. Hartmann gekommen waren: John C. Meyer, Vizestabschef der USAF zu dem Zeitpunkt, als dieses Buch geschrieben wurde, war damals (1944) stellvertretender Kommandeur der 352. Fighter Group. Er erkannte die Risiken, auf die sich ein Jagdflieger einließ, wenn er bei einer wild durcheinandergehenden Kurbelei mitmachte, an der eine größere Anzahl von Flugzeugen teilnahm, die sich gegenseitig auszukurven versuchen. General Meyer hat kürzlich bei einem Interview im Pentagon in Erinnerung an die Taktiken, die er 1944 und 1945 erfolgreich anwandte, seine Überlegungen dargelegt:

»In der Regel habe ich mich mit gegnerischen Jagdfliegern nicht aufs Kurven eingelassen. Ich habe einmal mitgezogen – um zu sehen, wie die Lage steht –, aber nicht oft. Es war zu riskant, nicht weil die Me 109 oder die Fw 190 mich auskurven konnten. Ich flog eine P.51 und die konnte es mit beiden Typen mehr als aufnehmen – ausgenommen vielleicht in Höhen über 7 000 Metern, wenn der Höhenlader sich einschaltete.

Gewöhnlich griff ich aus der Überhöhung im schnellen Sturz an und zog wieder hoch, wenn ich geschossen hatte. Ich konnte dabei schnell aus dem Schußbereich des anderen herauskommen und wartete dann, bis der mit dem aufhörte, was er gerade tat. Wenn er in eine Kurve gegangen war, dabei Fahrt verloren hatte, und ich mich in einer guten Position befand, dann konnte ich mit hoher Geschwindigkeit wieder auf ihn andrücken. Ich muß dabei allerdings erwähnen, daß damals die meisten deutschen Piloten, auf die ich traf, nicht so auf Draht waren. Beim damaligen Stand der Dinge traf man selten auf einen wirklichen Experten – die meisten waren wohl gerade aus den Fliegerschulen heraus. Und natürlich: ein wesentlicher Teil eines kurvenden Flugzeugs ist der Pilot, der drin sitzt und kurvt. Deshalb entstand vielleicht der Eindruck, daß die P.51 der Me 109 und der Fw 190 überlegener war, als von der technischen Auslegung her der Fall war.«

(Erich Hartmann hat einmal Hermann Göring gegenüber Klage geführt, daß unerfahrene junge Piloten in einen aussichtslosen Kampf geschickt werden, er hat dies auch bei der Verleihung der Brillanten Adolf Hilter gegenüber vorgetragen, der dabei interessanterweise zugegeben hat, daß der Krieg nicht mehr zu gewinnen war.)[1]

In diesem Jahr aber sollte Meyer als einer der ersten amerikanischen Flieger auf einen ganz anders gearteten Jagdflugzeug-Typ stoßen: auf die Me 262. Was er dabei erlebte, dient dazu, die damalige Situation besser auszuleuchten. Erich Rudorffer, der im vorangegangenen Kapitel vorgestellt wurde, hat die Me 262 in dem Einsatzraum geflogen, in dem Meyer Feindberührung hatte. Meyer hat die Leistung der 262 ziemlich genau nach seiner ersten Begegnung im Sommer 1944 erfaßt:

»Wir flogen Begleitschutz in jenem Sommer und befanden uns nördlich der Friesischen Inseln, nicht weit von der dänischen Küste. Ich sah drei Flugzeuge in einiger Entfernung, und da sie nied-

1 Raymond Toliver and Trevor Constable: »Holt Hartmann vom Himmel!«, Motorbuch Verlag, Seiten 159–163.

riger flogen als wir, dachte ich: die können wir überholen, ohne die Zusatztanks abwerfen zu müssen. Ich nahm also zwei Schwärme – acht Mustangs – mit und kurvte auf die niedriger fliegenden Maschinen ein. Damals hatte uns der Geheimdienst noch nichts über die Möglichkeit, auf Düsenflugzeuge zu treffen, gesagt. Und so waren wir hinter diesen drei Flugzeugen her, mit leichtem Höhenvorteil, und konnten langsam aufholen. Wie gesagt, wir hatten Begleitschutzaufgaben, waren aber noch nicht am Treffpunkt mit den Bombern angelangt und hatten also nicht viel Zeit für einen Angriff. Zuerst holten wir auf. Dann plötzlich blieb der Abstand der gleiche. Ich drückte den Leistungshebel bis zum Anschlag vor, aber wir kamen nicht heran. Dann stiegen sie uns einfach davon. Sie waren schnell über uns und innerhalb kürzester Zeit außer Sicht. So etwas hatten wir noch nicht erlebt.
Als wir von diesem Einsatz zurück waren, haben wir uns natürlich zusammengesetzt, um unsere Eindrücke auszutauschen. Mir war, als hätte ich das ganze überhaupt nicht gesehen, so unglaublich erschien es. Wir sahen uns an und fragten uns gegenseitig, ob jeder das gleiche gesehen hatte. Wir zweifelten dann unser Erlebnis an, weil es so irrational erschien. Aber wir hatten richtig gesehen, es waren Me 262. Es war unser erster Quantensprung in der Entwicklung der Luftfahrt. Aber wir konnten immer noch keine Erklärung von unseren eigenen Leuten bekommen, obwohl wir ganz genau meldeten, was wir beobachtet hatten.
Die zweite Begegnung mit diesen neuen Jagdflugzeugtypen hatte ich auf dem Rückflug von einem anderen Einsatz. Wir begleiteten unsere dicken Brummer gerade aus Deutschland wieder heraus und befanden uns in der Gegend des Dümmersees. Nach Aufnahme eines »Mayday«-Hilferufs fanden wir eine einsame B-17 weit unten, mit einem stehenden Motor und ziemlich zerschossen, die versuchte, wenigstens aus dem feindlichen Gebiet herauszukommen. Eine Me 262 flog einen Angriff auf den schwer beschädigten Bomber – etwa in 4 000 Meter Höhe –, und ich ging mit meinen acht Mustangs im steilen Abschwung nach unten, um die B-17 zu verteidigen. Wir waren also acht gegen eine. Aber die Me 262 brach ihren Angriff nicht ab. Schließlich drehte sie ab, und wir kurvten hinter ihr mit. Aber dann kurvte sie bereits wieder zurück, und wir mußten feststellen, daß sie in der Zeit einen Vollkreis um den angeschlagenen Bomber fliegen konnte, die wir

brauchten, um den Durchmesser dieses Kreises zu durchfliegen, um auf die andere Seite zu kommen. Wenn wir ihr also folgten, dann war sie so viel schneller, daß sie längst auf der anderen Seite war und einen erneuten Angriff ansetzen konnte, ohne daß wir überhaupt Gelegenheit erhielten, selbst zum Schuß zu kommen. Ich postierte dann vier Mustangs auf jeder Seite der B-17, so daß wir fast bei jedem Manöver, das sie flog, auf sie einkurven konnten. Diese Erfahrung führte zu dem Schluß, daß man acht P.51 brauchte, um mit einer Me 262 fertig zu werden.«

Auf die Frage, ob die Me 262 mit der Mustang kurven konnte, in anderen Worten, was sie in einem Kurvenkampf wert war, antwortete Meyer:

»Die Me 262 konnte die Mustang nicht auskurven. Sie hatte das aber gar nicht nötig. Wenn diese zwei Flugzeuge vom selben Punkt eines Apfels aus starteten – dies nur als theoretische Betrachtung gemeint –, dann konnte die Me 262 die P.51 nicht auskurven, aber sie war so viel schneller, daß sie in der gleichen Zeit um den Apfel herumgeflogen war, die die P.51 brauchte, um gerade durch den Apfel hindurch auf die andere Seite zu kommen. Die Initiative lag bei der Me 262, sie konnte abdrehen und zu einem neuen Angriff in Position gehen – alles außerhalb des Schußbereichs unserer Waffen. Der P.51 Pilot konnte zwar scharf abdrehen, um eine Me 262, die bereits hinten an ihm klebte, wieder los zu werden, aber das ist ja ein Abwehrmanöver, und die Me 262 hatte die Geschwindigkeit und die Initiative, konnte erneut in Position gehen und einen Angriff fliegen. Genau so konnte der Me 262-Pilot den Kampf abbrechen, wenn er wollte.«

Nach dem vergleichbaren Wert von Geschwindigkeit und Manövrierfähigkeit eines Jagdflugzeugs im Zweiten Weltkrieg gefragt, sagte Meyer, daß dies immer davon abhing, mit wem man es zu tun hatte.

»In Europa, wenn es gegen Deutsche ging, dann war mir Geschwindigkeit lieber als Manövrierfähigkeit. Man kann den Höhenvorteil oder kinetische Energie immer in Geschwindigkeit umsetzen.«

Obwohl Meyer auf dem Gebiet der Taktik als Experte galt und gilt, hat ihn die letzte große Anstrengung der Luftwaffe in einer Sitauation erwischt, bei der ihm sein ganzes Wissen und Können nichts geholfen hätte – womit einmal mehr die Rolle von Zufall,

Glück oder Schicksal im Krieg ihre Betonung erfährt. Wie es sich dann herausstellte, war er als Flieger wie als Schütze doch gut genug, um seinen 22. und 33. Luftsieg an diesem Tag zu erringen, aber es ging ganz nahe daran vorbei, daß er – genau wie es wahrscheinlich Richthofen gegen Ende des Ersten Weltkriegs passiert ist – vom Boden her abgeschossen wurde. Es war eine jener Situationen, die ein Jagdflieger nicht vermeiden kann, so gescheit und sorgfältig er auch sein mag.

Er lag damals auf einem Platz in der Nähe von Asch in Belgien. Die 352. Fighter Group war im Dezember dorthin verlegt worden, um bei der Abwehr der deutschen Ardennenoffensive zu helfen. Er startete am Morgen des Neujahrstags 1945 und war gerade am Ende der Startbahn angelangt, als der letzte Versuch der deutschen Luftwaffe, einen vernichtenden Schlag zu landen, sich über ihm entfaltete. Hitler hatte hohe Erwartungen mit diesem letzten großen militärischen Spiel in den Ardennen verbunden, und zu einem gewissen Teil auch mit dem beabsichtigten Schlag der Luftwaffe. Albert Speer schreibt in seinen Memoiren, in welcher Stimmung Hitler in der Nacht vor diesem Ereignis war. Speer kam im unterirdischen Führerhauptquartier bei Ziegenberg etwa um 02.00 Uhr morgens an. Der Kreis um den Diktator trank Sekt – er selbst allerdings nicht, denn er war Abstinenzler – aber Hitler war der einzige unter den Anwesenden, der sich im Zustand einer dauernden Euphorie befand. Er machte optimistische Prognosen für das neue Jahr. Zuerst verfehlte dieser unwirkliche Ton seine Wirkung auf die anderen – Adjutanten, Ärzte, Sekretärinnen, Stabspersonal –, aber Speer schreibt, daß nach zwei Stunden jedermann zu einer optimistischeren Betrachtungsweise bekehrt war. In dieser Nacht wußte Hitler sicherlich von dem geplanten Schlag, den über 500 Jäger und Bomber ein paar Stunden später – in der Morgendämmerung – führen sollten.

Dieser Neujahrsmorgen war neblig in Asch wie auch auf den übrigen Flugplätzen in Europa, und so konnte Meyer erst um 9.43 Uhr am Haltepunkt vor der Startbahn Aufstellung nehmen. Als er dann zum Start anrolllte, wunderte er sich über die Flak, die am anderen Ende der Startbahn zu schießen begann. Während er noch über Funkspruch bei der Flugleitung anfragte, bemerkte er die Tiefdecker-Silhouette eines niedrig anfliegenden Flugzeugs.

(Vom Turm war gemeldet worden, daß sich kein anderes Flugzeug in der Gegend befinde.) Heftiges Flak-Sperrfeuer setzte am Ende des Platzes ein, und Meyer erkannte die anfliegende Maschine als Fw 190. Der Flugplatz Asch wurde – wie viele andere entlang und hinter der Front – von deutschen Verbänden angegriffen.
Meyer drehte nicht von der Startbahn ab und unterbrach seinen Start auch nicht, sondern ging mit seiner Mustang auf Kampfleistung, und im Abheben hatte er die Fw 190 im Visier, die gerade dabei war, ein Transportflugzeug, das auf der anderen Seite abgestellt war, zu beschießen. Während die beiden Jagdflugzeuge sich nun rasend schnell näher kamen, gab Meyer von vorn einen kurzen Feuerstoß ab. Die 190 sauste vorbei und schlug auf dem Boden auf, bevor Meyer noch aus der Startkurve heraus war. Dann fand sich Meyer plötzlich in Gesellschaft von lauter deutschen Jägern. Er hängte sich an den Schwanz einer anderen 190. Da begann eine Me 109 hinter ihm einzukurven. Aber glücklicherweise setzte sich eine weitere Mustang, die im Alarmstart aus dem Platz herausgekommen war, hinter diese Me 109. Meyer wandte der 190 wieder seine volle Aufmerksamkeit zu, die nun – in etwa 1 000 Meter Höhe eine halbe Rolle flog, aus dem Rückenflug gegenkurvte und senkrecht nach unten ging. Meyer rechnete damit, daß die 190 unten in die Bäume rauschte und konnte es kaum glauben, als er sah, wie der Deutsche gerade noch im letzten Moment verzweifelt zog und es schaffte. Die 190 rasierte ein paar Baumspitzen und fegte nun dicht über den Bäumen davon. Meyer setzte zum Sturz an und folgte. Er holte auf. Der Deutsche hatte ihn gesehen und flog nun Zick-zack-Kurs. Vom Boden her kam Beschuß. Meyer blieb hinter seinem Gegner, obwohl seine Mustang jetzt auch an verschiedenen Stellen durchlöchert war; schließlich bekam er die 190 ins Visier, eröffnete das Feuer und brachte sie zum Absturz – es war der zweite Luftsieg an diesem Morgen.
Als er dann versuchte, auf den Platz zurückzukommen, hörte er vom Turm, daß Asch immer noch unter dem Angriff lag. Jeder Flugplatz, auf dem er während der nächsten Stunde zu landen versuchte, lag ebenfalls unter heftigem Angriff. Er sah immer wieder feindliche Verbände. Weil er aber seine Munition verschossen hatte, mußte er ihnen aus dem Weg gehen, einmal wurde

er sogar heftig gejagt. Nach eineinhalb Stunden konnte er dann doch in Asch landen. Hunderte von amerikanischen und englischen Flugzeugen waren zerstört und weitere hunderte schwer beschädigt. Aber auch die deutsche Luftwaffe hatte in diesen neunzig Minuten hunderte von Flugzeugen verloren – in der Hauptsache, weil sie von Piloten ohne Erfahrung geflogen wurden.
An diesem Morgen hatte Meyer durch Beschuß vom Boden her Treffer einstecken müssen, wie es seinem Freund George Preddy erst sechs Tage vorher passiert war. Preddy war dabei gefallen wie so mancher andere Jagdflieger, der sich bei der Jagd auf einen Gegner bis dicht über die Baumwipfel herunterlocken ließ. Richthofen war 27 Jahre vorher, kaum hundert Meilen von hier entfernt, in der Nähe von Amiens wahrscheinlich auf die gleiche Weise ums Leben gekommen. Es war ein Tag, an dem Meyer es nicht fertig brachte, seine sonst geübte Vorsicht walten zu lassen, die er im Luftkampf so wirksam zur Geltung bringen konnte.
Zufall und Umstände konnten so auch die besten Taktiker und die kühlsten Denker überwältigen. Mit einigem Glück konnten jedoch jene Jagdflieger, die ihr eigenes System ausgearbeitet hatten und Geduld, Vorsicht und scharfe Intelligenz bewiesen, sich bessere Überlebenschancen ausrechnen, und von Luftsieg zu Luftsieg mußten sie ja auch bessere Flieger und bessere Schützen werden. Meyer wurde 1944 als einer der besten Jagdflieger der USAAF angesehen und deshalb zusammen mit Preddy und Virgil Meroney aufgefordert, für das Kriegsministerium eine Denkschrift über Taktik und Erfolg im Luftkampf zu schreiben. Hier folgen seine Ansichten über den Luftkampf, wie er sie damals niedergelegt hat:[1]
»Ich habe in jedem Fall, in dem ich von feindlichen Flugzeugen angegriffen worden bin, in diesen Angriff hineingekurvt. Wir hatten herausgefunden, daß die Kurveneigenschaften der P.47 im Vergleich mit der Me 109 und der Fw 190 nahezu die gleichen waren. Wenn wir angegriffen werden, dann kommt der Gegner fast immer von oben und hat somit einen Geschwindigkeitsvorteil – und in diesem Fall ist es einfach, enger zu kurven. Wenn man das gegnerische Flugzeug rechtzeitig erkennt, kann man oft sogar von vorn angreifen. Ich habe das zweimal durchgeführt, und jedesmal ist das gegnerische Flugzeug ausgewichen und hat nach

1 John C. Meyer, »The Long Reach«, T. A. C. Attack.

unten abgedreht. So konnte ich dann aus einer Abwehrsituation eine Angriffssituation machen.

Die Sonne ist eine äußerst wirksame Offensivwaffe, und der Feind bedient sich ihrer sehr gerne. Wenn immer dies möglich ist, dann setze ich alle Kurven in die Sonne hinein an und versuche nie, mit der Sonne im Rücken zu fliegen. Wolken sind eine wirksame Hilfe, wenn man einem Gegner zu entkommen versucht, falls die Bedeckung 8/10 oder stärker ist. Sie sind auch eine willkommene Gelegenheit, wenn man allein nach Hause fliegen muß.

Wenn ich von einer größeren Übermacht angegriffen werde, dann mache ich, daß ich so schnell wie möglich wegkomme, nutze den Geschwindigkeitsvorteil oder Wolken (es gibt auf diesem Kriegsschauplatz fast immer genug Wolken), und nur als allerletzte Rettung versuche ich es mit einem Sturzflug bis dicht über den Boden. Eine offensive Handlung in der Anfangsphase eines gegnerischen Angriffs wird einem immer etwas Luft und einen kleinen Vorsprung in Richtung Heimat verschaffen. Ich mußte eine Erfahrung machen, die diese zuletzt getroffene Feststellung untermauert und die auch zeigt, was Teamarbeit zu vollbringen vermag. Mein Rottenflieger und ich wurden beim Angriff auf zwei Me 109 unsererseits von einer überlegenen Anzahl feindlicher Jäger angegriffen. Trotz dieser Tatsache (die gegnerischen Flugzeuge waren noch nicht auf Schußentfernung heran) setzten wir unseren Angriff fort, wobei jeder von uns ein Flugzeug abschießen konnte, und kurvten dann in den gegnerischen Angriff hinein. Unsere Angreifer drehten ab und gewannen wieder den taktischen Vorteil der Überhöhung – aber während dieser kurzen Zeitspanne gelang es uns, in den Wolken zu verschwinden. Läßt man erkennen, daß man bereit ist, den Kampf anzunehmen, so kann auch dies den Feind entmutigen, selbst wenn er in der Überzahl ist. Dagegen habe ich bei anderen Gelegenheiten, indem ich sofort das Parterre aufsuchte, dem Feind direkt eine »Spritze« gegeben und seinen halbherzigen Angriff zu einer heftigen Attacke werden lassen.

Ich liebe das »Parterre« nicht. Dies gilt besonders für das Gebiet des Pas-de-Calais. Ich glaube zwar, daß man es wirksam nützen kann, wenn man nicht die Aufmerksamkeit einer größeren Anzahl von Feindflugzeugen erwecken will, denn es ist schwierig, aus größerer Höhe ein Flugzeug zu erkennen, das in Bodennähe fliegt. Aber bei Ganzmetallflugzeugen ist selbst diese Entschuldigung zweifelhaft. Die Gefahr durch Beschuß mit kleinkalibrigen Waffen vom Boden her ist beträchtlich, hauptsächlich in der Nähe der Küste. Ich bin mir im klaren darüber, daß meine Ansicht von der mancher Zeitgenossen abweichen mag, aber zwei Drittel der Verluste unserer Staffel waren auf Beschuß vom Boden her zurückzuführen. Erst vor kurzem habe ich eine Staffel von 12 Flugzeugen bei einem Tiefflugeinsatz 80 Kilometer über Feindgebiet im Pas-de-Calais geführt. Wir wurden auf dem ganzen Weg beschossen. Wir verloren dabei einen Flugzeugführer und drei Flugzeuge. Drei weitere wurden beschädigt. Ich wiederhole: ich habe nichts für das Fliegen im Parterre übrig und kann keinen Vorteil darin erkennen, so niedrig zu fliegen. Ich bin einmal so weit unten von drei Me 109 erwischt worden und bin ihnen nur mit Mühe durch Einschaltung der Wasser-Einspritzung entkommen.

In der Hauptsache brauche ich die Augen meines Rottenfliegers. Ein Mann allein sieht nicht genug. Wenn ich angegriffen werde, dann wünsche ich, daß er zuerst mich warnt und dann erst denkt. Jede Situation ist anders, und der Rottenflieger muß Initiative und die Fähigkeit haben, eine Situation richtig zu erkennen und entsprechend zu handeln. Es gibt keine Daumenregel, nach der ein Rottenflieger sich richten könnte.

Ich versuche immer, aus der Sonne heraus anzugreifen. Wenn ich den Gegner dabei überraschen kann, dann ist er bereits erledigt. Aber die Zeit ist ein wichtiger Faktor dabei und sollte nicht verschwendet werden, indem man erst seine Position sichert. Ich greife gerne schnell und mit hoher Geschwindigkeit an. Dabei bleibt dem Gegner weniger Zeit zu sehen und noch weniger Zeit zu handeln. Und Geschwindigkeit kann beim Absetzen wieder in Höhe umgewandelt werden. Die Hauptaufgabe des Rottenfliegers ist die Deckung seines Führers. Der muß nämlich seine ganze Aufmerksamkeit auf die Vernichtung des feindlichen Flugzeugs konzentrieren. Wenn er auch noch aufpassen soll, was hinter seinem Rücken geschieht, dann mag er feststellen, daß der Gegner plötzlich weg ist. Treffsicheres Schießen erfordert ein Maximum an geistiger und körperlicher Konzentration. Der Rottenflieger folgt seinem Rottenführer »in dessen Spur«. Dies sichert ihm Manövrierfähigkeit, und außerdem kann er den Angriff weiterführen, wenn sein Führer vorbeigeschossen hat. Wenn ein Rottenflieger feststellt, daß er frei ist und daß seine Rotte nicht gerade angegriffen wird, kann er allerdings selbständig ein Ziel aussuchen und dieses angreifen. Ein guter Rottenflieger, ein smarter Rottenflieger ist der heimliche Wunsch eines jeden Rottenführers.

Wenn die Überraschung nicht gelingt, dann kurvt der Gegner im allgemeinen auch in den Angriff hinein und nach unten, so daß der Angreifer über ihn hinausschießt. Wenn dies passiert, dann breche ich den Angriff ab und suche wieder den taktischen Vorteil der Überhöhung. Manchmal fängt der Gegner auch ab und versucht, wieder auf Höhe zu kommen. Dann kann ein weiterer Angriff folgen. Ein weniger erfahrener feindlicher Pilot wird oft einfach nach unten abdrehen. Dann ist es möglich und oft sogar verhältnismäßig leicht, ihm zu folgen. Gewöhnlich wird er dann auf dem Weg nach unten sein Flugzeug durch alle Gangarten und Ausweichmanöver jagen; die einzige Antwort darauf ist das Schießen aus nächster Entfernung. Verdichtungsstöße sind ein Problem, das man in Betracht ziehen muß, wenn man einem feindlichen Flugzeug im Sturz folgt.

Das Vorhandensein größerer Zahlen fällt beim Entschluß zum Angriff kaum ins Gewicht. Der taktische Vorteil der Position – Höhe – Sonne – und die Richtung des Angriffs sind die bestimmenden Faktoren. Wenn diese Faktoren zu meinen Gunsten stehen, dann ist die Zahl der gegnerischen Flugzeuge unwichtig.

Es ist unklug anzugreifen, wenn der Feind den Höhenvorteil hat und solange er ihn halten kann. Wenn man schnell genug ist, um den Gegner überholen zu können, dann kommt man auch schnell genug heran, um aus nächster Nähe schießen zu können. Und aus nächster Nähe kann man nicht vorbei schießen. Ich bin kein besonders guter Schütze. Kaum einer von uns ist das. Um das auszugleichen, schieße ich erst, wenn ich weniger als 200 Meter vorhalten muß und erst, wenn ich auf weniger als 100 Meter heran bin. Disziplin in dieser Hinsicht kann vieles ausgleichen.

Ich greife gerne mit hoher Geschwindigkeit an und drehe dann ab in die Sonne, und zwar drehe ich scharf ab – für den Fall, daß der Rottenflieger des anderen in der Nähe ist. Dann versuche ich, den kostbaren Höhenvorteil wieder zu gewinnen.

Auf dem Weg zum Treffpunkt mit den Bombern fliegen wir eine Formation, die mehr auf Grund des gegenseitigen Schutzes als we-

Im Frühjahr 1944 ging dieser triebwerkslose Gleiter in die Flugerprobung. Die Messerschmitt Me 328 A war als Selbstaufopferungsjäger für die Bomberabwehr vorgesehen. Bei den Versuchen wurde sie von Dornier Do 217 im Huckepack-Verfahren in die Luft gebracht.

Das ist eine bemannte V 1. Auch Hanna Reitsch hat diese Fieseler Fi 103 V 1/R 3 versuchsweise geflogen. Als Antrieb diente ein Argus-Pulso-Schubrohr. Gegen Kriegsende führte man mit dem Projektil Versuche als Rammjäger gegen Bomberverbände durch.

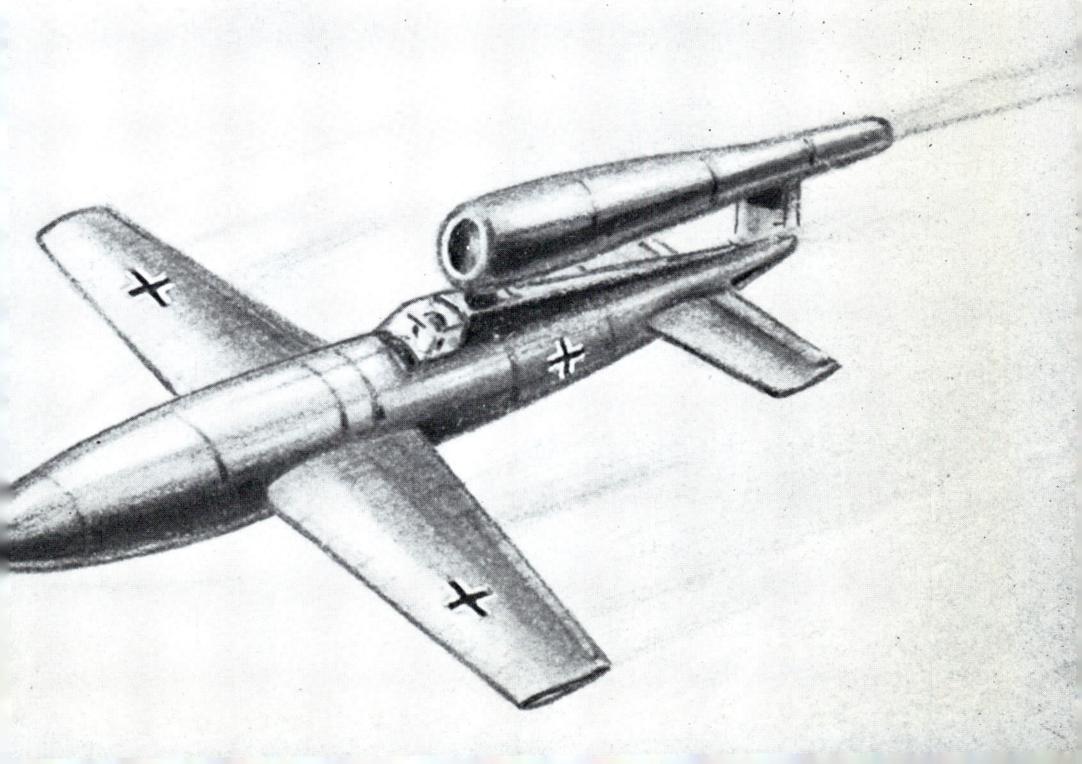

Der amerikanische Höhenjäger Republic P. 47 Thunderbolt.

Erich Hartmann, der erfolgreichste Jagdflieger aller Zeiten, bei einem Zusammentreffen mit Ginger Lacey, dem erfolgreichsten englischen Jagdflieger in der Luftschlacht um England. Das Bild entstand 1967 anläßlich der Veröffentlichung des Buches „The Fighter Pilots" in England.

gen ihrer Anpassungsfähigkeit und Manövrierfähigkeit eingenommen wird. Die Gruppe fliegt in drei Staffeln zu je 16 Flugzeugen. Dabei fliegt die zweite Staffel 300 Meter höher in der Sonne und in Reihe, und die dritte Staffel 800 Meter höher als die Führungsstaffel und von der Sonne abgewandt, ebenfalls in Reihe. Auf diese Weise ist es unmöglich, daß eine der drei Staffeln vom Gegner unbemerkt aus der Sonne heraus angegriffen weden kann, denn er wird in diesem Fall sicher von einer der beiden anderen Staffeln erkannt, für die er nicht in der Sonne ist. Die Schwärme fliegen in Reihe nebeneinander und können sich so gegenseitig decken. Nach dem Zusammentreffen mit den Bombern teilt sich die Gruppe im allgemeinen auf in Sektionen von 8 Flugzeugen, also zwei Schwärme, die dann unabhängig und in unterschiedlichem Abstand vom Bomberstrom operieren. Ein Schwarm deckt jeweils den anderen, der gerade angreift. Unter allen bisher erprobten Methoden hat sich diese bei uns als besonders erfolgreich erwiesen. Ein gewisser Nachteil mag darin liegen, daß man unverhofft auf einen zahlenmäßig überlegenen Feind stoßen kann, gegen den ein größerer Verband mehr ausrichten könnte. Unser Problem lag aber bisher immer mehr darin, den Feind überhaupt zu finden; ihn im entsprechenden Moment auch zu zerstören, war dann weniger problematisch. Bei dieser Gesamtsituation hat sich die gewählte Aufteilung am besten bewährt. Die 8 Flugzeuge haben strikten Befehl, sich nicht weiter voneinander zu entfernen, als notwendig ist, um sich gegenseitig jederzeit zu Hilfe kommen zu können. Diese Sektionen operieren über, unter, vor, hinter den Bombern, um sie herum oder nach den Seiten abgesetzt. Was dabei im einzelnen geschieht, hängt von vielen Faktoren ab – z. B. vom Wetter, von der Zahl eigener Jäger, die in der Nähe operieren und von der Information, die über feindliche Jäger vorliegt. Die Entscheidung liegt bei den Führern der Sektionen.

Es gibt keine Daumenregel, wer zum Angriff abschwingt. Die primäre Aufgabe der Schwarmführer ist es in der Regel, nach Möglichkeiten zum Angriff zu suchen, während die anderen Maschinen Deckungsaufgaben wahrnehmen. Wenn irgendjemand merkt, daß der Feind angreift, und noch Zeit hat, den Schwarmführer zu warnen, dann tut er dies. Der Schwarmführer gibt dann den Angriffsbefehl. Wenn dieser aber den Feind nicht ausmachen kann, dann übernimmt derjenige die Spitze, der ihn erkannt und

gemeldet hat. In Fällen, wo die Zeit kostbar ist – und das kommt oft vor –, reagiert derjenige, der den Feind erkannt hat, sofort und bittet die anderen, ihm zu folgen.
Wenn es sich um einen größeren Luftkampf handelt oder wenn er länger andauert, dann werden die Schwärme meistens getrennt. Eine Rotte trennen zu lassen oder aufzulösen, ist jedoch eine Kardinalsünde und verlustreich. Wir fanden auch, daß es für einzelne Rotten nahezu unmöglich ist, sich nach längeren Luftkämpfen wieder mit ihren Schwärmen oder Staffeln zu vereinen. Es befinden sich jedoch in der Regel immer eigene Jäger irgendwo in der Nähe, denen es genauso geht, und man schließt sich dann mit diesen zusammen. Ein eigener Jäger ist ein Kamerad, egal zu welchem Haufen er gehört.
Vor kurzem haben wir versucht, feindliche Formationen zu imitieren, haben aber keinen besonderen Erfolg damit gehabt.
Im Verteidigungsfall kurvt die aus acht Flugzeugen bestehende Sektion auf den Feind ein und präsentiert damit eine Feuerkraft von 64 Maschinenwaffen, der sich der Feind nicht gerne stellt. Wenn wir hoffnungslos unterlegen sind oder nicht mehr viel Sprit zur Verfügung haben, gehen die einzelnen Flugzeuge vom Messerflug in den senkrechten Sturz über und nutzen dabei die höhere Sturzgeschwindigkeit der P-47 zum Absetzen. Als eine Sektion einmal bereits bei Spritknappheit von drei Me 109 angegriffen wurde, verreiste sie nach unten. Die 109 bleiben dran. Wir kurvten dann quer zu den Me 109 ein und folgten diesen. Da brachen sie ihren Angriff sofort ab und zogen hoch. Wir blieben im Sturz und konnten uns erfolgreich absetzen.
Wir werfen die Zusatztanks ab, wenn sie leer sind. Der Treibstoffverbrauch ist auf diesem Kriegsschauplatz eine taktische Überlegung erster Größe, und wir haben demzufolge nichts dafür übrig, leere Tanks unter dem Bauch mit herumschleppen zu müssen.
Die Anzahl von Flugzeugen, die bei einem Abschwung zum Angriff mit nach unten geht, hängt allein von der Zahl der feindlichen Flugzeuge ab. In jedem Fall bleibt aber ein Schwarm einige hundert Meter höher, bis die Situation sorgfältig geklärt ist, und dann erst entscheidet sich der Führer dieses Schwarms, ob er sich mit ins Getümmel wirft oder oben bleibt. Wir bringen alle Angriffe zum Abschluß, falls ein günstiger Abschluß möglich er-

scheint. In anderen Worten: wenn durch die weitere Verfolgung eine Vernichtung des Feinds denkbar ist. Es gibt allerdings Ausnahmen, wenn der Feind z. B. uns ein einzelnes Flugzeug vor die Nase setzt, um uns von den Bombern wegzulocken, damit er dann mit seinen Hauptkräften dort angreifen kann. Darauf muß man aufpassen, und die Entscheidung obliegt dann den Schwarmführern.

Jede Anstrengung ist notwendig, um den Feind zu treffen, während er sich zum Angriff auf die Bomber formiert. Gewöhnlich tut er dies etwas voraus und – von den Bombern aus gesehen – in der Sonne. Ein großer Teil unserer Jagdverbände ist deshalb auf dieses Gebiet angesetzt.

Unsere Gruppe war die erste, die im größeren Verband zum Zweck von Tiefangriffen »im Parterre« eingeflogen ist. Aus den Erfahrungen dieses Experiments habe ich folgende Empfehlungen zu machen: Daß Einflüge bis zu einer Tiefe von 15 Kilometern hinter die gegnerische Küste in niedrigster Höhe gemacht werden sollen, dann sollte der Verband bis in etwa 3–4 000 Meter hochziehen, in dieser Höhe bleiben und bis hinter das Ziel vordringen, um an einem gut erkennbaren Geländepunkt kurz vor dem Ziel wieder in den Tiefflug überzugehen und so das Ziel anzufliegen. Das ist besser, als die ganze Distanz im Tiefflug zurückzulegen, wo der Beschuß vom Boden her ziemlich stark und die genaue Navigation unmöglich ist. Und: wenn ein Flugzeug über Feindgebiet unter 2 500 Metern fliegt, dann soll es so niedrig wie möglich fliegen. 15 Meter über Grund können schon zu hoch sein.«

Solche taktischen Zusammenfassungen sind selbst im Zeitalter der Düsenjäger noch brauchbare Führungshilfen. Meyer konnte in Korea und Vietnam weitere Studien über Jagdflieger-Taktik anstellen. »Wenn man unter den heutigen Bedingungen überlegene Geschwindigkeiten erzielen will, dann muß man schon mit Überschallgeschwindigkeit fliegen. Aber die meisten Luftkämpfe finden zur Zeit mit hoher Unterschallgeschwindigkeit statt. Geschwindigkeit ist schon immer unerhört wichtig gewesen, wenn man sie in Höhe umsetzen konnte. Der große Unterschied liegt heute in der Überschallgeschwindigkeit. Aber diese hohe Geschwindigkeit wird meist nur für die Einleitung des Angriffs gebraucht oder um das Gefechtsfeld verlassen zu können.

In Vietnam gab es wenig Luftkämpfe, seit wir die Bombenangriffe eingestellt haben – das war 1968 –, aber davor hat der Gegner in erster Linie eine »hit-and-run«-Taktik verfolgt. Er befand sich in seinem eigenen radarkontrollierten Abfanggebiet, und er tauchte blitzartig auf und verschwand genau so schnell wieder. Das war in Vietnam das Äquivalent für den Luftkampf alter Art.

# ANGRIFF AUF BOMBER: EIN DEUTSCHER BERICHT

Zu den hervorragenden deutschen Jagdfliegern des zweiten Weltkriegs gehört auch Georg-Peter Eder, der heute als erfolgreicher Geschäftsmann in Wiesbaden lebt. Seine Erfolge gegen viermotorige Bomber waren außergewöhnlich (36 Viermot-Abschüsse [neben 42 anderen Flugzeugen] bestätigt und weitere 18 wahrscheinlich). Er wurde selbst 17mal abgeschossen und insgesamt 13mal verwundet. Außerdem: er hat bis auf 10 alle Abschüsse im Westen erzielt, was als Maßstab für seine Leistung dienen mag.

Es ist nicht allzulange her, da fuhr ich eines Nachmittags nach Wiesbaden, um mir von ihm erzählen zu lassen, wie die deutschen Jagdflieger in den letzten Jahren des Kriegs gegen die schweren amerikanischen Bomber ankämpften.

Eder flog unter dem berühmten Egon Mayer, dem ersten deutschen Jagdflieger, der -an der Kanalfront- die Zahl von 100 Luftsiegen erreicht hatte und später als Spezialist im Kampf gegen Viermot-Bomber galt. Sie gehörten zum JG 2 »Richthofen«, dem vielleicht im Krieg bekanntesten Geschwader. Eder war von Anfang bis Ende dabei. Der Zusammenbruch traf ihn, als er sich von einem doppelten Beinbruch erholte, den er bei einer Bruchlandung in der Nähe von Holzkirchen bei München erlitten hatte. Er ist 1921 in Ansbach bei Nürnberg zur Welt gekommen und war also erst 18 Jahre alt, als der Krieg ausbrach. 1940 wurde er nach Abgang von der Jagdfliegerschule Werneuchen zum Leutnant befördert und kam im Oktober zum JG 51 an die Kanalküste in die Nähe von Calais. Um diese Zeit war die Luftschlacht um England bereits vorbei, und Eder fragte sich, ob es für ihn überhaupt noch etwas zum Mitmachen geben werde. Er sollte durchaus einiges mitmachen und wurde im August 1941 so schwer verwundet, daß er in die Heimat verlegt wurde und dort bis 1942 bleiben mußte. Dort kam er wieder zur Jagdfliegerschule, dieses Mal als Lehrer, weil er noch unter den Nachwirkungen einer Gehirnerschütterung litt. Er mußte wieder ganz von vorn anfangen.

Im März 1942 ging es wieder an die Westfront, diesesmal zum JG 2. Zuletzt flog er auch im berühmten JG 26 und im ‚Kommando Nowotny', das aus dem von Walter Nowotny geführten Erprobungskommando 262 hervorgegangen war und den Düsenjäger Me 262 flog. Ein Teil lag damals in Achmer bei Osnabrück. (Man hört immer wieder, der Tod von Nowotny sei ein ungelöstes Geheimnis. Eder sagt jedoch, er habe beobachtet, wie Nowotny von vier Tempests der RAF abgeschossen wurde.) Eder hat mit diesem Düsenflugzeug, das er als ausgezeichnetes Jagdflugzeug bezeichnet, 7 Luftsiege erzielt. »Die Me 262 war sicherer als andere Typen, hauptsächlich zu jener Zeit, weil sie so schnell war. Aber im Luftkampf kam man fast zu schnell an den Gegner heran!« Bei der großen Geschwindigkeit, mit der die Me 262 im Einsatz geflogen werden mußte (aus Sicherheitsgründen, weil der Himmel voller alliierter Jäger war), reduzierte sich natürlich auch die Zeit, in der man zielen konnte und schießen mußte. Der Pilot mußte das Feuer bereits auf größere Entfernung eröffnen und dabei bereits das Ziel im Visier haben, wenn er zu Treffern kommen wollte. Ein solcher Anflug dauerte nur Sekunden.
Eder wurde zuletzt durch Mustangs abgeschossen, und er führt die an die Substanz gehenden Verluste der deutschen Jagdwaffe in den Jahren 1944 und 1945 hauptsächlich auf diesen Flugzeugtyp zurück. Er sagt, daß man vorher die P-47 Thunderbolt im Luftkampf immer noch auskurven konnte.
Als ich ihn dann bat, mir die bei einem typischen Abfangangriff auf schwere Bomber von den deutschen Jagdfliegern angewandte Taktik zu beschreiben, da wählte er als Beispiel einen für ihn erfolgreichen Tag – den 14. Juli 1943 – aus; er lag damals in Evreux in der Nähe von Rouen.
»Wir Flugzeugführer schliefen in der Stadt. Wir waren zu sechzehn in der Staffel und hatten ein großes graues Backsteinhaus zum Quartier. Die II. Gruppe hatte 64 Flugzeuge plus die vier vom Stabsschwarm. Ich war damals Kapitän der 12. Staffel. Die Gruppe bestand aus drei Staffeln, das Geschwader aus drei Gruppen. Ich hatte ein Wohnzimmer und ein Schlafzimmer zur Verfügung; das Feldtelefon stand neben meinem Bett. An jenem 14. Juli klopfte es um drei Uhr morgens an meiner Tür; »Guten Morgen, Herr Hauptmann, es ist drei Uhr. Aufstehen!« Ich brauchte etwa eine Viertelstunde zum Waschen und Rasieren, zog mich an,

schnallte das Koppel mit Pistole um, steckte das Messer in die Tasche am rechten Oberschenkel (um mich vom Fallschirm losschneiden zu können, falls ich in den »Bach« fiel), die Karte kam in die linke Hosentasche und die Signalmunition in die Schlaufen oben am linken Stiefel. Sonst trug man nur blaues Hemd und schwarze Krawatte. Ich fuhr auf den Platz hinaus, der etwa drei Kilometer entfernt lag. Es war 03.20 Uhr, als wir losfuhren. Ich hatte einen Citroen, die anderen Flugzeugführer hatten zwei französische Metford und einen LKW. Im Bereitschaftsraum der Staffel frühstückten wir. Der Doktor sagte wie gewöhnlich, wir sollten lieber Weißbrot statt Schwarzbrot essen, weil das schwerere Brot in größerer Höhe nur zu Blähungen führe. Die Frühstücksration für Flugzeugführer bestand aus einem Liter Milch und 20 Gramm Bohnenkaffee pro Tag. Wir bekamen auch Schokolade mit Dextrose oder Schoka-Kola. Die steckten wir dann immer in die linke Brusttasche. Nach dem Frühstück ging ich zu meinem Flugzeug, um nachzusehen, ob alles in Ordnung war. Als ich wieder im Bereitschaftsraum war, rief ich den Gruppengefechtsstand an und meldete: »Zwölfte Staffel ist einsatzbereit mit sechzehn Maschinen und vierzehn Flugzeugführern.«
Ich fragte dann immer gleich: »Wie ist die Feindlage?« An diesem Morgen erhielt ich die Antwort, daß die Radarerfassung drei Bomberdivisionen beim Sammeln über England festgestellt hatte. Gewöhnlich dauerte es dann längere Zeit. Wir wußten, welche Bomberdivisionen sammelten, und warteten und vertrieben uns die Zeit. Ich kontrollierte meine Maschine noch einmal und unterschrieb die Klarmeldung. Um 05.30 Uhr bekamen wir den ersten Alarm: »Achtung, 15-Minuten-Bereitschaft!« Das hieß, wir mußten in 15 Minuten startbereit sein. Man rauchte dann noch eine Zigarette, ging auf die Toilette, kontrollierte die Schwimmweste – die übliche Routine. An diesem Morgen mußten wir bis 06.30 Uhr warten, also eine volle Stunde, bis »5-Minuten-Bereitschaft« gegeben wurde, und wir erfuhren, aus welcher Richtung die Bomber in welcher Stärke kamen. Wir verließen den Bereitschaftsraum und gingen zu unseren Maschinen.
Wir hörten, daß jede Menge Bomber anflogen, und erhielten den genauen Kurs. Nach fünf Minuten wurde »Sitzbereitschaft« befohlen, und wir kletterten in unsere Maschinen. An diesem Morgen flog ein Feindverband Paris an und ein anderer Rouen. Wir

mußten weiter warten. Erst um 07.23 Uhr gingen drei grüne Raketen hoch – das Signal zum Start. Jeder Schwarm gab seine Fertig-Meldung ab, und wir starteten nach Norden. Innerhalb von zwei Minuten waren alle 50 Maschinen der Gruppe in der Luft; dann sammelten die Gruppen. Mayers Gruppe führte, ich flog etwas links rückwärts, eine andere Gruppe flog rechts, und die letzte in der Mitte hinter uns, etwas höher. Es dauerte nicht lange, und wir bekamen vom Boden die Warnung: »Achtung! Möbelwagen in Gustav Paula eins! 6 000 Meter. Begleitet von vielen Indianern.« Die Leitstelle hatte uns genau zur richtigen Zeit losgeschickt, denn kurz darauf sichtete ich die ersten Bomber: »Achtung! Dicke Autos in zwei Uhr!« Mayer antwortete sofort: »Fliegen Sie 45 Grad!« Wir schwenkten auf diesen Kurs ein und folgten ihm – er hatte bereits im Januar einen Angriff auf schwere Bomber geführt und dabei 18 abgeschossen. Wir waren auf 7 000 Meter und kurvten nun mit deutlichem Höhenvorteil vor die anfliegenden Bomber ein. Aus dieser Position, ungefähr drei Kilometer vor den Pulks, kurvten wir nach rechts auf genauen Gegenkurs. Mayer gab Einzelbefehle. Die Bomber, etwa 200, flogen in drei Gruppen, die Höhendeckung der Jagdflieger darüber. Mayer befahl mir, den einen Pulk anzugreifen. Ich erwiderte »Viktor!«, und er wußte, daß ich den Befehl verstanden hatte. Dann wurde Funkstille eingehalten. Ich drückte auf den schwarzen Knopf am Gerätebrett. Im Reflexvisier leuchteten die drei gelben Ringe und das Kreuz auf.

Ich führte die erste der vier Staffeln, eine war links, eine rechts etwas dahinter und die letzte in der Mitte, etwas höher – die einzelnen Schwärme flogen in derselben Ordnung wie die Gruppen im Geschwader. Wir flogen mit etwa 450 km/h und drückten leicht an, auf die Nasen der B-17 zu. Die Me 109 G6 hatte vier 2 cm-Kanonen und zwei 3 cm-Kanonen; die letzteren hatten je 70 Schuß. Wir waren also schwer bewaffnet. Es kamen etwa 200 Jäger auf die 200 Bomber – aber es war natürlich auch noch der Jagdschutz über den Bombern da. Wir gingen auf die Bomber los. Als wir zum Angriff einkurvten, stürzten sich die P-47 auf uns. Es galt nun, an die Bomber heranzukommen, bevor uns die P-47 abfangen konnten. Ich war schon ziemlich dran – etwa 200 Meter höher noch – und genau von vorn; auf 450 Meter Entfernung eröffnete ich das Feuer mit den 2 cm-Kanonen, auf knapp

300 Meter auch mit den 3 cm-Kanonen. Es war ein kurzer Feuerstoß, vielleicht 10 Schuß mit jeder Kanone, aber der Bomber explodierte und brannte sofort. Ich zischte etwa 15 Meter höher über ihn weg und baute eine Kerze. Als ich aus dieser heraus auf den gleichen Kurs wie die Bomber ging, war ich etwa 300 Meter höher und steckte plötzlich mitten zwischen amerikanischen Jägern.

Genau vor mir war eine Thunderbolt, als ich aus dem Turn herauskam. Ich schoß sofort. Unter der konzentrierten Feuerkraft brach die linke Tragfläche der P-47 weg. Ich sah die Maschine abstürzen. Zu diesem Zeitpunkt hatte ich nur noch drei Flugzeuge bei mir, meinen Führungsschwarm; die anderen waren bei dem Angriff von uns getrennt worden. Wir flogen ein paar Sekunden lang nach Süden voraus, und bereiteten uns gerade auf den nächsten Angriff auf die Bomber vor, da sah ich sie. Ich rief: »Indianer über uns!«, und während die amerikanischen Jäger hinter uns einkurvten, scherten wir in einer harten Steilkurve nach links weg. Es waren zehn P-47 gegen uns vier, und alle kurvten wir, so eng es ging, wie in einem Abwehrkreis. Ich konnte etwas enger kurven als die anderen und gewann langsam Boden. Ich kam bis auf 75 Meter an die P-47 vor mir heran und eröffnete das Feuer. Ich erzielte sofort Treffer. Zwei meiner Kameraden erwischten auch je eine, so daß ein Drittel der gegnerischen Maschinen innerhalb einer Minute nach unten stürzte. Der Pilot der Maschine, die ich getroffen hatte, konnte aussteigen – ich sah, wie sich sein Fallschirm öffnete. Aber auch einer meiner Leute wurde abgeschossen, und wir waren nun drei gegen sieben. Ich gab also über FT den Befehl: »Nach unten verreisen!« Wir kippten ab, kurvten gegen und stürzten mit Vollgas nach unten. Wir waren auf 5 000 Meter Höhe und dieser Sturz mit Notleistung ergab natürlich eine beträchtliche Rauchfahne. Viele Amerikaner glaubten, daß es sich dabei um einen Trick handelte, um den Eindruck zu erwecken, die 109 sei getroffen, aber es lag wirklich nur an der Notleistung. Und gewöhnlich half es uns aus der Klemme wie auch dieses Mal. Wir zogen von den P-47 weg, die uns entweder nicht folgen konnten oder bei den Bombern bleiben wollten. Als wir abfingen und keine Jäger hinter uns entdecken konnte, begannen wir wieder Kurs nach Süden zu nehmen und im Steigflug langsam auf die Bomber zuzufliegen. Wir bekamen sie bald wieder in Sicht;

wahrscheinlich handelte es sich um einen Pulk, der auf dem Rückflug von Paris war. Wir befanden uns kurz vor Paris, und ich rief über FT: »Möbelwagen vor uns!« Wir drückten leicht an, denn sie flogen in etwa 4 000 Meter Höhe, und ihre Formation schien schon etwas zerrupft. Es waren ungefähr zwölf Maschinen. Wir flogen sie direkt von vorne im flachen Sturzflug an. Beim ersten Anflug brachten wir drei einen Bomber zum Rauchen – er verlor schnell Höhe. Wir kurvten zurück, verfolgten ihn, eröffneten noch einmal aus 250 Metern das Feuer auf diesen Nachzügler, bis er in Flammen stand. Aber er schoß immer noch aus allen zehn Bordwaffen, und gerade bevor die eine Tragfläche hochging und er sich brennend auf den Rücken legte, bumste es ein paarmal bei mir. Mein Motor und die Kabine war getroffen. Der Motor klopfte ziemlich laut, ich nahm die Propelleranstellung sofort zurück, ging in den Sturz und sah mich um. Genau voraus war ein Flugplatz – Le Bourget.

Ich hatte keine Leistung mehr und machte mich auf eine Bauchlandung gefaßt. Ich kam noch bis zum Platz und zog den Hebel der elektrischen Fahrwerkbetätigung, aber nichts passierte. Ich griff nach der Handbetätigung und brachte das Fahrwerk gerade noch rechtzeitig heraus. Ich war nur 300 Meter von der Graspiste entfernt, als die Räder aufsetzten. Ich war noch sehr schnell.

Ich fragte mich, wer mich abgeschossen hatte. Es muß einer von den Bombern gewesen sein, die höher flogen – kein Jäger und auch nicht der Bomber, den wir abgeschossen hatten. Meine zwei Kameraden landeten mit mir. Ein Sanka brachte uns zu einem Telephon, wo wir eine Verbindung mit der Gruppe bekamen. Ich meldete den Abschuß von 2 P-47 und von einer B-17 sowie den Verlust einer Me 109. Man gratulierte mir und machte den Vorschlag, einen der beiden anderen Piloten mit einem Wagen zur Gruppe zurückfahren zu lassen. Nach der Landung auf unserem Platz erfuhr ich, daß das Geschwader sechs oder sieben Maschinen verloren, aber 20 Feindmaschinen abgeschossen hatte, meistens Bomber. Wir besprachen den Einsatz mit Mayer auf dem Gruppengefechtsstand; dann ging ich zu meiner Staffel und schrieb den Gefechtsbericht aus.«

Während der Erzählung dieses Einsatzes hatte mich Eder in seinen »Fliegerkeller« hinuntergebracht, wo Bilder vieler Flugzeugtypen des Zweiten Weltkriegs an den Wänden hängen, genauso wie Bilder von Galland, Mölders und anderen Kameraden. Er zeigte mir eine gelbe Schwimmweste, die er damals getragen hat, als er in Evreux lag, und Karten, die er bei seinen Einsätzen mitgeführt hat. Eder konnte sich praktisch an fast jede Einzelheit aus dem Kriege erinnern. Äußerlich sah man ihm keine Nachwirkung seiner vielen Verwundungen an, und er schien beneidenswert gesund zu sein. Sein dunkles Haar mag früher blonder gewesen sein, er ist sehr lebhaft, aber nicht etwa nervös und hat mir viele Informationen angeboten und eine Menge Telefongespräche geführt, um Antworten auf Fragen zu finden. In seiner Garage stand ein BMW, von dem nur sehr wenige Exemplare existieren, ein Wagen, der bestimmt über 220 km/h läuft. Ich meinte, das sei doch wohl zu schnell, und erinnerte daran, wieviel berühmte Jagdflieger des Zweiten Weltkriegs später bei Verkehrsunfällen ihr Leben verloren haben. Als wir dabei auch auf Fluggeschwindigkeiten zu sprechen kamen, war er der Meinung, daß einige der letzten Me 109 genauso schnell flogen wie die P-51, und er war nicht der erste deutsche Jagdflieger, der diese Behauptung aufstellte, obwohl einige durchaus der Meinung waren, die P-51 sei schneller gewesen. Die letzten 109 waren aber tatsächlich schneller. Erich Hartmann, über den wir noch mehr erfahren werden, hatte eine solche Vorliebe für die Me 109, daß er sie den Krieg hindurch flog. Er brachte zum Ausdruck, daß besonders die Me 109 mit dem Daimler-Benz 605 AS Motor in großen Höhen sich durchaus bis zum Schluß behaupten konnte. Nun war sicher die Bewaffnung der Maschine, die Eder geflogen hat, recht eindrucksvoll. Und man sieht, wie schnell ein Bomber von der Größe der B-17, die an sich schon nicht leicht abzuschießen war – nicht so leicht jedenfalls wie die B-24 in der Meinung mancher deutscher Jagdflieger – unter direktem Beschuß aus nächster Entfernung einfach explodierte. Eder hat von vorn angegriffen, wie es Feinderkenntnisse der Luftwaffe vorschrieben. Dabei war das angreifende Jagdflugzeug einerseits einer geringeren Waffenwirkung ausgesetzt, weil weniger Waffen nach vorne wirkten, und andererseits verkürzte sich die Zeit, die man dem feindlichen Beschuß ausgesetzt war, durch die Tatsache, daß die beiden Flugzeuge aufeinander zuflogen. Er flog nach dem Schußwechsel über die gegnerische Maschine hinweg – ebenfalls eine Taktik, die damals bereits schon bei der Ausbildung gelehrt wurde.

Der Gegensatz zwischen einem deutschen und einem alliierten Jagdfliegereinsatz während dieses Stadiums des Krieges ist interessant. Die Deutschen flogen relativ kurze Einsätze nach langen Alarm- und Bereitschaftszeiten, die in verschiedene Stadien eingeteilt waren, wobei auch die Sitzbereitschaft immerhin noch eine Stunde andauern konnte. Weil aber die alliierten Jagdflieger sich zu dieser Zeit bereits im Angriff befanden, war die Form für sie eine ganz andere. Sie flogen lange Einsätze, und es gab kaum einen Startaufschub, wenn sie einmal in den Maschinen saßen. Sie hatten auch keine Hilfe durch Radarleitstellen über dem Einsatzgebiet, wenn sie weit ins deutsche Hinterland vorgedrungen waren. So hatte sich die Rolle für die beteiligten Jagdflieger in den drei Jahren seit 1940 und der Luftschlacht um England genau ins jeweilige Gegenteil verkehrt. Die deutschen Jäger hatten nun den Vorteil der Radarerfassung der Gegner und der Führung vom Boden aus und wußten ganz genau, wann ihre Gegner starteten. Die alliierten Begleitjäger hielten sich zu dieser Zeit ziemlich eng an die Bomberformationen (erst später trauten sie sich etwas weiter weg) und tappten, was die Lage anbetraf, ziemlich im dunkeln. Dazuhin mußte ein schwer angeschossenes alliiertes Flugzeug auf feindlichem Gebiet niedergehen; der Pilot bzw. die ganze Besatzung geriet in Gefangenschaft, wenn er sicher landen konnte, und war damit für den Rest des Krieges verloren. Die deutschen Jagdflieger haben teilweise aufgrund dieser Vorteile den Luftkrieg in den Jahren 1941 und 1942 für sich entscheiden können und waren immer noch in der Gewinnsträhne, als der von Eder erwähnte Einsatz stattfand. Es sollte noch bis zum Dezember dieses Jahres 1943 dauern, bis die P-51 über Deutschland auftauchten. Eder ist gegen Ende des Kriegs auf Me 262 umgestiegen und war tatsächlich ein Flieger mit achtzehn Leben, denn er ist seit dem Tag, als er sich 1940 auf dem Flugplatz in der Nähe von Coquelles in Frankreich meldete, und dem Januar 1945, als er über Holzkirchen abgeschossen wurde, 17 mal heruntergeholt worden. Nach seiner letzten Notlandung kam er mit gebrochenen Beinen in ein Lazarett am Tegernsee, wo er in Kriegsgefangenschaft geriet, als die Amerikaner im Frühjahr Bayern überrannten.

## DER NIEDERGANG DER DEUTSCHEN JAGDWAFFE

Wenn es einen bestimmten Tag gab, der den Höhepunkt der deutschen Jagdabwehr gegen die amerikanischen Tagesbombenangriffe im Zweiten Weltkrieg bildete, dann war dies wohl der 6. März 1944. An diesem Tag haben deutsche Jagdflieger 80 amerikanische Flugzeuge abgeschossen – 69 davon waren schwere Bomber. Dies war der größte Verlust, den die 8. US-Luftflotte an einem einzigen Tag hinnehmen mußte. An diesem Tag haben die Amerikaner ihren ersten wirklich schweren Bombenangriff auf Berlin geflogen. Die grimmigen Verluste haben jedoch die Offensive nicht stoppen können, wie dies im Herbst 1943 der Fall gewesen war. Zwei Tage später erschienen die schweren Bomber wieder über Berlin, und wieder waren die Verluste empfindlich: 54 Flugzeuge.

Beim dritten Angriff auf Berlin, der eine Woche später am 15. März stattfand, war das Ergebnis für die amerikanischen Verbände bereits auffallend günstiger. Den deutschen Jagdfliegern war es nicht gelungen, von den insgesamt 669 Bombern auch nur einen einzigen abzuschießen! Die Flak hat etwa ein Dutzend erwischt. Der Grund lag einfach darin, daß die deutsche Jagdwaffe bei den Angriffen am 6. und 8. März selbst schwere Verluste erlitten hatte, die hauptsächlich auf das Konto der amerikanischen Langstreckenjäger gingen. Und obwohl vor dem Angriff vom 15. März eine kleine Ruhepause eingetreten war, genügte sie nicht, um die schweren Verluste mit jungen Flugzeugführern aus Ersatzeinheiten auszugleichen und wieder auf volle Stärke zu kommen. Es ist dann den deutschen Jagdfliegern auch nicht mehr gelungen, bei einem späteren Einsatz annähernd soviel Bomber abzuschießen wie am 6. März.

Bei den Bomberangriffen vom 6. und 8. März flog der zweit-erfolgreichste amerikanische Jagdflieger in Europa, Robert S. Johnson, Begleitschutz. Bereits bei früheren Flügen hatte er festgestellt, daß die amerikanischen Begleitjäger zu eng an die Bomberpulks gekettet waren, und half mit, eine Änderung in der Begleit-Taktik herbeizuführen. Amerikanische Jagdflieger hatten in dem einen Jahr, seitdem sie schwere Bomber nach Frankreich und nach Deutschland hinein eskortiert hatten, eine wertvolle Lektion gelernt, nämlich: daß Begleitjäger nicht in enger Formation verbleiben sollen und daß man dem einzelnen Piloten erlauben muß auszuscheren, wenn er feindliche Jäger im Angriff auf den eigenen Verband erkennt. In Anwendung dieser wirksameren Taktik flogen einzelne Jäger-Formationen als Vorausjagd vor den Bombern oder abgesetzt neben den Bomberpulks, um deutsche Jagdverbände rechtzeitig aufzuspüren und zu zerstreuen, bevor diese an den Bomberstrom herankamen.

Johnson war Oberleutnant um diese Zeit und hatte natürlich nur einen ganz begrenzten Einfluß auf die Festlegung der Taktik in der berühmten 56. Gruppe; erst als er beinahe abgeschossen worden wäre, bloß weil er Formation gehalten und sich nicht getraut hatte, ohne Befehl auszuscheren, und erst nachdem er einmal saftig angepfiffen worden war, weil er ohne Befehl vier feindliche Flugzeuge im Sturz angegriffen und eines dabei abgeschossen hatte, konnte er seine Vorgesetzten mit seinen Ideen über Taktik beeindrucken. Der insgesamt erfolgreichste amerikanische Jagdflieger auf dem europäischen Kriegsschauplatz, Frank Gabreski, war damals Johnsons Staffelkapitän. Er war es dann auch, der – nach Erörterung von Johnsons Ideen – diese als vernünftig akzeptierte und die Empfehlung aussprach, daß man Johnsons Beispiel folgen solle. Andere amerikanische Jagdgruppen machten ähnliche Erfahrungen um dieselbe Zeit, aber niemand hat sie so erfolgreich angewandt wie Gabreski und Johnson, die zusammen 59 deutsche Flugzeuge abgeschossen haben. Vor längerer Zeit habe ich an einem kalten Wintertag in New York mit Johnson Erinnerungen ausgetauscht; wir sprachen über die Taktik, die er einerseits und die Deutschen andererseits in dieser entscheidenden Luftschlacht über Deutschland angewandt hatten. Er ist der erste amerikanische Jagdflieger gewesen, der die Zahl der Luftsiege von Captain Eddie Rickenbacker aus dem Ersten Weltkrieg einstellte. Er flog den schweren Jäger P-47 und war und blieb ein Bewunderer dieses großen Jagdflugzeugs mit Sternmotor. Er glaubt, es konnte sich sehr wohl gegenüber den Me 109 und Fw 190 behaupten, und kann sich an einen Fall erinnern, als einer seiner Kameraden zwei 190 auskurven konnte. Das war im April

1944, und er erwähnte diese Episode, um zu beweisen, was ein guter Pilot mit einer Thunderbolt anstellen konnte und daß es im Luftkampf doch sehr auf die fliegerischen Fähigkeiten des Mannes im Pilotensitz ankommt.

»An jenem Tag – es war der 3. April – waren wir über Kiel, und ich flog zusammen mit Sam Hamilton aus Mississippi. Jedes Grünhorn, jeder Neuling konnte Sam über dem eigenen Platz oder bei einem Trainingsflug etwas vormachen. Im Luftkampf aber, da konnte der Mann vielleicht fliegen! Sam hatte einige deutsche Jagdflugzeuge erkannt und jagte sie hinunter bis ins Parterre. Ich blieb oben, weil ich gerade mit ein paar anderen beschäftigt war. Da hörte ich ihn über FT: »Hey, Bob! Komm runter und jag mir diese Krauts von meinem Hintern weg!« Ich konnte mich nicht gleich lösen, und er rief noch ein paarmal; schließlich kam ich frei und startete nach unten.

Hamilton befand sich in einem verzweifelten Kampf mit drei Fw 190. Während ich nach unten stürzte, gelang es ihm, eine Maschine im Anflug von vorn abzuschießen. Dann geriet er in einen Kurvenkampf mit den beiden anderen. Ich beobachtete, während ich herankam. Er konnte sie auskurven. Ich hatte immer noch den Zusatztank unter meinem Bauch. Die Piloten der 190 erkannten mich im Anflug mit dem Tank und dachten wohl, ich sei das geeignetere Ziel. Sie schienen sich beim Kurven plötzlich Zeit zu lassen, und sofort war Sam hinter ihnen. Da zog eine der 190 in meine Richtung hoch und hätte mich beinahe erwischt. Ich zog gleichfalls mit voller Leistung hoch, und wir »hingen uns an die Latten«, bis wir abschmierten. Ich sah die 190 nach rechts fallen und kippte ab, ihr nach. Obwohl sie zuerst in den Sturz gegangen war, holte ich auf.

Als der Pilot mich hinter sich sah, begann er mit heftigen Ausweichbewegungen nach links und rechts, nach oben und unten. Ich folgte. Aber es war kaum möglich, ihn richtig ins Visier zu bekommen. Schließlich schoß ich, bevor er wieder eine Gegenbewegung machte, so daß er direkt in meine Garbe hineinfliegen mußte. Ich war nur noch etwa eine Flugzeuglänge hinter ihm – so nahe war ich dran. Das hat ihn geschüttelt, und er schien sich auf eine Notlandung vorzubereiten. Er kippte plötzlich ab und versuchte Zeit zu gewinnen, um auszusteigen. Ich konnte aber hinter ihm bleiben und traf ihn, glaube ich, als er versuchte aus dem Cockpit herauszukommen. Er konnte noch aussteigen, und sein Fallschirm öffnete sich. Aber ich glaube, er war verwundet.«

Bei dem Vergleich der Leistungsdaten der P-47 und der Fw 190 gab sich Johnson keinesfalls Illusionen hin, was den Kurvenradius der Thunderbolt anbetraf – trotz der hervorragenden Leistung, die Sam Hamilton an jenem Tag über Kiel bewiesen hatte. » Sam hat sie damals ausgekurvt, und er war dicht über dem Wasser – es waren horizontale Kurven, man konnte nicht mehr ausweichen, schon gar nicht nach unten. Und er schaffte es. Aber normalerweise konnten wir die Fw 190 nicht auskurven mit der P-47. Wir konnten ihr dann davonsteigen oder besser stürzen, als wir Anfang 1943 den Propeller mit den großen Propellerblättern bekamen. Die Engländer hatten uns schon vorher erzählt, daß wir uns mit den deutschen Jägern nicht aufs Kurven einlassen können, daß wir ihnen im Steig- und im Horizontalflug unterlegen waren. Aber wir hatten doch ein paar km/h mehr drin, und wir konnten vor allem schneller stürzen. Ich glaube, daß wir mit dem großen Propeller gleich gut steigen konnten, vielleicht sogar etwas besser; allerdings kostete uns dieser »Paddel«-Propeller gut 8 km/h in der Spitze.«

Johnson erinnerte sich an ein Buch von Heinz Knoke[1] und fragte sich, ob Knoke nicht einmal bei einem Einsatz im Frühjahr 1944 von ihm beschossen wurde, denn diese Geschichte kam ihm sehr vertraut vor. Knokes Staffel wurde später bei dem Versuch, die Tagbomberoffensive zu stoppen, so dezimiert, daß sie in der Zeit von Mitte März bis Ende April kaum mehr eingesetzt werden konnte. Knoke hatte an jenem 8. März drei Einsätze geflogen, als es darum ging, den Angriff auf Berlin abzublocken, hatte ziemlich viel Treffer einstecken müssen und war bei einem zweiten Einsatz von 40 Thunderbolts gejagt worden. Er hatte zusehen müssen, wie Thunderbolts die Fw 190 auf dem Boden zusammenschossen, in die er sich gerade zum dritten Einsatz setzen wollte. In seinem Tagebuch vermerkte er, daß in seiner Staffel nach dem 8. März nur noch zwei Flugzeugführer übrig waren. Das war der Zoll, den die nun weit nach Deutschland hinein operierenden amerikanischen Begleitjäger forderten. An diesem Tag hatte die USAAF insgesamt 801 Jagdflugzeuge auf Begleitschutz nach Deutschland entsandt. Das war mehr, als die deutsche Luftwaffe

1 Heinz Knoke: »Ich flog für den Führer«.

So sah der erste serienmäßige Raketenjäger der Welt aus: die von Lippisch mit Walter-Triebwerk konstruierte und bei Messerschmitt gebaute Me 163. Maximal erreichte das „Kraftei“ bereits 1941 mit Heini Dittmar eine Geschwindigkeit von 1004 km/h. Die Me 163 kam später noch teilweise zum Einsatz.

Das war die Heinkel He 162 A mit Turbinen-Luftstrahltriebwerk (Düsentriebwerk) auf dem Rumpf. Sie wurde auch als „Volksjäger“ bekannt. Die Entwicklungszeit betrug – von der Konstruktion bis zum ersten Flug – nur 90 Tage.

Unter Beteiligung eines holländischen Konstrukteurs entwickelte und baute Erich Bachem die Ba 349 „Natter". Sie war 1945 der erste Senkrechtstarter, noch dazu mit Raketenantrieb. Vorgesehen war sie als leichter Objektschutzjäger und wurde mit Hilfe einer Abschußrampe gestartet.

überhaupt noch aufbringen konnte. Am 15. März, dem dritten großen Tagesangriff auf Berlin, brachte Knokes Staffel gerade noch 6 Flugzeuge in die Luft.
Ich bat Johnson, seine Taktik im Luftkampf mit Me 109 und Fw 190 einmal allgemein darzustellen.
»Nun, sie waren in erster Linie daran interessiert, an die Bomber heranzukommen. An uns hatten sie weniger Interesse. In der Regel hatten sie den Höhenvorteil, stürzten dann auf uns herunter, schossen dabei kurz und stürzten dann weiter auf die Bomber. Da konnten wir sie dann fassen. Ich habe es kaum einmal erlebt, daß sie den Geschwindigkeitsvorteil nutzten und wieder hochstiegen. Was meine persönliche Taktik anbelangt, so habe ich mich eigentlich selten auf eine Kurbelei oder andere Manöver eingelassen. Ich griff im Sturz an und zog dann wieder hoch, wobei ich die enorme Leistung der P-47 und den im Sturz gewonnenen Geschwindigkeitsüberschuß voll nutzte. Der Schlüssel zum Erfolg lag in der Höhe. Hatte ein Pilot den Höhenvorteil, indem er im Sturz angriff und die Geschwindigkeit wieder zum Hochziehen einsetzte, dann konnte er diesen Vorteil auch aufrechterhalten. Wie ich schon sagte, die P-47 konnte mit den Deutschen steigen, sie teilweise sogar im Steigflug einholen.«
Auf die Frage nach dem wesentlichsten Leistungsvorteil eines Jagdflugzeugs im Zweiten Weltkrieg antwortete Johnson: Sturzgeschwindigkeit und Höchstgeschwindigkeit im Horizontalflug. Und er fügte hinzu: »Ich halte nichts davon, in einen Abwehrkreis zu gehen. Da kann man zu leicht auf einen Burschen treffen, der nach innen hereinschneidet. Und er bringt das unter Umständen fertig, ohne daß er einen auskurven kann, was einige Leutchen immer noch nicht glauben wollen. Ich habe das ein paarmal gegen Me 109 und Fw 190 probiert, obwohl diese enger kurven konnten, und ich habe dabei ein paar Abschüsse erzielen können.
Wie gesagt, ich konnte sie nicht auskurven. Aber ich konnte in den Abwehrkreis hineinslippen. Ich habe viel Zeit darauf verwendet, nachts über dieses Manöver nachzudenken, und ich kam zu der Vermutung, daß der durchschnittliche Pilot schneller in eine Linkskurve hineinkommt, weil er mit der rechten Hand fliegt, und daß er gewöhnlich nach links kurvt, wenn er plötzlich ausscheren muß. Es ist einfach die natürlichere Bewegung, weil der Durchschnittspilot in dieser Position für diese Bewegung mehr

Muskelkraft zur Verfügung hat. Auch das Drehmoment, das vom Propeller ausgelöst wurde, hatte in einigen unserer Flugzeuge etwas damit zu tun. Wenn ich also einem Deutschen im Nacken saß und das verräterische Auspuffwölkchen sah, wen er Gas wegnahm, dann zog ich ein wenig, bis meine Nase hochkam, slippte nach rechts, nahm den linken Flügel tiefer und rutschte so innen hinter ihn. Oft konnte ich dann einen Schuß anbringen. Die anderen konnten das natürlich auch, und so habe ich vom Abwehrkreis eher abgeraten. Tatsächlich haben wir unseren Piloten in der 56. dann beigebracht, im Sturz anzugreifen und wieder hochzuziehen, um den Höhenvorteil zu wahren – und: keinen Abwehrkreis zu bilden.«

Zwei Jahre, nachdem ich von Johnson gehört hatte, wie Sam Hamilton die Fw 190 über Kiel auskurven konnte und welche Taktik er im Luftkampf verfolgt hatte, traf ich ihn wieder in Huntington, New York. Dabei erinnerte er sich, wie er zum erstenmal einen deutschen Düsenjäger gesehen hat.

»Ich glaube, ich habe die Me 262 gesehen, bevor ich im Juni 1944 nach Hause kam. Nur: ich wußte gar nicht, was ich da gesehen hatte. Die Leute vom Geheimdienst hatten uns darauf aufmerksam gemacht, daß wir vielleicht auf Düsenjäger stoßen könnten – ja, sie hatten uns sogar vor dem Raketenjäger Me 163 gewarnt. Auf dem Rückweg von einem Begleitschutz-Einsatz sah ich einen Flugplatz unter mir. Ich entschloß mich, nach unten zu gehen und einen Tiefangriff mit Bordwaffen zu fliegen. Während ich über den Platz zischte, sah ich aus dem Augenwinkel heraus zwei oder drei Maschinen zwischen zwei Hallen stehen. Ich konnte den Typ auch nicht im entferntesten mit einem Flugzeug identifizieren, das mir bekannt war. Erst als ich nach dem Krieg eine Me 262 auf dem Wright Field in Amerika sah, wußte ich, was ich damals beobachtet hatte. Jener Flugplatz war nicht etwa eine Falle wie der Platz in der Nähe von Calais, wo die Deutschen Scheinflugzeuge aufgestellt und mit einer Flakkonzentration drapiert hatten, die eine ganze Anzahl alliierter Flugzeuge abschießen konnte.

Vom Geheimdienst war nebenbei auch die Empfehlung ausgesprochen worden, etwas langsamer zu fliegen, falls man mit Me 262 zusammengeriet. Ihre Theorie war, daß die 262 ihre große Geschwindigkeit beibehalten mußten und so nicht in der Lage wa-

ren, sich mit uns in eine Kurbelei einzulassen.[1] Was den Me 163 Raketenjäger anbetraf, so wurde uns gesagt, wir sollten warten – er werde von unten mit unheimlicher Geschwindigkeit hochsteigen, hätte aber nur eine sehr kurze Einsatzzeit. Wenn wir warten konnten, dann würde er kurz darauf langsam im Gleitflug nach unten gehen. Glücklicherweise kam ich nicht in die Verlegenheit, diese Taktik in der Praxis auszuprobieren.
Wir trafen auch auf eine ganze Reihe konventioneller Jagdflugzeuge der Luftwaffe, die stärkere oder frisierte Triebwerke hatten. Ich glaube, wir nannten eine die Me 209[2]. Ich kann mich nicht mehr genau erinnern, aber sie hatten eine enorme Leistung, und ich glaube, man konnte sie an der etwas anderen Nase erkennen. Allgemein gesprochen, waren die besten Me 109 und die P-51 nahezu gleichwertig; den Unterschied machte dann wohl der Mann aus, der drin saß«.
Johnson hat viele Jahre nach dem Krieg in der Luftfahrtindustrie gearbeitet und ist nach wie vor auf dem laufenden, was die Entwicklung der Luftfahrt anbetrifft; er fliegt auch heute noch und hält engen Kontakt zu amerikanischen Jagdfliegern, die in Korea und Vietnam eingesetzt waren. Deshalb ist seine Auffassung über Luftkampf, Flugzeugtypen und Einsatzbedingungen in den siebziger Jahren von Interesse.
»Es gibt immer noch Kurvenkämpfe. Das ist alles relativ: Wenn zwei Piloten in vergleichbaren Flugzeugen sitzen, dann ist der Kurvenkampf immer noch ein Teil des Bilds. Geschwindigkeit und Kurven sind weiterhin entscheidende Faktoren und viele andere Dinge. Natürlich fliegen Jagdflugzeuge heute schneller, viel schneller – und wenn man sagen könnte: das ist ein Kurvenkampf, dann ist es eben doch anders. Alles ist relativ, wie ich schon sagte.«
Waren die MiG 21 so gut, wie zu lesen ist? »Nach dem, was ich gehört habe, sind sie verdammt gut.« Ich fragte nach der F-4-

1 Wenn die Flugzeuge, die Johnson gesehen hat, Me 262 gewesen sind, dann handelte es sich um Prototypen oder Vorserienmuster, von denen im März und April 1944 die ersten 13 Stück fertiggestellt wurden. Die Me 262 ging zuerst als Schnellbomber während der Invasion, die am 6. Juni 1944 begann, in den Einsatz. Siehe William Green: »Famons Fighters of the Second World War«, Seite 117–123.

2 Werner Baumbach: »The Life and Death of the Luftwaffe«, Kapitel 26. Dort wird beschrieben, daß der Versuch unternommen wurde, die Me 209 zu modernisieren. Dabei wird bemerkt, daß die Me 209 und Me 309 technische Fehlentwicklungen darstellten und daß nur wenige Exemplare gebaut wurden.

Phantom, dem amerikanischen Jagdflugzeug, das am meisten gegen MiG 17 und MiG 21 eingesetzt war (und über das wir in einem späteren Kapitel noch mehr erfahren werden). »Die F-4 ist sehr gut, aber ich habe von unseren Piloten gehört, daß die MiG 21 im Luftkampf in einiger Hinsicht noch besser ist.«

## DAS AS DER ASSE

Der erfolgreichste Jagdflieger in der Geschichte des Luftkriegs ist Erich Hartmann, dem 352 Luftsiege bestätigt wurden. Hartmann ist 1970 bei der neuen Bundesluftwaffe ausgeschieden und in Pension gegangen; im gleichen Jahr ist ein Buch über ihn erschienen, das zwei Amerikaner geschrieben haben, die schon lange zu seinen Bewunderern zählten.[1] Es gibt keinen Zweifel über dieses wirklich bemerkenswerte Talent als Jagdflieger, auch wenn er nahezu alle seine Luftsiege gegen die Russen im Osten erzielt hat. (Er hat immerhin sieben amerikanische Jagdflugzeuge – P. 51 – abgeschossen, als er in Rumänien eine kurze Gelegenheit dazu bekam.) Sein Rekord ist in vieler Hinsicht bemerkenswert. Er flog rund 1 400 Einsätze, wurde kein einziges Mal verwundet und hat keinen Rottenflieger verloren, obwohl er einigemal abgeschossen wurde oder notlanden mußte.

Hartmann entwickelte seinen eigenen Stil im Luftkampf. Obwohl einige der besten deutschen Jagdflieger zu seinen Lehrern oder Vorgesetzten gehörten, erkannte er verhältnismäßig früh, daß er seine eigene Art nach Erfahrung, Fähigkeit und Analyse der Situation entwickeln konnte, Taktiken, die seiner Ansicht nach die beste Chance für Erfolg und Überleben brachten. Der kritische Leser wird bemerken, daß diese Taktiken Ähnlichkeiten aufweisen zu solchen, die von anderen bekannten Jagdfliegern in den vorausgegangenen Kapiteln beschrieben wurden, von Jagdfliegern, die gegen Ende des Zweiten Weltkriegs im Einsatz standen. Alle waren einer Meinung über das unnötige Risiko des Kurvenkampfes. Wenn man die Taktik von Hartmann analysiert, dann ähnelte er in seiner Auffassung Manfred von Richthofen. Beide haben sich ihre Gegner sorgfältig ausgesucht – genauso aber auch die Bedingungen, unter denen sie einen Luftkampf aufnahmen. Beide zeichneten sich durch hohe Treffsicherheit aus, wobei der Eindruck entsteht, daß Hartmann der bessere Schütze war (falls man überhaupt einen fairen Vergleich anstellen kann). Beide sind

1 Toliver/Constable: »Holt Hartmann vom Himmel!«, Motorbuch Verlag, Stuttgart.

so nahe wie möglich an den Gegner herangegangen, und beide haben sich gewöhnlich mit einer begrenzten Zahl von Abschüssen pro Tag oder Einsatz zufrieden gegeben. Die wichtigste dieser Ähnlichkeiten: beide zeigten sich in Kampfsituationen ziemlich kaltblütig – Hartmann sogar so sehr, daß er – in russische Gefangenschaft geraten – derart überzeugend eine schwere Kolik vortäuschen konnte, daß seine Bewacher nachlässig wurden. Er konnte von dem Fahrzeug abspringen, mit dem er zu einem Lager transportiert werden sollte, sich in einem Gehölz verstecken und so seinen Bewachern entkommen. In aller Ruhe verbarg er sich bei Tage, marschierte nur bei Nacht und kam so wieder zu den deutschen Linien zurück.

Hartmann kam gegen Ende 1942 an die Ostfront; er war damals 20 Jahre alt. Er hat also in den vergleichsweise einfachen Jahren 1941 und 1942 dort nicht geflogen. Es sollte bis Sommer 1943 dauern, daß er sich als Jagdflieger von einmaligen Fähigkeiten beweisen konnte. Seine ersten Feindflüge waren wenig aufschlußreich; beim ersten Einsatz ist er in völliger Verwirrung vor seinem eigenen Rottenführer geflohen. Es war ein Glück für ihn und für die Luftwaffe an der Ostfront, daß er in Major Walter Krupinski einen geduldigen und verständnisvollen Führer und Lehrer vorfand, der ihn wegen seiner ersten Schnitzer nicht zur Minna machte. Von dieser Zeit an wurde Hartmann immer besser und stand schließlich in dem Felde zahlreicher Männer mit hohen Abschußzahlen weit an der Spitze – mit 51 Luftsiegen Abstand auf den Zweiten.

Was ist so anders an Hartmann? Was für eine Kampftaktik hat er in der Luft verfolgt? Was hat ihn über alle Jagdflieger des Zweiten Weltkriegs gesetzt? Als einstigen Jagdflieger plagte mich jahrelang die Neugierde, die Antwort auf diese Frage zu finden. Als ich dann in Deutschland lebte, begann ich mit persönlichen Nachforschungen und besuchte ihn. Ich hatte bereits einige Zeit auf das Studium seiner Leistungen verwandt und diese mit dem Chronisten der deutschen Jagdflieger, Hans Ring, und mit Adolf Galland, dem ehemaligen General der Jagdflieger, diskutiert. Bei unserem Zusammentreffen suchte ich also überlegene Talente, einen besonderen Willen und eine außergewöhnliche Natur – irgendetwas derartiges – in diesem bemerkenswerten Mann zu entdecken. Aber es ist sehr schwierig, über 20 Jahre nach Kriegsende, nach zehn Jahren Gefangenschaft in Rußland, nachdem die Stimmung und die Zeiten sich so sehr verändert hatten, jene Rasierklingenschärfe und schwer faßbare Andersart zu entdecken, die solch einen Jagdflieger einst ausgezeichnet haben muß. Der stärkste Hinweis und vielleicht ein Teil der Antwort liegt wahrscheinlich in Hartmanns ruhiger, kühler Natur, die jede Heftigkeit ausschließt. Er war unzweifelhaft ein hervorragender Schütze und erfreute sich besonders guter Augen. Diese Gaben sowie eine außergewöhnliche fliegerische Fähigkeit sind offensichtlich. Sein wichtigstes Talent liegt vielleicht in einer einmaligen Befähigung, eine Situation in ihren Dimensionen kühl und sorgfältig zu erfassen, bevor er handelt, und mögliche Irrtümer so zu vermeiden.

Hartmanns Auffassung vom Luftkampf stellt vier Phasen heraus. Er glaubt, daß es zu den wichtigsten Teilen eines Luftkampfes gehört, den Feind zuerst zu sehen und dann zu entscheiden, wie man angreift, oder ob man einem Luftkampf aus dem Wege gehen soll. Den Feind als erster zu sehen, erfordert nicht nur gute Augen sondern auch Konzentration, die beste Beobachtungsposition und eine gewisse Kenntnis und Erfahrung, was man aus welcher Richtung zu erwarten hat. Es ist nicht immer möglich, den Feind zuerst zu erkennen, aber es war ein Vorteil, den Hartmann immer suchte und oft nutzen konnte.

Der nächste Schritt, nämlich die Entscheidung: angreifen oder nicht angreifen, wurde von Hartmann anders beurteilt als von vielen angriffslustigen Piloten, die einen Kampf unter fast jeder Bedingung suchten. Hartmann hat seinen Gegner immer sehr sorgfältig zu beurteilen versucht, wie auch die gerade herrschenden rein fliegerischen Bedingungen. Und er wartete dann auf den richtigen Augenblick für einen Angriff, was an der Ostfront durchaus möglich war. Darin besteht – mehr als in anderen taktischen Prinzipien, vielleicht mehr auch als in seiner Angriffstechnik – der meist übersehene Unterschied zwischen Hartmann und der Mehrheit der Jagdflieger.

Wenn er sich zum Kampf entschlossen hatte, dann folgte Hartmann jenem Angriffsverfahren, von dem er annehmen konnte, daß es eine maximale Chance für den Erfolg und ein Minimum an Gefahr durch Beschuß bot, und er versuchte immer, seinen Gegner zu überraschen. Bei gutem Wetter bevorzugte er den Angriff von oben, und dabei meist von hinten. Die Variationen hingen im einzelnen von der Bewaffnung des Gegners ab. Nach einer anfänglichen Tendenz, kurz vor dem Schießen etwas langsamer zu fliegen, entschied er sich dafür, mit hoher Geschwindigkeit anzufliegen, schnell zu schießen und noch schneller wegzuscheren. Er eröffnete das Feuer oft auf Entfernungen von weniger als 100 Metern, bei manchen Gelegenheiten sogar auf weniger als 50 Meter. Aber er konnte auch auf größere Entfernungen schießen und hielt sein Ziel dabei mit großer Genauigkeit im Visier. Wenn sein Gegner nicht gerade in Baumwipfelhöhe flog, dann löste er sich schnell vom Feind, gewöhnlich, indem er gegenkurvte und dann steil nach unten ging. Dadurch kam er schnell aus dem Bereich der gegnerischen Waffenwirkung heraus und machte es dem anderen Piloten nahezu unmöglich zu folgen. Wenn er dann abfing, konnte er die gewonnene Geschwindigkeit wieder in Höhe umsetzen, indem er mit voller Leistung stieg und die richtige Position für den nächsten Angriff gewann. In einigen Fällen flog Hartmann über der Tragfläche der schwer gepanzerten Il-2 (»Stormowik«) eine halbe Rolle und ging auf der anderen Seite in den Sturz, um auf diese Weise dem Feuer des Heckschützen zu entgehen.

Wenn sein Gegner dicht über dem Boden flog, zog Hartmann nach der Abgabe einiger Schüsse hoch und kurvte auch dabei scharf weg, um dem gegnerischen Feuer zu entkommen.

Bei bewölktem Himmel nahm er im Sturz Fahrt auf, wenn das möglich war; auf jeden Fall aber flog er mit hoher Geschwindigkeit von unten an. Im Winter war die obere Hälfte seines Flugzeugs weiß angestrichen – es war dann von oben kaum zu erkennen. Ganz allgemein haben nämlich die Deutschen der Frage des Anstrichs und der Tarnung mehr Beachtung geschenkt als ihre Gegner. Hartmann stellt in diesem Zusammenhang fest,[1] daß bis in die letzten Tage des Kriegs hinein amerikanische Jagdflugzeuge, in der Sonne silbrig glänzend, ihre Annäherung immer und immer wieder auf größte Entfernung angekündigt haben. Im Sommer trugen deutsche Jagdflugzeuge gewöhnlich eine braungrüne Bemalung auf der oberen Hälfte und eine hellblaue auf der unteren Seite. Von oben her vermischten sie sich mit der Landschaft darunter, und von unten ging die Farbe im Himmel auf.

1 Toliver/Constable: »Holt Hartmann vom Himmel!«, Seite 188.

Nach dem ersten Angriff auf einen Gegner hastete Hartmann nicht in einen zweiten hinein. Stattdessen erfaßte er die Situation aufs neue, bevor er sich zur Weiterfürhung des Angriffs entschied. Gewöhnlich ließ er diesen folgen – aber nur, wenn die Voraussetzungen immer noch günstig waren und er so angreifen konnte, wie es ihm paßte.

Die Einschaltung dieser Pause ist gleichzeitig ein Zeugnis für Hartmann's sorgfältige Einleitung eines Luftkampfes. Sie spiegelt eine Stetigkeit und Konzentration wieder, die ihn befähigte, das Fliegen und das Schießen immer unter den richtigen Bedingungen und mit anhaltender Wirksamkeit aufeinander abzustimmen.

Dieser erfolgreichste Jagdflieger aller Zeiten vermied den traditionellen Kurvenkampf und den Abwehrkreis. Seine Taktik tendierte danach, stets im Vorteil zu bleiben, wogegen der Kurvenkampf in so etwas wie einen Test von Kurvenflug, Leistungsdaten und reinem Glück ausarten konnte – weil nämlich die damit beschäftigten Piloten nicht in der Lage waren, den Himmel auch noch zu beobachten, und dann von anderen Flugzeugen überraschend angegriffen werden konnten.

Hartmann benutzte diese offensive Taktik von der Zeit an, da er sie entwickelte, bis zum Ende des Kriegs und hält sie auch heute noch für gültig. Sie wurde auch in Korea und in Vietnam erfolgreich angewandt. Hartmann war nicht der einzige Jagdflieger, der einen Luftkampf auf diese Weise einleitete, wie wir gesehen haben, aber er war der erfolgreichste in der Anwendung dieser Taktik, was die Zahlen beweisen.

In der Verteidigung, auf die sich Hartmann mehr zu konzentrieren hatte, als allzuviele sich vorstellen können (weil die Deutschen in den letzten Jahren des Kriegs fast immer zahlenmäßig unterlegen waren), war Hartmann's Taktik unkompliziert aber wirksam. Er kurvte meist in die Schußlinie seines Gegners hinein, wenn dieser von hinten herankam, aber erst wenn dieser fast auf Schußnähe heran war. Wenn der feindliche Pilot von oben kam, dann kurvte Hartmann so stark wie möglich seitlich weg und zwar dorthin, von wo der Gegner kam, und zog gleichzeitig mit allem, was er hatte, nach oben. Wenn er einmal gefährlich im Nachteil war, dann löste er sich entweder mit der bereits in der Luftschlacht um England erfolgreich angewandten Methode – abschwingen und gegenkurven – oder einer anderen Taktik, die er selbst entwickelt hatte. (Die deutschen Jagdflieger haben die erstgenannte Methode ursprünglich deshalb angewandt, weil die deutschen Motoren bereits Kraftstoffeinspritzung hatten und bei solchen Manövern und im Rückenflug keine Motoraussetzer vorkommen konnten wie z. B. damals noch bei den englischen Motoren, die mit Vergasern ausgestattet waren). Hartmann hat aber sehr oft, wenn es für ihn brenzlig wurde, als Ausweichmanöver einen Turn nach unten mit negativen g-Werten geflogen und konnte auf diese Weise seinen Verfolger abschütteln, weil dieser, um zu folgen, zu einem unnatürlichen und ungewöhnlichen Flugmanöver gezwungen wurde, das nur wenige Piloten beherrschten. Man mußte dabei den Steuerknüppel ganz nach vorn drücken und gleichzeitig das Seitenruder treten, das gerade – je nach der Richtung des Turns – unten war. Das ganze sah aus wie der Anfang eines Loopings nach außen. Die Zentrifugalkraft, die einen Piloten in einem nach innen geflogenen Kreis fest auf den Sitz drückt, bewirkte in einem solchen Fall genau das Gegenteil: sie hob den Piloten aus dem Sitz, und nur der Anschnallgurt bewahrte ihn davor, mit dem Kopf gegen das Kabinendach zu schlagen. Dieses Manöver konnte aus einem Turn heraus, aber auch aus einem mehr horizontalen Flug heraus angesetzt werden. Der Verfolger war dann gezwungen, mit demselben Manöver zu folgen, was aber beinahe unmöglich war, in den Gurten nach oben hängend, mit nach vorn behinderter Sicht, kurvend und stürzend. Auf diese Taktik, einen Kampf abzubrechen, war es hauptsächlich zurückzuführen, daß Hartmann bei den mehr als 800 Luftkämpfen und bei mehr als 1 400 Feindflügen niemals verwundet wurde.

In Gesprächen über Jagdflieger-Taktik hat Hartmann immer wieder auf die Wichtigkeit des Schießens mit Vorhalt hingewiesen. »Man muß wissen, wie weit man vorhalten muß. Wenn man nach einem Sturz mit Geschwindigkeitsüberschuß von unten hochkommt, dann muß man den Vorhaltewinkel gelernt haben.

Im Luftkampf ist das Allerwichtigste der Höhenvorteil. Beim Schießen ist das Wichtigste, daß man so nahe wie nur möglich rankommt und zwar mit deutlich höherer Geschwindigkeit, um den Gegner wenn möglich völlig zu überraschen.«

Hartmann ist einer von denen, die mit der Me 109 immer zufrieden gewesen sind. (Manche deutschen Jagdflieger haben nach dem

Krieg Meinungen geäußert, die den Schluß zulassen, daß die Me 109 schon 1942 und 1943 in mancher Hinsicht technisch nicht mehr auf dem höchsten Stand war.) Hartmann flog im Einsatz folgende Versionen der Me 109: G7, G10, G14, G16 und K4.
»Die P-51 war nur in Höhen über 5 000 Meter schneller als die Me 109. Ich konnte aus der 109 in 4 000 Meter Höhe bis zu 768 km/h herausholen und konnte mich mit der 109 sogar von P-51 lösen. Einmal waren acht Mustang hinter mir her, auf eine Entfernung von knapp 1 000 Meter – es war während der amerikanischen Angriffe auf die Erdölanlagen von Ploesti – und ich konnte ihnen mit der 109 davonfliegen.«
Hartmann sollte gegen Ende des Kriegs zu einem Me 262 Verband kommen, aber er wollte lieber zurück zu seiner alten Einheit an die Ostfront. Dort kämpfte er bis zum Ende des Kriegs und schoß seinen letzten russischen Gegner am letzten Tag ab, an dem noch gekämpft wurde. (Er übergab sich den Amerikanern, die ihn naiverweise den Russen auslieferten. Diese haben ihn dann ihrerseits zehneinhalb Jahre lang in Kriegsgefangenschaft gehalten.) Auf eines ist er besonders stolz: auf den Rekord hinsichtlich der Rottenflieger. »In meiner ganzen Karriere als Jagdflieger habe ich keinen einzigen Rottenflieger verloren; ein paar haben Treffer vom Boden her oder bei einem Luftkampf erhalten, das war alles. Gegen Ende des Kriegs wäre es beinahe einmal passiert, als ein zu mir versetzter Bomberpilot bei einem Luftkampf mit vier Jak von meiner Seite gewichen war. Als ich bemerkte, daß er nicht mehr da war, sah ich mich um und erspähte ihn, wie er eine Kurve flog. Eine Jak saß ihm im Nacken. Ich brach meinen Angriff ab, um ihm zu Hilfe zu eilen und setzte mich schnell hinter die Jak. Aber bevor ich richtig dran war, sah ich Treffer in die 109 fetzen. Ich rief ihm zu, auszusteigen, was er dann auch tat, und habe die Jak brennend nach unten geschickt. Mein ehemaliger Bomberpilot schwebte gemächlich der Erde zu. Und er lebt heute noch.«
Mit Ausnahme dieses Falles hat Hartmann auf jeden Rottenflieger so aufgepaßt, daß keiner abgeschossen wurde. Dies ist eine bemerkenswerte Tatsache, wenn man bedenkt, wie oft die deutschen Jagdflieger in Rußland zahlenmäßig unterlegen waren. »Ich bin zweimal mit dem Fallschirm abgesprungen, einmal noch während der Ausbildung, und bin 14mal notgelandet; aber ich bin nicht

ein einziges Mal von einem gegnerischen Jagdflieger im Kampf getroffen worden,« sagte er.
Im Hinblick auf die traditionelle »Kurbelei« im Luftkampf, äußerte Hartmann: »Wir haben uns verhältnismäßig wenig darauf eingelassen. Dazu braucht man viel Raum, und außerdem ist es ein reines Abwehrmanöver. Wir hatten einen Geschwindigkeitsvorteil, und wie ich schon gesagt habe, kam ich am liebsten von oben möglichst schnell heran – wenn es ging, in einem Überraschungsangriff, und dann mußte das andere Flugzeug meine ganze Frontscheibe ausfüllen, bevor ich zu schießen anfing. Danach zog ich schnell weg und konnte so einen zweiten Angriff ansetzen, wenn ich wollte, und auch dies wieder aus einer guten Position.«
Vielleicht hat sich um Hartmann, der ein bescheidener und ruhiger Mensch ist, nur deshalb in den Nachkriegsjahren keine derartige Legende gebildet wie um Richthofen, weil er am Leben geblieben ist. Denn der Tod spielt natürlich eine Rolle beim Entstehen einer romantischen Legende. Aber nun ist die Zeit gekommen, in der auch Hartmann etwas romantisiert wird; schon zeigt sich das Interesse an seiner Person – zumindest in England und Amerika. Das hat natürlich seine Zeit gebraucht, weil Hartmanns Einsatz seinen Ursprung im Hitler-Regime hatte. Aber schließlich war er als Teenager zur Luftwaffe gekommen und konnte demnach kaum für die politischen und gesellschaftlichen Sünden dieses Staates verantwortlich gemacht werden. Trotzdem – und obwohl die Bundesrepublik Deutschland, England und Amerika heute in der Nato alliiert sind – gibt es immer noch Menschen, die den Deutschen den Hitler nicht verziehen haben. Ich wurde noch 1967 daran erinnert, als mein Buch »Jagdflieger«[1] in England herauskam. Mein Verleger und ich gaben in London ein Essen zu Ehren der in diesem Buch erwähnten Jagdflieger-Asse. Erich Hartmann war meiner Einladung als Repräsentant der deutschen Jagdflieger gefolgt. Zur Tischrunde gehörten außerdem der legendäre Douglas Bader, dann der erfolgreichste englische Jagdflieger, Johnnie Johnson, und Ginger Lacey, der Held der Luftschlacht um England.
Man hatte mir bedeutet, daß einige Leute in England immer noch den Krieg nicht überwunden hatten und gegenüber Verbrüde-

1 Deutsche Ausgabe erschienen im Motorbuch Verlag Stuttgart.

rungsszenen etwas allergisch reagierten. Aber es war gut, daß wir alle zusammensitzen und uns das Essen schmecken lassen konnten in einem Europa, das im Frieden lag, – denn wir waren uns ohne Ausnahme darin einig, daß Krieg eine nutzlose Sache ist. Ein Jahr später, als die »Jagdflieger« auch in Deutschland herauskamen, fand sich aus diesem Anlaß im Rheinhotel Dreesen in Bad Godesberg, dort wo Chamberlain 1938 mit Hitler zusammengkommen war, eine Tischrunde, der Erich Hartmann, Adolf Galland (einst General der Jagdflieger), Johannes Steinhoff (zu dieser Zeit Generalinspekteur der neuen Bundesluftwaffe) und andere angehörten. Die RAF wurde durch Wing Commander Stanford Tuck vertreten. Frau Hartmann, die unbewußt eine Rolle in der Geschichte der Jagdwaffe gespielt hat, indem sie alle Briefe aufbewahrt hat, die Hartmann aus Rußland schrieb, hat viel zu dem Erfolg des Abends beigetragen. Die Küche des Hotels hat den Anwesenden dann mit dem Nachtisch eine Überraschung bereitet. Auf jeder Puddingportion steckten kleine Nationalflaggen – die deutsche, die englische und die amerikanische. Ich glaube, diese kleine Geste wird sich in der Zukunft als Symbol erweisen, nämlich: daß die Flaggen dieser Länder bei jeder möglichen Krise beieinander stehen werden.

# Korea: Erster Krieg im Düsenzeitalter

## DÜSENJÄGER-TAKTIK UND -STRATEGIE

Die deutsche Luftwaffe war beim Zusammenbruch untergegangen, in der Luft überwältigt, auf dem Boden überrannt. Drei Monate danach hat auch Japan aufgegeben, nachdem zwei Atombomben die Sinnlosigkeit einer Fortführung der Kämpfe und einer Hoffnung auf Sieg bewiesen hatten. Die Japaner haben im Endstadium des Kriegs kein Düsenflugzeug hervorgebracht, sie wurden durch überlegene Qualität und Quantität einfach erdrückt. In der letzten Phase des Kriegs war jedoch das Düsenflugzeug auf den Plan getreten, und es war sicher, daß das nächste Kapitel in der Geschichte des Luftkriegs von Düsenflugzeugen geschrieben wird. Was man nicht wußte oder um diese Zeit auch gar nicht erwarten konnte, war, daß dieses nächste Kapitel schon nach fünf Jahren beginnen und amerikanische F-80 Shooting Stars und F-86 Sabres einerseits und russische Mig-15 und MiG-17 andererseits in den Kampf verwickeln sollte.

Galland hatte 1942 bei einer Konferenz die prophetischen Worte gesprochen: »... Die von uns eingeleitete Entwicklung von Düsenflugzeugen kann sehr wohl zu etwas führen, dessen Ende wir noch nicht absehen können. Unter bestimmten Umständen kann der Einsatz dieser Flugzeuge den Ereignissen vorgreifen und eine Waffe an den Gegner verraten, bevor wir sie in wirklich ausschlaggebenden Mengen besitzen. Ich bin der Meinung, daß wir keine Angst vor der eigenen Courage zu haben brauchen – wenn wir nicht nur kleckern sondern klotzen können. Aber ich habe den Eindruck, daß dies nicht der Fall ist ...«

Im April 1944 brauchte Galland dann verzweifelt einen Düsenjäger: »Das Problem, daß die Amerikaner für die deutsche Jagdwaffe aufgeworfen haben – ich spreche hier jetzt ausschließlich von der Tagjagd – liegt einfach in der Luftüberlegenheit ... So, wie die Dinge liegen, ist das fast gleichbedeutend mit der Luftherrschaft. Das zahlenmäßige Verhältnis zwischen den beiden Seiten liegt im Hinblick auf die Tagjagd zwischen 1:6 und 1:8. Das fliegerische Können des Gegners im Luftkampf ist außerordentlich hoch und der technische Leistungsstand seiner Flugzeuge ist so hervorragend, daß wir nur sagen können: hier muß etwas getan werden! In den letzten vier Monaten haben wir bei der Tagjagd etwas über tausend Flugzeugführer verloren... Ich gehe soweit, zu sagen, daß die Gefahr des völligen Zusammenbruchs nicht mehr weggeleugnet werden kann.

Was müssen wir tun, um dies zu ändern? Zuerst müssen wir versuchen, das zahlenmäßige Verhältnis zu ändern... zum anderen, und gerade weil wir zahlenmäßig unterlegen sind und es immer bleiben werden, muß die technische Leistung angehoben werden... Ich bin absolut davon überzeugt, daß wir mit einer kleinen Zahl eines wirklich überlegenen Typs wie der Me 262 oder Me 163 Wunder vollbringen können. Denn der Kampf Jäger gegen Jäger – der am Tage die Einleitung des Angriffs auf die Bomber darstellt – ist in der Hauptsache eine Angelegenheit der Moral. Wir müssen die Moral des Gegners brechen... Wir brauchen eine höhere Leistung, um unseren Jägern wieder jenes Gefühl der Überlegenheit zu geben, selbst wenn wir zahlenmäßig unterlegen sind... Mir ist eine Me 262 lieber als fünf Me 109«[1]

Aber die Flieger auf der deutschen Seite waren nicht die einzigen, die die Möglichkeiten des Düsenflugzeugs richtig einschätzten. Die Engländer flogen bereits mit ihrer Meteor, wenn auch nicht im Einsatz, und Generalmajor Fred Anderson, Operations-Chef unter dem Kommandeur der US Luftstreitkräfte, General Spaatz, soll dem alliierten Oberkommandierenden Eisenhower im Februar 1945 gesagt haben: »Wenn die Heeresverbände Deutschland nicht bis spätestens Juni eingenommen haben, dann werden es die deutschen Düsenjäger unmöglich gemacht haben, die Tagbomberoffensive weiter aufrecht zu erhalten.« Mag dies auch etwas zu pessimistisch gewesen sein, so wäre diese Offensive jedoch echt gefährdet gewesen, hätten die Me 262 bereits 1943 oder Anfang 1944 in größeren Zahlen zur Verfügung gestanden.

Zusätzlich zu der Tatsache, daß der Zweite Weltkrieg das Düsenzeitalter heraufbeschworen hat, hat er auch den enormen und immer weiter wachsenden Wert der Luftmacht über dem Schlacht-

1 Baumbach, »The Life and Death of the Luftwaffe«, Seiten 195–199.

feld demonstriert – einen Trend, der in der letzten Phase des Ersten Weltkriegs seinen Anfang nahm. Im Zweiten Weltkrieg hat die enge Zusammenarbeit zwischen Luftwaffe und Heer auf deutscher Seite den »Blitzkrieg« produziert. Im letzten Kriegsjahr war es dann die alliierte taktische Luftmacht mit ihrer Überlegenheit, die den Erfolg der Landungen in Frankreich sicherstellte und an der Kampffront jene Bedingungen schuf, unter denen der entscheidende Durchbruch bei St. Lô im August möglich wurde. Hinsichtlich der Bedeutung, die die amerikanische Entscheidung brachte, strategische Bomber (mittlere Bomber wie Jabos) taktisch einzusetzen, um den Bodentruppen den Weg freizumachen, schreibt Galland:

»An der Invasionsfront wurden währenddessen die strategischen Bomber der Alliierten nur an besonderen Schwerpunkten zusammengefaßt eingesetzt. So griffen am 18. Juli 1944 1 600 schwere und 250 mittlere englische und amerikanische Bomber in die mit äußerster Erbitterung geführten Kämpfe bei St. Lô ein. Innerhalb weniger Minuten rauschten 7 700 Tonnen Bomben auf das Schlachtfeld. Es war die bisher stärkste Bombardierung des Krieges. Wenige Tage später berichtete von Kluge an Hitler über das Ergebnis einer Kommandeurbesprechung: angesichts einer derart vollständigen Luftherrschaft bleibe nichts weiter übrig, als Gelände aufzugeben. »Der bei der kämpfenden Truppe, besonders bei der Infanterie hervorgerufene psychologische Effekt ..., die Sturzflut der auf sie mit der Gewalt elementarer Naturkräfte niedergehenden Bomben ist ein Faktor, der zu ernsten Überlegungen Anlaß gibt«, schließt der Bericht.

Eine Woche später, am 25. Juli, wurde der Angriff auf denselben Zielraum in noch stärkerer Form wiederholt. 1507 schwere, 380 mittlere und 559 Jagdbomber griffen die deutschen Stellungen an. Nach einer Feststellung des Kommandeurs der Panzer-Lehrdivision waren danach 70 % seiner Truppe »tot, verwundet oder mit den Nerven zusammengebrochen«. Und von Rundstedt bezeichnete das Bombardement als »die wirkungsvollste und eindrucksvollste taktische Anwendung der Luftmacht, die ich jemals erlebt habe«.[1]

Hier handelte es sich natürlich um die entscheidende Schlacht in Frankreich und den entscheidenden Durchbruch, und es ist bemer-

1 Galland, »Die Ersten die die Letzten«, Seite 313.

Colonel Frank Gabreski: (oben) als der auf dem europäischen Kriegsschauplatz führende amerikanische Jagdflieger mit 38 Luftsiegen; (unten) im Korea-Krieg.

Eine in der Sowjetunion gebaute Mikojan/Gurewitsch MiG-15 mit nordkoreanischen Kennzeichen, die von einem Überläufer nach Südkorea geflogen wurde.

Die russische MiG-21, ein Allwetterjäger, der in Vietnam eingesetzt war.

kenswert, daß die Deutschen die Me 262 zum erstenmal bei dieser Schlacht zum Einsatz brachten, obwohl damals nur ein paar Maschinen dieses Typs zur Verfügung standen. Alliierte Jagdflugzeuge beherrschten den Himmel aber in einem solchen Ausmaß, daß die schweren Bomber ihrer Aufgabe fast ungestört nachgehen konnten. Hätten die deutschen Jäger ihre Überlegenheit von 1941/42 über Frankreich aufrechterhalten können, so wäre dieser ununterbrochene Bombereinsatz nicht möglich gewesen. So haben also alliierte Jagdflugzeuge nach Erringung der Luftüberlegenheit über Frankreich in Wirklichkeit der amerikanischen 3. Armee die Tür aufgestoßen. Die taktische Zusammenarbeit britischer und amerikanischer Jagdflieger hat bei dieser Gelegenheit alles in den Schatten gestellt, was im Ersten Weltkrieg in dieser Hinsicht zu verzeichnen war. Die Engländer setzten Typhoons und andere Flugzeuge sehr wirksam mit Raketen im Erdkampf ein, die Amerikaner verließen sich hauptsächlich auf die robuste P-47 und andere Typen, die gleichfalls in einzelnen Fällen mit Raketen bestückt waren. Als die Deutschen dann in der Gegend von Mortain ihren verzweifelten Gegenangriff starteten, war dies ihre letzte Chance, die Lücke zu schließen, durch die die Armee des Generals Patton herausströmte. Aber Jagdbomber dezimierten die deutschen Panzer, die an der Spitze dieses Angriffs fuhren. Die deutsche 7. Armee berichtete: »Der Angriff brach wegen der ungewöhnlich heftigen Tätigkeit feindlicher Jagdbomber zusammen.«.

Der Vorteil in der Luft erwies sich auch auf dem pazifischen Kriegsschauplatz von entscheidender Bedeutung. Jetzt, fünf Jahre nach dem Ende des Zweiten Weltkriegs, sollte er die amerikanischen und südkoreanischen Truppen retten, die sich im Brückenkopf von Pusan verzweifelt wehrten. Als die Nordkoreaner im Juni 1950 in Südkorea einfielen, versuchten Jagdflugzeuge vom Typ Jak den Bodentruppen den Weg freizumachen. Amerikanische Düsenjäger vom Typ F-80 Shooting Star schossen sie rasch vom Himmel. Aber der Rückzug auf dem Boden war so überstürzt erfolgt, daß die amerikanischen und südkoreanischen Verbände im Brückenkopf Pusan über keinen sicheren Flugplatz und keine Nachrichtenverbindungen mehr verfügten – und dies ist immerhin eine notwendige Voraussetzung für taktische Zusammenarbeit zwischen Luft und Boden. Eine Zeit lang hielt man – von Flugplätzen in Japan aus eingesetzt – im rollenden Einsatz

eine Rotte F-80 über dem Brückenkopf. Aber aufgrund der knappen Treibstoffkapazität war die Einsatzzeit über dem Kampffeld relativ kurz und nicht so wirksam, wie es die Situation verlangt hätte.
Die USAF arbeitete dann ein Nachrichtensystem aus, indem sie Leichtflugzeuge und Jeeps mit Funkgeräten ausstatteten, die als Spotter für die F-80 und die F-86 dienten, die nunmehr auch auf dem Schauplatz erschienen; motorisierte Funkstellen gaben die Beobachtungen dann an die Düsenjäger weiter. Johnnie Johnson, der zu jener Zeit zur USAF kommandiert war und sich an Ort und Stelle befand, schreibt, daß ihm der Kommandeur der Heeresverbände in Pusan einmal gesagt hat, ohne die Jäger und Jagdbomber über den Köpfen seiner Leute hätte er den Brückenkopf nicht halten können und wäre vom Gegner ins Meer geworfen worden.[1]
Die taktische Zusammenarbeit in Korea folgte in vieler Hinsicht den Erfahrungen aus dem Zweiten Weltkrieg. Leichtflugzeuge (»Moskito« genannt) oder Spähtrupps agierten als Beobachter für die Jabos, die in der gleichen Schwarm-Formation flogen wie 1939–45. Rauchbomben wurden eingesetzt, um die feindlichen Stellungen zu markieren. Sie wurden entweder vom Boden aus oder von den Leichtflugzeugen abgeschossen bzw. abgeworfen, und erst dann flogen die Düsenflugzeuge ihre Angriffe mit Bomben, Napalm-Behältern, Raketen oder Maschinengewehren. Napalm erwies sich als besonders wirkungsvoll, da es – als Flüssigkeit – in die Gräben hineinlaufen und sich auf dem Boden auf eine größere Fläche verteilen konnte. Ein T-34 Panzer konnte noch wirksam zerstört werden, wenn der Napalm-Behälter 20 Meter vor dem Panzer aufschlug.
Gestützt auf die Luftüberlegenheit konnten die amerikanischen und südkoreanischen Truppen unter dem Kommando von General Douglas Mac Arthur jetzt den Gegenangriff nach Norden tragen, ganz Südkorea zurückerobern und in Nordkorea einfallen, das den Angriff ausgelöst hatte. Im November 1950, fünf Monate nach Beginn des Kriegs, war praktisch ganz Nordkorea besetzt. In dieser Zeitspanne hatten die amerikanischen Streitkräfte eine neue Form der taktischen Unterstützung eingeleitet: Nachtangriffe gegen Nachschublinien. Das berühmte englische Nachtjäger-As,

1 Johnson, »Full Circle«, Seite 264.

Peter Wykeham, hatte sich als Lehrer zur Verfügung gestellt, um die US Piloten mit dem Nachtflug über gebirgigem Gelände vertraut zu machen. Es dauerte nicht lange, und diese schwierige Form des Luftangriffs wurde über fast ganz Nordkorea praktiziert. Diese Technik war notwendig geworden, weil die Streitkräfte der UN schließlich so erfolgreich waren, daß der Feind seinen ganzen Nachschub nur noch bei Nacht transportieren konnte.

Der erste Luftkampf zwischen Düsenjägern fand im November 1950 statt, als amerikanische F-80 einen Verband MiG-15 von Nordkorea über den Yalu hinweg zurück in die Mandschurei jagten. Die MiGs flohen, aber als sie mandschurischen Boden erreicht hatten, stiegen sie in die Sonne, kreuzten den Grenzfluß erneut in Gegenrichtung und griffen die Shooting Stars mit Höhenvorteil an. Die amerikanischen Jagdflieger kamen noch einmal davon, aber sie mußten bei dieser Gelegenheit feststellen, daß die MiGs schneller waren und daß sie ihnen ohne weiteres davonsteigen konnten. Diese MiGs wurden von russichen Piloten geflogen, die die amerikanischen Flieger und ihre Verbündeten mit ihrer fliegerischen Fähigkeit stark beeindruckten. Ihre Taktik war ausgezeichnet und nahezu identisch mit der Taktik der deutschen Luftwaffe im Zweiten Weltkrieg. Eine Zeit lang machten sie den amerikanischen F-80, den britischen Meteor 8 und den amerikanischen B-26 und B-29 das Leben schwer. Generalmajor O.P. Weyland, Kommandeur der US-Luftstreitkräfte in Korea, sah ein, daß er nun die F-86 brauchte. Ab Dezember flog dieser Typ dann vom Flugplatz Kimpo, der in der Nähe von Seoul liegt. (Das kommunistische China war in der Zwischenzeit in den Krieg eingetreten und hatte die alliierten Bodentruppen wieder nach Süden zurückgeworfen. In den ersten zwei Wochen ihres Einsatzes haben die F-86 acht MiG-15 beim Verlust einer F-86 abgeschossen und zwar trotz der Tatsache, daß die russichen Piloten den Vorteil kurzer Einsatzentfernungen hatten und jederzeit hinter den Yalu ausweichen konnten. Die amerikanische Überlegenheit über die von Russen gebauten und geflogenen MiGs sollte dann für den Rest des Kriegs – also weitere drei Jahre – anhalten.)

Mit dem Aufkommen der Düsenflugzeuge gingen die Kampfformationen wieder auf kleinere Einheiten zurück. Die F-86 flogen gewöhnlich in Rotten oder Schwärmen. Es stellte sich heraus, daß die F-86 geringfügig schneller als die MiG-15 war, wenn sie unter

9 000 Metern blieb. In größeren Höhen kamen sich die beiden Typen gleich. Weil die amerikanischen Jagdflieger von Seoul aus eingesetzt wurden, hatten sie über dem Yalu nur etwa 20 Minuten Kampfzeit (etwa wie die deutschen Jagdflieger über England bei der Luftschlacht um England) und warfen ihre Zusatztanks erst ab, wenn feindliche Jäger in Sicht kamen. Die F-86 waren mit kreiselgesteuertem Visier ausgestattet (dieses war bereits im zweiten Weltkrieg zur Einführung gekommen), aber wegen der großen Geschwindigkeit und den im Kurvenflug dabei auftretenden Anforderungen, erbrachte eine Feindberührung in der Regel nur eine kurze Chance zum Schießen. Zu dieser Zeit war die F-86 mit sechs 13 mm MGs ausgestattet, derselben Bewaffnung, wie sie auch im Zweiten Weltkrieg in der P-51 Verwendung fand. Die F-86E, die bald nachfolgte, war mit radargesteuertem Visier ausgestattet, hatte aber immer noch die gleichen sechs MGs. Das etwas stärkere Triebwerk machte sie in den meisten Punkten der MiG-15 gegenüber überlegen. Aber erst als die Amerikaner automatische Raketen unter die Tragflächen der F-86E montierten, die mit Zielsuchkopf ausgerüstet waren, konnten die F-86 Sabre eine klare Überlegenheit über die MiG-15 und MiG-17 in einem Luftkampf über der Straße von Formosa unter Beweis stellen. Am Ende des Krieges in Korea belief sich die Rechnung auf 800 feindliche Düsenjäger, die zersört werden konnten, gegenüber 100 amerikanischen Jagdflugzeugen, die verlorengingen. Ein nordkoreanischer Pilot, der überlaufen war, bestätigte diese schweren Verluste und berichtete, daß zwei russische Verbände bei den Kämpfen völlig ausgelöscht worden sind.[1]

Die Taktik im Luftkampf über Korea ähnelte im Grunde genommen in vieler Hinsicht früheren Luftkämpfen, wenn sie auch von den großen Kampfformationen der zwei Weltkriege wieder wegführte zu kleineren Formationen und schließlich – mit dem Vorhandensein von Lenkwaffen – auch zum Schießen aus viel größerer Entfernung. Der Luftkampf fand in größerer Höhe statt. Anfänglich kam es zu Feindberührungen in 10 000 Meter Höhe, aber dann trafen Flugzeuge mit höherer Leistung in noch größeren Höhen – bei 13 000 Metern und darüber – aufeinander, als der Krieg seinen Fortgang nahm. Das höhere Alter der Jagdflieger war eine weitere Charakteristik des Kriegs in Korea. Die mei-

1 Johnson, »Full Circle«, Seite 272.

sten waren Veteranen aus dem Zweiten Weltkrieg, eine ganze Anzahl hatte bereits graue Haare. Sie flogen Flugzeuge, die viel komplizierter waren und sogar die Schallmauer überwinden konnten. Aber das war zu Anfang der fünfziger Jahre noch keine Routineaffäre. Das Flugzeug betrug sich dabei nicht immer wie es sollte, und war dann sehr schwierig zu steuern.

Die Führung durch Radar vom Boden aus war ziemlich ähnlich wie im Zweiten Weltkrieg, wenn auch etwas verbessert. Der amerikanische Abhördienst (das Y-System) erfaßte regelmäßig die russischen Flugleiter auf der anderen Seite des Yalu mit überraschender Zuverlässigkeit. Die amerikanischen Jagdflieger erfuhren, wann der Gegner auf seinen Plätzen startete, wo sich verschiedene Jagdverbände befanden und wann mit ihrem Auftauchen wo zu rechnen war. Der Gegner flog meistens in größeren Haufen, die verhältnismäßig leicht zu entdecken waren. Einer der Vorteile der F-86 Schwärme, die in 5-Minuten-Abständen in Kimpo starteten, lag darin, daß sie von den Russen mit Radar kaum festzustellen waren. Gewöhnlich waren aber auch die Russen durch Radarerfassung vom Boden aus recht genau darüber informiert, wo sich die amerikanischen Jäger befanden. Die russischen Jagdflieger wurden durch Jägerleitstellen viel mehr am kurzen Zügel geführt, als die Amerikaner; sie erhielten genaue Anweisungen, wann sie angreifen sollten, wo sie landen konnten, wenn sie getroffen waren, und so weiter. Das blieb auch so, als im weiteren Verlauf des Krieges nordkoreanische und chinesische Piloten am Luftkampf teilnahmen. Der Luftkampf über Korea wurde also mehr vom Boden aus geführt als jeder Kampf zwischen Jagdfliegern in der Geschichte bisher; beide Seiten waren jeweils gut informiert.

Ein Jahrzehnt früher waren es die britischen Jagdflieger gewesen, die vom Boden aus straffer geführt und zur Feindberührung gebracht wurden, als die Luftschlacht über England tobte; aber die deutschen Angreifer konnten sich damals kaum eines ähnlichen Vorteils erfreuen.

Entgegen dem üblichen Glauben haben amerikanische Jagdflieger feindliche Flugzeuge häufig bis über den Yalu hinaus nach der Mandschurei zu verfolgt und oft auch abgeschossen, obwohl die amerikanische Politik die Piloten offiziell auf die südliche Seite des Yalu beschränkte. Bei einigen Gelegenheiten sind amerikanische Jagdflieger in Schwarmformation von See her in die Mandschurei eingeflogen (um auf diese Weise der Radarerfassung zu entgehen) und befanden sich dann unentdeckt und in großer Höhe auf der nördlichen Seite des Yalu – in der perfekten Position, um arglose russische Piloten, die gerade den Yalu nach Süden überfliegen wollten, überraschend angreifen zu können. Diese »Ausflüge« bildeten zwar die Ausnahme von der Regel, wurden aber von der höheren Führung mit einem Augenzwinkern zur Kenntnis genommen, denn verständlicherweise stand die Führung auf der Seite jedes amerikanischen Jagdfliegers, der in einer Auseinandersetzung mit einem Russen auf Leben oder Tod schließlich die Oberhand gewinnt und dann erleben muß, wie sein Gegner über den Grenzfluß hinweghuscht, um auf diese Weise ungeschoren nach Hause zu kommen.

Die Russen benutzten den Krieg in Korea als wirklichkeitsnahe Ausbildung für ihre Jagdflieger. Eine Zeitlang konnten amerikanische Jagdflieger absolut nicht verstehen, warum einige russische Formationen auf der Nordseite des Yalu blieben, andere herüberflogen, um einen Blick auf die amerikanischen Jagdflieger zu werfen, sie aber nicht anzugreifen – während wieder andere Verbände von oben herabstießen und angriffen. Die Antwort schien darin zu liegen, daß es sich bei den Formationen, die jenseits blieben, um junge Verbände handelte, die gerade erst angekommen waren und deren Flugzeugführer sich nun mit der Landschaft vertraut machen sollten (ganze Staffeln wurden im rollenden Einsatz aus der Sowjetunion in die Mandschurei verlegt), und daß die Formationen, die an die Sabres heranflogen, diese einmal aus der Nähe beschnuppern konnten, bevor sie »grünes Licht« zum Luftkampf bekamen.

Das Ermutigende an den Luftkämpfen über Korea war das ausgeprägt einseitige Verhältnis des Erfolgs, dessen sich die Amerikaner erfreuen durften. Es war ein deutliches Zeichen dafür, daß die russischen Jagdflieger, zu jener Zeit zumindest, ihren amerikanischen Kollegen nicht gewachsen waren – genauso wie sie, allgemein gesprochen, im Zweiten Weltkrieg den deutschen Jagdfliegern nicht gewachsen waren. Selbst im Besitz ausgezeichneter Flugzeuge und bei ausgezeichneter Radarführung vom Boden aus wurden die russischen Piloten (und die koreanischen und die chinesischen) in einem Verhältnis von 10:1 bis 14:1 abgeschossen. Das bedeutet eine auffallende Unterlegenheit, wie man es auch betrachten mag – selbst wenn man berücksichtigt, daß auf der amerikanischen Seite etwas zu optimistische Angaben gemacht wurden (wozu jede Seite im Krieg neigt).

Wie wir sehen, war auch in Korea erneut bewiesen, wie entscheidend wichtig sich die Erdkampfunterstützung in einem Krieg auswirkt. Allerdings darf man bei dieser kurzen Analyse nicht vergessen, daß die amerikanischen Jagdflieger und Jagdbomber bei den Tiefangriffen über dem Schlachtfeld kaum auf gegnerische Abwehr gestoßen sind.

Taktische Zusammenarbeit in der Form enorm vermehrter Beweglichkeit der Truppe durch den Einsatz von Hubschraubern hat dem Potential der Luftmacht in Korea eine neue Dimension zugeführt. Diese neue Form der Unterstützung aus der Luft war einzig deshalb so erfolgreich, weil die amerikanischen Jagdflieger die Luftherrschaft besaßen. Wir sollten nicht vergessen, daß im anderen Falle feindliche Jagdflieger viele Hubschrauber abgeschossen hätten. Jagdflieger waren also wie so oft der Schlüssel zum Erfolg auf dem Boden.

## TOD EINER MIG-15

Der amerikanische Jagdflieger, der im Zweiten Weltkrieg über Europa die meisten gegnerischen Jagdflugzeuge abschießen konnte, heißt Frank Gabreski. Er kam auf 31 Luftsiege. Gabreski stand immer noch im aktiven Flugdienst bei der USAF, als die Kommunisten in Korea angriffen, und es dauerte nicht lange, bis er selbst auf dem Schauplatz auftauchte. Der Flieger, der entscheidend zur Berühmtheit der 56. Jagdgruppe in Europa beitrug, sollte auch zu jenen 39 amerikanischen Piloten gehören, die fünf (und mehr) feindliche Düsenjäger in Korea abschießen konnten. Gabreski erhielt die Bestätigung für 6 1/2 MiG-15, bis er wieder in die Staaten zurückbefohlen wurde, und konnte somit seine Karriere als aktiver Jagdflieger mit 37 1/2 bestätigten Luftsiegen beenden.

1970 ist er aus der USAF ausgeschieden. Er hat seinen ersten Düsenjägerabschuß im Juli 1951 im Alter von 32 Jahren erzielt – ein Alter, das früher bei Jagdfliegern bereits als greisenhaft galt. Aber Gabreski war jünger als viele andere amerikanische Veteranen, die es am Himmel über Korea mit MiG-Typen aufnahmen. Oberstleutnant Vermont Garrison zum Beispiel, der 10 MiG abschießen konnte, nachdem er bereits im Zweiten Weltkrieg auf 11 Luftsiege gekommen war, war jetzt 36 Jahre alt. Der zweiterfolgreichste Jagdflieger in Korea war wie Gabreski ein Veteran aus dem Zweiten Weltkrieg. Captain James Jabara kam auf 15 bestätigte Luftsiege, die er den 3 1/2 aus der Zeit bis 1945 hinzurechnen konnte. Ein Drittel der Asse aus dem Krieg in Korea hatte bereits im Zweiten Weltkrieg erfolgreich gekämpft. Einer – Oberst Harrison Thyng – war im Zweiten Weltkrieg sowohl im Pazifik wie auch in Europa eingesetzt gewesen. Er ist der einzige Amerikaner, von dem bekannt ist, daß er in einem Zeitraum von 15 Jahren deutsche, japanische und russische (und vielleicht koreanische und chinesische) Flieger abgeschossen hat. Der erfolgreichste Mann in Korea war Captain Joseph McConnel mit 16 Abschüssen. Er war damals 28 Jahre alt.

Wenn 1941–1945 die Luftkämpfe im asiatischen Raum sowohl von landgestützten wie auch von trägergestützten (also der Marine angehörenden) Flugzeugen getragen wurden, dann war der Luftkrieg über Korea fast ausschließlich eine Angelegenheit der Luftwaffe. Von den 39 Jagdfliegern mit fünf oder mehr Abschüssen gehörte nur einer zu den »Marines« – der Major John Bolt.

Gabreski als der erfolgreichste lebende amerikanische Jagdflieger, der in beiden Kriegen eingesetzt war, ist wahrscheinlich in einzigartiger Weise dazu befähigt, Unterschiede im Hinblick auf Taktik und Strategie zu diskutieren, soweit es sich um beide Kriege und die Jagdwaffe handelt.

»Eine Lektion aus dem Krieg in Korea war, daß ein Schwarm als Einsatzformation groß genug ist. Dabei flog die erste Rotte etwas tiefer voraus – etwa 300 Meter tiefer – und der Rottenflieger flog Rückendeckung für den Führer und befand sich dabei etwa 100 Meter zurück und nach der Seite abgesetzt. Er schoß selten, wenn er nicht den ausdrücklichen Befehl dazu erhielt oder durch irgendeinen ungewöhnlichen Umstand abgesplittert wurde und allein war. Diese Nummer Zwei im Schwarm war gewöhnlich der Mann mit der geringsten Erfahrung. Die Nummer Drei, der Führer der zweiten Rotte, war dementsprechend der zweitbeste Mann. Wenn wir von Südkorea nach Norden flogen, dann lockerten wir unsere Formation über der Front auf und gingen in die »fließende« Form des Vierer-Schwarms über. Düsenflugzeuge müssen viel weicher kurven, und wir mußten niedriger fliegen, um unsere Geschwindigkeit zu halten.

Wir mußten uns über Korea immer fragen, ob der Treibstoff reicht – denn meist mußten wir über 300 Kilometer nach Norden fliegen, um auf den Gegner zu stoßen. »Bingo« war im Sprechfunk der Codename dafür, daß man in höchster Flughöhe auf Kurs Heimat ging. In großer Höhe braucht man weniger Treibstoff. In einigen Fällen sind Piloten auf Gipfelhöhe gestiegen und haben dann das Triebwerk ausgeschaltet, um Treibstoff zu sparen. Manchmal flogen auf diese Weise zwei oder drei Piloten nebeneinander im Gleitflug und haben erst später das Triebwerk wieder eingeschaltet.

Normalerweise suchte ich über dem Yalu eine sichere Höhe, in der mich der Gegner nicht erwischen oder überraschen konnte. Die MiG-15 konnte uns im Anfangsstadium noch davonsteigen.

Wir hingegen konnten sie im Sturz hinter uns lassen. Im Horizontalflug hatten wir etwa die gleiche Höchstgeschwindigkeit, aber die anderen konnten uns auskurven, und so blieb natürlich nicht viel vom traditionellen Kurvenkampf übrig, was wir hätten nützen können. Wenn wir so eng wie die MiG-15 kurven wollten, dann schmierten wir ab.
Wir flogen gewöhnlich in etwa 13 000 Metern Höhe den Yalu hinauf und hinunter und hielten uns dabei etwas südlich. Wir befanden uns so immer in der Nähe ihres Absprungplatzes Antung an der Westküste.
Die F-86 war das erste Jagdflugzeug, in dem der Flugzeugführer nicht mehr das direkte Gefühl für das Flugzeug hatte. Die F-86 gehörte zu jener ersten Generation von Flugzeugen, bei denen der Steuerknüppel nur ein Steuerventil betätigt, von dem aus dann die betreffende Ruderfläche hydraulisch bewegt wurde. Als ich 1951 in Korea ankam, flogen wir natürlich auch, um uns auf eine Düsenflugzeug-Taktik ein- bzw. umzustellen und Erfahrungen in dieser Richtung wie auf anderen Gebieten zu sammeln. Wir hatten z. B. immer noch die sechs 13mm MGs. Es wurden Versuche mit anderer Bewaffnung geflogen, und so erhielten wir schließlich vier 2cm Maschinenkanonen in den Sabres. Für den Funksprech-Verkehr standen uns acht Kanäle zur Verfügung, zwei für taktische Zwecke, einer für den Kontrollturm, einer als Notfrequenz, zwei GCA-Kanäle, einer für die Leitstelle zum Heranführen und ein letzter schließlich ebenfalls für die Leitstelle zur Einleitung des Angriffs auf ein bestimmtes Ziel.
Wir lagen damals auf einem Flugplatz drei Kilometer außerhalb der alten Stadt Suwan. Es handelte sich um einen alten japanischen Flugplatz mit einer asphaltierten Startbahn. Nachts kam gewöhnlich die »Moskau-Molly« und beehrte uns mit ein paar Bomben, um uns wach zu halten. Wir waren in Zelten untergebracht. Etwa 60 Kilometer nördlich von uns – eine schöne Gegend war das – wurde hart gekämpft.«
Gabreski beschrieb einen Jagdeinsatz in Korea, bei dem es zum Luftkampf gekommen war:
»Auf meinem fünften Feindflug konnte ich meine erste MiG abschießen. Wir flogen Höhendeckung für die F-86, die im Gebiet von Pyöngyang (der nordkoreanischen Hauptstadt) Tiefangriffe auf Flugplätze und rollenden Verkehr fliegen sollten. Wir standen

an diesem Morgen früh auf, erkundigten uns nach den Einsatzbefehlen und begaben uns zur Einweisung. Etwa 32 Sabres sollten starten. Ich war als Führer des ersten Schwarms eingeteilt. Der Einsatzleiter las den Einsatzbefehl vor, gab allgemeine Erläuterungen und umriß den Flugweg. An der Wandtafel hing eine Karte; wir erhielten Höhe, Kurs und die anderen Details und begaben uns kurz darauf zu unseren Flugzeugen.
Wir starteten auf direktem Kurs aus dem Platz und gingen in den Steigflug. Wir hatten nur etwa 220 Kilometer zu fliegen. Noch bevor wir die Hälfte der Strecke zurückgelegt hatten, erfuhren wir von unserem Radarwarnnetz, daß feindliche Jäger vom Yalu her im Anflug waren. Wir lockerten unsere Formation auf, blieben im Steigflug und befanden uns nunmehr in einer Höhe von über 10 000 Metern. Es war ein wunderbar klarer Tag, ohne Wolken, aber wir konnten unsere Jabos nicht finden. Wir hatten noch 25 Minuten bis zum Zielgebiet, und als wir näher kamen, entdeckte mein Rottenflieger Kondensstreifen am Himmel voraus. Er meldete mir seine Beobachtung über Funksprech. Es waren sieben oder acht Kondensstreifen bei 11 Uhr, viel höher als wir. Ich schaltete das FT ein: »Hier Adler Führer. Banditen auf 11 Uhr hoch. Volle Pulle! Wir klettern auf Kondensstreifenhöhe und gehen kurz darunter in den Horizontalflug.« Die Kondensstreifen waren noch weit weg im Norden. Ich glaubte nicht, daß es sich dabei um die Flugzeuge handelte, die uns die eigene Radarerfassung gemeldet hatte, aber ich bat die anderen, sie in Sicht zu behalten, während wir eine 360°-Grad Steigkurve über Pyöngyang drehten. Wir kamen in 13 000 Meter Höhe an und kreisten weiter. In diesem Augenblick sahen wir etwa 3 000 Meter tiefer und direkt unter uns 12 MiGs in Linie nach Süden fliegen. Wir flogen nach Norden. Ich ging sofort in eine steilere Kurvenlage, um im Sturz hinter eine der Maschinen zu kommen. Aber als wir unseren Turn beendet hatten, waren sie fast schon außer Sicht – das ist eben der Kummer mit Düsenflugzeugen. Auf Gegenkurs hatten wir uns mit 1 600 km/h genähert – das war, als ich sie entdeckte. Jetzt waren sie weg. Ich sagte meinen Jungs, sie sollten die Kondensstreifen im Norden im Auge behalten, und wir flogen weiter über Pyöngyang unsere Kreise. Das ging solange, bis es beinahe Zeit zum Umkehren war. Da sah ich eine einsame MiG, etwa 3 000 Meter unter uns auf Nordkurs.

Wir flogen gerade in westlicher Richtung, und ich brachte meinen Schwarm durch einen raschen 90°-Turn hinter den Gegner. Wir folgten ihm so schnell wir konnten. Diesesmal flogen wir denselben Kurs wie er und kamen von hinten heran; er war gut 10 Kilometer vor uns. Ich hatte den Leistungshebel bis zum Anschlag nach vorn genommen und flog mit einer Höchstgeschwindigkeit von 0,91 Mach. Die MiG machte ungefähr 0,85 Mach, und wir holten langsam auf. Als ich beinahe im Sturz an ihn herangekommen war, war er noch 3 Kilometer vor mir, immer noch außerhalb der Schußweite. Ich blieb im Sturz, bis ich etwa 200 Meter tiefer flog als er und genau in seinem toten Winkel war. Ich wollte ihn einholen, bevor mein Treibstoff nur noch nach Hause reichte. Aber diese Aufholjagd schien Ewigkeiten zu dauern. Dabei hat es sich wahrscheinlich nur um Minuten gehandelt. Endlich saß ich hinter ihm in einer guten Position, in etwa 300 Metern Entfernung. Er flog geradeaus, seine MiG hatte eine rote Nase und rot bemalte Ruder. Sonst bestand die Flugzeughaut nur aus schmutzigem grauem Aluminium. Ich hatte zwei F-86 links von mir und die letzte rechts, und wir schlossen etwas enger auf. Es war nun Zeit, die Nase ein wenig anzuheben und ihn von unten her ins Visier zu bekommen. Als seine Rumpfmitte genau im Visier lag, gab ich einen kurzen Feuerstoß ab – für die sechs 13mm MGs hatten wir panzerbrechende und Brandmunition gegurtet. Ich konnte Treffer in der unteren Hälfte des Rumpfs erkennen, schoß einige Sekunden lang weiter und befand mich nun direkt hinter ihm, nur noch 200 Meter entfernt. Ich zielte nun genau auf das Schubrohr und schoß noch einmal. Wieder konnte ich Treffer erkennen, im Bereich des Triebwerks, aber auch in den Tragflächen. Nun begann er zu rauchen und ging in einen flachen Sturzflug über. Ich überholte ihn oben und ging in eine Steilkurve nach rechts. Er fing an zu stürzen, und ich behielt ihn im Blickfeld. Er verlor Höhe, schien zu meinem Erstaunen aber noch voll steuerfähig. Ich entschloß mich zu einem erneuten Angriff von oben rechts. »Meine drei Sabres hingen nun hinter mir. Es kam grauer Rauch aus der MiG; er hatte also Fahrt weggenommen. Es waren nur Sekunden, und ich war erneut von hinten an ihm dran. Ich flog diesesmal sehr nahe an ihn heran und gab einen langen Feuerstoß aus allen Waffen ab. Diesesmal lösten sich einzelne Stücke – vielleicht waren es Turbinenschaufeln vom Triebwerk. Sie flo-

gen rechts an mir vorbei. Dann flog die Kabinenhaube weg. Der Pilot schoß sich mit dem Schleudersitz heraus. Sein Fallschirm öffnete sich. Wir gingen in eine Kehrtkurve und nahmen Kurs Heimat.
Ich kann mich entsinnen, daß mir einer meiner Piloten gratulierte und gleichzeitig mich ein wenig auf den Arm zu nehmen versuchte: »Nicht schlecht geschossen, Colonel, aber der flog ja Zielscheibe!« Ich antwortete ihm: »Ich hab's gern einfach.« Wir nahmen 150° Kurs und waren nach 25 Minuten über unserem Platz. Ich meldete mich beim Turm, bekam Landeerlaubnis, und wir schwebten ein. Ich setzte auf, bremste, bog von der Landepiste ab und rollte zu meinem Abstellplatz. Mein erster Wart sah die Waffen rauchen und wußte, daß ich geschossen hatte. Er fragte: »Glück gehabt?« Und ich freute mich, daß ich antworten konnte: »Muß heute meinen guten Tag gehabt haben. Eine MiG fiel runter.«
Ich war überrascht, wie schwer es ist, einen Düsenjäger abzuschießen – wieviel ein solches Flugzeug einstecken kann, bevor es abstürzt. Später allerdings hatten wir Waffen größeren Kalibers in den F-86. In diesem Fall handelte es sich um 13-mm-Munition. Davon braucht man schon eine Menge, um einen Abschuß zu erzielen.«
Dieser Feindflug Gabreski's zeigt die Unterschiede im Luftkampf zwischen Düsenjägern und zwischen den Propellerflugzeugen des Zweiten Weltkriegs auf. Die Geschwindigkeiten waren so gewachsen, daß eine echte Gelegenheit (als 12 MiGs unter den amerikanischen Jägern durchflogen) verpaßt wurde ,nur weil die Kontrahenten dabei gerade auf Gegenkurs flogen. Wären die F-86 in südlicher Richtung geflogen – oder auch nur nach Südost oder Südwest – dann hätten sie den Gegner noch erwischt. Aber während sie ihre 180°-Kehrkurve flogen, hatten die MiGs Zeit, zu entkommen!
Der beträchtliche Munitionsaufwand beim Abschuß der MiG ist ein Zeichen für die Robustheit des Düsenjägers. Im Gegensatz zu manchen Berichten aus der Anfangszeit des Koreakriegs haben die Piloten ein Düsenflugzeug einem Propellerflugzeug auch bei Tiefangriffen vorgezogen, weil ein Düsenflugzeug viel weniger mechanisch bewegte Teile hat und vom Boden aus viel schwerer abzuschießen ist. Der oben beschriebene Einsatz von Gabreski fand

am 8. Juli 1951 statt, also zu einer verhältnismäßig frühen Zeit des Koreakonflikts. Maschinenkanonen, Raketen und Lenkwaffen sollten sehr bald die 13mm MGs ersetzen, mit denen er an diesem Tag seinen ersten Luftsieg in Korea errang.
Die Geschichte zeigt aber auch die strikte Beschränkung auf, die jedem Düsenjäger heute allein durch den enormen Treibstoffverbrauch auferlegt ist. Die einzelnen Flüge dauerten im Durchschnitt vielleicht zwei Stunden. Bei voller Leistung konnte der Tankinhalt innerhalb von einer Stunde und zwanzig Minuten oder weniger durch die Schubdüse gejagt werden. Obwohl Pyöngyang nur 220 Kilometer von Gabreskis Basis entfernt lag, konnte er nur kurze Zeit über dem Zielraum patrouillieren, und als er dann hinter der MiG auf Nordkurs herjagte, da hatte er nur ein Problem im Kopf, nämlich ob er noch genug Treibstoff im Tank hatte, um diese Aufholjagd zu gewinnen, seinen Gegner abzuschießen und dann noch nach Hause zu kommen.
Diese Treibstoff-Frage stellt eine wesentliche Änderung dar, wenn man bedenkt, daß die P-51 im Zweiten Weltkrieg sieben oder acht Stunden in der Luft bleiben konnte. Und wenn die reine Flugzeit von Düsenjägern bzw. Düsenjabos inzwischen auch etwas erweitert werden konnte, so ist sie immer noch (in Vietnam) ein einschränkender Faktor beim Einsatz von Jagdflugzeugen, besonders in Gegenden, wo sie nicht in der Luft auftanken können – wie wir in den nächsten beiden Kapiteln sehen werden, die sich mit dem seltsamen Krieg über Vietnam befassen.

# Vietnam: Neue Lenkwaffen — neue Methoden

## HOCHENTWICKELTER KRIEG IN DER LUFT

Der aktuellste über längere Zeit geführte Kampf zwischen Jagdflugzeugen fand in Südostasien statt, wo die USA einen größeren Luftangriff gegen die Nordvietnamesen und andere in einigen Ländern über Jahre hinweg geführt haben. Nachdem die regulären Bombenangriffe auf Nordvietnam 1968 eingestellt wurden, hat die Lufttätigkeit trotzdem in größerem Ausmaß angehalten. Aber Kämpfe von Jagdflugzeug gegen Jagdflugzeug wurden allmählich eine Sache der Vergangenheit – allgemein gesprochen – denn sie hatten nur über Nordvietnam stattgefunden.
Die Zahl der Lektionen, die der Krieg in der Luft über Vietnam gelehrt hat ist groß, und man hat teuer dafür bezahlt. Die amerikanischen Jagdflieger gingen in diesen Krieg mit der Hoffnung, die schwere Niederlage wiederholen zu können, die sie den russischen und anderen Jagdfiegern in den fünfziger Jahren am Himmel über Korea und China zufügen konnten. Aber in Vietnam sollten ihnen solche Erfolge verwehrt bleiben. Tatsächlich haben in den Luftkämpfen zwischen F-4 und F-105 einerseits und MiG-17 und MiG-21 andererseits vom Herbst 1967 bis zur Einstellung der Bombenangriffe 1968 die Amerikaner mehr Flugzeuge verloren als sie selbst abschießen konnten. Dies ist ein entscheidendes Abweichen vom Trend in Korea und dem anfänglichen Trend in Vietnam, und es kommt ihm eine beträchtliche Bedeutung in der Geschichte des Luftkampfes zu, wie er sich nun entwickelte.
Um den Luftkampf über Vietnam verstehen zu können ,muß man zuerst wissen, was von den amerikanischen Jagdfliegern verlangt wurde , und man muß die Bedingungen , Einschränkungen und Hindernisse kennen, die ihnen bei der Erfüllung ihrer Aufgabe entgegenstanden. Man muß sich darüber im Klaren sein, daß in Südostasien zwei Kriege zur gleichen Zeit geführt werden, einmal der Krieg innerhalb des Landes und dann der Krieg außerhalb

des Landes. In den ersteren ist Südvietnam verwickelt. Dort haben, wie in Korea die Kommunisten die Behauptung aufgestellt, daß es sich dabei nur um einen revolutionären Kampf unter den Südvietnamesen handelt; deshalb kamen auch keine MiG-17 und MiG-21 über Südvietnam zum Einsatz. Die USAF hat in Südvietnam hauptsächlich Bodenziele angegriffen und Erdkampfunterstützung geflogen. Zu Luftkämpfen zwischen Jagdflugzeugen ist es dabei kaum einmal gekommen.

Der Krieg außerhalb des Landes war eine völlig andere Sache. Die USAF hat über Jahre hinweg eine größere anhaltende Luftoffensive gegen Nordvietnam geführt, eine Offensive, die in erster Linie auf der Jagdwaffe aufgebaut war. Die F-105 wurde bei diesen Angriffen als Jagdbomber eingesetzt und stand oft unter Jagdschutz durch F-4, die Höhendeckung flogen (»MiG-Kappe« war der bezeichnende Name dafür in Vietnam). In diesem Feldzug flogen die 105 von zwei Flugplätzen in Thailand aus: Taklai im Süden und Khorat im Norden. Die F-4 mit ihrer kürzeren Einsatzreichweite flogen von zwei anderen thailändischen Flugplätzen aus, die näher an der Grenze zu Laos lagen (alle Flugzeuge mußten bei jedem Einsatz Laos überfliegen): Ubon im Südosten und Udorn im Norden. Zusätzlich zu diesen vier Geschwadern kam auch der etwas ältere Delta-Jäger F-102 in Thailand zum Einsatz und zwar von Bangkok aus.

Der Krieg, den diese Jagdflieger – aber auch andere Flugzeuge – gegen Nordvietnam führten, war ein bitterer Kampf, der mit der Zeit immer mehr Forderungen stellte und immer größere Kosten verursachte. Die F-105 und F-4 wurden über Nordvietnam häufig von MiG-17 und MiG-21 angegriffen, und es dauerte nicht lange, daß die amerikanischen Jagdflieger einsehen mußten, daß sie sich mit ihren Flugzeugen nicht auf einen traditionellen Luftkampf mit der MiG-21 einlassen konnten. Die MiGs, leichter und als Abfangjäger konzipiert, konnten Kreise um die schwereren amerikanischen Düsenjäger fliegen und konnten schneller beschleunigen – ein sehr wichtiger Faktor im Kampf zwischen Düsenflugzeugen, die wegen des enormen Treibstoffverbrauchs selten mit voller Leistung fliegen. (Bei Tests, die in Israel durchgeführt wurden, nachdem die Israelis eine ägyptische MiG-21 erbeutet hatten, stellte sich heraus, daß die MiG bedeutend manövrierfähiwar und schneller beschleunigen konnte. Die F-4, die in der

Der Düsenjäger North American F. 86 E Sabre, einer der ersten amerikanischen Düsenjäger, der eine entscheidende Rolle im Korea-Krieg gespielt hat.

Multilateral gebaut und eingesetzt wird der zweistrahlige „Starfighter“, der von Lockheed entwickelte Typ F 104. Im Bild die G-Variante der deutschen Bundesluftwaffe. Dieser überschallschnelle Abfangjäger kann maximal ca. 2200 km/h fliegen und mit Lenkwaffen ausgerüstet werden.

Das Strategische Bomber-Kommando (SAC) der USA hat über Laos den Luftkrieg mit Flächenbombardements geführt. Gemeinsam mit Düsenjägern haben die Boeing B-52-Großbomber z. B. Kaesong retten können.

israelischen Luftwaffe geflogen wird, soll etwas schneller sein, obwohl manche Piloten auch hier ihre Zweifel angemeldet haben.)
Die amerikanischen Jagdbomber trafen auf laufend verbesserte Erdabwehr, als die Luftoffensive gegen Nordvietnam weiterging, – eine Erdabwehr, auf deren Konto viele der abgeschossenen Flugzeuge und Piloten gingen. Im letzten Jahr dieser Operationen stiegen nicht nur die Verluste durch die MiG-21 sondern auch durch die Flak der Kaliber 3,7 cm, 5,7 cm und 8,5 cm wie auch durch die Fla-Lenkwaffen vom Typ SAM. Der Jäger-Einsatz der USAF erlitt in diesen Monaten Rückschläge, die auf vielerlei Gründe zurückzuführen waren: die Abwehrkapazität des Gegners wurde laufend erweitert und verbessert; die amerikanischen Jagdflieger wandten Ende 1967 und 1968 weniger aggressive Taktiken an; die MiG-21 zeigte sich im Kurvenkampf überlegen; und die gegnerischen Piloten hatten zugelernt. Es gab noch andere Gründe, aber die vorgenannten waren die vier hauptsächlichen. Die wesentlichste Ursache der Verluste lag natürlich in der Natur des Kampfes, der den amerikanischen Piloten aufgezwungen war. Zu den Handicaps – die vielleicht zahlreicher waren als eine Jagdwaffe je zuvor außer der deutschen Luftwaffe im Zweiten Weltkrieg hinnehmen mußte – gehörten die vielen Restriktionen, die die Entscheidung einengten, den Feind dort zu treffen, wo es wirklich genützt hätte. Es gab hunderte von sogenannten Regeln für die Bekämpfung von Zielen. Zum Beispiel durften Ziele, die mehr als eine bestimmte Entfernung von Hauptverkehrsadern weg lagen, in vielen Gebieten gar nicht angegriffen werden. Dasselbe traf zu auf verschiedene Flugplätze in Nordvietnam, auf Schiffe ab einer bestimmten Länge, auf alle denkbaren Ziele in bestimmten Gebieten und – natürlich – auf feindliche Flugzeuge, die sich in den Himmel über China flüchteten, denn sie durften nicht verfolgt werden. Wenn man solche Befehle, die das Eindringen in den chinesischen Luftraum verbaten, noch verstehen konnte, dann waren andere schon schwerer zu verstehen für Piloten, die in diesem Feldzug täglich ihr Leben einsetzten. Die Gesamtauswirkung dieser Befehle war dann, daß der Feind auf dem Boden nicht so behindert und eingeengt werden konnte, wie das ohne weiteres möglich gewesen wäre. Der Gegner erfreute sich auch über lange Zeit hinweg des wichtigen Vorteils, daß er wußte, woher die amerikanischen Verbände anflogen; er konnte die

exakte Position der anfliegenden Flugzeuge mit seinem ausgezeichneten Radarsystem schon frühzeitig erfassen. So mußten die amerikanischen Flieger jedesmal lange und sorgfältig vorbereitete Flak- und Raketenstellungen bekämpfen und feindliche Jäger, die alle längst gewarnt waren. Daß dieser Angriff laufend aufrechterhalten werden konnte – trotz dieses konzentriertesten Abwehr-Verbundsystems, das die Geschichte kennt – ist ein Tribut an die US Air Force und die Moral und Befähigung des fliegenden Personals. Genau wie in Korea flogen die amerikanischen Piloten gegen russische Piloten und von Russen bediente Bodenabwehr. Die hochentwickelte Natur der Verteidigung kehrte in gewisser Weise – wie schon in Korea spürbar – den Trend um und führte zu kleineren Kampfeinheiten. Es darf kurz wiederholt werden, daß gegen Ende des Koreakriegs die Jagdflieger in Schwarmstärke in Abständen von 5 Minuten in Seoul starteten und den Yalu auf diese Weise anflogen, um so die Radarerfassung durch den Feind zu erschweren und eine dauernde Anwesenheit von Jagdflugzeugen über der Front mit der Zahl der zur Verfügung stehenden Flugzeuge zu gewährleisten. Im Krieg in Vietnam war aber die Radarerfassung und die radargesteuerte Raketenabwehr schon so effektiv, daß die amerikanischen Jagdflieger gezwungen waren, spezielle elektronische Störmaßnahmen durchzuführen. Dabei stellte sich heraus, daß größere Formationen, je mit einer Vorrichtung zur Unterdrückung des Radarechos ausgestattet (»Pod« genannt) den feindlichen Abwehrmaßnahmen eher mit Erfolg begegnen konnten. So wurden die Einsätze in Schwarmstärke zugunsten größerer Verbände aufgegeben, bei denen einige Flugzeuge die ausschließliche Aufgabe hatten, die feindliche Abwehr aufzureißen. (Zu Anfang des Kriegs ist ein Schwarm gewöhnlich im Tiefflug auf das Ziel losgeflogen, hat kurz vorher hochgezogen und dann angegriffen. Diese Taktik hatte Erfolg. Als dann die feindliche Abwehr verbessert wurde, stiegen die Verluste so an, daß bei einigen Einsätzen von den vier Flugzeugen nur eines zurückkehrte.)

Der Krieg in Vietnam hat zu einer solchen Höherzüchtung der Abwehrmöglichkeiten geführt, wobei natürlich auch das Glück eine Rolle spielte, daß der Erfolg mehr als bisher auch von der technisch möglichen Chance abhing. Wenn eine SAM auf einen Flugzeugverband zuraste, dann konnte jedes Flugzeug in diesem

Verband jenes sein, auf das der Zielsuchkopf der SAM eingestellt war. Während ein Pilot einer SAM ausweichen konnte, wenn er sie rechtzeitig sah, war dies im anderen Fall natürlich nicht möglich. In diesem Zusammenhang muß man auch erwähnen, daß Nordvietnam ein ziemlich großes Gebiet darstellt und daß der Feind wußte, wo amerikanische Flugzeuge angreifen konnten und wo nicht. Deshalb war es möglich, die Abwehrstellungen in den bedrohten Gebieten zu konzentrieren. Diese Konzentration einerseits und die Beschränkung der vonseiten der USA festgelegten Ziele hat die Schaffung einer wirklich effektiven Abwehr sehr erleichtert.

Die größte Lektion, die der Krieg in Vietnam im Hinblick auf den Luftkrieg erteilt hat, liegt darin, daß der klassische Jagdflieger auch in einem heutigen größeren, über längere Zeit anhaltenden Feldzug eine ‚conditio sine qua non' darstellt. Die USAF hatte Glück, daß die von der Navy entwickelte F-4 Phantom zur Verfügung stand und sich im klassichen Luftkampf bewährte, obwohl sie ursprünglich von der Navy als Jagdbomber konzipiert war. Das Pentagon hatte nämlich in den Jahren nach Korea bis etwa 1963 der Theorie zugeneigt, daß das reine Jagdflugzeug (nur für den Luftkampf gedacht) in einem zukünftigen Krieg nicht mehr gebraucht bzw. eingesetzt werde. Obwohl viele Planer und Theoretiker in Friedenszeiten seit dem Ende des Ersten Weltkriegs von der gleichen Krankheit geplagt wurden – nämlich das Jagdflugzeug als veraltet abzuschreiben – hat der Krieg in Vietnam erneut sehr schnell bewiesen, daß das reine Jagdflugzeug immer noch ein entscheidender Faktor bei Operationen von Luftstreitkräften ist.

Die Hauptgründe, warum sich die MiG-17 und MiG-21 im Luftkampf überlegen zeigten, lag eben darin, daß sie für den Luftkampf bzw. als Abfangjäger konzipiert waren. Die USAF ging in den Vietnam-Krieg ohne ein Jagdflugzeug, das in erster Linie als Waffe zur Sicherung der Luftüberlegenheit geplant war. Die Luftwaffe hat ihre hochgezüchtete F-106 in Vietnam nicht eingesetzt, lediglich die F-111 erhielt eine Chance. Nachdem drei von den paar in Vietnam vorhandenen F-111 abgestürzt waren, hat man sie ganz leise und unauffällig wieder aus dem Einsatz gezogen. So sind diese beiden Typen (trotz vorhandener Möglichkeiten) nicht einem längeren Test unter echten Einsatzbedingungen unterzogen worden. Keines dieser beiden Flugzeuge ist natürlich ein reines Jagdflugzeug. (Im Augenblick bestehen für die F-14 und F-15 größere Hoffnungen.)

Die amerikanische Marine hat die F-4 und die F-8 sowie die langsameren, für spezielle Zwecke geeigneten A-4 und A-7 eingesetzt; die Marine-Infanterie flog die F-4 und die ausgezeichnete, mit Radar ausgestattete A-6. Die US Air Force hatte am Anfang die F-104 und noch einige andere Typen bei dem ‚Krieg im Lande' eingesetzt, nämlich ihre frühere Hauptstütze, die F-100, F-4, die F-5, die A-1 und die A-37. Die A-37 (ein ausgezeichnetes Erdkampfflugzeug, das soviel Waffenleistung hat wie die F-100) und die F-5 wurden in größeren Zahlen an die Südvietnamesische Luftwaffe übergeben.

Der Fehlschlag der F-111 war in Wirklichkeit ein Fehlschlag jener Bestrebungen, Jabo-Einsätze bei Nacht zu fliegen und solche Operationen über längere Zeit hinweg aufrechterhalten zu können, ohne daß unvertretbare Verluste eintreten. Die F-105 wurde für Nachtangriffe eingesetzt – ein zweiter Pilot bediente hinten das Radargerät; auch die F-4 wurden zu nächtlichen Bombeneinsätzen herangezogen – aber nur am Anfang, denn die Verluste wurden schließlich unvertretbar. Von der F-111 hatte man angenommen, daß sie sich bei Nachteinsätzen als weit überlegen erweisen werde. Die erste stürzte bei einem Flug nach Nordvietnam dicht nördlich der entmilitarisierten Zone ab. Nach der vorherrschenden Theorie flog sie in ein Bodenhindernis hinein. Von einer zweiten F-111 nimmt man an, daß sie irgendwo in den Bergen von Thailand abgestürzt ist. Aber ihr Verschwinden ist immer noch nicht geklärt und bleibt mysteriös. Die dritte hatte Probleme mit der Steuerung; die beiden Insassen konnten abspringen und sind mit dem Leben davongekommen (in der F-111 sitzen die Piloten nebeneinander.) Die hochentwickelten Systeme, deren Konstrukteure sich eindrucksvolle Ergebnisse für die Piloten erhofft hatten, wurden den hochgespannten Erwartungen nicht gerecht. Die Zukunft der Jagdbomber, die mit allen möglichen Terrain-Folge-Systemen für Nachteinsätze ausgestattet sind, bleibt somit eine offene Frage. Eine B-57 von insgesamt 20 für spezielle Nachteinsätze umgebauten Maschinen ist im Dezember 1970 über Laos abgeschossen worden; es ist noch zu früh, die Leistungen dieses Flugzeugs zu beurteilen.

Der Jagdbomber F-105 hat sich jedoch als sagenhaft erfolgreiches Flugzeug erwiesen in jener Rolle, die im Zweiten Weltkrieg von den Bombern wahrgenommen wurde. Außerdem kann dieses Flugzeug auch als sehr schnelles Jagdflugzeug in niederen Höhen eingesetzt werden. (Viele Jagdbomber von heute sind schwerer als die schweren Bomber im Zweiten Weltkrieg waren.) Die F-105, die etwa 3 Tonnen Bomben und dazu noch andere Waffen und Ausrüstung tragen kann, hat daneben ihren Anteil an MiG-17 und MiG-21 über Nordvietnam abgeschossen. Ein F-105 Pilot (Dave Waldrop) hat zwei in knapp einer Minute heruntergeholt. Dieses Flugzeug hat die Reichweite, die der F-4 fehlt, und ist dazuhin in niederen Flughöhen schneller. Aber es ist nicht als reines Jagdflugzeug konzipiert worden; seine Tragflächenbelastung wurde so ausgelegt, daß eine saubere Geschwindigkeit in den Höhen herauskommt, in denen ein Jagdbomber normalerweise fliegt, nicht aber für engen Kurvenflug bzw. die Belastungen, die im Luftkampf auftreten. Es verfügt über eine ausgezeichnete Beschleunigung. Wenn F-105 Piloten von MiGs angegriffen wurden und sie rechtzeitig erkannten, dann konnten sie ihre Außenlasten abwerfen, den Nachbrenner einschalten und sowohl der MiG-17 wie der MiG-21 davonfliegen. Der Grund, warum die amerikanischen Jagdflieger keinen Abfangjäger oder überhaupt ein Jagdflugzeug besaßen, das der MiG-21 überlegen war, lag also nicht darin, daß alle amerikanischen Flugzeuge unterlegen waren. Es lag einfach daran, daß in den Jahren, die diesem Krieg in Vietnam vorausgingen, keine entsprechenden Flugzeuge entworfen, in Auftrag gegeben und gebaut wurden. Die zufällig vorhandene F-4 flog Höhendeckung für die F-105 und hielt deren Verluste niedrig. Sie machte es möglich, daß diese Flugzeuge wie auch andere mit ihrem Angriff durchkamen. Aber man darf nicht vergessen, daß verhältnismäßig wenig MiG-17 und MiG-21 gegen die amerikanische Luftoffensive angesetzt waren. Diese Offensive war darüberhinaus in der Hauptsache eine Jagdbomber-Offensive (die B-52 riskierte man selten in diesem Gebiet); die Bomben wurden aus niedriger Höhe geworfen, und bei solchen Angriffen war die Abwehr vom Boden her in der Mehrzahl der Fälle die Ursache der amerikanischen Flugzeugverluste. Wenn die USAF einen Bombenangriff aus großer Höhe auf Nordvietnam geflogen hätte und wenn der Gegner dabei mit massivem Einsatz von MiG-21 geantwortet hätte, dann erst hätte sich herausgestellt, ob die amerikanischen Begleitjäger mit den MiG-Abfangjägern fertig geworden wären. Die Antwort auf diese Frage hatte dann das Schicksal der schweren Bomberflotte weitgehend bestimmt.

Der Kurs des Jägerkriegs, wie er sich von September 1967 an entwickelte und bis 1968 über Nordvietnam fortsetzte, zeigt, daß es weise war, die riesigen B-52 nicht über Nordvietnam einzusetzen. Die Abfangjäger des Gegners entwickelten dieselbe Taktik, die Erich Hartmann, John C. Meyer und viele andere so erfolgreich im Zweiten Weltkrieg verfolgt hatten. Sie suchten den Höhenvorteil und stürzten sich mit Geschwindigkeitsüberschuß – in diesem Fall mit Überschallgeschwindigkeit – auf die F-4 und F-105. Da die amerikanischen Flugzeuge bei diesen Einsätzen nicht dauernd mit Höchstgeschwindigkeit flogen (das Treibstoffproblem war eine ins Gewicht fallende Größe, und Tankflugzeuge flogen bei jedem Einsatz mit), konnten sie im Fall eines Angriffs selten so schnell beschleunigen, daß sie den Gegner noch einholen konnten. Die Jäger beschränkten sich bei Angriffen meistens auf einen Anflug. Der Angreifer feuerte seine Lenkwaffe oder seine Raketen ab und bewegte sich so schnell wie möglich wieder aus dem Wirkungsbereich des Gegners heraus, indem er entweder wieder hochzog oder nach unten mit überlegener Geschwindigkeit verreiste. Die MiGs flogen oft auf ihrem Weg nach unten zu den F-105 zuerst einen Angriff auf die F-4.

Die Sidewinder-Rakete mit Zielsuchkopf, die sich Mitte der fünfziger Jahre für amerikanische und national-chinesische Piloten als so wirkungsvoll erwiesen hatte, zeigte sich auch in Vietnam als verläßliche Waffe. Außerdem fanden radargelenkte Sparrows Verwendung, wie auch zwei verschiedene Typen der Falcon-Flugkörper, wovon einer einen Zielsuchkopf auf Radarbasis und der andere einen auf Infrarot-Basis hatte. Die F-105 trug die sechsläufige 2 cm »Vulcan« Maschinenkanone in der Nase, und die F-4E, die nach der Einstellung der Bomberangriffe eintraf, hatte sie als Zusatzbewaffnung. Es ist eine Ironie, daß die MiGs mit einer fast genauen Nachbildung der Sidewinder ausgestattet waren, die ebenfalls recht wirksam war.

Beide Seiten in diesem Krieg verfügten – wie schon in Korea – über eine ausgezeichnete Radarerfassung. Die Führer der amerikanischen wie auch der gegnerischen Formationen waren gewöhnlich genau darüber im Bilde, ob sich feindliche Formationen in der Nähe befanden, wie stark sie waren und in welcher Richtung und Höhe sie flogen. Zusätzlich zum Radar-Warn- und -Leitsystem gab es eine ganze Reihe von elektronischen Geräten zur Störung feindlicher radargesteuerter Flugkörper und anderer elektronischer Geräte. Der amerikanische Flugkörper »Shrike« flog z. B. selbsttätig gegnerische Radarantennen an. Viermotorige Flugzeuge begleiteten jeden Bomberverband von Süden her – sie waren vollgepfropft mit geheimsten Entwicklungen, die die hochentwickelten Systeme des Gegners stören oder außer Gefecht setzen sollten. Zusätzlich führten solche Verbände einen Schwarm speziell auf die Niederhaltung der Flak ausgestatteter Jagdbomber mit, und gewöhnlich auch acht F-105 »Eiserne Hand«, um die SAM-Raketen drunten zu halten. Außerdem gab es Flugzeuge zur Störung des feindlichen Funk- und Funksprech-Verkehrs, Rettungsflugzeuge (einschließlich Hubschrauber) und ein Aufklärungsflugzeug. Und zu alldem waren noch viele der F-105 mit dem »Pod«-Gerät ausgestattet, mit dem man die feindlichen radargesteuerten Feuerleitgeräte stören konnte. Und für je vier Jagdbomber, die von Thailand aus eingesetzt wurden, gab es verschiedene große Düsentanker, einer oder mehrere über Thailand selbst oder Laos und der andere oft über dem Golf von Tonking, wo er von der Marine geschützt werden konnte.

So hat also der Luftkampf in den fast 60 Jahren seit 1914 bis zum Krieg in Vietnam einen langen Weg zurückgelegt. Angefangen hatte es mit jenen sportlichen Fliegern, die in klapprigen Maschinen aneinander vorbeiflogen – unfähig, eine offensive Handlung zu begehen. Die Jagdflugzeuge und Jagdbomber von heute sind Überschallflugzeuge mit raketengetriebenen Flugkörpern, die sich ihr Ziel selbst suchen; der Luftkampf besteht nur noch aus einem schnellen Anflug im Sturz von oben, aber dieser Trend hat sich eigentlich schon 1917 und 1918 gezeigt. Die Düsenjäger haben diese Taktik lediglich bestätigt und verfeinert. Die grundlegenden Prinzipien sind die gleichen geblieben. Es gibt immer noch lange Jagden und im Verlauf eines Luftkampfs manchen Test hinsichtlich fliegerischem Können und Treffsicherheit, Überblick und Urteilsvermögen. Captain Jacob Shuler, USAF, erwies sich als hervorragender F-105 Pilot in Thailand (im »Krieg außerhalb des Landes«). Er flog von Khorat aus. Sein Bericht vermittelt ein gutes Bild von einem typischen Einsatz gegen ein Ziel in Nordvietnam:

»Wir flogen in Staffeln zu 16 Flugzeugen. Für jeden Tag waren zwei Einsätze geplant, einer am Morgen und der andere am Nachmittag. Wir hatten immer mehrere Ziele; das primäre Ziel war unweigerlich das Gebiet um Hanoi. Das Wetter bestimmte, wohin es ging. Es konnte vorkommen, daß wir die Sache abbrachen und Ziele in Laos bekämpften, wenn das Wetter – wir bekamen den Wetterbericht über Satelliten – über Nordvietnam ungünstig war. Von Saigon aus wurde der Einsatz dann abgeblasen. Wir konnten über Land oder über die See anfliegen – über Thailand auftanken oder über dem Golf von Tonkin. Die Tanker flogen, soweit sie konnten. Über Thailand und Laos hatten wir eine ausgezeichnete Radarführung. Wir trafen uns immer mit überraschender Genauigkeit. Unser fliegender Radarstand in der C-121 übermittelte uns viele rechtzeitige Warnungen. Über dem Golf von Tonking verfügte die Navy über eine gute Abfangkapazität und führte uns sehr genau, wenn wir über Wasser flogen.

Ein typischer Einsatzverband aus 16 F-105, vier davon zur Niederhaltung der Flak, hatten je sechs CBU (cluster bomb units = Bomben-Bündel), die anderen trugen entweder sechs 750-Pfund-Bomben oder zwei 3 000-Pfund-Bomben. Dazu kamen dann noch acht F-105 »Eiserne Hand« und acht F-4 für die »MiG-Kappe« – die mußten vor uns da sein und flogen erst nach uns wieder weg, dann ein Tanker für je vier F-105 auf dem Hin- wie auf dem Rückweg oder acht für die je 16-105, zwei EB-66 für Funkstörung, zwei EC-121 für die Radarüberwachung und Warnung vor MiGs, eine C-135 »Sneaky Pete« mit geheimer elektronischer Ausrüstung, zwei SAR- (Sea-Air-Rescue = Seenotrettung) Abteilungen bestehend aus je einer C-130, vier A-1 mit Kolbenmotoren, zwei HH-53 Hubschraubern und einer RF-4 als Aufklärer. Einige der F-105 waren außerdem mit Shrike ausgestattet.

Wir blieben im allgemeinen in Formation, um das feindliche Radarsystem zu täuschen, aber ein paar von uns sind auch in der Formation abgeschossen worden – von MiGs. Das Fliegen in geschlossener Formation war gleichzeitig auch Schutz gegen SAM-Fla-Raketen. Aber russisches Personal bemannte die Jägerleitstellen und saß in den MiGs – und die schossen viele von uns ab. Ich flog einige Einsätze, bevor Robin Olds in die Staaten zurückkehrte. Als er wegging, ist auch die Qualität der Höhendeckung zerfallen. Er hat gute Arbeit geleistet. Die Piloten, die mit ihm flogen, schworen auf ihn. Und obwohl er zurückgepfiffen wurde, weil er sich nicht an einige Regeln gehalten hat, gibt es keinen Zweifel daran, daß wir uns auf die Höhendeckung verlassen konnten, wenn und solange er da war. (General Robin Olds führte das F-4 Geschwader in Ubon – im nächsten Kapitel werden wir mehr über ihn erfahren.)

Wir flogen das Ziel nur einmal an. Es ging darum, so überraschend wie möglich aufzutauchen und so schnell wie möglich wieder zu verschwinden. Wir mußten mit Abfangversuchen durch MiGs rechnen, wenn wir noch fünf bis zehn Minuten vom Ziel entfernt waren. Ungefähr eine Minute vor dem Ziel mußte man dann auf SAM-Flugkörper aufpassen. Aber die Pod und Eiserne Hand hatten den Bogen raus gegen die SAM. Sie feuerten manchmal 20 bis 30 Stück mit Annäherungszünder auf uns ab. Wir störten dann die Bahnverfolgung und das Rücksignal, das die SAM zur Bodenstelle während des Flugs abgaben. Wir näherten uns dem Ziel gewöhnlich in 5 000 Metern Höhe und wurden in den letzten 30 Sekunden vor dem Abschwung von 8,5 cm Flak beschossen. Die hatte unsere Höhe immer akkurat. Wir schalteten also die Nachbrenner ein, stiegen etwa 300 Meter höher, und dann befahl der Schwarmführer den Abschwung. Jetzt ging es hinab aufs Ziel. Gewöhnlich geschah dies in Linie zu acht, nachdem wir beim Abschwung die Positionen gewechselt hatten. Vorneweg flogen der Flakbekämpfungsschwarm und der Führungsschwarm, dann folgten die beiden anderen. Um diese Zeit schossen die 3,7 cm und 5,7 cm Flak bereits heftiges Sperrfeuer. Wir lösten die Bomben in etwa 3 000 Metern Höhe aus. Wenn mehr als 550 knoten (1018 km/h) auf dem Stau standen, dann konnten wir nicht auslösen. Sobald wir unsere Bomben los waren, fingen wir ab, schalteten den Nachbrenner ein und stiegen hoch, um so schnell wie möglich wieder aus der Gegend zu verschwinden. Als Schutz gegen MiG-Angriffe flogen wir auf dem Heimweg in weit aufgelockerter Formation. Manchmal verloren wir vier oder fünf Flugzeuge bei einem solchen Angriff, manchmal auch gar keines.

Ich kann mich erinnern, daß wir bei einem Einsatz gegen Hanoi einmal sechs F-105 und F-4 durch SAM verloren, und weil die Verteidigung dort so gut funktionierte, haben wir die großen B-52

Bomber in diesem Gebiet nicht riskiert. Das SAC (Strategie Air Command) führte einen ganz anderen Krieg – den über Laos. Die B-52 mit ihrem Flächenbombardement – aber auch die Jäger – haben Kaesong gerettet. Das Gebiet um Kaesong, wo der Feind den Ring um den eingeschlossenen Luftstützpunkt durchbrechen wollte, sah aus wie eine Mondlandschaft. Die C-130 und C-123 haben in der schweren Zeit Nachschub eingeflogen und hatten somit ihren Anteil am Sieg.«

Wenn Shuler Kaesong erwähnt, dann kommt darin die Wertschätzung des Jagdfliegers zum Ausdruck, das er dem taktischen Potential der strategischen Bomber entgegenbringt. Wie die B-52 die feindlichen Truppen bepflastern konnten, die Kaesong im Würgegriff hatten, ist gleichzeitig ein Beispiel aus dem Krieg in Vietnam, das die Anwendung strategischer Bomber in einem taktischen Unternehmen zeigt. Die Natur dieses Kriegs hat wenig Möglichkeiten für solche Anwendungen geboten, aber diese entsprach der Tradition des Einsatzes bei St. Lô im August 1944.

»Vor dem Herbst 1967«, bemerkte Shuler zum Schluß, »schossen wir meiner Meinung nach mehr Flugzeuge ab, als wir selbst verloren haben – die meisten gingen auf das Konto der Sidewinder. Der Schlüssel lag in der Taktik des Angriffs. Solange die F-4 angreifen konnten, schossen sie mehr Flugzeuge ab, als sie selbst verloren.«

Angriffsgeist ist schon immer die fundamentale Voraussetzung im Einsatz von Jagdfliegern als Begleitschutz oder als Höhendeckung gewesen. Diese Lektion lehrte schon der Zweite Weltkrieg. Einer, der es damals schon sehr früh gelernt hat und der dann mehr als zwanzig Jahre später in Vietnam wieder als Jagdflieger im Einsatz stand, ist der Jagdflieger-Führer, mit dem sich nun das nächste Kapitel beschäftigt.

## F-105 JAGDBOMBER UND F-4 GEGEN MIG-21

Wenn aus dem Krieg in Vietnam ein Jagdflieger hervorging, der im Hinblick auf Führungseigenschaften und Persönlichkeit den großen Assen beider Weltkriege entspricht, dann war dies Robin Olds. Während diese Zeilen geschrieben werden, ist General Olds Kommandant der Kadetten in der amerikanischen Luftwaffen-Akademie. Er hat zu dieser Studie seine Ansicht über Jagdflieger-Taktik und -Strategie und ihre Anwendung im Kampf in Südostasien beigetragen. Er ist wie kaum jemand berechtigt, zur Entwicklung des Luftkampfs Stellung zu nehmen, weil er bereits im Zweiten Weltkrieg ein erfolgreicher Jagdflieger und damals schon ein genauer Beobachter der Taktik war, einer Taktik, die 1944 und 1945 manchem Deutschen zum Verhängnis wurde. Er hat die Deutschen während des Sammelns nach dem Start, auf dem Boden und im Luftkampf angegriffen. Als Staffelkapitän der 434. Staffel in der 479. Gruppe war er bereits im Zweiten Weltkrieg so beliebt, wie er es 1966 und 1967 als Chef des 8. Geschwaders in Ubon, Thailand, wieder werden sollte. In Asien führte er viel jüngere Jagdflieger (nachdem er sich mit den Erfordernissen und Bedingungen dieses neuen Kriegs vertraut gemacht hatte – in der Position 16, also als letzter in der Staffel), und er hat mehr MiGs abgeschossen als irgend einer von ihnen. Das Wichtigste aber war, daß er ihnen jenen Angriffsgeist eingeimpft hat, der die Seele jeder Jagdstaffel sein muß, wenn sie Erfolg haben will. Der Jäger-Tradition folgend, einer guten Tradition, ließ er die Ersten Warte rote Sterne auf die Maschinen malen, mit denen ein Abschuß erzielt wurde, wie dies auch in Korea wieder der Brauch war. Er ermunterte zu kleinen Feiern, wenn ein Pilot eine besondere Leistung vollbracht hatte, und er sorgte für andere Aktivitäten, damit der Kampfgeist seiner Piloten erhalten blieb. Er glaubt, daß eine solche Form der Führung und der richtige Angriffsgeist wichtige Dinge sind, wenn es darum geht, ein begeistertes, etwas abenteuerlich eingestelltes Geschwader zu formen. Wenn jemand über einen solchen Korpsgeist die Nase rümpft, dann beweist doch die Geschichte des Luftkampfes, daß es sich hier um ein notwendiges Ingrediens handelt, das diese Männer inspiriert, die da täglich fliegen und im Luftkampf ihr Leben aufs Spiel setzen. Glücklicherweise konnte die US Air Force auch im Krieg in Korea und in Vietnam auf Berufspiloten zählen, die den Wert solcher Führerschaft und solchen Geistes schätzten. In Korea lernten die jungen Piloten die Tradition von den alten. In Vietnam lernen die Jungen sie von den Veteranen aus dem Zweiten Weltkrieg und Korea.

Ich bat Olds, sich für einen Augenblick an den Zweiten Weltkrieg zu erinnern und die Rolle des Jagdfliegers in diesem Konflikt zu analysieren. »Ich halte im Rückblick die P-51 als das beste Flugzeug des Krieges, und das gilt einschließlich Spitfire, Tempest, Typhoon, Me 109 und Fw 190, denn sie war ein echtes Jagdflugzeug, das kurven konnte, eine tolle Leistung hatte und über sechs MGs verfügte. Darüber hinaus – und das ist von gleicher Bedeutung – hatte sie die große Einsatzreichweite, die der 8. Luftflotte erst erlaubte, den Krieg ins Herz von Deutschland zu tragen. Wenn der Gegner uns nicht angriff, dann konnten wir das Verkehrsnetz angreifen, Eisenbahnzüge, Lastwagen, Frachtschiffe und so weiter. Und hier hatte es der Gegner endlich einmal mit etwas Neuem zu tun, denn die P-51 Mustangs schwärmten über ganz Deutschland aus. Die Untersuchung über die strategischen Bombereinsätze zeigt, daß wir ganz Deutschland zusammengebombt haben, und trotzdem hat die deutsche Industrie im Februar und März 1945 mehr Flugzeuge produziert als jemals zuvor, wenn ihnen auch langsam der Sprit ausging. Aber die P-51 hatte einen überwältigenden Schlag gegen die Fähigkeit Deutschlands geführt, den Krieg fortzusetzen – hauptsächlich auf dem Gebiet des Verkehrswesens, der Ausbildung und vieler anderer wichtiger Gebiete.

Wenn ich auf die Jäger-Taktik zu sprechen komme, dann vom Luftkampf als Manövrieren. Ich denke an Taktik als die Weise, wie man seine Jäger einsetzt. Im Zweiten Weltkrieg konnten die Deutschen zum Beispiel noch so viele Jagdflieger haben: das einzige, was sie mit ihnen anfangen konnten, war, sie gegen die schweren Bomber einzusetzen. Die Antwort darauf lag für uns darin, sie zu erwischen, bevor sie an die Bomber herankamen. Die Frage zu unserer Taktik war also, wie wir unsere Jagdflieger einsetzen sollten, um unsere Fähigkeit als Streitkraft gegen den Feind am besten nutzen zu können. Die Hauptaufgabe lag darin, die deutschen Jäger zu finden, bevor sie in die Nähe der Bomber kamen. Wenn man dies fertig brachte, dann war man auch erfolgreich, wenn man keinen einzigen abschießen konnte, denn man hatte sie abgedrängt. Ich denke an Taktik auch in der Form, daß man die gesamte Situation, die man in der Luft antrifft, erfassen muß, um zu sehen, wie man den Plan des Gegners durchkreuzen kann.

Unser ganzes Bestreben im Zweiten Weltkrieg ging darum, die Bomber zu schützen. Eine lange Zeit hingen wir am Bomberstrom, suchten nach Kondensstreifen und warteten darauf, daß die feindlichen Jäger angriffen. Ich schlug also dem Gruppenkommandeur vor (damals war ein Gruppenkommandeur das, was heute ein Geschwaderkommodore ist), zumindest eine Staffel solle eine andere Taktik verfolgen, weil die unsere lächerlich war. Bald darauf hat sich dann eine Staffel strikt an die bisherige Regel gehalten, während eine andere 30 bis 40 Kilometer nach der Seite ausschwärmte – in dem Versuch, sich zwischen die Bomber und die feindlichen Jäger zu setzen, und eine dritte Staffel unter Mißachtung alles dessen, was die Vorschrift vorschrieb, frei in der Gegend herumfliegen durfte. Sobald wir wußten, wohin die Bomber flogen, war es ein leichtes für uns, etwa vorauszusagen, wo die deutschen Jäger sammeln würden. So etwas braucht Zeit. Wir wußten, wo ihre Flugplätze lagen, und konnten ziemlich genau abschätzen, von wo sie starten würden und wo sie auf die Bomber zu stoßen gedachten.

Die »unvorschriftsmäßige« Staffel startete gewöhnlich früher als die anderen und flog den ganzen Weg nach Berlin und zurück nach Magdeburg ab. Wenn wir sechzig fanden, griffen wir mit zwanzig an. Wir schwärmten weit aus und deckten dabei ein ziemlich großes Gebiet. Wenn es zu einem Kampf kam, dann splitterte sich die Angelegenheit schnell auf Schwarm- oder Rottenstärke auf. Ich glaube nicht, daß man auch die Rotte noch auflösen sollte. Wenn es in einer Kurbelei immer rundherum geht, dann ist das eine Sache der Manövrierfähigkeit und hängt vom persönlichen Können ab. Die Frage ist: was kann man sehen, aufnehmen, vorhersehen und abschätzen – und dies, wenn sich das eigene Flugzeug in einer dreidimensionalen Bewegung befindet.

Kann man den Blick auf einem feindlichen Flugzeug halten und das Risiko einschätzen – es zu erwischen, bevor jemand anders es tut... und wenn der es nun schafft, zuerst hinter Dich zu kommen und so weiter? Es ist eine Impression in drei Dimensionen: man muß sie in Sekundenschnelle erfassen. Das ist ausschlaggebend im Luftkampf. Der Bursche, den Du nicht siehst, kriegt Dich! Man muß sofort handeln, die Motive des anderen zu erkennen suchen, wissen, daß – wenn Du dies tust – er die Wahl zwischen mehreren Möglichkeiten hat. Wenn Du ein sicherer Schütze bist, dann kannst Du auf die Knöpfe drücken, aber Du mußt daran denken, wo die anderen sind, und wenn Du dich verrechnet hast, dann ist es gut, wenn Dein Kaczmarek in der Nähe ist. Wer in der besseren Position ist, greift an – der andere übernimmt die Deckung.

Ich habe schon immer die Meinung vertreten, daß es eine lächerliche Sache ist, immer rund umeinander herumzufliegen und langsamer und langsamer zu werden. Da sieht man dann plötzlich Golfbälle. Das ist zwar blöd, aber es kam immer wieder vor. Das ist nicht die richtige Art des Luftkampfs. Die beste Taktik liegt darin, einen direkten Angriff zu fliegen, wegzukurven und – falls notwendig oder möglich – wieder zu kommen. Wenn man es nicht so macht, dann verliert man nur Leute; man sollte nicht immer alles haben wollen.«

Nach den wichtigsten Leistungseigenschaften eines Jagdflugzeugs gefragt, antwortete Olds:

»Die P-47 und P-51 hatten Geschwindigkeit, gute Beschleunigung, ein gutes Steigvermögen, was ebenfalls wichtig ist, und sie besaßen eine gute Manövrierfähigkeit. Manövrierfähigkeit und Reichweite sind meiner Meinung nach die wichtigsten Punkte.«

Nach einer Aufzählung der Fähigkeiten gefragt, die einen guten Jagdflieger ausmachen, sagte Olds:

»Einmal muß er wissen, wie er mit seinem Flugzeug umgehen muß. Er muß gern fliegen, soll angriffslustig sein, gute Augen haben und wissen, wie er die am besten nutzen kann. Dann würde ich sagen: er muß ein instinktives Gefühl für den Luftkampf haben. Die guten Leute haben die instinktive Fähigkeit, in einer bestimmten Situation genau das zu tun, was in diesem Augenblick notwendig ist. Sie wissen auch, ob es sich lohnt, ein Flugzeug auf 9 Uhr anzugreifen – gewöhnlich ist es das nicht – und einem anderen nachzusteigen, das auf 5 Uhr tiefer fliegt und so weiter. Ich glaube, der amerikanische Jagdflieger besitzt diese Talente in größerem Ausmaß als andere, als eine Art angeborener Fähigkeit. Aber nicht jeder Pilot hat jenen Sinn für timing und das Können, das notwendig ist, um die Kunst im rechten Augenblick zu beweisen. Kampfgeist muß einer haben. Selbst wenn einem Mann die eine oder andere Begabung abgeht, so kann er diesen Mangel oft durch Kampfgeist ausgleichen.

Es war etwa 1963 oder 1964, daß die amerikanische Luftwaffe wieder damit begann, sich auf Kämpfe in der Luft vorzubereiten – ein bißchen spät, möchte ich sagen. Wir bekamen unsere erste Staffel F-4. Die Marine hatte sie dankenswerterweise gebaut. Als wir 1965 mehr und mehr in Vietnam in einen Krieg verwickelt wurden, war eine Jagdwaffe wieder im Entstehen.«

Olds gab eine lebhafte Beschreibung des Luftkriegs in Vietnam.

»Der Luftkrieg in Vietnam verlangte mehr, war härter und auch gefährlicher als der Krieg über Deutschland. Die amerikanische Öffentlichkeit kapiert dies nicht und kümmert sich einen Dreck darum. Aber meine Ankunft da drüben, als ich im Herbst 1966 das Kommando über das 8. Jagdgeschwader übernahm, war eine angenehme Überraschung. Der Stützpunkt in Ubon war gut angelegt und bot einigen Komfort. Es gab sogar ein Schwimmbecken. Die Gebäude hatten eine hübsche Farbe – sie waren aus Teakholz gebaut, und das roch wunderbar. Die Zimmer hatten Klimaanlage. Mein erster Eindruck war erfreulich. Die Mannschaften hatten Gemeinschaftsquartiere, die Offiziere hatten ihre eigenen Häuschen, die wundervoll bequem waren.

Ich stellte bald fest, daß das Geschwader rund um die Uhr flog – es waren entsprechende Schichten eingeteilt. Im zweiten Weltkrieg konnten wir oft wegen schlechten Wetters nicht fliegen und hatten so immer wieder einen Tag oder zwei Tage keine Einsätze. Hier flog das Geschwader 24 Stunden pro Tag und sieben Tage in der Woche... es gab keine Verschnaufpause, solange ich dort war. Das warf einige interessante Probleme auf. Die Spätschicht begann zum Beispiel um 6 Uhr morgens. Die Kantine hatte fünfmal am Tag Essen auszugeben. Es gab Männer, die bekamen ihr Abendessen am Morgen nach dem Einsatz. Es war eine seltsame Umgebung, in der Menschen in völlig verschiedenen 24-Stunden-Routinen lebten, an die sich der Stützpunkt anpassen mußte. Thai-Frauen besorgten die Wäsche.

Wir hatten drei Staffeln F-4, später kam noch eine vierte dazu. Ich war neu hier und mußte mich erst bewähren. Ich flog, sooft ich konnte. Bald verlor man sich in die Routine und merkte gar nicht mehr, wie die Tage verrannen. Zuerst flog ich als Schlußlicht in 16. Position. Zwei oder drei Wochen lang. Ich bat die Jungs, mir alles beizubringen; trotzdem sollten sie mir voraus bleiben. Ich flog in zweiter, dann in dritter Position. Ich lernte eine ganze Menge, vor allem aber eines: wieviel ich selbst zu geben hatte. Die Staffeln hatten schwere Verluste erlitten – die Burschen flogen ja schließlich jeden Tag. Sie waren völlig ausgepumpt. Ich war verdammt stolz auf sie.«

Ich fragte, wie sich ein typischer Einsatz abspielte.

»Na, sagen wir mal, es war so 'ne Sache am frühen Morgen, und wir mußten Bomben schleppen. Wir bekamen dann den Vorausbefehl am Nachmittag vorher – normalerweise wurden zwei Einsätze pro Tag in den Norden geflogen. Wir legten dann die Einteilung für die Staffel fest und schlugen eine »offene« Version im Club an. Die Jungs schauten immer am schwarzen Brett nach. Wenn sie dann sahen, daß sie für den nächsten Morgen eingeteilt waren, zeigten sie kaum eine Reaktion. Vielleicht nahmen sie einen Drink an der Bar, aßen ihr Dinner, nahmen sich an unserer exzellenten Salat-Bar noch etwas und verließen den Club etwa um 8 Uhr. Sie wußten, daß sie gegen 2 Uhr nachts geweckt wurden.

Um diese Zeit gingen wir dann in den Club hinüber, um zu frühstücken: Eier und die besten Ananas der Welt. Draußen war es dunkel. Wir konnten die Nachteulen-F-4 hören, wie sie starteten, konnten das glühende Leuchten des Schubrohrs erkennen und die Flutlichter am Startplatz. Etwa um 2.45 Uhr fuhren wir mit einem Kastenwagen zum Gefechtsstand. Dort hörten wir die letzten Feindnachrichten und erfuhren, wer sonst noch unterwegs war und mit welchem Auftrag, machten Eintragungen auf unseren Karten und füllten unsere Flug-Karten aus; wir bekamen die Tanker-Routen, Treffpunkte und Treffzeiten, Flak-Stellungen, Navigationshilfen, Marschgeschwindigkeit, Bombenzuladung, Zielpunkt, Abschwung, Zielbild und so weiter. Dann gab uns der Wetterfrosch die Aussichten für unterwegs, die Leute vom Nachrichtendienst machten Andeutungen hinsichtlich des Gegners und dessen, was wir von ihm zu erwarten oder zu befürchten hatten,

General Robin Olds, erfolgreicher Jagdflieger im Zweiten Weltkrieg und zwanzig Jahre später führender US-Jagdflieger in Vietnam, wo er die F. 4 Phantom im Einsatz flog.

Die McDonnell Douglas F. 4 E (Phantom II), die von der USAF in Vietnam zur Bekämpfung feindlicher Jäger eingesetzt wurde.

Eine Möglichkeit, um Jagdflugzeugen zu höheren Reichweiten zu verhelfen, wurde mit dem Betanken in der Luft geschaffen. Dieses Bild zeigt die Treibstoff-Versorgung eines zweistrahligen Lockheed Mach-3-Flugzeugs A-11 (für Versuche der NASA eingesetzt) im Jahre 1962/63 durch einen Boeing

KC-135-Tanker. Der Typ wurde 1964 zwecks Erprobung zu YF-12 A Abfangjägern modifiziert. Die ähnliche SR-71 A wurde als strategisches Mach-3-Aufklärungsflugzeug in begrenzte Serienfertigung übernommen.

Die Northrop F. 105 D Thunderchief, die von der USAF bei Angriffen auf Nordvietnam erfolgreich als Jagdbomber eingesetzt wurde.

Berühmte englische und deutsche Jagdflieger trafen sich 1968 in Deutschland anläßlich der Herausgabe des Buches „Jagdflieger": (von links nach rechts) Edward H. Sims, der Autor des Buches, Johannes Steinhoff, Stanford Tuck, Adolf Galland und Erich Hartmann.

und der Nachrichtenfritze hatte zum Schluß auch noch seine Angaben über Frequenzen und so herunterzubeten. Die Einsatzführung sprach dann zur Gruppe. Um diese Zeit wußten wir auch, wann wir uns einzufinden hatten – 50 Minuten vor dem Start. Dann begann die Einweisung in den Auftrag und die Ausgabe der Ausrüstung. Wir leerten unsere Taschen bis auf die Genfer Konvention und unsere Kennkarten und versiegelten den Tascheninhalt in Plastiksäckchen. Wir legten die Druckanzüge an, steckten ein kleines Radio in eine Tasche und ein grellbuntes Tuch zum Winken im Dschungel in eine andere Tasche. Eine kleine Wasserflasche kam in eine Knietasche, ein Navy Colt an die rechte Hüfte. Dann zogen wir die Schwimmweste über – zwei kleine Pakete, die unter die Achselhöhlen passen, eine Überlebensweste mit allen möglichen Dingen drin – Nahrungsmitteln, Kompaß, Messer, Radio – und über all das kam nun der Fallschirmgurt. Dann stiegen wir mit Helm, Karte und Einsatztasche in die Fahrzeuge und fuhren hinaus zu unseren Vögeln. Wir hatten inzwischen 45 Pfund an Gewicht zugenommen.
Im Wagen spürte man dann die Spannung – jeder wußte, daß wir einen schweren Einsatz vor uns hatten. Am Flugzeug sprachen wir mit dem Ersten Wart, aber wir flogen selten das gleiche Flugzeug. Da war dann auch der Mann im hinteren Sitz – der war damit beschäftigt, die Trägheitssteuerung anzulassen, während ich die verschiedenen Formulare überprüfte. Die Vor-Start-Inspektion nahm etwa 20 Minuten in Anspruch; wir mußten die Außenlasten, Zünder, Leitungen und hundert andere Dinge nachprüfen. Dann stieg ich die Leiter hoch. Um diese Zeit waren wir dann gewöhnlich wie aus dem Wasser gezogen; manchmal erreichte die Temperatur über 100° Fahrenheit. Dann folgte eine ziemlich umständliche Prozedur des Anschnallens. Allein der Sitz in einer F-4 ist eine komplexere Angelegenheit als einst eine ganze P-51! Das Flugzeug befand sich in einer Splitterboxe, und manchmal ist einem allein schon von den Auspuffgasen des Anlasserwagens halb schlecht geworden. Nun kam der Vor-Flug-Cockpit-Check. Wir prüften alles nach, und schließlich kam das umständliche Ritual des Anlassens der Triebwerke. Der Erste Wart hat dabei Fernsprechverbindung mit dem Piloten und spricht mit ihm. Er sagt, ob die Mantelstromklappen zu sind, ob sich alles entsprechend den Ruderausschlägen bewegt und so weiter. Das Boden-

personal braucht allein 10 Minuten, um Sicherungsstifte zu entfernen. Wenn alles stimmt, dann rollt man schwerfällig an – manchmal hängen bis zu 6 Tonnen Außenlasten an dem Vogel –; schließlich bewegt man sich mit kreischenden Triebwerken auf dem Rollweg. Der Junge hinten überprüft das Bordradar, die Flugkörper-Steuerung, das Navigationssystem. Wir müssen auf die Sekunde starten und bringen die Triebwerke auf Drehzahl. Wir gehen dabei auf 80 %. Das ist das Äußerste, was die Bremsen halten können – dann checken wir die Hydraulik, Pneumatik, die Temperaturen, den Treibstoff-Fluß, die Umdrehungszahlen, die Generatoren, die Lufteinlaßstellung. Auf die Startfreigabe drückt man den Leistungshebel ganz nach vorn, nimmt ihn wieder zurück und sofort wieder nach vorn. Damit ist der Nachbrenner eingeschaltet. Die Maschine rollt los. An der 700-Meter-Marke muß eine bestimmte Geschwindigkeit erreicht sein, sonst muß der Start abgebrochen werden. Bei 175 Knoten (über 320 km/h) nimmt man den Steuerknüppel an den Bauch; die Maschine hoppelt und hebt mit 180 oder 190 Knoten ab. Dann nimmt man Formation ein und fliegt mit Kurs auf die Tanker (KC-135); nach einiger Zeit tanken wir – zehn Meter unter ihnen hängend – und lösen uns wieder von ihnen. Wir fliegen mit Nordkurs über die wunderschöne Landschaft von Laos. Es ist ein bißchen wie Montana, ein wildes Land mit Schluchten und reißenden Strömen. Jetzt verfliegt auch die Spannung.
Bald fliegen wir über die Grenze nach Vietnam hinein, wir kommen über den Schwarzen Fluß, voraus liegt der Rote Fluß. Jetzt ist alles kaltes Geschäft, wir sind im SAM-Ring. Wir ändern Kurs und treffen mit den F-105 zusammen. Von 770 km/h gehen wir auf 800 km/h und dann auf 830 km/h. Wir ändern zweimal den Kurs, gehen mit der Leistung noch etwas höher und fliegen nun mit 865 km/h. Wir fliegen ein Ziel nördlich von Hanoi an. Unsere Geräte zeigen, daß sie uns auf ihren Radarschirmen haben. Wir passen also dauernd auf, ob wir SAM-Stellungen erkennen können. Die einzige Rettung vor ihnen besteht darin, daß man sie kommen sieht. Sie bringen einen auf eine Entfernung von 70 Metern um, man muß ihnen eben ausweichen. Wir fliegen weiter, und da kommen die ersten SAM. Der Trick liegt darin, daß man den Abschuß erfassen muß. Man kann die Startwolke erkennen. So ein Ding geht erst senkrecht hoch, schwenkt dann auf schräge-

ren Kurs, dabei wird der Startbooster abgeworfen. Wenn es dann in verhältnismäßig stabiler Position bleibt, dann kommt es direkt auf einen zu, und man ist dran. Man möchte gern eine Bewegung machen, aber man kann nicht. Wenn man zu früh reagiert, dann kurvt das Ding mit und erwischt einen doch. Wenn man zu lange wartet, dann explodiert es nahe genug, und man ist erledigt. Was man im richtigen Moment tun muß, ist: die Nase nach unten nehmen, so steil wie möglich nach unten verrauschen, und wenn es dabei zu drei negativen »g« kommt, mit 880 km/h stürzen, – und wenn das Ding dann nachkommt, sofort so stark wie möglich abfangen und ziehen. Dieser Bewegung kann die SAM nicht mehr folgen, sie geht dann nach unten weg. Innerhalb von zwei Minuten haben sie einmal 38 SAM auf uns abgeschossen. SAM-Stellungen sind an einem Tag besetzt, am nächsten vielleicht nicht. Sie werden dauernd verlegt. In Route Pack Six (ein bestimmtes Gebiet in Nordvietnam) einzufliegen, war wie einst ein Einsatz über dem Ruhrgebiet. Sie hatten alle Flak dort massiert. Sie wußten, daß wir kamen und wo wir nicht hin durften. Und bei dieser Abwehr durfte man nicht lange herumtrödeln. Wir machten so schnell als möglich, daß wir wegkamen. Wir haben keinen einzigen LKW in der Gegend von Hanoi oder Haiphong angegriffen.
Wir kommen also langsam auf das Zielgebiet zu und sehen die Flak – 8,5 cm. Wenn man das Mündungsfeuer oft genug beobachtet hat, dann weiß man, ob die Batterie auf den eigenen Schwarm zielt oder nicht, und man weicht eben 300 Meter aus, um nicht in die Sprengpunkte hineinzufliegen. Um diese Zeit kommen dann die MiGs von oben. Wir halten die Augen offen, und wenn sie kommen, dann kurven wir im richtigen Augenblick weg und wieder zurück. So kommen wir in den Strom hinein. Wenn wir keine Bomben tragen, dann greifen wir die MiGs an. Auf diesem Einsatz hängen aber Bomben außen dran. Wir schwingen also aus guter Höhe ab und laden den ganzen Kram so schnell wie möglich ab und fliegen mit Höchstfahrt durch die 3,7 cm und 5,7 cm Flak durch. In der Nähe von Hanoi habe ich einen genauso schwarzen Himmel gesehen wie über Berlin und Magdeburg im Zweiten Weltkrieg.
Wir sind nur für Sekunden über dem Ziel, und nachdem wir unsere Bomben abgeladen haben, kurven wir und machen, daß wir schleunigst wegkommen. Wir wissen, daß wir über dem Roten

Fluß wieder von MiGs angegriffen werden können, und wagen keinen Erleichterungsschnaufer, bis wir wieder über den Schwarzen Fluß sind. Wenn wir zum Stützpunkt zurückkommen, dann folgt eine Einweisung für das Wartungspersonal, die etwa 20 Minuten dauert, und eine Besprechung zur Feindnachrichtenlage, die etwa eine Stunde dauert. Zweieinhalb Stunden nach der Landung haben wir dann dienstfrei. Man kann den Erfolg eines Einsatzes daran messen, was nachher im Club los ist. Manchmal ist es ruhig, dann hat es Verluste gegeben. Wenn es zu ruhig zugeht, dann ist das nicht gut. Sie denken dann zuviel nach. So war das also. Und das passierte zweimal am Tag. Und es gibt Schwärme und Rotten, die fliegen zu zweit oder zu viert nach Laos und Südvietnam, und Jungens, die nachts über dem Gebirge fliegen, und das ist wirklich eine harte Sache.«

Ich bat Olds noch um die Beschreibung eines MiG-Abschusses.

»Als die MiG-Angriffe zu stark wurden, flogen wir »MiG-Kappe« in den F-4, und die F-105 flogen die Bombeneinsätze. Als die MiGs in größeren Zahlen aufzutauchen begannen, flogen wir nur mit Raketen bewaffnet, um sie zu bekämpfen. Wenn wir dann auf sie trafen, kam es zu Kurvenkämpfen; es gibt keine andere Wahl – das wird immer so sein. Nehmen wir einmal an, die Deutschen hätten im Zweiten Weltkrieg über größere Zahlen von Düsenjägern verfügt. Dann hätten wir in der P-51 immer noch unter ihnen bleiben können. Ein Düsenjäger hätte einen Anflug machen können – und das taten sie damals ja auch –, aber wir konnten mit der enger kurvenden P-51 aus dem Feuerbereich herauskurven, und er konnte nicht einfach dableiben und es mit uns auszufechten versuchen, oder wir hätten ihn auseinandergenommen. Die größere Geschwindigkeit der Düsenflugzeuge bedeutete also keineswegs das Ende des Kurvenkampfs.

Ich hatte am 20. Mai 1967 einen besonders interessanten Luftkampf; wir griffen Verschiebebahnhöfe an, etwa 28 F-105 und F-4. Nach dem Auftanken flogen wir über dem Golf von Tonking ein. Das Ziel lag etwa 60 Kilometer nordostwärts von Hanoi und war von einer Flak-Konzentration geschützt. Der Verschiebebahnhof befand sich dicht nördlich von einem Flugplatz. Zu acht flogen wir in den F-4 Höhendeckung. Etwa 30 Kilometer entfernt entdeckte ich 12 bis 16 MiG-17. Sie kamen ziemlich schnell von oben und griffen uns an. Es flogen MiGs, wohin ich schaute, und wir konnten uns kaum auf eine Kurbelei mit ihnen einlassen. Wir fuhren also dazwischen, feuerten Raketenwaffen ab und trennten uns sofort wieder. Jedesmal schossen drei oder vier auf mich, wenn ich einen Schuß herausbrachte. Aber eine meiner Raketen traf. Zwei Kameraden waren ebenfalls erfolgreich.

Inzwischen hatten die 105 unten den Verschiebebahnhof belegt. Wir starteten nach Hause, und da bemerkte ich eine MiG dicht über dem Boden, die Achten flog. Die konnte ich nicht auslassen. Ich flog 20 Kilometer weiter, ging bis auf die Reisfelder hinunter und kehrte dann um. Ich flog etwa 8 Meter über dem Boden und sah ihn bald voraus. Er sah mich kommen und begann sofort zu kurven, aber ich konnte mich hinter ihn setzen. Ich glaube, er flog in Richtung seines eigenen Platzes. Ich blieb hinter ihm. Er wußte, wenn er hochzog, dann schoß ich eine Rakete auf ihn ab. So blieb er unten, lediglich ein paar Meter über dem Boden. Er blieb dort, solang er konnte. Aber dann mußte er über einen Hügel weg. Ich war lediglich ein paar Meter über dem Boden, als ich eine Rakete in ihn hineinschoß – in dem Augenblick, als er über den Hügel hinwegflog. Aber ich hatte dann einige Mühe, einen Tanker zu finden. Ich hatte mit dem Treibstoff Lotterie gespielt und am Ende auch gewonnen. Aber ich hatte nur noch etwa 400 Liter, als ich den Tanker fand. Ich habe im Zweiten Weltkrieg keinen Kurvenkampf bestehen müssen, der so hart war wie der mit diesen beiden MiGs an diesem Tag.«

Olds sagte über die Taktik der Zukunft:

»Das Wichtigste ist eine flexible Einstellung. Wie Johnnie Johnson sagt, hat sich der Kreis vom Ersten Weltkrieg bis Korea geschlossen. In Vietnam flogen wir aus bestimmten Gründen in größeren Formationen. Aber wir wissen nicht, was die Zukunft bringt, oder wie sich der Luftkampf noch entwickelt. Wir müssen unsere Anpassungsfähigkeit erhalten. Wenn wir in eine Stellungskrieg-Mentalität verfallen oder wenn unser Denken nur in eingelaufenen Spuren weitergeht, dann wird es gefährlich. Wir können die Zukunft nicht voraussehen. Sehen Sie den Mittleren Osten an. Es könnte besser für die Israelis sein, wenn sie sich sofort auf Flugkörper umstellen. Sicherlich wollen sie in der Zukunft keine Einsätze nur mit Jäger-Rotten fliegen. Wir werden sehen. Die Zukunft wird uns Laser-gesteuerte Lenkwaffen bringen, alle möglichen Arten neuer Waffen und Waffensysteme. Die Wahrheit ist eben, daß niemand genau sagen kann, wie der Luftkampf der Zukunft aussehen wird. Wir können nicht sagen, daß alles so bleibt, wie es ist, aber wir können auch nicht sicher sein, daß die Zukunft bestimmte Theorien bestätigen wird, die wie so oft zwischen den Kriegen für falsch gehalten wurden.«

## ZUSAMMENFASSUNG

Wenn man die Ansichten der herausragenden Jagdflieger der Jahre 1914 bis 1970 zu werten versucht, dann ergeben sich bestimmte Merkmale in der Entwicklung der Taktik und Strategie des Kampfes in der Luft. Diese Merkmale haben sich übereinstimmend als die wahre Natur und das dominierende Grundprinzip der Luftmacht schlechthin herausgeschält. Auf ihnen baut sich die moderne militärische Taktik und Strategie in weitem Maße auf. Dieses Grundprinzip lautet: wettbewerbsfähige Jagdflugzeuge, geflogen von gut ausgebildeten Piloten, die eine gesunde Taktik und Strategie befolgen, sind die grundlegende und wesentliche Voraussetzung des Erfolgs in der Luft (wie auch zu Lande und zur See).
Weil aber die Jagdwaffe heute als Schlüssel zum militärischen Erfolg zu betrachten ist, sollen die Merkmale der Taktik und Strategie, wie sie von den erfolgreichen Jagdfliegern in der Praxis angewandt und in diesem Buch beschrieben wurden, noch einmal nachgezeichnet werden.
Wir können uns kurz fassen bei der Entwicklung der Luftkampftaktik, die wir in einer vereinfachten Aufteilung auf den Kampf in der Luft begrenzen wollen. Die sorgfältige Lektüre der einzelnen Kapitel dieses Buches läßt erkennen, daß die wirksamste Taktik beim Kampf von Jagdflugzeug gegen Jagdflugzeug in der Überraschung liegt, im schnellen Angriff aus der Überhöhung, im Schießen aus nächster Entfernung und in der Geistesgabe, die Entwicklung einer Situation schnell und genau zu erfassen und dann Besonnenheit walten zu lassen.
Es gibt natürlich noch andere Elemente – und auch sie sind in diesem Buch erwähnt worden –, aber dies scheint das grundlegende Verhalten der erfolgreichsten Jagdflieger im Luftkampf mit einzelnen Gegnern wie mit größeren Jagdverbänden gewesen zu sein. Im Kampf zwischen Bombern und Jägern gab es logischerweise mancherlei Varianten – je nach den Kampfbedingungen, den Leistungsdaten und der Bewaffnung der Bomber. Aber der Sturzangriff aus der Überhöhung ist auch hier als die grundle-

gende Taktik – die Nachtjagd ausgenommen – meistens zur Anwendung gekommen. Schießen aus nächster Entfernung zeigte sich gleicherweise erfolgversprechend, wenn auch das Auftauchen des Düsenflugzeugs und der Flugkörper und Lenkwaffen in den letzten zwanzig Jahren die Betonung mehr und mehr auf Geschwindigkeit und weniger auf das Schießen aus nächster Entfernung verschoben hat. Der neueste Trend beim Schießen, der auch für den Kampf Jäger gegen Jäger gilt, ist ein schneller Anflug, die Auslösung einer automatischen Lenkwaffe und das schnelle Absetzen in seine Sicherheitsentfernung außerhalb des Wirkungsbereichs der gegnerischen Lenkwaffen mit Zielsuchköpfen. Daß man grundsätzlich aus naher Entfernung größere Chancen hat, gilt aber auch noch für den Kampf von Düsenjägern gegeneinander, selbst wenn Flugkörper dabei als Bordwaffen eingesetzt werden.

Wenn wir uns dem strategischen Einsatz von Jagdflugzeugen und größeren Jagdverbänden seit 1914 zuwenden, dann haben wir gesehen, daß die deutsche Strategie im Ersten Weltkrieg im allgemeinen darin lag, die Verluste niedrig zu halten und, wenn möglich, den Kampf über den eigenen Linien zu führen. Allem Anschein nach ist diese Rechnung im wesentlichen aufgegangen. Bei den Entente-Mächten waren es die Briten, die eine rein offensive Strategie entwickelt haben: den Gegner fortlaufend zu suchen und zu stellen – über seinem eigenen Gebiet, wenn das notwendig war, und selbst, wenn die eigenen Maschinen unterlegen waren. Zuweilen war dies eine teuere Angelegenheit – im Hinblick auf Menschen und Material –, und anscheinend hat sie während bestimmter Perioden kaum etwas eingebracht. Die Offensiv-Strategie der Deutschen lag darin, eine größere Anzahl der besten Jagdflieger in den besten Jagdflugzeugen zu einem besonderen Zweck wie z. B. einer größeren Offensive in einem bestimmten Sektor der Front zu konzentrieren. Die deutsche Strategie erwies sich hinsichtlich des Kampfes in der Luft als wirkungsvoller, was die weit größeren Flugzeugverluste der Entente beweisen.

Die Briten haben jedoch Pionierarbeit bei der Entwicklung eines gleichwertigen Systems der Heimatverteidigung durch Jagdflugzeuge geleistet. Die heftigen deutschen Bomberangriffe des Ersten Weltkriegs haben sie dazu ansgespornt. 1918 war diese Verteidigungsorganisation einzigartig unter den Verteidigungssystemen der Welt. Großbritannien verfügte um diese Zeit wahrscheinlich auch über die mächtigsten Luftstreitkräfte der Welt. Es liegt sehr viel Ironie in der Tatsache, daß die schweren deutschen Bomber des Ersten Weltkriegs – der Beginn des schweren Bombers als strategische Waffe – die Briten dazu aufgestachelt haben, ein Luftverteidigungssystem aufzubauen, das die Nation dann 20 Jahre später vom Untergang retten sollte. Denn die Jagdabwehr des Jahres 1940 einschließlich der vielerlei Bodenanlagen war ja aus dem Verteidigungssystem des Ersten Weltkriegs entstanden. Eine weitere Ironie liegt in der Tatsache, daß die Deutschen es versucht haben, England im Zweiten Weltkrieg ohne eine schwere strategische Bomberwaffe (die sie im Ersten Weltkrieg ja entwikkelt hatten) in die Knie zu zwingen. Die Engländer und Amerikaner, die die deutschen Bomberangriffe des Ersten Weltkriegs nicht vergessen hatten, bauten jedoch große strategische Bomberverbände auf, die einen enormen Anteil der Industriekapazität beider Länder beanspruchten. (Im Ende hing ihre Möglichkeit, erfolgreiche Schläge gegen den Feind zu führen, aber ganz davon ab, ob diese Bomber auf dem ganzen Weg durch Begleitjäger geschützt werden konnten.)

Vervollständigt wird die Ironie in der Luftstrategie der beiden Weltkriege noch durch die Tatsache, daß die Briten und Amerikaner in den letzten Monaten des Ersten Weltkriegs Jagdflugzeuge und andere Flugzeuge mit beachtlicher Wirkung zusammen mit den Landstreitkräften eingesetzt haben. Die Engländer waren auch Pioniere in der Entwicklung der Panzerwaffe. Aber es sollten dann die Deutschen sein, die zu Beginn des Zweiten Weltkriegs diese Technik – weiter vervollkommnet – mit großem Erfolg demonstrieren konnten.

Zwischen den beiden Weltkriegen haben sowohl die Deutschen wie die Westmächte hinsichtlich der Luftkampfstrategie die Betonung auf den Bomber gelegt – nicht auf das Jagdflugzeug. (Diese Tendenz scheint nach jedem Krieg aufzutreten; die Kriege selbst beweisen dann von neuem den lebenswichtigen Grundsatz, daß Jäger der Schlüssel zum Erfolg in der Luft wie zu Land und zur See sind.) Hitler und seine Luftwaffe konzentrierten sich auf die Offensive, und das hieß: Bomber. Darum haben auch die Deutschen so wenig Jagdflugzeuge gebaut, als der Krieg begann und selbst noch zu der Zeit, als die Luftschlacht um England tobte –; damals haben die Briten bereits zweimal soviel Jäger gebaut. Obwohl die Deutschen mehr Bomber als Jäger produzierten, handelte es sich dabei nicht etwa um schwere oder strategische Bomber, sondern um mittlere Bomber und Jagdbomber, die darauf ausgelegt waren, zusammen mit den Landstreitkräften zu operieren. Die Führer der Luftwaffe hatten die Entscheidung getroffen, aufgrund der begrenzten Rohmaterialien möglichst schnell viele mittlere Bomber und Jagdbomber zu bauen, anstatt den Versuch zu unternehmen, auf Kosten einer schweren Verknappung der Rohstoffe so etwas wie eine schwere strategische Bomberwaffe zu bauen. Hitler hat vor dem Krieg natürlich auch nicht die Absicht gehabt, eine Invasion der britischen Insel zu versuchen. Es gibt vielerlei Beweise, die darauf hindeuten, daß er – selbst nachdem der Krieg schon begonnen hatte – nur mit halbem Herzen an diesem Projekt hing. Seine Einstellung zur Frage eines Krieges mit England geht klar daraus hervor, daß er keine genügend große U-Bootwaffe schuf, die offensichtlich die wesentlichste Waffe in einem Krieg mit England sein mußte.

Andererseits haben die Engländer sich mehr und mehr zu der Einsicht durchgerungen, daß ein Krieg mit Hitler-Deutschland immer wahrscheinlicher wurde; allerdings haben sie dann erst in der letzten Stunde rasche und konzentrierte Anstrengungen auf dem Gebiet des Jagdflugzeugbaus unternommen. Obwohl Churchill, Eden und andere in den dreißiger Jahren größere Anstrengungen auf dem Gebiet der Landesverteidigung gefordert hatten, war es dann seltsamerweise Chamberlain, der wahrscheinlich die Luftschlacht um England – so gut wie mancher andere – gewonnen hat, denn das Münchener Abkommen hat die Auseinandersetzung um ein ganzes Jahr aufgeschoben. Hätte es die RAF ein Jahr früher mit der deutschen Luftwaffe aufnehmen müssen, dann hätten die Me 109 vermutlich RAF-Jäger in einem fürchterlichen Ausmaß vom Himmel geholt, denn bei den meisten Einsatzflugzeugen handelte es sich 1938 um längst überholte Doppeldecker. Auf Spitfires wären die Me 109 nicht gestoßen.

Der Zweite Weltkrieg hat in jeder Phase bewiesen, daß Jagdflugzeuge der Schlüssel zum Erfolg von Luftoperationen, oft auch von Land- und Seeschlachten, waren. Die Deutschen hatten am Anfang eine überlegene Luftwaffe und kamen zu ihren »Blitzsiegen«. Sie haben dann die Luftschlacht um England verloren, weil sie eine strategische Operation ohne eine strategische Luftwaffe eingeleitet haben und mit einer Jagdwaffe, die der RAF-Jagdwaffe zwar leicht überlegen, aber mit dem Handicap belastet war, über England kämpfen und die leicht verwundbaren Bomber beschützen zu müssen. Die deutschen wie die britischen Kommandostellen haben bei diesem großen Sieg der britischen Jagdwaffe Fehler gemacht, die Deutschen vielleicht ein paar mehr. Aber entgegen der allgemeinen Ansicht, die von vielen Büchern und Filmen gestützt wird, haben sich die deutschen Jagdflieger bewährt und mehr als gut gehalten, wenn auch schließlich die RAF-Jäger die Schlacht gewannen. Und solange sich die Luftwaffe einer leichten Überlegenheit hinsichtlich der technischen Leistung ihrer Jagdflugzeuge erfreuen konnte, und das war bis 1943 der Fall, hat die alliierte Luftoffensive gegen das Reich verhältnismäßig wenig ausrichten können. Auch bei den Landoperationen erwies sich die Unterstützung durch die Luftwaffe als wirksam. Von 1943 an gewannen die Alliierten das Übergewicht bei den Jägern, und davon profitierten die Operationen zu Lande und zur Luft. Mit der technischen Überlegenheit kam gleichzeitig auch die zahlenmäßige Überlegenheit zu Lande und in der Luft. Die alliierte Überlegenheit in der Luft bedeutete das Ende für Deutschland trotz der beeindruckenden Neuentwicklungen und »V«-Waffen wie z. B. des Düsenjägers Me 262 und der V 2-Rakete.

Im pazifischen Krieg hatten die Jagdflugzeuge einen noch entscheidenderen Einfluß auf den Ausgang der Operationen. Ein Großteil des anfänglichen japanischen Erfolgs ist auf den wirksamen Einsatz überlegener Jagdflugzeuge zurückzuführen, die oft wegen der unendlichen Weiten des Pazifiks von Flugzeugträgern aus eingesetzt wurden. Die Jäger und die mitfliegenden Bomber unterstützten Operationen zu Lande. Aber sie versenkten auch Schiffe, schossen feindliche Flugzeuge vom Himmel und gaben ihrer Flotte Jagdschutz. Als dann aber alliierte Flugzeuge mit besseren Leistungen auftauchten und auch zahlenmäßig überlegen wurden, da wandte sich das Kriegsglück auf vielen Gebieten. Der tödliche Fehler in der Konstruktion japanischer Flugzeuge lag darin, daß es die japanische Luftindustrie unterlassen hatte, beschußsichere Kraftstofftanks für Flugzeuge zu entwickeln und diese einzubauen.

Der Koreanische Krieg begann 1950 – nur fünf Jahre nach Beendigung des Zweiten Weltkriegs. Inzwischen war das Düsenzeitalter angebrochen. Schon gab es wieder Leute, die die Behauptung aufstellten, Düsenbomber und Lenkwaffen seien die entscheidenden Waffen in der Luft. Aber Korea bewies erneut, daß das Jagdflugzeug der Schlüssel zum Erfolg in der Luft und oft genug auch zu Lande und zur See ist. In den verzweifelten Tagen, als sich die Alliierten im Brückenkopf von Pusan festkrallten, haben amerikanische Jagdflugzeuge regelmäßig am Himmel über diesem letzten Halt ihre Kreise gezogen und es den Alliierten vermutlich damit ermöglicht auszuhalten, denn sie flogen Tiefangriffe auf feindliche Truppen und deren Nachschub und schützten die alliierten Kräfte vor ähnlichen Bemühungen des Gegners. Von da an waren es die alliierte Luftüberlegenheit und schließlich die Luftherrschaft, die den Landstreitkräften half, die nordkoreanischen Truppen zurückzuschlagen. Der Luftkrieg in Korea bewies auch die Überlegenheit der amerikanischen Jagdflieger gegenüber ihren russischen Gegnern im Hinblick auf fliegerische Ausbildung wie Taktik und Strategie, denn die F-86 Düsenjäger schossen MiG-15 im Verhältnis von etwa 10:1 oder mehr ab. Die kommunistische Seite brachte es dann ein Jahrzehnt später in Vietnam fertig, im Rennen Jäger gegen Jäger gleichzuziehen. Obwohl es ein Grundzug der kommunistischen Strategie war, wie in Korea die südliche Hälfte der gegnerischen Luftwaffe zu überlassen, haben in Luftkämpfen über Nordvietnam die Flugzeuge – in diesem Fall MiG-21 – und die Piloten (wieder meistens Russen) besser abgeschnitten als in Korea. Trotz dieses Erfolges der Gegenseite wurde auch in Vietnam die Schlüsselrolle der Jagdwaffe erneut bekräftig. Man benötigte Jagdflugzeuge, um die Bomber und Jagdbomber zu dekken, welche die Angriffe gegen Nordvietnam flogen. In Südvietnam, Laos und Kambodscha wurden sie eingesetzt, um die Landstreitkräfte im Erdkampf zu unterstützen, und sie garantierten die Sicherung des Luftraums über Südvietnam. Gegnerische Jagdflugzeuge verhinderten, daß schwere US-Bomber zu besonderen Aufgaben in größerer Entfernung eingesetzt werden konnten – und haben den amerikanischen Jagdbombern (F-105) und anderen Flugzeugen, die Nordvietnam angriffen, einen schweren Zoll abgefordert. In verschiedener Hinsicht hat jedoch die gegnerische Jägerstrategie in Korea und Vietnam ihren Luftkrieg begrenzt, und die Ergebnisse mögen etwas irreführend sein. US-Jagdflugzeuge wurden über Südkorea oder Südvietnam kaum angegriffen. Auch

Luftstützpunkte und sonstige Bodenanlagen wurden selten aus der Luft angegriffen. US-Bomber konnten in manchen Gebieten nahezu ungehindert Ziele in beiden Kriegen bekämpfen, ohne mit feindlicher Jagdabwehr rechnen zu müssen. So haben in beiden Kriegen die Landoperationen viel von einer wirksamen taktischen Unterstützung aus der Luft, von massiven Lufttransport-Einsätzen und anderen Formen einer Unterstützung aus der Luft profitiert. Der Vorteil in der Luft war vermutlich der stärkste Trumpf in der Hand der antikommunistischen Streitkräfte. Aber man darf nicht vergessen, daß eben dieser Vorteil immer noch von den Jagdflugzeugen abhing, die den Luftraum kontrollierten. Die Tatsache, daß sie selten angegriffen wurden, war mit ein Grund dafür, daß der Luftraum über Südkorea und Südvietnam mit einer verhältnismäßig kleinen Zahl von eingesetzten Jagdflugzeugen gesichert werden konnte.

Als die amerikanischen Bombenangriffe auf nordvietnamesisches Gebiet 1968 eingestellt wurden, hatten sie bereits eine hohe Verlustquote erreicht, weil der Gegner ein gleichwertiges Jagdflugzeug, die MiG-21, und andere hochentwickelte Verteidigungswaffen einschließlich SAM-Lenkwaffen einsetzte. Amerikanische Flieger kämpften mit F-4 Phantom, F-105 Jagdbombern und anderen Flugzeugen gegen die MiG-21, aber nur die F-4 Phantom war – und auch das gilt mit Einschränkung – ideal für diesen Luftkampf geeignet. Der Luftkrieg über Nordvietnam zeigte bis 1968 ganz klar die überragende Notwendigkeit eines überlegenen Jagdflugzeugs, denn wieder einmal hatte man in den USA zwischen dem Korea- und Vietnam-Krieg die Jäger-Entwicklung etwas vernachlässigt.

Der israelische Blitzsieg über die Araber im Jahre 1967 hing – zumindest zu einem Teil – von der sofortigen Erringung der Luftherrschaft durch die Jagdwaffe ab. Die israelische Luftwaffe hat in Anlehnung an die deutsche Taktik des Zweiten Weltkriegs die gegnerischen Jäger in der Luft und am Boden zerstört, und von diesem Punkt an waren die israelischen Landstreitkräfte nicht mehr zu stoppen; sie erhielten effektive Unterstützung aus der Luft, während die Ägypter praktisch ohne jede derartige Hilfe waren. Dies ist ein klassisches Beispiel für den entscheidenden Einfluß der Luftmacht, wenn gepanzerte Streitkräfte aufeinander treffen.

Die neueste Evolution im Hinblick auf das Jagdflugzeug wurde sowohl im israelisch-arabischen Sechstagekrieg wie auch über Nordvietnam demonstriert. Es ist der heutzutage möglich gewordene Einsatz von Jagdflugzeugen als Träger verheerender Bombenzuladungen einschließlich kleinerer nuklearer Waffen. Ein Jagdflugzeug von heute kann mehr Zerstörungskraft mit sich tragen als die Bomber des Zweiten Weltkriegs und vielleicht so viel (wenn nuklear bewaffnet), daß jedes Ziel im Umkreis von ein paar hundert Meilen ausgelöscht werden kann. Bei Einsatz von Tankflugzeugen und mit Auftanken in der Luft können sie noch weiter von ihren Stützpunkten entfernt operieren. Es ist also eine berechtigte Frage, ob es heute noch angebracht ist, den schweren strategischen Bomber, der bedeutend mehr Zeit benötigt, um ein Ziel in großer Entfernung zu treffen, als eine Raketenwaffe, weiterhin für notwendig zu halten. Man sollte vorsichtig mit Schlußfolgerungen sein, aber die Vergangenheit hat bewiesen, daß jedesmal, wenn das Jagdflugzeug als veraltet abgeschrieben wurde, der nächste Krieg bewies, daß es doch der Schlüssel zu erfolgreichen Operationen in der Luft ist.
Aber es ist auch offensichtlich geworden, daß die größeren und schnelleren Jagdflugzeuge von heute zusammen mit der gewachsenen Zerstörungskraft moderner Bomben eine zusätzliche Fähigkeit gewonnen haben gegenüber ihrer Rolle als Waffe zur Erringung der Luftüberlegenheit und Luftherrschaft und der Unterstützung von Panzerverbänden auf dem Boden; sie können heute praktisch alle Einsatzaufgaben erfüllen, die bisher Bombern zugeschrieben wurden – mit Ausnahme von Fernstreckeneinsätzen. Das ist eine beachtliche Entwicklung, wenn man an die klapprigen »Kisten« aus den Anfangstagen des Ersten Weltkriegs denkt, die weder Panzerung noch Bomben trugen.
Die amerikanischen Jagdflieger wurden auf diese Weise an Bombeneinsätze über Nordvietnam gewöhnt, denn ihre Geschwindigkeit und Manövrierfähigkeit erlaubte ihnen, die Bomben im Notwurf loszuwerden und den Luftkampf mit feindlichen Jägern aufzunehmen, wenn das nötig wurde. Es muß jedoch darauf hingewiesen werden, daß der Einsatz von Jagdflugzeugen oder anderen Flugzeugen im Tiefflug über Gebieten mit Raketenabwehr ein kniffliges Problem geworden ist. Z. Zt. wird die Frage untersucht, wie effektiv die Abwehrwaffen mit automatischen Zielsuchköpfen

in der Zukunft werden können und in welcher Form sich ihre Wirksamkeit erweitern läßt.
Bei vorsichtiger Abschätzung der hautpsächlich in Vietnam gemachten Erfahrungen könnte man sagen, daß automatische Abwehrwaffen Luftoperationen in bestimmten Fällen äußerst verlustreich werden lassen können, wie dies die Flak in beiden Weltkriegen auch getan hat, daß aber das bemannte Flugzeug gewöhnlich dem unbemannten Flugkörper wird ausweichen können, weil hier die Fähigkeit des menschlichen Gehirns, Entscheidungen im richtigen Augenblick zu treffen, und der Einsatz von Stör- und Gegenmaßnahmen immer noch den Ausschlag geben.
Wenn also diese Studie eines zeigt, dann dies: die freieWelt braucht weiterhin leistungsfähige, bemannte Jagdflugzeuge und muß sie demzufolge weiterentwickeln. In den letzten Jahren haben die Russen ein Dutzend verschiedener Typen zur gleichen Zeit entwickelt, während die USA, also die mächtigste Demokratie der Welt, sich in dieser Hinsicht nicht besonders angestrengt hat. Gegenwärtig sind einige Neuentwicklungen in den USA, England und Frankreich im Gange. Aber wieder gibt es viele Leute, die davon überzeugt sind, daß solche Flugzeuge in einem zukünftigen Konflikt eine untergeordnete Rolle spielen werden. Sollte es zu einem solchen Konflikt kommen, dann wird er erneut beweisen, daß moderne Jagdflugzeuge, mit mehr technischen und militärischen Einrichtungen als je zuvor ausgestattet, immer noch der Schlüssel zu erfolgreichen Operationen in der Luft und oft genug auch zu Lande und zur See sein werden.

## BIBLIOGRAPHIE


Baumbach, Werner. »The Life and Death of the Luftwaffe.« Tr. Frederik Holt. New York: Coward-McCann. As »The Defeat of the Luftwaffe«, London: Robert Hale, 1960.

Bekker, Cajus. »Luftwaffe War Diaries«. Tr. Frank Ziegler. London: Macdonald. New York: Doubleday, 1967.

Bishop, William. »Winged Warfare.« London: Hodder & Stoughton and Lythway Press. New York: Doubleday, 1918.

Churchill, Winston S. »The World Crisis, 1911–1918« (2 vols.). London: Odhams Press. New York: Scribner's Sons, 1939.

Cuneo, John R. »Winged Mars«, vol. ii – »The Air Weapon, 1914–1916«. Harrisburg, Pennsylvania: Military Service Publishing Co., 1942.

Fredette, Raymond H. »The First Battle of Britain, 1917–1919«. New York: Holt, Rinehart & Winston. London: Cassell, 1966.

Fuller, J. F. C. »The Second World War.« London: Eyre & Spottiswoode, 1948. Des Moines: Meredith, 1963.

Galland, Adolf. »The First and the Last.« Tr. Mervyn Savill. London: Methuen. New York: Holt, Rinehart & Winston, 1955. »Die Ersten und die Letzten.«

Gibbons, Floyd P. »The Red Knight of Germany« [Manfred von Richthofen]. New York: Doubleday, 1927. London: Cassell, 1930.

Green, William. »Famous Fighters of the Second World War« (4 vols.). New York: Doubleday, 1957. London: Macdonald, 1962.

Harris, Arthur. »Bomber Offensive.« London: Collins. New York: Macmillan, 1947.

Johnson, J. E. »Full Circle.« London: Chatto & Windus. New York: Ballantine Books, 1964.

Klein, Burton H. »Germany's Economic Preparations for War.« Cambridge, Mass.: Harvard U. P., 1959.

Knoke, Heinz. »I Flew for the Führer.« Tr. John Ewing. London: Evan Brothers. New York: Holt, Rinehart & Winston, 1954.

Lee, Arthur Gould. »No Parachute.« London: Jarrolds. New York: Harper & Row, 1968.

McCudden, James. »Flying Fury.« London: John Hamilton, 1930.

Mellenthin, F. W. von. »Panzer Battles.« University of Oklahoma Press, 1956.

Meyer, John C. »The Long Reach.« »T. A. C. Attack«, Sept. 1970. Langley Field, Virginia: U. S. Tactical Air Command.

Milne, Duncan Grinnell-. »Wind in the Wires.« London: Hurst & Blackett. New York: Doubleday, 1933.

Mitchell, William. »Memoirs of World War I.« New York: Random House, 1960.

Platt, Frank (Ed.). »Great Battles of World War I: In the Air.« New York: New American Library, 1966.

Rawnsley, C. F., and Wright, Robert, »Night Fighter. London: Collins. New Yorvk: Henry Holt, 1957.

»Rendezvous«: Journal of the American Fighter Pilots' Association.

Reynolds, Quentin. »They Fought for the Sky.« New York: Holt, Rinehart & Winston, 1957. London: Cassell, 1958.

Robertson, Bruce. »Air Aces of the 1914–1918 War.« Los Angeles: Aero Publishers. Letchworth, Herts: Harleyford Publications, 1959.

Sims, Edward H. »American Aces.« New York: Harper & Row. London: Macdonald, 1958.

Sims, Edward H. »The Greatest Aces.« New York: Harper & Row. As »The Fighter Pilots«, London: Cassell, 1967. »Jagdflieger«, Motorbuch Verlag Stuttgart.

Sims, Edward H. »Greatest Fighter Missions.« New York: Harper & Row, 1962.

Speer, Albert. »Inside the Third Reich.« Tr. R. and C. Winston. London: Weidenfeld & Nicolson. New York: Macmillan, 1970.

Taylor, A. J. P. »English History ,1914–1945.« London and New York: Oxford University Press, 1965.

Taylor, W. P., and Irvin, F. L. »History of the 148th Aero Squadron. Lancaster, South Carolina: Tri-County Publishing Co., 1957.

Toliver, Raymond F., and Constable, Trevor J. »The Blond Knight of Germany« [Erich Hartmann]. New York: Doubleday. London: Arthur Barker, 1970. »Holt Hartmann vom Himmel!«, Motorbuch Verlag Stuttgart.

Ulanoff, Stanley M. (Ed.) »Ace of Aces« [René Fonck]. Tr. Martin H. Sabin and Stanley M. Ulanoff. New York: Doubleday, 1966.

Varios, Jose. »Combat over Spain.« London: Neville Spearman, 1968.

Wilmot, Chester. »The Struggle for Europe.« New York: Harper & Row. London: Collins, 1952.

## ANZAHL DER LUFTSIEGE DER ERFOLGREICHSTEN JAGDFLIEGER
(aufgeschlüsselt nach Ländern)

### Erster Weltkrieg

| *Deutschland* | *Britisches Weltreich* | *USA* |
|---|---|---|
| 80 Manfred von Richthofen | 73 Edward Mannock | 26 Eddie Rickenbacker |
| 62 Ernst Udet | 72 William Bishop | 21 Frank Luke |
| 53 Erich Loewenhardt | 60 Raymond Collishaw | 17 Raoul Lufbery |
| 48 Werner Voss | 57 James McCudden | 13 George Vaughn |
| 45 Fritz Rumey | 54 A. W. B. Proctor | 12 Field Kindley |
| 44 Rudolph Berthold | 54 D. R. MacLaren | 12 David Putnam |
| 43 Paul Bäumer | 53 William Barker | 12 Elliot Springs |
| 41 Josef Jacobs | 47 Robert Little | 10 Red Landis |
| 41 Bruno Loerzer | 46 Philip Fullard | 10 Jacques Swaab |
| 40 Oswald Boelcke | 46 G. E. H. McElroy | 9 L. A. Hamilton |
| 40 Franz Büchner | 44 Albert Ball | 9 Frank Hunter |
| 40 Lothar von Richthofen | 44 J. Gilmore | 9 Chester Wright |

### Zweiter Weltkrieg

| *Deutschland* | *Britisches Weltreich* | *USA* |
|---|---|---|
| 352 Erich Hartmann | 41 M. T. St. J. Pattle | 40 Richard Bong |
| 301 Gerhard Barkhorn | 38 Johnnie Johnson | 38 Thomas McGuire |
| 275 Günther Rall | 35 Adolph Malan | 34 David McCampbell |
| 267 Otto Kittel | 32 Brendan Finucane | 31 Francis Gabreski |
| 258 Walter Nowotny | 31 George Beurling | 28 Robert Johnson |
| 237 Wilhelm Batz | 29 John Braham | 27 Charles Mac Donald |
| 222 Erich Rudorffer | 29 Robert Tuck | 26 George Preddy |
| 220 Heinrich Bär | 29 Neville Duke | 26 Joseph Foss |
| 211 Hermann Graf | 29 Clive Caldwell | 25 Robert Hanson |
| 208 Th. Weissenberger | 28 Frank Carey | 24 John Meyer |
| 206 Hans Philipp | 28 James Lacey | 24 Cecil Harris |
| 206 Walther Schuck | 28 Colin Gray | 23 Eugene Valencia |
| 205 Heinrich Ehrler | 26 Eric Lock | 23 Ray Whetmore |

| *Deutschland* | | *Britisches Weltreich* | | *USA* | |
|---|---|---|---|---|---|
| 204 | Anton Hafner | 25 | Billy Drake | 23 | David Schilling |
| 203 | Helmut Lipfert | 24 | William Vale | 22 | Gerald Johnson |
| 197 | Walther Krupinski | 24 | Geoffrey Allard | 22 | Neel Kearby |
| 190 | Anton Hackl | 24 | Jacobus Le Roux | 22 | Jay Robbins |
| 189 | Joachim Brendel | 23 | Douglas Bader | 22 | Gregory Boyington |

| **Korea** | | **Vietnam** | |
|---|---|---|---|
| *USA* | | *USA* | |
| 16 | Joseph McConnel Jr. | 4 | Robin Olds |
| 15 | James Jabara | 3 | Robert Titus |
| 15 | Manuel Fernandez | 3 | Milan Zimer |
| 14 | George Davis | 3 | George McKinney Jr. |
| 13 | Royal Baker | 2 | Max Brestel |
| 10 | Frederick Blesse | 2 | Richard Pascoe |
| 10 | Harold Fischer | 2 | Everett Raspberry Jr. |
| 10 | James Johnson | 2 | Darrell Simmonds |
| 10 | Vermont Garrison | 2 | Stephen Wayne |
| 10 | Lonnie Moore | 2 | Norman Wells |
| 10 | Ralph Parr | | |

## REGISTER